前言

我国经济的发展和社会的进步，客观上对职业院校财务类专业学生的会计综合素质和能力，以及职业院校教师的教学能力，都提出了更高的要求，对适用于教学、符合培养目标的教材也提出了新需求。因此，我们在探索职业院校财务会计课程教学改革的过程中，组织教学经验丰富的会计教师和行业单位财务会计专家共同编写了这本《行业会计比较》。

本书以党的二十大精神为指导，融合国家最新会计、税收等相关法律法规，包括10个代表性行业各自特有的会计业务内容，主要具有以下特色：

1.体现课程思政要求。育人为本，德育为先，不管做人还是做事，都要坚守道德底线，这对于专门与“财”打交道的会计人尤为关键。本书精选了诸多行业相关故事、案例、新闻、哲学思想等内容，并进行了分析凝炼，使学生在学习会计知识的同时，能够提升思想道德修养，牢固树立“诚信为本，操守为重，坚持准则，不做假账”的会计职业信念，夯实为人处世的道德基础。

2.突显行业会计特点。我国将社会经济活动划分为20个行业门类，每个行业的会计核算都有独特之处，审计人员尤其需要掌握这些特点。因此，本书以工业企业会计为基准，比较筛选出了若干代表性行业单位（具体包括政府单位、商业企业、建筑企业、房地产开发企业、物流企业、旅行社、酒店、商业银行、农业企业和民间非营利组织）的个性化会计与相关税务业务内容，展现了这些行业的会计核算特点。

3.践行校企合作理念。本书由多位一线会计专业教师和具备丰富的相关行业一线会计工作经验的骨干财务专家共同合作完成，即先由会计专业教师编写初稿，再由会计实务专家审核，从而在保证本书基本的理论性、逻辑性的同时，能够以国家最新的财经法规为标准，最大限度地贴近现实。

4.创新会计教学方法。教学方法是教学活动的基础，本书基于产出导向法（production-oriented approach，POA）的“驱动-促成-评价”教学流程编写，内容框架以驱动活动所需要的具备高度仿真性、逻辑性和系统性的教学“场景”为基本单元，并在教学过程中实施伴随教师促成活动的学生课内训练和师生合作评价活动，最终实现学生能够正确“产出”的教学目标。

海南经贸职业技术学院何忠谱教授担任本书主审，提出了总体编写指导意见。海南经贸职业技术学院张光锋、马志坚担任主编，海南经贸职业技术学院王叶、营口职业技术学院薛宁、琼台师范学院刘丹担任副主编，海南经贸职业技术学院陈希西、覃艳、叶永辉和海南医学院第一附属医院王卉婷（原海口经济学院教师）参与编写，具体分工如下：张光锋编写项目1、2、5，王叶编写项目3，马志坚编写项目4，薛宁编写项目6，陈希西编写项目7旅行社会计部分，王卉婷编写项目7的酒店会计部分，覃艳编写项目8，刘丹编写项目9，叶永辉编写项目10。全书由张光锋总纂定稿。相关行业的财务会计专家审核分工如下：海南省财政国库支付局吴进伟、张莉审核项目2，海口市乡村振兴投资发展集团有限公司甄龙琴审核项目3，中建六局第四建设有限公司宋君、刘合辉审核项目4，美锦能源投资（海南）有限公司李荣审核项目5，营口城铁物流有限公司李彤彤审核项目6，中交疏浚（红河）有限公司赵斌审核项目7，华夏银行海口分行吴渤伟审核项目8，海南罗牛山畜牧有限公司杨春乐审核项目9，海口龙华昱达商务信息咨询中心许斌玲审核项目10。此外，海南经贸职业技术学院杨秀玉教授和海南政法职业学院朱小娟老师，对本书的编写提出了诸多宝贵建议，在此一并特别致谢！

本书可供高等职业教育、职业教育本科或应用型本科院校财经商贸大类学生作为教学用书使用，也可作为相关行业单位的财会人员岗前培训或日常工作参考用书。

在编写过程中，编写组参考了大量相关教材、论文，在此对相关资料的著作权人表示衷心的感谢！由于编者水平有限，书中难免有疏漏或不妥之处，敬请读者不吝赐正。

编　者

2024年12月

海南省教育厅高等学校教育教学改革研究项目成果
财经商贸大类专业通用创新系列教材

ACCOUNTING IN DIFFERENT INDUSTRIES

行业会计比较

何忠谱　主审
张光锋　马志坚　主编
王叶　薛宁　刘丹　副主编

东北财经大学出版社　大连
Dongbei University of Finance & Economics Press

图书在版编目（CIP）数据

行业会计比较 / 张光锋，马志坚主编. —大连：东北财经大学出版社，2024.12. —（财经商贸大类专业通用创新系列教材）. —ISBN 978-7-5654-5513-1

Ⅰ.F235-03

中国国家版本馆CIP数据核字第2024Q9F129号

东北财经大学出版社出版

（大连市黑石礁尖山街217号　邮政编码　116025）

网　　址：http://www.dufep.cn

读者信箱：dufep@dufe.edu.cn

大连天骄彩色印刷有限公司印刷　　东北财经大学出版社发行

幅面尺寸：185mm×260mm　字数：494千字　印张：20.75　插页：1

2024年12月第1版　　2024年12月第1次印刷

责任编辑：包利华　张爱华　曲以欢　　责任校对：刘贤恩

封面设计：原　皓　　版式设计：原　皓

定价：52.00元

教学支持　售后服务　联系电话：（0411）84710309

目录

拓展阅读目录

1 项目1 行业会计认知与学习策略

【知识目标】

1. 了解我国产业与行业分类的内容；

2. 熟悉我国会计法规体系的构成、编制会计分录的步骤；

3. 理解行业会计的含义、会计准则与制度的关系、本课程与“财务会计”课程的关系、三阶段脉络、“三生”理念、归零定律、联系的内涵；

4. 掌握行业会计的总体差异、会计常用的数学计算方法、比较法、迁移法。

【能力目标】

1. 能够辨别不同规模、不同行业单位所适用的会计法规体系，能够识别行业会计差异的类型；

2. 能够正确完成分配计算和加权平均计算；

3. 能够运用三阶段脉络、“三生”理念、归零定律指导编制会计分录，运用比较法和迁移法进行学习。

【价值目标】

1. 树立我国制造业大国信念，坚定中国特色社会主义道路自信；

2. 坚持马克思主义的矛盾、联系等基本的唯物主义哲学观点；

3. 弘扬我国优秀传统文化，提升中国特色社会主义文化自信。

任务1.1　认知行业会计

场景1-1　小沈同学参加某会计师事务所面试现场

面试官：小伙子，看你的简历还不错，考过了初级会计师和英语四级。你抽到的问题是：我国有多少行业门类？各行业之间的会计差异主要表现在哪些方面？

小沈同学：呃……呃……（停顿）不好意思，这个问题我还真没想过。

面试官：房地产企业、旅行社、畜牧公司、零售企业、事业单位，这些行业会计知识，你学过多少？

小沈同学：读大学时，学过生物资产、售价核算法和政府会计基础知识……

面试官：你的基础还不错，是这样的，我们事务所审计的客户主要集中在我刚才说过的这些行业，所以需要员工具有这些行业的常用会计知识。如果你确实想来实习，我可以给你一本参考书回去学，半个月后回来测试这5个行业的会计知识，考过90分就可以录用，你觉得怎么样？

小沈同学：好的，谢谢您！我一定好好学！

面试官：你去办公室找杭主任领吧！

【场景知识】行业与行业会计法规体系

（1）产业、行业分类与我国现状

现实中，任何一个经济组织都会归属于某个产业和行业。产业是指由利益相互联系的、具有不同分工的、由各个相关行业所组成的业态总称。行业是指从事相同性质的经济活动的所有单位的集合。

根据国家2019年修订发布的《国民经济行业分类（GB/T 4754—2017）》和2018年发布的《三次产业划分规定》，我国社会经济活动分为三次产业、20个行业门类，门类又进一步细分为97个大类、473个中类、1 382个小类。其中，20个行业门类见表1-1。

表1-1 三次产业分类表

<table>
<tr><th>产业类别</th><th>行业门类代码</th><th colspan="2">行业门类名称</th></tr>
<tr><td>第一产业</td><td>A</td><td colspan="2">农、林、牧、渔业</td></tr>
<tr><td rowspan="4">第二产业</td><td>B</td><td>采矿业</td><td rowspan="3">工业</td></tr>
<tr><td>C</td><td>制造业</td></tr>
<tr><td>D</td><td>电力、热力、燃气及水生产和供应业</td></tr>
<tr><td>E</td><td colspan="2">建筑业</td></tr>
<tr><td rowspan="15">第三产业</td><td>F</td><td colspan="2">批发和零售业</td></tr>
<tr><td>G</td><td colspan="2">交通运输、仓储和邮政业</td></tr>
<tr><td>H</td><td colspan="2">住宿和餐饮业</td></tr>
<tr><td>I</td><td colspan="2">信息传输、软件和信息技术服务业</td></tr>
<tr><td>J</td><td colspan="2">金融业</td></tr>
<tr><td>K</td><td colspan="2">房地产业</td></tr>
<tr><td>L</td><td colspan="2">租赁和商务服务业</td></tr>
<tr><td>M</td><td colspan="2">科学研究和技术服务业</td></tr>
<tr><td>N</td><td colspan="2">水利、环境和公共设施管理业</td></tr>
<tr><td>O</td><td colspan="2">居民服务、修理和其他服务业</td></tr>
<tr><td>P</td><td colspan="2">教育</td></tr>
<tr><td>Q</td><td colspan="2">卫生和社会工作</td></tr>
<tr><td>R</td><td colspan="2">文化、体育和娱乐业</td></tr>
<tr><td>S</td><td colspan="2">公共管理、社会保障和社会组织</td></tr>
<tr><td>T</td><td colspan="2">国际组织</td></tr>
</table>

我国三次产业的划分，主要是依据产业的关联性和递进性。一方面，相互关联的一些行业，都应该划分为一类产业。“物以类聚，人以群分”，这是对事物进行分类的基本方法。比如，制造业、建筑业需要采矿业提供原材料或燃料等，也需要电力、热力、燃气及水生产和供应业提供动力等生产条件，因此这些行业都归为第二产业。另一方面，事物的产生是有先后顺序的，要以现有事物为前提，比如，首先要有生成原材料的第一产业，才能出现对原材料进行加工的第二产业，进而出现为原材料的生产或加工提供服务的第三产业，产业的递进性也体现人类需求的递进性。

第一产业是提供基本生产资料的产业，统称农业，包括农、林、牧、渔业。第一产业首先保证人类的第一需求——吃饱穿暖，如有富余再为第二产业提供原材料，因此农业才被称为第一产业，是一个国家存在的根基。国务院新闻办公室2011年11月16日发布的《中国农村扶贫开发的新进展》白皮书显示，直到2010年，我国农村居民的生存和温饱问题基本解决。经过艰苦的脱贫攻坚战，现在谷物总产量稳居世界首位，已经历史性地解决了绝对贫困问题。

第二产业是对基本生产资料进行加工并出售的产业，统称工业和建筑业，具体包括四个行业，即制造业，采矿业，电力、热力、燃气及水生产和供应业，建筑业。我们日常所看到的这个物质世界，除自然生成之外，主要是第二产业的成果，因此第二产业是一个国家硬实力的体现。经过改革开放40多年的快速发展，我国已成为当今世界第一制造大国，制造业规模稳居世界第一，进入创新型国家行列，人民的物质生活需求得到了巨大满足。

第三产业是指除第一产业、第二产业以外的其他行业，在我国统称服务业。一个国家只有在第一、二产业的劳动生产率达到一定程度，才能投入更多的劳动力和资源发展第三产业，同时，第三产业的发展能够大力促进第一、二产业的发展。因此，第三产业是衡量现代社会经济发达程度的重要标志，是一个国家软实力的体现。2022年我国第三产业增加值占当年GDP比重为52.8%，自2015年以来一直保持超过50%的比重，大大丰富了人民的精神文化生活，特别是近年来以数字经济为代表的第三产业迅速增长，为我国人民的生产和生活提供了极大的便利，将我国的经济发展推到了一个新阶段。

1949年新中国成立时一穷二白，在改革开放之前，尽管社会主义建设取得了很大成果，可生产力并没有被完全解放出来。改革开放开启了中国特色社会主义的伟大实践，经过40多年的艰苦努力，我国国民经济三次产业都取得了举世瞩目的巨大成就。2022年我国GDP总量超过120万亿元人民币，世界排名位居第二位，然而我国人口规模庞大，人均GDP仅为8.57万元，世界排名在50位以后。因此，我们在看到成绩的同时，要清醒地认识到，我国与发达国家相比还有不小的差距，还要继续奋斗，假以时日，我国必将迈入现代化发达国家行列。

【头脑风暴1-1】请说说自己家人从事的工作属于什么行业门类。

【拓展阅读1-1】

我国制造业总体规模连续14年位居全球第一

工业是大国根基，稳住工业，是稳住经济大盘的关键之举。2024年1月19日，国务院新闻办公室举行发布会，工业和信息化部副部长辛国斌在会上表示，2023年我国稳增长政策“组合拳”有力有效，全年规模以上工业增加值同比增长4.6%，较2022年提升1个百分点，制造业总体规模连续14年位居全球第一，41个工业大类行业中，28个保持增长。十大重点行业平均增速超过5%。多数省份工业经济稳定恢复，绝大部分省份工业增加值同比增长，省份增长面较2022年增长了近20%。工业固定资产投资同比增长9%，其中，制造业投资增速自2023年8月份以来呈加快态势，汽车、电气机械器材、化工、有色金属等行业投资实现两位数增长，工业经济持续发展，后劲充足。

［资料来源：新华社.我国制造业总体规模连续14年位居全球第一［EB/OL］.［2024-01-19］. https://www.gov.cn/lianbo/bumen/202401/content_6927104.htm.］

（2）行业会计与我国会计法规体系

行业会计是指以国民经济各行业为基础进行分类的会计，是不同会计主体所形成的会计类别的总称。会计反映和监督的对象是经济活动，尽管所有行业的会计活动都要遵守会计法规，但俗话说“敲锣卖糖，各执一行”“隔行如隔山”，不同行业经济活动的性质不同，遵守的具体会计法规也不尽相同，因此不同行业的会计便产生了差异，形成了不同的行业会计。

根据经济活动是否具有营利性，行业会计可分为企业会计和非企业会计两大类。企业单位的经济活动具有营利性，利润是企业会计核算的重要内容。常见的企业会计有农业企业会计、工业企业会计、建筑企业会计、商业企业会计、物流企业会计、酒店企业会计、商业银行会计、房地产企业会计、旅游企业会计等。非企业单位的经济活动不具有营利性，因此非企业会计不强调收入扣除费用的结果。按照资金的主要来源不同，非企业会计可分为政府会计、民间非营利组织会计和其他会计。行业会计分类见表1-2。

表1-2

行业会计分类表

<table>
<tr><th>营利性
资金来源</th><th>企业会计
（营利）</th><th colspan="2">非企业会计
（非营利）</th></tr>
<tr><td>政府公共资金</td><td>企业会计（国企）</td><td>政府会计：财政总会计、政府单位会计</td><td rowspan="2">其他会计：工会会计、农民专业合作社会计、军队会计、社会保险基金会计、村集体经济组织会计等</td></tr>
<tr><td>民间私人资金</td><td>企业会计（民企）</td><td>民间非营利组织会计</td></tr>
</table>

①企业会计法规体系

企业会计法规体系由企业会计准则和小企业会计准则两部分组成。

第一，企业会计准则。目前，我国企业会计准则由1项基本准则、41项具体准则及应用指南、17项企业会计准则解释构成。

第二，小企业会计准则。符合《中小企业划型标准规定》所规定的小型企业标准的企业，执行小企业会计准则，部分经济活动的会计处理予以简化，但下列3类小企业除外：股票或债券在市场上公开交易的小企业；金融机构或其他具有金融性质的小企业；企业集团内的母公司和子公司。

具体划分小型企业（含微型企业）时，是分行业考虑营业收入或从业人数等因素确定的。比如工业企业中，从业人员1 000人以下或营业收入40 000万元以下的为中小微型企业，其中，从业人员300人及以上，且营业收入2 000万元及以上的为中型企业；从业人员20人及以上，且营业收入300万元及以上的为小型企业；从业人员20人以下或营业收入300万元以下的为微型企业。

②非企业会计法规体系

非企业会计法规体系从会计主体看相对复杂，主要包括以下内容：

第一，政府会计法规体系。该体系适用于我国各级政府、各部门、各单位，包括与本级政府财政部门直接或者间接发生预算拨款关系的国家机关、政党组织、社会团体、事业单位和其他单位。目前，我国政府会计法规体系主要由1项基本准则、10项具体准则、2项具体准则应用指南、7项准则制度解释、1项指引、2项制度构成。其中，2项制度分别为政府会计制度和财政总会计制度。

第二，民间非营利组织会计制度。该制度适用于在中华人民共和国境内依法设立的符合本制度规定特征的民间非营利组织。民间非营利组织包括依照国家法律、行政法规登记的社会团体、基金会、民办非企业单位，以及寺院、宫观、清真寺、教堂等。

第三，社会保险基金会计制度。该制度适用于负责经办社会保险基金的社会保险经办机构（以下简称经办机构），包括在中华人民共和国境内依据《中华人民共和国社会保险法》建立的养老保险、医疗保险、工伤保险、失业保险等基金的经办机构。

第四，工会会计制度。该制度适用于各级工会，包括基层工会及县级以上（含县级）工会。工会所属事业单位、工会所属企业及挂靠工会管理的社会团体，不适用本制度。

第五，农民专业合作社会计制度。该制度适用于依照《中华人民共和国农民专业合作社法》设立，并取得法人资格的农民专业合作社和农民专业合作社联合社（以下简称合作社）。

第六，村集体经济组织会计制度。该制度适用于按村或村民小组设置的社区性集体经济组织（以下简称村集体经济组织）。代行村集体经济组织职能的村民委员也会执行本制度。

第七，中国人民解放军会计制度。该制度是由中国人民解放军总后勤部根据党和国家的财经方针政策，根据《中华人民共和国会计法》，结合军队的实际情况制定并颁发的，适用于中国人民解放军各级单位，包括总部、军区级单位、军级以下单位等，涵盖军队的财务部门和事业部门。

第八，中国人民银行会计基本制度。该制度是根据《中华人民共和国会计法》《中华人民共和国中国人民银行法》及其他有关法律、法规和规章制定的，适用于中国人民银行及各级分支机构。

第九，其他会计法规。除上述会计法规外，还有一些专项基金核算办法和补充规定等，比如《住宅专项维修资金会计核算办法》《道路交通事故社会救助基金会计核算办法》《事业单位成本核算基本指引》等。

③会计准则与制度的关系

从上述会计法规体系可以看出，有的行业只有准则，有的行业只有制度，有的行业准则和制度并存。其实，准则和制度都是规范会计行为的文件，两者在内容上是一致的。但是，准则和制度的理念不同，准则以原则为导向，规范会计行为的原则，具有超前性；制度以规则为导向，规范行为的结果，相对滞后，这种滞后性体现在制度规范的是已知行为的会计处理方法，对于一些新发生的经济事项，制度没有及时予以规范时，则需要根据准则来确定会计处理方法。所以，培养研读会计法律法规原文的意识和能力，对于提升会计专业素养是非常重要的。

（3）行业会计总体差异

行业会计内容丰富多彩、包罗万象，相互之间既有共性，又有个性。本课程内容即是以工业企业会计为基准，其他常见行业会计与其相比显现的差异，主要涉及政府会计、商业企业会计、建筑企业会计、房地产开发企业会计、物流企业会计、旅行社和酒店企业会计、商业银行会计、农业企业会计和民间非营利组织会计之间的差异，在总体上主要表现以下几方面：

①核算对象

不同行业的资金运动过程差别很大，业务类型不尽相同，核算对象各有特点。比如，工业企业的资金运动过程是“货币—材料—生产成本—商品—货币′”，商业企业的资金运动过程是“货币—商品—货币′”，金融企业的资金运动过程是“货币—货币′”，核算对象的差异导致了其会计处理的差异。

②会计要素与会计科目

企业会计和非企业会计的会计要素差别较大。企业会计有六大要素，会计等式为“资产=负债+所有者权益”“收入-费用=利润”；政府会计有八大要素，会计等式为“资产=负债+净资产”“收入-费用=盈余（属于净资产）”“预算收入-预算支出=预算结余”；民间非营利组织有五大要素，与政府财务会计相同。由此产生的会计科目差异更是明显，而且有些会计科目只在一个或少数几个行业会计中使用，比如“零余额账户用款额度”“财政应返还额度”科目主要在政府会计和工会会计中使用，“消耗性生物资产”科目主要在农业企业会计中使用，“限定性净资产”科目主要在民间非营利组织会计中使用等。

③资产范围

不同行业单位资产的范围及相关核算存在或大或小的差异。比如，政府资产中有零余额账户用款额度、财政应返还额度、公共基础设施、保障性住房等，非政府单位则没有这些内容。

④存货核算方法

不同行业单位的存货类型及价值占比差别较大。比如，商业企业的资产主要是存货，类型多，金额大，与其他行业核算差别较大，比较明显的是零售企业的存货采用售价核算法。

⑤成本费用范围

不同行业的成本费用项目构成也存在或大或小的差别。比如，工业企业的产品成本由直接材料、直接人工和制造费用构成；建筑企业的施工成本中机械使用费占相当大的比例；房地产开发企业的成本则包括土地成本、前期工程费、基础设施费、建筑安装工程费、配套设施费等；餐饮企业的餐饮品成本仅包括食材成本；工业企业的采购成本包含采购费用，而零售企业的采购成本则通常不包含采购费用。

⑥收入确认方法

企业和非企业单位，因会计基础不同，收入确认存在差异。比如，普通企业采用权责发生制确认收入，政府单位则同时采用权责发生制和收付实现制确认收入与预算收入。不同行业的企业，也存在不同的收入确认方法，比如，建筑企业的收入确认方法就与其他行业有显著不同。

（4）本课程与“财务会计”课程的关系

与普通“财务会计”课程相比，两门课程都是以经济活动的会计确认和计量为主要内容，但本课程内容范围更广、更为具体、更具个性，见表1-3。因此，本课程以学习具体的个性化内容为主，共性内容略学或不学。

表1-3 **“财务会计”课程与“行业会计比较”课程对比表**

课程名称	内容范围	业务类型	内容性质
财务会计	企业会计	抽象性、通用性	一般性、共性
行业会计比较	企业会计和非企业会计	具体性、专用性	特殊性、个性

（5）本课程涉及的增值税税率

①销售或者进口货物的税率分为几类：

粮食等农产品、食用植物油、食用盐的税率为9%。

自来水、暖气、冷气、热水、煤气、石油液化气、沼气、二甲醚、沼气、居民用煤炭制品的税率为9%。

图书、报纸、杂志、影像制品、电子出版物的税率为9%。

饲料、化肥、农药、农机、农膜的税率为9%。

其他货物的税率为13%。

②销售劳务，如加工、修理修配劳务的税率为13%。

③租赁服务，租赁有形动产的税率为13%，租赁不动产的税率为9%。

④建筑服务，包括工程服务、安装服务、修缮服务、装饰服务和其他建筑服务的税率为9%。

⑤交通运输服务，包括陆路运输服务、水路运输服务、航空运输服务、管道运输服务、无运输工具承运业务以及邮政服务的税率为9%。

⑥销售不动产，如转让建筑物、构筑物等不动产产权的税率为9%。

⑦销售无形资产，如转让技术、商标、著作权、商誉、自然资源和其他权益性无形资产所有权或使用权的税率为6%。其中，转让土地使用权的税率为9%。

⑧金融服务，如贷款服务、直接收费金融服务、保险服务、金融商品转让的税率为6%。

⑨现代服务，如研发和技术服务、信息技术服务、文化创意服务、物流辅助服务、鉴证咨询服务、广播影视服务、商务辅助服务的税率为6%。

⑩生活服务，文化体育服务的税率为6%，教育医疗服务的税率为6%。

【练习1-1】

(1)［多选］关于产业与行业的关系，说法错误的是（　　）。

A.产业由相关行业组成　　B.行业由相关产业组成

C.房地产业属于第二产业　　D.电力供应业属于第三产业

(2)［多选］行业会计差异主要表现在（　　）方面。

A.核算对象　　B.会计要素与会计科目

C.收入确认方法　　D.成本费用范围

任务1.2　通晓行业会计学习策略

场景1-2　探寻《行业会计比较》学习策略

小沈同学拿到面试官给他的《行业会计比较》，这本书看起来蛮厚的。面试官说，只考刚才提到的5个行业的内容，其他内容以后慢慢学，可这些内容也不少啊。小沈翻开目录，眼睛一亮，里面竟然讲解了学习策略，赶快看看里面是怎么讲的。

【场景知识】行业会计的学习策略

据《现代汉语词典》的解释，策略是“根据形势发展而制定的行动方针和斗争方法”；教育心理学认为，学习策略是“学习者为了提高学习的效果和效率，有目的、有意识地制订的有关学习过程的复杂方案”。由此可见，学习策略是一种方针、方法、方案。

（1）运用学习策略的前提

①保持积极的学习态度

学习应该是积极主动的行为，保持积极的学习态度是运用学习策略的基本前提。如果学习者主观上不愿学习，消极应付，则不会去探究学习策略。我国古代伟大的思想家、政治家、教育家、儒家学派创始人孔子，将人分为四类，即“生而知之者，上也；学而知之者，次也；困而学之，又其次也；困而不学，民斯为下矣”，并说“我非生而知之者，好古，敏以求之者也”，孔子渊博的知识也是通过积极学习得来的。孔子所说的“知识”主要是指为人处世的正确道理。对于一般意义的生产生活知识，其实没有人“生而知之”，都必须“学而知之”。

积极主动的学习意识可能源于内在自省觉悟，也可能源于外在环境所迫，不管怎样产生，都通常表现为立志。孔子自述人生时说“吾十有五而志于学”，成为千百年来莘莘学子的立志榜样；明朝杰出的思想家、文学家、军事家、教育家王守仁（王阳明），十一岁时立志做圣贤，认为“登第恐未为第一等事，或读书学圣贤耳”，后来教导弟子们说“志不立，天下无可成之事”；晚清第一名臣曾国藩也在家书中写道“盖士人读书，第一要有志，第二要有识，第三要有恒”。立志后需要坚持，孔子说“三军可夺帅也，匹夫不可夺志也”，只有坚定志向并经过不懈努力，才可能最终学有所成。古代受自然和人为等因素影响，知识传播受限。唐宋八大家之首韩愈说“古之学者必有师。师者，所以传道授业解惑也”，拜师尊师成为古人“志于学”的首要表现，“程门立雪”的美谈得以千古流传。在现代信息社会中，知识的获取渠道已经非常丰富，但对于各个领域的初学者而言，教师的正确引领和指导仍然是难以取代的。“师傅领进门，修行在个人”，教师指引和个人努力都非常重要。

同时，学习应该是让人高兴和快乐的事情。《论语》开篇第一句是，子曰：“学而时习之，不亦说乎？”中国台湾大学哲学系教授傅佩荣先生认为，孔子的意思是“学了做人处世的道理，并在适当的时候去实践，不也觉得高兴吗？”其中，“学”的内容是“之”，指做人处世的道理，统称“知识”，在孔子时代具体指五经六艺，在现代社会中当然还包括各种生产生活知识；“习”指实践，包括实习、练习、温习、复习等学习活动，《说文解字》注释“习，数飞也”，指幼鸟飞来飞去学习飞翔，人也是通过“习”而真正掌握所学知识；“时”强调“适时”，做事情要讲究时机，不合时宜的事情通常不会让人高兴，甚至会产生不良后果。因此，适时地学和习则必有所得，这当然是让人高兴的事情。孔子还说“知之者不如好之者，好之者不如乐之者”，“之”指前述学习的内容，学习之后的第一层境界是“知之”，即知道、懂得、了解；第二层境界是“好之”，即爱好、喜爱、热衷；第三层境界是“乐之”，即以此为乐、乐在其中、乐此不疲。因此，要想体会到学习的喜悦与快乐，则必须从“知之”上升到“好之”，直至“乐之”，在“好之”境界或学有小成，在“乐之”境界则通常学有大成。人获得快乐的方式有很多，比如吃喝玩闹，学习也是其中之一，但最重要的是，学习在让人获得快乐的同时，能增益人的德行和能力等。

②具备基本的辩证思维

辩证思维是以变化发展视角认识事物的思维方式，是马克思主义辩证法在思维中的应用，具备基本的辩证思维是灵活运用学习策略的重要前提。

A.联系的观念

联系是指事物之间以及事物内部各要素之间相互影响、相互制约、相互作用的关系。事物是普遍联系的，这是马克思主义辩证法的一个基本观点。本课程之所以开设，是因为其与会计大类各专业其他课程存在诸多相通的地方，所以在学习过程中需要时常联系相关知识点。比如，学习政府会计时会用到“基础会计”课程中的“收付实现制”概念，学习商业企业会计时会继续深入学习“财务会计”课程中库存商品核算的售价核算法，学习建筑企业会计时会用到“成本会计”课程中的理论和方法等。另外，行业会计之间存在很多联系，比如，建筑企业的收入就是房地产企业的成本，各单位作为资产的银行存款正是商业银行的负债，旅行社会计中接团社的收入就是组团社的成本等。对于一项经济活动，如果从交易双方角度分别思考，则有助于全面、深入理解其会计处理。

就学习而言，孔子说“温故而知新”，意思是，温习旧知识能够获得旧知识的新领悟或者相关的新知识，从而拓展知识掌握的深度和广度。这强调的正是探寻和把握知识之间的联系，特别是新旧知识之间的联系。现代教育心理学中的建构主义理论认为，学习是一种学习者主动的“意义建构”活动，学习的质量取决于学习者建构意义的能力，而“联系”和“思考”是意义建构的关键，因此学习者通过学习建构自己的知识结构，尽管建构过程可能不尽相同，但最终如果与教师设计的系统、完整的知识结构吻合，那么学习活动就是成功的。

B.对立统一的思维

对立统一规律即矛盾规律，是指一切存在的事物都由既相互对立又相互统一的一对矛盾组合而成。对立统一规律是马克思主义辩证法的根本规律，“对立”强调事物的两个方面“互不相同”，“统一”强调事物的两个方面“相互依存”，所以看待事物、分析事理都需要至少从两个角度去考量。比如，会计分录中的借贷关系，借方与贷方的会计科目不同且必须同时存在、金额相等，也就是说，从会计角度看，任何经济活动都会导致相互依存的两类变化，一类为借方，另一类为贷方，两类变化是同时发生的，不可分割，并表现为两个或多个具体方面。

孔子论述学习方法时说“学而不思则罔，思而不学则殆”，意思是只学不思，就会因没有真正理解而迷茫，死记硬背，学而无果；如果只思不学，则会因没有知识基础、漫无边际地空想而精神疲倦，思而无果，甚至陷入精神危险状态。因此，“学”与“思”是学习的两个行为，相互不同但必须同时做到，“学”引导“思”，“思”促进“学”，这样才能产生预期的学习效果。

【拓展阅读1-2】

蝴蝶效应、六度分隔理论与物联网

第一，蝴蝶效应，指初始条件的微小变化，可能带动整个系统长期且巨大的链式反应——“一只南美洲的蝴蝶扇动翅膀，结果可能引发美国得克萨斯州的一场龙卷风”。蝴蝶效应（butterfly effect）是一种混沌现象，说明了任何事物发展均存在定数与变数，事物在发展过程中其轨迹有规律可循，同时存在不可测的“变数”，有时还会适得其反，一个微小的变化能影响事物的发展。

第二，六度分隔理论，即你和任何一个陌生人之间所间隔的人不会超过6个，也就是说，最多通过6个人你就能够认识任何一个陌生人。数学解释：若每个人平均认识260人，其6度就是260的6次方=308 915 776 000 000（约300万亿）。消除一些节点重复，也覆盖了整个地球人口的好多倍。

第三，物联网，即万物互联形成的一种网络，是一个基于互联网、传统电信网等信息承载体，让所有能够被独立寻址的普通物理对象实现互联互通的网络。物联网是传统互联网的延伸和拓展，通过把所有物品通过信息传感设备与互联网连接起来，进行信息交换，即物物相息，以实现智能化识别和管理。

［资料来源：编者根据百度百科整理而成。百度百科内容更新频率较高，本部分内容可能不是最新内容。］

（2）本课程的学习策略

学习策略的具体内容丰富繁多，不同学习者在不同课程、不同学习环境下，所运用的学习策略也不尽相同，在本课程学习中，重点强调以下四个方面：

①领悟会计基本原理

虽然学完了“财务会计”“成本会计”等先修课程，不少同学仍然懵懵懂懂，甚至没有入门，主要原因是会计基本原理没有学明白，在此温习两点。

A.会计职能

会计的基本职能是核算和监督。核算又称反映，是对会计主体的经济活动进行确认、计量、记录和报告，这是会计最基本的职能，没有核算就没有后续会计活动；监督又称控制，是对经济活动和会计核算的真实性、完整性、合法性和合理性进行检查督促。此外，会计有预测经济前景、参与经济决策、评价经营业绩等拓展职能。本课程的内容主要涉及会计核算职能中的确认和计量方面，即对经济活动进行定性和定量——经济活动导致什么会计科目发生了多少金额的增减变化，并用会计分录表示出来。只要会计确认和计量正确，会计记录和报告则水到渠成，本课程不再涉及。另外，预测、评价等其他会计职能，要在其他课程甚至实际会计工作中才能体现出来，因此编制会计分录这一会计最基本的专业能力训练，会在本课程的后续学习中予以凸显。

B.编制会计分录的步骤

会计确认和计量是根据“有借必有贷，借贷必相等”的记账规则，运用会计分录的形式记录经济活动的过程。会计分录有三个要素，即会计科目、借贷方向和金额，三要素的确定可以分为五步：

第一步，抓取关键信息。在充分理解经济活动的基础上，抓取发生变动的关键信息，这是编制会计分录的前提。但是，这一步一直被不同程度地忽略，这也是会计教学不同程度地脱离现实的根本原因。如果会计人员没有完全理解经济活动，或没能抓住关键信息，则不可能对经济活动做出正确的定性确认。因此，合格的会计人员必须首先要“懂业务”，要具备充分的经济活动常识或财经法规知识，比如，要完成金融工具的会计核算，则必须先理解金融工具的产生、运作和处置的全过程；要完成涉税业务的会计核算，则必须先通晓税收法规。只有这样，才能在做出正确会计处理的基础上，进而更好地为单位业务部门服务、为单位管理层提供决策支持，真正实现“业财融合”的目标。

第二步，确定账户名称及其增减变化。账户名称即会计科目，根据发生变动的关键信息，分析这些信息导致什么账户发生了什么变动——增加还是减少。“会计无他，唯增减尔”，没有导致账户增减变动的信息，则不需要进行会计处理。这一步是对经济活动相关信息进行会计分类，并确定变动性质。

第三步，判断借贷方向。根据发生变动的会计账户所属类别及其结构——哪方记增加、哪方记减少，确定其增减变化应记的借贷方向。前三步完成了对经济活动的定性确认。

第四步，确定账户变动金额。这一步对经济活动进行定量计量。复杂经济活动的计量可能还需要进行数学计算，或者根据“借贷必相等”规则推算出来。

第五步，试算平衡检查。按照格式要求写出会计分录后，必须进行试算平衡，检查借贷方金额合计是否相等。

【示例1-1】某企业从基本账户开户银行提取现金10 000元做备用金。该业务的会计分录相关信息分解过程，见表1-4。

表1-4 会计分录信息分解表

步骤	关键信息	账户名称	增减	账户类别	方向	账户变动金额	试算平衡
	①	②	②	③	③	④	⑤
1	开户银行	银行存款	减少	资产类	贷	10 000元	借贷相等
2	提取现金	库存现金	增加	资产类	借	10 000元	

会计分录如下：

借：库存现金　　10 000

　贷：银行存款　　10 000

✲【知识点拨1-1】本课程涉及的法律法规查询、下载网址：

会计法规：财政部会计司 http：//kjs.mof.gov.cn/

税收法规：国家税务总局政策法规库 https：//fgk.chinatax.gov.cn/

其他法律法规：国家法律法规数据库 https：//flk.npc.gov.cn/index.html

②理解会计常用数学计算方法

在会计计量中，有时需要做一些相对复杂的数学计算，常用的有两种方法，即分配计算法和加权平均计算法。

A.分配计算法

如果一组计量对象发生了一笔共同成本或收入（被分配金额）需要分摊，则应依据某种尺度（分配标准），用数学方法计算确定每个计量对象所要承担的分配金额。在这种分配计算中，分配标准的选择是关键，基本原则是被分配金额与分配标准要成正比例或呈尽可能大的正相关关系。有时候两者不一定有严格的正比例关系，那么较大的正相关关系也是可以被接受的，即分配标准越大，相应的被分配金额就越大。比如，在分配几种原材料共同发生的运费时，如果运费是按重量支付的，重量越大，承担的运费越多，那么分配标准最好选择重量；而分配保险费时，保费通常是按照保险金额计算的，则最好选择保险金额作为分配标准。

具体分配计算时有两种方法可供选择。

第一种，分配率法，公式如下：

分配率=被分配金额÷$\sum$分配标准

分配金额=分配标准×分配率

分配率法在“成本会计”课程中被广泛使用，分配率不一定具有实际意义。该公式的数学验算过程如下：

设甲、乙、丙的分配标准的量分别是A、B、C，被分配金额是X，则：

分配率=X÷（A+B+C）

甲分配金额=A•X÷（A+B+C）

乙分配金额=B•X÷（A+B+C）

丙分配金额=C•X÷（A+B+C）

甲乙丙分配金额合计应该等于被分配金额，即：

A•X÷（A+B+C）+B•X÷（A+B+C）+C•X÷（A+B+C）

=（A+B+C）•X÷（A+B+C）

=X

第二种，比例法，公式如下：

分配金额=被分配金额×分配标准比例

分配标准比例=分配标准÷$\sum$分配标准

需要注意：第一，如果分配率或分配标准比例不能除尽，则通常采用四舍五入的办法保留四位小数或百分比两位小数。第二，四舍五入取得的分配率或分配标准比例会出现尾差问题，处理的原则是先确定要结转到下期的期末余额，然后用减法将尾差倒挤在当期，这样可以减少以后会计期间的误差；如果不涉及跨期问题，则优先挤在最大分配标准的分配金额里，以降低其他分配金额的误差。

【示例1-2】A、B两位女生和C、D、E三位男生周末聚餐，共花费215元（被分配金额），如果采用AA制付账，则平均每人43元。男生们为体现风度，提出女生们免费，但女生们不愿让男生们买单，最终大家决定以体重为分配标准进行分摊，因为总体上看，体重小的两位女生吃得较少，体重大的三位男生吃得较多，体重与饭量呈较大的正相关关系、饭量与被分配金额成正比例关系（本例仅为说明原理）。

第一种，分配率法计算见表1-5。

表1-5　　聚餐费用分配表

计量对象	分配标准（体重/斤）	分配率	分配金额（元）	分配金额（元）
A	70		29.51	29.51
B	80		33.73	33.73
C	120		50.59	50.59
*D	130		54.81	*54.79
E	110		46.38	46.38
合计	510	0.4216	215.02	215.00

计算过程如下：

分配率=215÷（70+80+120+130+110）=0.4216

A分配金额：70×0.4216=29.51（元）

B分配金额：80×0.4216=33.73（元）

C分配金额：120×0.4216=50.59（元）

E分配金额：110×0.4216=46.38（元）

D分配金额：215-29.51-33.73-50.59-46.38=54.79（元）

从表1-5可以看出，D分配金额如果直接计算，结果为54.81元（130×0.4216），合计为215.02元，会有0.02元尾差，因此不能再用乘法，要用减法倒挤出来。

第二种，比例法计算见表1-6。

表1-6　　聚餐费用分配表

计量对象	分配标准（体重/斤）	分配比例（%）	分配金额（元）
A	70	13.73	29.52
B	80	15.69	33.73
C	120	23.53	50.59

续表

计量对象	分配标准（体重/斤）	分配比例（%）	分配金额（元）
*D	130	*25.48	*54.78
E	110	21.57	46.38
合计	510	100.00	215.00

计算过程如下：

A分配标准比例：70÷510×100%=13.73%

B分配标准比例：80÷510×100%=15.69%

C分配标准比例：120÷510×100%=23.53%

E分配标准比例：110÷510×100%=21.57%

D分配标准比例：1-13.73%-15.69%-23.53%-21.57%=25.48%

A分配金额：215×13.73%=29.52（元）

B分配金额：215×15.69%=33.73（元）

C分配金额：215×23.53%=50.59（元）

E分配金额：215×21.57%=46.38（元）

D分配金额：215-29.52-33.73-50.59-46.38=54.78（元）

从本例看，两种方法的分配结果基本相同，而分配率法计算量较少。其实，计量对象数量越多，分配率法的优点则越明显。

B.加权平均计算法

加权平均与算术平均相对应，是考虑不同数值的重要性而做的平均。比如，材料发出时计算的加权平均单价，就是以数量为权数的加权平均值，结果将更接近交易数量最大的单价。

加权平均值是将各数值乘以相应的权数进行加总求和后，除以总权数而得到的平均值。加权平均值的大小，不仅取决于各数值的大小，而且取决于各数值出现的次数，次数越多则重要性越大，由于各数值出现的次数对其在平均数中的影响起着权衡轻重的作用，因此叫作权数。

设有数值A、B、C、…、N，其权数分别是a、b、c、…、n，则其加权平均值=（A·a+B·b+C·c+…+N·n）÷（a+b+c+…+n）。

【示例1-3】学校学期末总评成绩为期末考试、期中考试和作业3项成绩的平均值，假如某同学期中考试得了90分，期末92分，平时作业97分。

第一，算术平均法计算如下：

期末总评成绩=（90+92+97）÷3=93（分）

第二，加权平均法计算如下：

如果学校规定期末总评成绩中，期中考试成绩占20%，期末考试成绩占60%，作业成绩占20%，则：

期末总评成绩=（90×20%+92×60%+97×20%）÷（20%+60%+20%）=92.6（分）

假如学校规定期末总评成绩中，期中考试成绩占30%，期末考试成绩占50%，作业成绩占20%，则：

期末总评成绩=（90×30%+92×50%+97×20%）÷（30%+50%+20%）=92.4（分）

所以，同样的成绩，权数不同，加权平均值就不同。而算术平均值实际上是一种特殊的加权平均值，即各数值具有相同权重（都是1）的加权平均值。

在会计课程的有关计算中，除加权平均单价外，材料成本差异率、商品进销差价率等计算，也运用了加权平均法。

③树立会计学习思维

会计学习思维是学习会计所特有的思维模式，具备会计学习思维可以将知识点联系起来，融会贯通，使学习事半功倍，大大提升学习效率。

A.三阶段脉络

资产、负债和所有者权益（净资产）是反映财务状况的会计要素。资产是一种物质，唯物主义者认为，物质都会经历一个从产生到消失的过程："产生"即怎么来的；"消失"即怎么没的；从产生到消失的期间是"存在"阶段，即怎么在的。"产生（怎么来的）→存在（怎么在的）→消失（怎么没的）"，这就是三阶段脉络。作为资产来说，"怎么来的"，主要方式是花钱购买和自己建造等；"怎么在的"，主要事项是取得出租收益、计提折旧摊销、期末重新计价并可能发生减值、后续维修或更新改造等；"怎么没的"，主要方式是卖掉了、自用了或者报废核销了等。同时，所有者权益与资产相对应，也会经过"三阶段"，不过部分权益项目的存在阶段可能不会有什么变化，无须会计处理；大部分负债只经过两阶段——"怎么来的"和"怎么没的"，只有少部分负债，比如借款可能会在存续期间支付或摊销利息费用。因此，对于财务状况要素内容的学习，应该以其三阶段脉络为抓手，全面系统地理解其会计处理。

B."三生"理念

有些经济活动可能不是独立发生的，会有过去已经发生和未来将要发生的相关业务，所以要弄清过去和现在是怎么回事、未来又将怎样。把现在比作"今生"，过去比作"前生"，未来比作"来生"，看透经济活动的"三生三世"，方能理解"今生今世"并做出正确的会计处理，这就是"三生"理念。比如，原材料核算的计划成本法中，在结转发出原材料的时候（今生）要用计划成本计量，因为原材料采购入库的时候（前生）就是以计划成本计量的，可计划成本毕竟不是实际成本，所以月末（来生）还要分摊材料成本差异，将结转发出的计划成本调整为实际成本，理解了计划成本的前前后后，才能真正对计划成本法有一个完整的理解。

C.归零定律

会计的基本职能是反映经济活动的过程和结果，当一项经济活动结束后，在会计上的表现就是所有相关账户"归零"——"Game is over"，这就是归零定律。如因漏记、错记等，会计业务结束后，相关账户没有归零，则必定存在记账错误。比如，采购材料入库后，"在途物资"账户归零；货款收回后，"应收账款"账户归零；材料欠款支付后，"应付账款"账户归零；工程完工转为固定资产后，"在建工程"账户归零；固定资产处置时，账面余额转入"固定资产清理"账户，"固定资产""累计折旧""固定资产减值准备"账户归零，清理结束后，"固定资产清理"账户归零；资产发生溢缺时，记入"待处理财产损溢"账户，处理结束后该账户归零；期末结转后，各损益类账户归零；利润分配后，除未分配利润外，其他明细账户归零等，比比皆是。

✲【知识点拨1-2】三阶段脉络强调的是会计学习的空间思维，"三生"理念强调的是会计学习的时间思维，归零定律强调的则是会计学习和实践的终结思维。会计账户有余额就意味着事情没有结束，比如应收账款没有收回，应付账款需要偿还，应交税费需要上交等，都是未了之事，对于会计人员或高层管理者来说，最好想办法尽快了结；否则如果未按时行使权利或履行义务，可能夜长梦多，如发生坏账、被要求支付违约金或遭受罚款处分等。

④掌握行业会计学习方法

理论学习要学方法，实务学习要学操作。本课程是理论和实务并重的课程，所以学习本课程，应该在“联系”观念的指导下，践行“温故而知新”的学习路径，且“学”且“思”，且“知”且“行”。在此，主要强调三种学习方法，即比较法、迁移法和实训法，其中，比较法和迁移法侧重“知”的层面，实训法侧重“行”的层面。

A.比较法

本课程以各行业的个性化会计核算内容为主，而这些内容主要是通过比较的方法筛选出来的，具体来说，是将各行业会计与工业企业会计进行比较。当然在学习的过程中，各非工业企业会计之间也是有必要进行比较的。因此，比较法贯穿于本课程的始终。一方面，比较会计科目。识记会计科目是会计学习的基础，行业会计差异最直观的体现就是会计科目，通过比较会计科目，就能发现各行业会计学习的重点。当然，会计科目不能硬记，经过反复学习和使用，自然而然就记住了。另一方面，比较会计处理。对于同一种经济活动，可以比较其在不同行业之间会计处理的相同点和不同点，比如，采购业务会计处理，可以在具有代表性的工业企业、商业企业、政府单位、农业企业之间进行比较，将会发现价款是都要计入采购成本的，而采购费用和进项税额则不一定：工业企业的材料采购费用是要计入采购成本的，商业企业的商品采购费用通常不计入采购成本；政府单位通常因不具备一般纳税人资格而不核算进项税额，农业企业通常因农产品销售免征增值税而不核算进项税额。

B.迁移法

学习迁移是现代教育理论中非常重要的概念，是指一种学习对另一种学习的影响，或习得的经验对完成其他活动的影响。学习迁移可以从不同角度去分类，根据迁移内容的抽象和概括水平不同，可以分为横向迁移和纵向迁移。

横向迁移即水平迁移，是指在难度、复杂程度和概括层次上处于同一水平的先行学习内容、学习活动对后继学习内容、学习活动产生的影响。这种方法我国古人早就明白，即举一反三。我国古代房屋四角各有称谓，《尔雅·释宫》记载：“西南隅谓之奥，西北隅谓之屋漏，东北隅谓之宧（yí），东南隅谓之窔（yào）。”孔子对学生们说：“举一隅不以三隅反，则不复也。”意思是：“我说一个屋角，你们要能想到另外三个屋角，不然我就不再教你们了。”比如，学习了坏账准备后，要能想到后面的资产都会有减值准备，包括存货跌价准备、在建工程减值准备、固定资产减值准备、无形资产减值准备、使用权资产减值准备、投资性房地产减值准备、债权投资减值准备、长期股权投资减值准备、生产性生物资产减值准备等，再用比较法去学习这些减值准备的会计处理有什么相同点和不同点。

纵向迁移，即垂直迁移，是指处于不同抽象、概括水平的经验之间的相互影响，也就是指先行学习内容对后续学习内容的影响是不同水平的学习活动之间产生的影响，具体又分为两种情况：低层次学习对高层次学习的影响和高层次学习对低层次学习的影响，前者是归纳式学习，后者是演绎式学习。举个例子，我们知道存货的入账成本包括入库前发生的必要支出，固定资产的入账成本包括达到预定可使用状态前发生的必要支出，无形资产的入账成本包括达到预定用途发生的必要支出。归纳一下就是，这些资产的入账成本都是包括达到“预定可使用或可销售状态”时的必要支出，在这个状态下，资产具备了能够通过使用或销售给企业带来经济利益的能力——这是资产的核心特征，这时资产购建完成，后面再发生的仓库保管费等，不能再计入资产入账成本，而且这个时点正是借款费用停止资本化的时点，这就是归纳式学习。那么，生产性生物资产的入账成本应该包括什么呢？即使没学到，也可以由此推知，应该是达到预定用途或目的前发生的必要支出，这就是演绎式学习。

学习能力的锻炼非常重要，这是古今中外教育界的共识，在倡导终身学习的现代社会中尤为重要。我国有句古话叫“授人以鱼，不如授之以渔”，现代西方教育学者也从学生角度着力强调“Learn how to learn”。子曰“温故而知新，可以为师矣”，意思是具备“温故而知新”这种能力的人，能够不用别人教而无师自通，就可以当老师去教别人了。我国著名语言文字学家杨树达先生在其《论语疏证》中对此做了解析：“记问博习，强识之事也；温故知新，通悟之事也。孔子之教，以通悟为上，强识次之。故温故知新可以为师，记问博习无与于师道也。”

C.实训法

学习应该是学思结合、知行合一的过程，在理论和方法指导下操作，在操作中领悟理论和方法。因此，本课程根据产出导向法（production-oriented approach，POA）的“驱动”理念，设计了具有高度仿真性、逻辑性和系统性的场景任务，使学习者首先在场景任务的挑战中激发学习欲望，主动学习后面相关的会计理论知识和示例等内容，然后在教师的指导下完成场景任务挑战，最后总结评价学习者的产出结果，结束学习活动，实现学习者综合能力的提升。

【拓展阅读1-3】

两本《学习之道》

（1）《学习之道》（Learning how to learn），作者芭芭拉·奥克利（Barbara Oakley），美国加利福尼亚大学工程学教授，本科专业是俄语，热爱文学，工作后不得不学习大量新知识，包括令人头疼的数学，后来回到加利福尼亚大学，回炉再炼，跨界获得工程学博士学位，并留校担任教授。在MOOC、Coursera上开设学习课“Learning how to learn”。这是一本教你如何学习的书，看过的人秒变“学霸体质”。

（2）《学习之道》（The art of learning），作者乔希·维茨金（Josh Waitzkin），13岁即获得美国象棋大师头衔。在纵横西方棋坛10年后，维茨金22岁开始研习太极拳，并连续21次赢得全美太极冠军及世界冠军头衔。他的传奇经历及成功心法被美国人奉为学习经典。

［资料来源：编者根据京东商城所销售的这两本书的介绍整理而成。］

【练习1-2】

（1）某公司原材料采用计划成本法核算，2月初原材料账户余额为100 000元、材料成本差异账户贷方余额为3 000元，2月购入原材料计划成本为900 000元、实际成本为870 000元，2月发出原材料计划成本为850 000元。请计算本月发出原材料应分摊的材料成本差异。

被分配金额（材料成本差异）= ________________

月末原材料计划成本=________________________________

分配标准（计划成本）=________________________________

分配率=________________________________

发出材料应分配差异金额=________________________________

结存材料应分配差异金额=________________________________

(2)［多选］下列关于资产减值准备的说法，正确的是（　　）。

A.坏账准备可以转回

B.存货跌价准备可以转回

C.在建工程减值准备可以转回

D.固定资产减值准备可以转回

E.无形资产减值准备可以转回

F.流动资产计提的减值准备可以转回

G.非流动资产计提的减值准备可以转回

(3)［多选］下列关于资产减值准备的说法正确的是（　　）。

A.流动资产计提的减值准备不可以转回

B.非流动资产计提的减值准备不可以转回

C.使用权资产减值准备不可以转回

D.投资性房地产减值准备可以转回

E.债权投资减值准备可以转回

F.生产性生物资产减值准备不可以转回

G.由A或B推断C、D、E或F，属于横向迁移

H.由A或B推断C、D、E或F，属于纵向迁移

参考资料

2 项目2 政府会计

【知识目标】

1. 了解我国的政治制度、国家机构类型、政府预算制度基本内容、政府会计辅助核算要素；

2. 熟悉我国政府单位收入与预算收入、费用与预算支出、盈余与预算结余的内容和分类；

3. 理解我国政府会计的基本原理、政府资金“收支两条线”原则及其具体应用、政府单位年末财政对账方法、政府单位期末结转与分配的路径；

4. 掌握我国政府财务会计与预算会计的平行记账方法，以及政府单位资产、负债、净资产、收入、费用、预算收入、预算支出、预算结余八个会计要素的具体核算方法。

【能力目标】

1. 能够运用政府会计基本原理，完成政府单位财政拨款收入和非财政拨款收入、费用化支出和资本化支出、期末结转、盈余结余分配及其调整变动等业务核算；

2. 能够比较分析政府会计与企业会计在同类业务核算中的异同。

【价值目标】

1. 增强人民当家作主的观念，坚定对中国特色社会主义政治制度的自信；

2. 树立财经纪律意识，强化依法治国理念，自觉抵制贪腐思想和行为；

3. 培养会计服务意识，树立业财融合理念。

任务2.1 认知政府会计

任务2.1.1 认识政府单位与政府预算

场景2-1 用财务数据分析公立大学的学生学费比私立大学少的基本原因

场景2-1

大学的收费标准要由同级政府的发展和改革委员会审批，大学自身不能随意调整，相关信息通常能够通过学校官方网站的招生部门、财务部门或信息公开专栏等途径获取。分别收集一所公立大学和私立大学的收费标准信息后，再分别登录该公立大学（或教育主管部门）和私立大学（或教育主管部门）的官方网站，在其财务部门或信息公开专栏等，获取近三年的决算公开表，分别测算该公立大学和私立大学近三年的收入结构的平均比例。其中，“财政拨款收入”项目列示同级政府财政部门直接无偿拨付的经费收入，“事业收入”项目列示学生学费收入、科研收入和其他事业活动收入，但以学生学费收入为主，而私立大学的财政拨款收入很少，可以忽略不计。通过公立大学的财政拨款收入、事业收入占比等财务数据，对公立大学的学生学费大大少于私立大学的事实做基本解释。

【场景知识】政府预算制度

场景知识

政府预算制度

（1）背景导入：2024年全国“两会”

每年一度的全国“两会”都是我国政治生活的大事。2024年全国“两会”，即中华人民共和国第十四届全国人民代表大会第二次会议（以下简称全国人大会议）和中国人民政治协商会议第十四届全国委员会第二次会议（以下简称全国政协会议），分别于2024年3月5—11日和2024年3月4—10日在北京人民大会堂召开。2024年全国人大会议和全国政协会议会场如图2-1所示。

图2-1　2024年全国人大会议（左）和全国政协会议（右）会场

其中，2024年全国人大会议议程如下：

“一、审议政府工作报告

二、审查2023年国民经济和社会发展计划执行情况与2024年国民经济和社会发展计划草案的报告、2024年国民经济和社会发展计划草案

三、审查2023年中央和地方预算执行情况与2024年中央和地方预算草案的报告、2024年中央和地方预算草案

四、审议全国人民代表大会常务委员会关于提请审议《中华人民共和国国务院组织法（修订草案）》的议案

五、审议全国人民代表大会常务委员会工作报告

六、审议最高人民法院工作报告

七、审议最高人民检察院工作报告”

人民代表大会制度是我国的根本政治制度。《中华人民共和国宪法》规定：“中华人民共和国的一切权力属于人民。人民行使国家权力的机关是全国人民代表大会和地方各级人民代表大会。”每年的全国人大会议，就是人民选出的全国人大代表，代表人民行使国家权力的会议，上述第三项议程中的上年“预算执行情况”，即决算报告，正是政府会计的直接工作成果。

【拓展阅读2-1】

人民政协的历史发展

中国共产党领导的多党合作和政治协商制度是具有中国特色的政党制度。中国人民政治协商会议，简称人民政协，是中国共产党领导的多党合作和政治协商的重要机构。1949年9月21—30日，中国人民政治协商会议举行了第一届全体会议，代行全国人民代表大会的职权，代表全国人民的意志，宣告了中华人民共和国的成立。1954年12月召开了政协第二届全国委员会第一次会议，制定了《中国人民政治协商会议章程》，章程宣告：人民政协全体会议代行全国人民代表大会的职权已经结束。《中华人民共和国宪法》规定，中国共产党领导的多党合作和政治协商制度将长期存在和发展。人民政协作为实现这一基本制度的重要组织形式，将在国家的政治生活、社会生活和对外友好活动中，在进行现代化建设、维护国家的统一和加强各民族的团结中，进一步发挥重要作用。

［资料来源：中国政协网.人民政协的历史发展［EB/OL］.［2024-09-14］. http://www.cppcc.gov.cn/2011/12/16/ARTI1513486845689383.shtml.］

（2）政府单位的类型

在《国民经济行业分类》（GB/T 4754—2017）中，政府单位属于第三产业中的“公共管理、社会保障和社会组织”门类。“政府”一般有广义和狭义之分，广义的政府是指行使国家权力的所有机关，包括立法机关、行政机关和司法机关；狭义的政府是指国家权力的执行机关，即国家行政机关。政府的职能主要有以下四类：①政治职能，即攘外安内，维护国家独立和主权，实现国家长治久安；②经济职能，即实现国家经济稳定和发展，提高国家硬实力；③文化职能，即继承和发展国家文化事业，提高国家软实力；④服务职能，即弥补市场失灵，提供公共服务，完善社会管理。

政府会计中的“政府”，即执行《政府会计准则》的会计主体，具体指与各级人民政府财政部门直接或者间接发生预算拨款关系的国家机关、政党组织、社会团体、事业单位和其他单位（本项目简称“单位”），但不包括军队、已纳入企业财务管理体系的单位和执行《民间非营利组织会计制度》的社会团体，暂不包括执行《工会会计制度》的各级工会组织。因此，政府会计主体属于广义政府，按照具体职责不同，主要分为两大类：行政单位和事业单位。

行政单位是指进行国家行政管理、组织经济建设和文化建设、维护社会公共秩序的单位，主要包括：①国家权力机关，即各级人民代表大会；②行政机关，即各级人民政府及其组成部门或机构；③监察司法机关，即各级监察委员会、人民法院和人民检察院；④实行预算管理的其他机关，如政协机关、政党组织等。

事业单位是指由各级人民政府利用国有资产设立的，从事教育、科技、文化、卫生等活动的单位，比如公立学校、医院、科研机构、图书馆、博物馆等，具体分为两类：承担义务教育、基础性科研、公共文化、公共卫生及基层的基本医疗服务等基本公益服务，不能或不宜由市场配置资源的，为公益一类事业单位，其经费由政府财政部门全额拨付；承担高等教育、非营利医疗等公益服务，可部分由市场配置资源的，为公益二类事业单位，其经费由政府财政部门部分拨付。与行政单位相比，事业单位属于社会服务组织，从事具体的社会生产活动；与企业单位相比，事业单位的社会生产活动不以营利为目的；与民间非营利组织相比，事业单位的日常运行资金主要是公共财政资金。

【头脑风暴 2-1】请举例说明不执行《政府会计准则》的单位及理由。

（3）政府预算

①政府预算的基本含义

“预算”一词从字面上理解是指在经济上“预先盘算”的意思。任何单位的运行都离不开资金收支，政府单位也不例外，而且政府单位使用的资金为公共资金，管理更为严格，比企业单位更强调资金收支的“计划性”。

预算是经法定程序批准的年度财政收支计划，我国实行“一级政府一级预算”，总共五级预算，分为中央预算和地方预算两类，其中，地方预算由各省、自治区、直辖市总预算组成，地方各级总预算由本级预算和汇总的下一级总预算组成。预算体现各级政府的战略和政策，反映各级政府的活动范围和方向，是推进国家治理体系和治理能力现代化的重要支撑，是宏观调控的重要手段。

按编制主体不同，预算分为政府预算、部门预算和单位预算。政府预算是各级政府的年度财政收支总计划，由部门预算、转移性预算和预备费汇总而成，其中，转移性预算和预备费由各级政府财政部门统一编制。部门预算是政府各组成部门的年度综合财务收支计划，由部门本级预算及其所属各单位预算汇总而成，既包括部门自身的行政预算，也包括下属单位预算。比如，海南省教育厅编制的部门预算，范围上包括省教育厅本级、省考试局和各直属学校等单位的预算，这里的“部门”是指由财政部门直接管理的一级预算单位。单位预算是政府部门各组成单位的年度财务收支计划，这里的“单位”，包括部门本级及其直属单位，从预算管理关系上看，是二级预算单位本级及其下级预算单位。政府预算级次和预算单位级次示例见表2-1。

表 2-1　政府预算级次和预算单位级次示例表

<table>
<tr><th>类别</th><th>政府预算</th><th colspan="10">部门预算</th><th>转移性预算</th><th>预备费</th></tr>
<tr><td rowspan="4">中央预算</td><td rowspan="4">中央政府预算</td><td>一级单位</td><td colspan="6">教育部</td><td>财政部</td><td>水利部</td><td>…</td><td rowspan="11" colspan="2">由各级政府财政部门统一编制</td></tr>
<tr><td>二级单位</td><td>教育部本级</td><td colspan="3">北京大学</td><td>中国教育学会</td><td>…</td><td rowspan="2" colspan="3">（略）</td></tr>
<tr><td>三级单位</td><td>—</td><td>北京大学校本级</td><td>北京大学附属中学</td><td>…</td><td>—</td><td>…</td></tr>
<tr><td>…</td><td colspan="9">…</td></tr>
<tr><td rowspan="7">地方预算</td><td rowspan="4">省级政府预算（以海南省为例）</td><td>一级单位</td><td colspan="6">教育厅</td><td>财政厅</td><td>水利厅</td><td>…</td></tr>
<tr><td>二级单位</td><td>教育厅本级</td><td colspan="3">海南大学</td><td>海南省考试局</td><td>…</td><td rowspan="2" colspan="3">（略）</td></tr>
<tr><td>三级单位</td><td>—</td><td>海南大学校本级</td><td>海南大学附属幼儿园</td><td>…</td><td>—</td><td>…</td></tr>
<tr><td>…</td><td colspan="9">…</td></tr>
<tr><td>市级政府预算</td><td rowspan="3">（单位级次略）</td><td colspan="6">教育局</td><td>财政局</td><td>水利局</td><td>…</td></tr>
<tr><td>县级政府预算</td><td colspan="6">教育局</td><td>财政局</td><td>水利局</td><td>…</td></tr>
<tr><td>乡级政府预算</td><td colspan="6">教育办</td><td>财政所</td><td>水利站</td><td>…</td></tr>
</table>

②部门预算的内容

预算在结构上，由收入预算和支出预算两部分构成。《中华人民共和国预算法》规定，政府的全部收入和支出都应当纳入预算，即“有收入必预算，无预算不支出”。因此，预算是政府财务活动的起点。

我国政府预算是由一般公共预算、政府性基金预算、国有资本经营预算和社会保险基金预算四项内容组成的复式预算，普通政府单位收支主要涉及一般公共预算和政府性基金预算。预算编制按照“二上二下”的基本流程，由单位预算逐级向上汇总为部门预算，再上报同级政府财政部门形成政府预算，除另有特殊规定外，要坚持“预算收入=预算支出”的原则，不列赤字。预算收支总表格式参考表2-2。

表 2-2 **部门（单位）预算收支总表**

预算年度：20××年　　　　金额单位：万元

收入		支出	
项目	预算数	项目	预算数
一、一般公共预算拨款收入	103 904.93	一、一般公共服务支出	
二、政府性基金预算拨款收入		二、外交支出	
三、国有资本经营预算拨款收入		三、国防支出	
四、财政专户管理资金收入	40 467.14	四、公共安全支出	
五、事业收入	29 580.00	五、教育支出	187 348.25
六、上级补助收入		六、科学技术支出	10 024.09
七、附属单位上缴收入		七、文化旅游体育与传媒支出	
八、事业单位经营收入		八、社会保障和就业支出	15 200.47
九、其他收入	8 353.00	九、社会保险基金支出	
		十、卫生健康支出	5 502.12
		十一、节能环保支出	
		十二、城乡社区支出	
		十三、农林水支出	2.08
		十四、交通运输支出	
		十五、资源勘探工业信息等支出	
		十六、商业服务业等支出	
		十七、金融支出	
		十八、援助其他地区支出	
		十九、自然资源海洋气象等支出	
		二十、住房保障支出	6 300.00
		二十一、粮油物资储备支出	
		二十二、国有资本经营预算支出	
		二十三、灾害防治及应急管理支出	
		二十四、预备费	
		二十五、其他支出	7 187.37
		二十六、转移性支出	
		二十七、债务还本支出	
		二十八、债务付息支出	
		二十九、债务发行费用支出	
本年收入合计	182 305.07	本年支出合计	231 564.38
上年结转	49 259.31	结转下年	
收入总计	231 564.38	支出总计	231 564.38

为了更清晰地反映预算支出的具体情况，需要按支出功能分类汇总编制，按支出经济分类进行细分。支出功能分类主要反映政府活动的不同功能和政策目标，说明政府的钱“打算做什么”，比如是办教育还是固国防，通常分为一般公共服务、外交、公共安全、国防、教育、科学技术、债务还本等类别。支出经济分类主要反映政府支出的经济性质和具体用途，说明政府的钱“打算怎样花”，比如是支付人员工资还是购置办公设备，单位常用的经济分类有工资福利支出、商品和服务支出、对个人和家庭的补助、债务利息及费用支出、资本性支出和其他支出等。政府经常会根据实际情况和管理需要的变化情况，按年度调整支出功能分类和支出经济分类的具体项目。

③预算的执行及其结果

政府预算经同级政府的人大会议审批后开始执行。相关部门和单位必须及时、足额向财政部门上缴各项税费，各单位必须按预算和支付计划进行支出，如遇特殊情况需要增减预算收支、改变资金用途等，必须按规定程序进行预算调整。

预算年度结束后，各部门和单位要编制部门决算，反映预算执行的最终结果，包括决算报表、决算报表填报说明和决算分析报告等。部门决算编制完成后，也必须经过同级人大会议审批通过。

为增加财政透明度，政府预算和决算都必须按规定向社会公开。

【练习2-1】

（1）［多选］以下不属于政府会计主体的是（　　）。

A.北京韩红爱心慈善基金会　　B.海南省发展控股有限公司

C.中华全国总工会　　D.中国国民党革命委员会中央机关

（2）［多选］以下属于政府支出功能分类的是（　　）。

A.外交支出　　B.商品和服务支出　　C.科学技术支出　　D.住房保障支出

任务2.1.2　理解政府会计基本原理

场景2-2

场景2-2　比较企业和事业单位购买办公用品业务

企业和事业单位分别使用银行存款购买办公用品一批，金额为1 000元，直接领用，其中，企业和事业单位办公室各领用300元，企业车间和事业单位业务部门各领用700元，会计处理见表2-3，请分析两者的相同点和不同点。

表2-3　企业和事业单位购买办公用品的会计处理比较

企业单位		事业单位	
借：管理费用	300	借：单位管理费用	300
制造费用	700	业务活动费用	700
贷：银行存款	1 000	贷：银行存款	1 000
		借：事业支出	1 000
		贷：资金结存——货币资金	1 000

【场景知识】政府会计的基本原理

（1）政府会计的目标与功能

场景知识

政府会计的基本原理

政府会计是会计体系的重要分支，是运用会计专门方法对政府及其组成主体的财务状况、运行情况、现金流量、预算执行等情况进行准确完整、连续系统的核算和监督，以反映预算执行情况和公共受托责任履行情况为主要目的的经济管理活动。本项目的政府会计内容，只涉及各级政府单位的会计实务，不涉及财政总会计内容。

①政府会计的目标

政府会计的目标是向政府会计信息使用者提供反映政府会计主体的预算执行情况和公共受托责任履行情况的信息，有助于其做出决策、进行监督和管理，或者为其未来工作提供参考和依据。政府会计信息使用者包括各级人民代表大会常务委员会、债权人、各级政府及其有关部门、政府会计主体自身、社会公众和其他利益相关者。

✲【思考一刻 2-1】比较政府财务会计与企业会计目标的相同点和不同点。

②政府会计的功能

政府单位的主要资金运动是其在预算范围内，为履行职能或进行事业活动等所发生的预算资金流入和流出。但是，政府会计在反映单位预算资金运动的同时，要反映单位的财务状况和运行绩效，所以政府会计需要同时具备预算会计和财务会计双重功能，即“双功能”。

为了实现“双功能”，政府会计需要实行“双基础”，编制“双报告”。也就是说，政府预算会计（本项目简称预算会计）以收付实现制为基础进行核算，最终形成决算报告，反映单位年度预算收支的执行情况；政府财务会计（本项目简称财务会计）以权责发生制为基础进行核算，最终形成财务报告，反映单位在特定日期的财务状况与某一会计期间的运行情况和现金流量等信息。

“双基础”是具有中国特色的会计制度设计，是我国对世界会计理论和实践的创新与贡献，在保留我国传统预算会计的收付实现制核算的同时，参照企业会计增加了权责发生制核算，因此学习本项目内容，将重点学习收付实现制核算及其与权责发生制核算的关系，这对全面理解会计基本原理与方法具有重要意义。

✲【思考一刻 2-2】回顾在“基础会计”课程中学过的权责发生制与收付实现制的主要区别。

（2）政府会计要素与会计等式

政府会计在“双功能、双基础、双报告”模式下，需要设置“双要素”，即财务会计要素和预算会计要素。

①财务会计要素与财务会计等式

财务会计设置资产、负债、净资产、收入和费用五个要素。

资产是指政府会计主体过去的经济业务或者事项形成的，由政府会计主体控制的，预期能够产生服务潜力或者带来经济利益流入的经济资源。服务潜力是指政府会计主体利用资产提供公共产品和服务以履行政府职能的潜在能力。经济利益流入表现为现金及现金等价物的流入，或者现金及现金等价物流出的减少。

负债是指政府会计主体过去的经济业务或者事项形成的，预期会导致经济资源流出政府会计主体的现时义务。现时义务是指政府会计主体在现行条件下已承担的义务。未来发生的经济业务或者事项形成的义务不属于现时义务，不应当确认为负债。

净资产是政府单位的资产扣除负债后的净额。

收入是指报告期内导致政府会计主体净资产增加的、含有服务潜力或者经济利益的经济资源的流入。

费用是指报告期内导致政府会计主体净资产减少的、含有服务潜力或者经济利益的经济资源的流出。

财务会计等式为：资产-负债=净资产，收入-费用=盈余。

其中，盈余不是一个会计要素，而是属于净资产的一部分，因此财务会计等式的变换形式有：

资产-负债=净资产+收入-费用

资产+费用=负债+净资产+收入

✲【思考一刻2-3】比较政府财务会计要素与《企业会计准则》中相关会计要素的定义。

②预算会计要素与预算会计等式

预算会计设置预算收入、预算支出和预算结余三个要素。

预算收入是指政府会计主体在预算年度内依法取得并纳入预算管理的现金流入。预算收入一般在实际收到时予以确认，以实际收到的金额计量。

预算支出是指政府会计主体在预算年度内依法发生并纳入预算管理的现金流出。预算支出一般在实际支付时予以确认，以实际支付的金额计量。预算支出通常简称支出，并与费用相对应。

预算结余是指政府单位预算年度内预算收入扣除预算支出后的资金余额，以及历年滚存的资金余额。

预算会计等式为：预算收入-预算支出=预算结余。

预算会计要素确认的关键是“纳入预算管理”，意味着没有纳入预算管理的现金流入和流出，不进行预算会计核算。

✲【思考一刻2-4】比较政府财务会计的收入、费用要素与预算会计的预算收入和预算支出要素的定义。

（3）政府会计科目及账户结构

①政府单位会计科目

按照政府会计主体不同，政府会计制度主要由政府财政总会计制度和政府单位会计制度组成。其中，财政总会计制度适用于各级政府财政部门的总会计，政府单位会计制度适用于具体的各级各类行政事业单位，本项目仅介绍政府单位会计制度的相关内容。《政府会计制度——行政事业单位会计科目和报表》和《政府会计准则第11号——文物资源》应用指南，对行政事业单位使用的会计科目做了具体规定。政府单位会计科目见表2-4。

表 2-4　　　　　　　　　　　　**政府单位会计科目**

序号	科目编号	科目名称	序号	科目编号	科目名称
一、财务会计科目			54	3201	权益法调整
（一）资产类			55	3301	本期盈余
1	1001	库存现金	56	3302	本年盈余分配
2	1002	银行存款	57	3401	无偿调拨净资产
3	1011	零余额账户用款额度	58	3501	以前年度盈余调整
4	1021	其他货币资金	（四）收入类		
5	1101	短期投资	59	4001	财政拨款收入
6	1201	财政应返还额度	60	4101	事业收入
7	1211	应收票据	61	4201	上级补助收入
8	1212	应收账款	62	4301	附属单位上缴收入
9	1214	预付账款	63	4401	经营收入
10	1215	应收股利	64	4601	非同级财政拨款收入
11	1216	应收利息	65	4602	投资收益
12	1218	其他应收款	66	4603	捐赠收入
13	1219	坏账准备	67	4604	利息收入
14	1301	在途物品	68	4605	租金收入
15	1302	库存物品	69	4609	其他收入
16	1303	加工物品	（五）费用类		
17	1401	待摊费用	70	5001	业务活动费用
18	1501	长期股权投资	71	5101	单位管理费用
19	1502	长期债券投资	72	5201	经营费用
20	1601	固定资产	73	5301	资产处置费用
21	1602	固定资产累计折旧	74	5401	上缴上级费用
22	1611	工程物资	75	5501	对附属单位补助费用
23	1613	在建工程	76	5801	所得税费用
24	1701	无形资产	77	5901	其他费用
25	1702	无形资产累计摊销	二、预算会计科目		
26	1703	研发支出	（一）预算收入类		
27	1801	公共基础设施	1	6001	财政拨款预算收入
28	1802	公共基础设施累计折旧（摊销）	2	6101	事业预算收入
29	1811	政府储备物资	3	6201	上级补助预算收入
30	1821	文物资源	4	6301	附属单位上缴预算收入
31	1831	保障性住房	5	6401	经营预算收入
32	1832	保障性住房累计折旧	6	6501	债务预算收入
33	1891	受托代理资产	7	6601	非同级财政拨款预算收入

序号	科目编号	科目名称	序号	科目编号	科目名称
34	1901	长期待摊费用	8	6602	投资预算收益
35	1902	待处理财产损溢	9	6609	其他预算收入
（二）负债类			（二）预算支出类		
36	2001	短期借款	10	7101	行政支出
37	2101	应交增值税	11	7201	事业支出
38	2102	其他应交税费	12	7301	经营支出
39	2103	应缴财政款	13	7401	上缴上级支出
40	2201	应付职工薪酬	14	7501	对附属单位补助支出
41	2301	应付票据	15	7601	投资支出
42	2302	应付账款	16	7701	债务还本支出
43	2303	应付政府补贴款	17	7901	其他支出
44	2304	应付利息	（三）预算结余类		
45	2305	预收账款	18	8001	资金结存
46	2307	其他应付款	19	8101	财政拨款结转
47	2401	预提费用	20	8102	财政拨款结余
48	2501	长期借款	21	8201	非财政拨款结转
49	2502	长期应付款	22	8202	非财政拨款结余
50	2601	预计负债	23	8301	专用结余
51	2901	受托代理负债	24	8401	经营结余
（三）净资产类			25	8501	其他结余
52	3001	累计盈余	26	8701	非财政拨款结余分配
53	3101	专用基金			

②政府单位会计账户结构

政府会计有八个要素，各要素的账户结构见表2–5。

表 2–5 政府单位会计账户结构

借		贷	
资产增加 费用发生 预算支出发生	负债减少 净资产减少 预算收入结转 预算结余减少	资产减少 费用结转 预算支出结转	负债增加 净资产增加 预算收入发生 预算结余增加
资产余额		负债余额 净资产余额 预算结余余额	

其中，需要特别注意，有一个账户非常特殊，即预算结余类的“资金结存”账户，用于核算单位纳入部门预算管理的资金变动及结存情况，与常规预算结余类账户相反，其借

方表示增加，贷方表示减少。

✲【思考一刻2-5】年末，财务会计的收入和费用转入净资产，预算会计的预算收入和预算支出转入预算结余，结转后，财务会计还有三个要素有余额，平衡公式为“资产=负债+净资产”，保持借贷平衡，但预算会计只有“预算结余”一个要素有余额，怎样实现借贷平衡？

（4）政府会计报表

政府会计主体应当编制决算报告和财务报告，即“双报告”。

政府决算报告综合反映政府会计主体预算收支的年度执行结果，包括收入支出决算总表、收入支出决算表、收入决算表、支出决算表、支出决算明细表等表格和填报说明等。

政府财务报告反映政府会计主体公共受托责任履行情况，包括资产负债表、收入费用表和现金流量表和附注等。

政府会计报告的相关要求和具体内容见表2-6。

表2-6　政府会计报告体系表

<table>
<tr><th></th><th>类型</th><th>编制基础</th><th>数据来源</th><th>报送要求</th><th colspan="3">内 容</th></tr>
<tr><td rowspan="15">政府会计报告</td><td rowspan="9">政府决算报告</td><td rowspan="9">收付实现制</td><td rowspan="9">政府预算会计</td><td rowspan="9">本级人民代表大会常务委员会审查和批准</td><td rowspan="7">决算报表</td><td colspan="2">收入支出决算总表</td></tr>
<tr><td colspan="2">收入支出决算表</td></tr>
<tr><td colspan="2">收入决算表</td></tr>
<tr><td colspan="2">支出决算表</td></tr>
<tr><td colspan="2">支出决算明细表</td></tr>
<tr><td colspan="2">预算结转结余变动表</td></tr>
<tr><td colspan="2">其他决算报表</td></tr>
<tr><td rowspan="2">相关信息和资料</td><td colspan="2">填报说明</td></tr>
<tr><td colspan="2">决算分析报告</td></tr>
<tr><td rowspan="6">政府财务报告</td><td rowspan="6">权责发生制</td><td rowspan="6">政府财务会计</td><td rowspan="6">本级人民代表大会常务委员会备案</td><td rowspan="5">财务报表</td><td rowspan="4">会计报表</td><td>资产负债表</td></tr>
<tr><td>收入费用表</td></tr>
<tr><td>现金流量表</td></tr>
<tr><td>净资产变动表</td></tr>
<tr><td colspan="2">附注</td></tr>
<tr><td colspan="3">相关信息和资料</td></tr>
</table>

政府会计报表包括政府决算报表和政府财务会计报表两类，其中，政府决算报表是由几十张表格组成的一套庞大的报表体系。下面仅列示三张代表性的政府会计报表。

①收入支出决算总表

收入支出决算总表是反映政府会计主体在一定会计期间预算、决算收支和年初、年末结转结余总体情况的报表，格式参考表2-7。

表 2-7

收入支出决算总表

财决 01 表

编制单位：　　　　20 年度　　　　金额单位：元

收入					支出									
项目	行次	年初预算数	调整预算数	决算数	项目（按功能分类）	行次	年初预算数	调整预算数	决算数	项目（按支出性质和经济分类）	行次	年初预算数	调整预算数	决算数
栏次		1	2	3	栏次		4	5	6	栏次		7	8	9
一、一般公共预算财政拨款收入	1				一、一般公共服务支出	31				一、基本支出	56			
二、政府性基金预算财政拨款收入	2				二、外交支出	32				人员经费	57			
三、上级补助收入	3				三、国防支出	33				日常公用经费	58			
四、事业收入	4				四、公共安全支出	34				二、项目支出	59			
五、经营收入	5				五、教育支出	35				其中：基本建设类项目	60			
六、附属单位上缴收入	6				六、科学技术支出	36				三、上缴上级支出	61			
七、其他收入	7				七、文化旅游体育与传媒支出	37				四、经营支出	62			
	8				八、社会保障和就业支出	38				五、对附属单位补助支出	63			
	9				九、卫生健康支出	39					64			
	10				十、节能环保支出	40					65			
	11				十一、城乡社区支出	41				经济分类支出合计	66			
	12				十二、农林水支出	42				一、工资福利支出	67			
	13				十三、交通运输支出	43				二、商品和服务支出	68			
	14				十四、资源勘探工业信息等支出	44				三、对个人和家庭的补助	69			
	15				十五、商业服务业等支出	45				四、债务利息及费用支出	70			

收入					支出									
项目	行次	年初预算数	调整预算数	决算数	项目（按功能分类）	行次	年初预算数	调整预算数	决算数	项目（按支出性质和经济分类）	行次	年初预算数	调整预算数	决算数
	16				十六、金融支出	46				五、资本性支出（基本建设）	71			
	17				十七、援助其他地区支出	47				六、资本性支出	72			
	18				十八、自然资源海洋气象等支出	48				七、对企业补助（基本建设）	73			
	19				十九、住房保障支出	49				八、对企业补助	74			
	20				二十、粮油物资储备支出	50				九、对社会保障基金补助	75			
	21				二十一、灾害防治及应急管理支出	51				十、其他支出	76			
	22				二十二、其他支出	52					77			
	23				二十三、债务还本支出	53					78			
	24				二十四、债务付息支出	54					79			
	25					55					80			
本年收入合计	26				本年支出合计						81			
用事业基金弥补收支差额	27				结余分配						82			
年初结转和结余	28				年末结转和结余						83			
	29										84			
总计	30				总计						85			

②资产负债表

资产负债表是反映政府会计主体在某一特定日期的财务状况的报表，格式参考表2-8。

表 2-8　　　　**资产负债表**　　　　会政财 01 表

编制单位：　　　　年　月　日　　　　单位：元

资　　产	期末余额	年初余额	负债和净资产	期末余额	年初余额
流动资产：			流动负债：		
货币资金			短期借款		
短期投资			应交增值税		
财政应返还额度			其他应交税费		
应收票据			应缴财政款		
应收账款净额			应付职工薪酬		
预付账款			应付票据		
应收股利			应付账款		
应收利息			应付政府补贴款		
其他应收款净额			应付利息		
存货			预收账款		
待摊费用			其他应付款		
一年内到期的非流动资产			预提费用		
其他流动资产			一年内到期的非流动负债		
流动资产合计			其他流动负债		
非流动资产：			流动负债合计		
长期股权投资			非流动负债：		
长期债券投资			长期借款		
固定资产原值			长期应付款		
减：固定资产累计折旧			预计负债		
固定资产净值			其他非流动负债		
工程物资			非流动负债合计		
在建工程			受托代理负债		
无形资产原值			负债合计		
减：无形资产累计摊销					
无形资产净值					
研发支出					
公共基础设施原值					
减：公共基础设施累计折旧（摊销）					
公共基础设施净值					
政府储备物资					
文物资源					
保障性住房原值					
减：保障性住房累计折旧			净资产：		
保障性住房净值			累计盈余		
长期待摊费用			专用基金		
待处理财产损溢			权益法调整		
其他非流动资产			无偿调拨净资产*		
非流动资产合计			本期盈余*		
受托代理资产			净资产合计		
资产总计			负债和净资产总计		

③收入费用表

收入费用表是反映政府会计主体在一定会计期间内发生的收入、费用及当期盈余情况的报表，格式参考表2-9。

表 2-9　　**收入费用表（月报）**　　会政财 02 表

编制单位：　　年　月　　单位：元

一、本期收入	本月数	本年累计数
（一）财政拨款收入		
其中：政府性基金收入		
（二）事业收入		
（三）上级补助收入		
（四）附属单位上缴收入		
（五）经营收入		
（六）非同级财政拨款收入		
（七）投资收益		
（八）捐赠收入		
（九）利息收入		
（十）租金收入		
（十一）其他收入		
二、本期费用		
（一）业务活动费用		
（二）单位管理费用		
（三）经营费用		
（四）资产处置费用		
（五）上缴上级费用		
（六）对附属单位补助费用		
（七）所得税费用		
（八）其他费用		
三、本年盈余		

（5）政府会计的核算模式

预算会计与财务会计适度分离并相互衔接，“适度分离”指两者功能不同、会计核算基础不同、生成报告不同，“相互衔接”指两者采用“平行记账”的方法在同一套账中实现“双功能”核算。平行记账的规则是，单位对纳入部门预算管理的现金收支业务同时进行两种会计核算，对于其他业务仅需进行财务会计核算。

政府会计对所有业务都要进行财务会计核算，进行预算会计核算的业务需要同时满足两个要点：一是现金收支。这里的“现金”指单位可以随时用于支付的款项，是广义现金，具体包括库存现金、银行存款、其他货币资金、零余额账户用款额度、财政应返还额度以及通过财政直接支付方式支付的款项。二是纳入部门预算管理。这里的“部门预算”在实务中指的就是各基层政府单位预算，但不限于预算文件本身，更准确地说是“纳入决算报表编制范围”，比如，基本账户存款利息收入，没有直接纳入单位预算文件，但要纳入决算报表予以反映，需要进行预算会计核算。受托管理或代收的现金无须纳入预算管理，收到后应上缴财政的现金尚未纳入预算管理，发生收支时都只进行财务会计核算即可，所以现金收支业务不一定都做预算会计处理。

✲【思考一刻 2-6】政府财务会计主要借鉴了企业财务会计的理论和方法，因此后续以学习预算会计为主，兼顾财务会计，而判断一项业务应做一种还是两种会计处理是学习政府会计的关键。在同时进行两种会计核算处理的会计分录中，能否借记财务会计科目、贷记预算会计科目，或者相反？为什么？

【练习 2-2】

［多选］下面关于政府会计说法正确的是（　　）。

A.政府会计的会计核算基础是权责发生制和收付实现制

B.政府财务报告采用收付实现制编制，决算报告采用权责发生制编制

C.政府会计核算采用平行记账的方法，对所有现金收支业务进行财务会计和预算会计两种核算

D.政府会计试算平衡要求财务会计和预算会计分别试算平衡

任务 2.2　核算政府单位收入与预算收入业务

政府单位收入与预算收入业务直接涉及财务会计的负债、收入要素和预算会计的预算收入要素，具体业务还可能涉及资产、费用、预算支出或预算结余等要素。

为便于理解，负债/收入类会计科目与预算收入类会计科目可以近似对照，详见表 2-10。

表 2-10　政府单位负债/收入类会计科目与预算收入类会计科目对应关系表

序号	来 源	负债/收入类会计科目	预算收入类会计科目
1	同级政府财政部门的政府预算	财政拨款收入	财政拨款预算收入
2	单位专业业务活动和相关辅助活动	事业收入	事业预算收入
3	上级主管部门	上级补助收入	上级补助预算收入
4	下级附属单位	附属单位上缴收入	附属单位上缴预算收入
5	与专业业务活动不相关的经营活动	经营收入	经营预算收入
6	金融机构借入	短期借款等	债务预算收入
7	同级政府财政部门以外的政府单位	非同级财政拨款收入	非同级财政拨款预算收入
8	股权或债权投资	投资收益	投资预算收益
9	其他单位或个人	捐赠收入	其他预算收入
10		利息收入	
11		租金收入	
12		其他收入	

政府单位不同来源的收入形成了不同的收入和预算收入类会计科目，同时政府预算会计对预算收入有其他分类要求。一是按资金性质不同，分为财政资金收入和非财政资金收入两类。二是按是否具有限定性，分为专项资金收入和非专项资金收入两类。专项资金收入具有限定用途，必须专项核算、专款专用，单位不得擅自挪作他用，否则将被追究违规责任，明细科目通常用“专项”或“项目”标识；非专项资金收入是没有限定用途的收入，明细科目通常用“一般”或“基本”标识。

本项目内容中的场景、示例及练习等，使用的背景均为椰城财经科技大学（以下简称学校），系省教育厅直属事业单位、增值税小规模纳税人，教学和科研活动为专业业务活动，考试、培训活动为专业辅助活动，客房业务为经营活动，收入来源主要有财政拨款、学生学费及住宿费收入、科研及培训收入、内部招待所经营活动收入。其中，部分收入需

要缴纳增值税和企业所得税等，增值税征收率为3%，城市维护建设税率为7%，教育费附加税率为3%，地方教育附加税率为2%，企业所得税按20%税率减半征收。学校设财务管理学院、旅游管理学院、工程技术学院等教学部门，设财务处负责全校财务管理相关工作，零余额账户开户银行为工商银行椰城支行（以下简称椰城支行），基本账户开户银行为邮政储蓄银行红树林支行（以下简称红树林支行）；同时，设人事处、基建处、资产处、教学科研处、行政后勤处、培训中心等部门分别负责学校人力资源、工程建设、资产管理、科研管理、后勤服务和社会培训等相关工作。

任务2.2.1　核算财政拨款收入业务

场景2-3　核算国库集中支付日常业务

场景2-3

（1）20×3年6月2日，学校基建处交来综合实训楼工程进度款付款申请资料：包括由校长、分管财务校领导、分管业务校领导、基建处处长、经办人及其他财务相关审批人员等签字的付款审批单（见表2-11）；省第一建筑公司开具的增值税专用发票，价款为9 633 027.52元，税率为9%，增值税款为866 972.48元，价税合计10 500 000.00元；建筑工程施工合同一份；工程进度确认单一份（见表2-12）等。

表2-11　**椰城财经科技大学转账付款审批单**

报销部门（单位）	基建处		报销日期		20×3年6月2日			附件张数	28
收款单位			开户银行			银行账号			
省第一建筑公司			工商银行椰城支行			102641005004888888			
金额	大写：壹仟⊕佰伍拾⊕万⊕仟⊕佰⊕拾⊕元⊕角⊕分　小写：¥10 500 000.00元								
用途	支付综合实训楼工程进度款								
说明									
财务处负责人	周××	财务复核	李××	财务初审	孙××	部门（单位或项目）负责人	钱××	经办人	赵××
校　长（超过20万元）	王××		分管财务校领导（超过10万元）		郑××	分管业务校领导（超过5万元）		吴××	

表2-12　**工程进度确认单**

工程名称：综合实训楼	建设单位：椰城财经科技大学
施工单位：省第一建筑公司	监理单位：正明工程监理公司
致：椰城财经科技大学 由我公司承建的<u>综合实训楼</u>工程，于<u>20×3</u>年<u>5</u>月<u>31</u>日完成如下工程量：<u>主体工程第五层</u>。请予以确认。 施工单位项目经理：冯×× （施工单位盖章） 20×3年5月31日	
监理单位意见	情况属实。 监理工程师：陈×× （监理单位盖章） 20×3年5月31日
建设单位意见	情况属实，予以确认。 项目负责人：赵×× （建设单位盖章） 20×3年6月1日

财务处审核无误后，根据付款审批单列示，使用该项目的当年财政拨款专项资金支付，省财政厅规定，单笔付款额在1 000万元（含）以上的款项，须以财政直接支付方式支付。6月2日，财务处向省财政厅申请支付该笔工程款。6月3日，省财政厅审核后，以财政直接支付方式向省第一建筑公司支付了该笔款项，随即财务处的国库集中支付系统（以下简称支付系统）中显示，收到了相关支付凭证。会计分录信息分解见表2-13。

表2-13

会计分录信息分解表

步骤	关键信息	账户名称	增减	账户类别	方向	账户变动金额
	①	②	②	③	③	④
1	支付工程进度款					
2	使用当年财政拨款，财政直接支付					
3	支付工程进度款					
4	使用当年财政拨款专项资金，财政直接支付					

（2）20×3年6月6日，财务处支付系统显示，收到了省财政厅审核批复的财政授权支付用款额度600万元，系用于综合实训楼建设的本年财政拨款专项资金。会计分录信息分解见表2-14。

表2-14

会计分录信息分解表

步骤	关键信息	账户名称	增减	账户类别	方向	账户变动金额
	①	②	②	③	③	④
1	收到财政授权支付用款额度					
2	本年财政拨款					
3	收到财政授权支付用款额度					
4	本年财政拨款专项资金用于综合实训楼					

（3）20×3年6月8日，学校基建处交来综合实训楼建设监理费付款申请资料：包括由分管业务工作校领导、基建处处长、经办人及财务相关审批人员等签字的付款审批单；正明工程监理公司开具的增值税专用发票，价款为75 471.70元，税率为6%，增值税款为4 528.30元，价税合计80 000.00元；工程监理合同一份。财务处审核无误后，使用该项目的当年财政拨款专项资金，当日以财政授权支付方式，在支付系统中完成支付。会计分录信息分解见表2-15。

表2-15

会计分录信息分解表

步骤	关键信息	账户名称	增减	账户类别	方向	账户变动金额
	①	②	②	③	③	④
1	支付工程监理费					
2	使用当年财政拨款，财政授权支付					
3	支付工程监理费					
4	使用当年财政拨款专项资金，财政授权支付					

（4）20×4年12月4日，学校基建处交来综合实训楼工程款付款申请资料，除付款审批单、工程进度确认单外，主要还有：①省第一建筑公司开具的增值税专用发票，显示价税合计882.6万元；②工程造价审核报告书，显示审计后的工程结算价款为17 452.6万元；③施工合同复印件，约定结算工程款时，学校须扣留审计后工程总造价的3%，作为工程质量保证金，自竣工验收通过起两年内，如果该工程无重大质量问题再予以支付；④工程竣工验收报告复印件，显示建设单位椰城财经科技大学、施工单位省第一建筑公司、监理单位正明工程监理公司、设计单位省建筑设计研究院、勘察单位省工程勘察院5方已经签字盖章，综合验收结论为“符合施工规范规定，质量合格，同意交付使用”。同时，财务处账目显示，本次工程款付款前，该工程的“在建工程——建筑安装工程投资”明细账余额为16 570万元、“在建工程——待摊投资”明细账余额为568.9万元。财务处审核付款资料无误后，使用该项目的当年财政拨款专项资金，以财政授权支付方式支付了扣留质保金后的差额工程款，当日完成支付。会计分录信息分解见表2-16。

①扣留质保金金额=____________________________（万元）

②实际支付差额工程款=____________________________（万元）

③本次付款后“在建工程——建筑安装工程投资”余额=____________________（万元）

表2-16

会计分录信息分解表

步骤	关键信息	账户名称	增减	账户类别	方向	账户变动金额
	①	②	②	③	③	④
1	支付工程结算款（进度100%）					
2	扣留质保金，两年后支付					
3	当年财政拨款，财政授权支付					
4	支付工程结算款（进度100%）					
5	当年财政拨款专项资金，财政授权支付					
6	工程竣工投入使用					
7	工程竣工					

【场景知识】国库集中收付制度与政府支出的佐证材料

（1）国库集中收付制度

①国库单一账户体系

场景知识

国库集中收付制度与政府支出的佐证材料

政府各单位的财政拨款收入是通过财政集中支付方式实现的。

政府对财政收支实行集中管理，收入与支出脱钩，各政府单位的收入按规定应全额上缴国库或财政专户；同时，各政府单位需要使用资金时，由财政部门根据需要统筹安排核准后，从国库或财政专户拨付。为此，政府建立了国库集中收付制度，也称国库单一账户制度，是指由财政部门代表政府设置国库单一账户体系，所有的财政性资金均纳入国库单一账户体系收缴、支付和管理的制度，包括国库集中收缴和国库集中支付两个方面。由于政府收支的业务量巨大，因此国库集中收付必须通过一个集中的信息系统平台来实现。

国库即国家金库，是各级政府财政资金的出纳和保管机构，我国国库业务由各级中国人民银行办理。相对应，各级财政部门是各级政府财政资金的“会计”，负责国库单一账户体系的构建和管理，见表2-17。

表2-17 国库单一账户体系表

序号	账户类别	开设地点	管理者	账户用途及使用说明
1	国库单一账户	人民银行	财政部门	与财政指定代理银行进行资金清算
2	零余额账户	财政指定代理银行	财政部门	通过财政零余额账户完成财政直接支付业务
			单位	通过单位零余额账户完成财政授权支付业务
3	财政专户	财政指定代理银行	财政部门	存放政府单位的非税收入、社保基金、专项资金等具有专门用途的财政性资金
4	实有资金账户	一般商业银行	单位	包括基本账户、一般账户、专用账户和临时账户等，逐步纳入国库集中支付系统进行管理，支票等传统结算方式逐步退出

财政收入通过国库单一账户体系，直接缴入国库或财政专户；财政支出通过国库单一账户体系，以财政直接支付或财政授权支付的方式，在事先批复的预算指标限额内，将资金支付到商品和劳务供应商账户，由于传统银行存款形式的资金流变成了政府预算形式的指标流，所以各政府单位在使用资金时，一般“见不到资金”。

在国库单一账户体系中，零余额账户是实行国库集中支付的关键。该账户在每日上午代理银行营业开始时余额为零，营业期间可以存入资金，也可以使用该账户进行支付，代理银行在当日下午完成该账户与国库的汇总清算，负数余额由国库划进资金补平，正数余额则划出缴入国库，清算后该账户余额又变为零，因此该账户在代理银行每日营业开始和结束时余额均为零，故称“零余额账户”。

政府财政性资金的支付业务，必须在部门预算范围内和财政部门批复的用款计划内，通过政府统一管理的国库集中支付系统完成，即国库集中支付。国库集中支付有两种方式，一是财政直接支付，二是财政授权支付。

②财政直接支付

财政直接支付是由财政部门开具支付令，通过国库单一账户体系，直接将资金从财政零余额账户支付到收款人或用款单位账户。财政直接支付路线简图如图2-2所示。

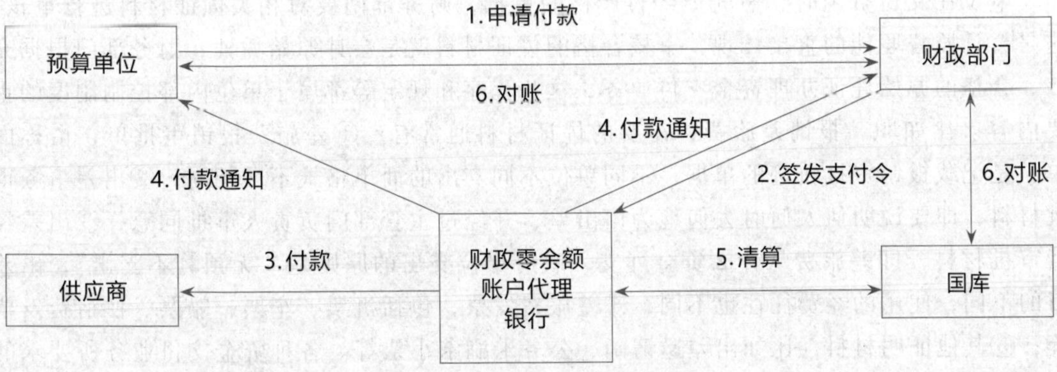

图2-2 财政直接支付路线简图

在财政直接支付方式下，资金不经过单位任何银行账户，“即批即用”，单位“收到”财政部门下拨资金的同时，完成了资金“支付”，这两个业务是同时发生的，因此使用当年的预算指标支付时，预算会计反映为预算收入和预算支出同时增加，相应地，财务会计在反映收入增加的同时，根据业务性质确定是采用资本化还是费用化处理方式。实行财政直接支付的支出主要有工资支出、大额基本建设支出和转移性支出等，具体项目由当地财政部门确定。

③财政授权支付

财政授权支付是单位在财政部门批复的用款额度内，自行开具支付令，通过国库单一账户体系，将资金从单位零余额账户支付到收款人账户。财政授权支付路线简图如图 2-3 所示。

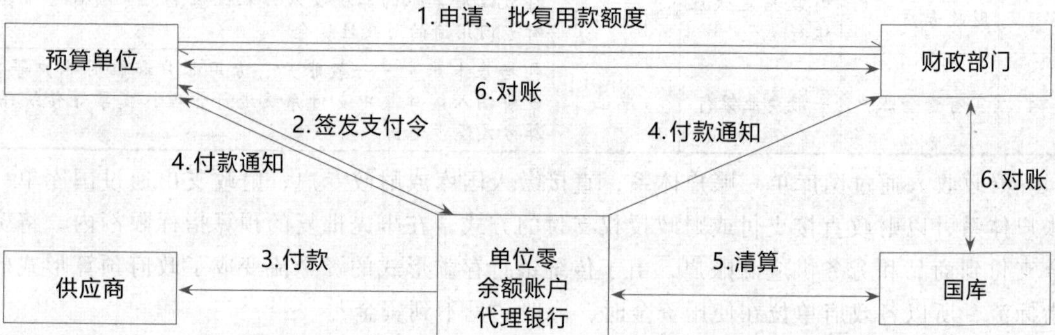

图 2-3　财政授权支付路线简图

财政授权支付方式下，资金"先批后用"，单位需要事先申请额度，财政部门批复后方可进行支付。

财政直接支付和财政授权支付的主要区别，在于支付指令的签发人和支付账户不同，前者是财政部门的国库支付机构，使用财政零余额账户支付；后者是预算单位自身，使用单位零余额账户支付。随着政府"简政放权"改革的进一步深化，财政授权支付方式的使用范围正在日益扩大，而且从业务量看，目前已成为单位最主要的资金支付方式。

在部分实行预算管理一体化的地区或部门，国库集中支付方式不再区分财政直接支付与财政授权支付，统称国库集中支付。

（2）单位资金支出的佐证材料

单位在支付资金时，事先要经过严格的审批，财务部门要对相关佐证材料进行审核，这是会计监督职能的直接体现，审核合格的佐证材料就是会计原始凭证，财务部门根据充分、合格的原始凭证办理资金支付业务，这些程序和规定等都属于单位内部控制制度的重要内容。比如职工报销差旅费，需要的佐证材料通常有：①差旅费报销审批单，俗称面单，是记载报销审批轨迹的单据，不同单位不同支出的面单格式不尽相同；②出差事务审批材料，即要说明何人何时去何地为何出差，并经过主管部门负责人审批同意；③出差经费审批材料，即差旅费从什么资金列支，政府单位支出的原则是"无预算不支出"，出差目的不同，使用的经费往往也不同；④差旅费发票，包括机票、车票、船票、住宿费发票等；⑤其他证明材料，比如出差邀请函、公务卡刷卡小票等。各种资金支付业务所要求的佐证材料在类别上大同小异，后续业务不再逐一列示。

【科目设置】

（1）资产类"在建工程"科目，核算单位在建的建设项目工程的实际成本，下设"建筑安装工程投资""设备投资""待摊投资""其他投资""待核销基建支出""基建转出投资”等明细科目，并按照具体项目进行辅助核算。其中，“在建工程——建筑安装工程投资”科目核算单位发生的构成建设项目实际支出的建筑工程和安装工程的实际成本，但不包括被安装设备本身的价值（在“设备投资”明细科目核算）和预付款项，下设“建筑工程”和“安装工程”两个三级明细科目。

基本建设项目的待摊投资主要有以下内容：

①勘察费、设计费、研究试验费、可行性研究费及项目其他前期费用；

②土地征用及迁移补偿费、土地复垦及补偿费、森林植被恢复费及其他为取得土地使用权、租用权而发生的费用；

③城镇土地使用税、耕地占用税、契税、车船税、印花税及按照规定缴纳的其他税费；

④项目建设管理费、代建管理费、临时设施费、监理费、招投标费、社会中介审计（审查）费及其他管理性质的费用，其中，项目建设管理费是指项目建设单位从项目筹建之日起至办理竣工财务决算之日止发生的管理性质的支出，包括不在原单位发工资的工作人员工资及相关费用、办公费、办公场地租用费、差旅交通费、劳动保护费、工具用具使用费、固定资产使用费、招募生产工人费、技术图书资料费（含软件）、业务招待费、施工现场津贴、竣工验收费等；

⑤项目建设期间发生的各类专门借款利息支出或融资费用，基本建设借款资金孳生的利息收入应当冲减借款利息支出；

⑥工程检测费、设备检验费、负荷联合试车费及其他检验检测类费用；

⑦固定资产损失，器材处理亏损，设备盘亏及毁损，单项工程或单位工程报废、毁损净损失及其他损失；

⑧系统集成等信息工程的费用支出；

⑨其他待摊性质支出。

“在建工程”属于基本建设项目的，在完工后需要编制“基本建设项目竣工财务决算报表”，对包括项目资金收支在内的项目建设整体情况进行总结，并报上级主管部门审批或备案。

（2）收入类“财政拨款收入”科目，核算单位从同级政府财政部门取得的各类财政拨款。财政拨款收入按取得方式分三类：财政直接支付方式取得、财政授权支付方式取得和其他方式取得。财政直接支付方式下，单位应在资金支付完成时确认收入；财政授权支付方式下，单位应在财政部门批复时确认收入。同级政府财政部门预拨的下期预算款和没有纳入预算的暂付款项，以及采用实拨资金方式通过本单位转拨给下属单位的财政拨款，通过“其他应付款”科目核算，不通过本科目核算。

（3）预算支出类“事业支出”科目，事业单位专用，核算事业单位开展专业业务活动及其辅助活动实际发生的各项现金流出，发生额在借方。事业支出按结构分为基本支出和项目支出两类，其中，基本支出是政府单位为维持日常运行必须发生的支出，又分为人员经费支出和日常公用经费支出，人员经费支出即单位职工薪酬等“人头费”支出，日常公用经费支出即单位的办公费、水电费、维修费、差旅费等日常运行中的支出；项目支出是专门用于某项目的支出，基本特点和要求是专款专用。该科目是事业单位最常用的预算支出类科目，具体明细科目设置见表2-18。

表2-18 **事业支出明细科目表**

一级科目	二级科目	三级科目	四级科目
事业支出	基本支出	财政拨款基本支出	人员经费支出
			日常公用经费支出
		其他资金基本支出	可不设四级科目，但内容同财政拨款基本支出
	项目支出	财政拨款项目支出	
		非财政专项资金支出	

行政单位履行职责实际发生的各项现金流出，通过“行政支出”科目核算，明细账户设置同“事业支出”科目。本项目内容以事业单位为例，后续除特别说明外，不再涉及行政单位业务。

（4）预算收入类“财政拨款预算收入”科目，核算单位从同级政府财政部门取得的各类财政拨款，下设“基本支出”和“项目支出”两个二级明细科目，其中，基本支出用于维护单位的日常运转，属于非专项资金收入，下设“人员经费”和“日常公用经费”两个三级账户；项目支出用于指定的专项任务，属于专项资金收入。

（5）资产类“零余额账户用款额度”科目，核算实行国库集中支付的单位根据财政部门批复的财政授权支付用款计划收到和支用的零余额账户的用款额度。该额度是财政部门批复的允许单位通过零余额账户授权支付的用款限额，年度终了时，尚未用完的零余额账户用款额度须予以清零，结转至“财政应返还额度”科目后，年末无余额。

（6）预算结余类“资金结存”科目，核算单位纳入部门预算管理的资金的流入、流出、调整和滚存等情况，余额在借方，下设“货币资金”（含库存现金、银行存款及其他货币资金）、“零余额账户用款额度”和“财政应返还额度”三个明细账户，分别对应财务会计中相应的资产类科目。该账户是预算结余类科目中唯一一个借方余额科目，在政府预算会计中，除以财政直接支付方式发生的收支业务外，其他预算收支业务均涉及本科目。

需要注意，实行预算管理一体化的单位，不再使用“零余额账户用款额度”和“资金结存——零余额账户用款额度”科目，即参照财政直接支付，也在资金支付完成时确认收入，预算收支同时发生，会计处理也与财政直接支付相同。本项目内容默认使用“零余额账户用款额度”科目。

（7）资产类“固定资产”科目，核算单位固定资产的原值。根据《行政单位财务规则》和《事业单位财务规则》，固定资产是指使用期限超过一年，单位价值在1 000元以上，并在使用过程中基本保持原有物质形态的资产。单位价值虽未达到规定标准，但是耐用时间在一年以上的大批同类物资，作为固定资产管理。

《固定资产等资产基础分类与代码》（GB/T 14885-2022）中，将单位固定资产等资产分为7类，即房屋和构筑物、设备、文物和陈列品、图书和档案、家具和用具、特种动植物、物资，其中，文物通过“文物资源”等科目核算，物资通过“库存物品”“工程物资”等科目核算。因此，固定资产下设“房屋和构筑物”“设备”“陈列品”“图书和档案”“家具和用具”“特种动植物”6个二级科目。房屋通常是指人工建造的具有内部空间供人们进行各种生产或者生活等活动的建筑物，构筑物一般是指辅助人们进行生产和生活但不具有内部空间的建筑物，比如桥梁、隧道、围墙等；设备既包括办公设备等通用设备，也包括实训设备、消防设备等专用设备；陈列品、图书和档案、家具和用具常常属于大批同类物资，其单位价值可能未达到1 000元标准，但耐用年限超过一年；特种动植物主要有实验、观赏、警用动物和名贵树木、花卉等。

【示例2-1】20×3年3月1日，使用当年财政拨款资金（项目支出预算）以财政直接支付方式购买一架教学用旧空客320客机，发票显示价款及相关费用价税合计3 630万元，已运达教学场地，并投入使用，支付手续已办理完结。

（1）业务分析

不需要安装调试或只需简单调试即可投入使用的资产，直接记入“固定资产”科目，教学用资产属于设备。使用当年项目预算资金进行财政直接支付，财政部门在审核同意后，即进行付款处理，预算收入和预算支出同时发生。

（2）会计处理

借：固定资产——设备　　36 300 000

　贷：财政拨款收入　　36 300 000

借：事业支出——项目支出——财政拨款项目支出　　36 300 000

　贷：财政拨款预算收入——项目支出　　36 300 000

✲【思考一刻2-7】回顾企业购建固定资产业务的核算。

【示例2-2】20×3年3月2日，收到了省财政厅审核批复的财政授权支付用款额度500万元，作为日常公用经费使用。

（1）业务分析

不管是财政直接支付，还是财政授权支付，都要由财政部门在对各单位的预算进行审核的基础上，做出同意使用预算资金的批复，这一工作在平时进行，被称为财政“预算批复”。财政授权支付方式下，财政部门先进行批复，单位收到了批复的预算指标，即有了收入，然后就可以支付款项了，即“先收入后支出”，预算收入和预算支出是分两步做的。本例是财政授权支付方式的收入业务。

需要注意，实行预算管理一体化的单位，不再使用“零余额账户用款额度”和“资金结存——零余额账户用款额度”科目，会计核算与财政直接支付类似。

（2）会计处理

借：零余额账户用款额度　　5 000 000

　贷：财政拨款收入　　5 000 000

借：资金结存——零余额账户用款额度　　5 000 000

　贷：财政拨款预算收入——基本支出——日常公用经费　　5 000 000

【示例2-3】20×3年3月3日，使用财政拨款资金（基本支出预算）以财政授权支付方式购买一台复印机，发票显示价税合计1.6万元，送货上门，已调试完毕投入使用。

（1）业务分析

财政授权支付方式下，收到的额度记入“零余额账户用款额度”科目，支出时予以冲减。

（2）会计处理

借：固定资产——设备　　16 000

　贷：零余额账户用款额度　　16 000

借：事业支出——基本支出——财政拨款基本支出——日常公用经费支出　16 000

　贷：资金结存——零余额账户用款额度　　16 000

【示例2-4】20×3年3月4日，使用财政拨款资金（基本支出预算），向M公司购买一台需要安装调试的A实训设备，价税合计3.8万元，采用财政授权支付方式支付3.61万元，扣留5%质保金0.19万元，待投入使用满两年且无质量问题时支付。

（1）业务分析

需要安装的设备总价值及相关费用，财务会计中使用“在建工程”科目核算，包括尚未支付的款项。同时，单位扣留的质保金，未来支付时间在一年以内的，使用“其他应付款——质保金”科目核算；支付时间超过一年的，使用“长期应付款——质保金”科目核算。本例为两年，记入“长期应付款——质保金”科目。

预算会计中只核算实际支付的款项金额。

（2）会计处理

借：在建工程——设备投资（A实训设备） 38 000

　贷：零余额账户用款额度 36 100

　　　长期应付款——质保金——M公司 1 900

借：事业支出——基本支出——财政拨款基本支出——日常公用经费支出 36 100

　贷：资金结存——零余额账户用款额度 36 100

【示例2-5】接【示例2-4】，20×3年3月14日，使用财政拨款资金（基本支出预算）以财政授权支付方式，支付A实训设备安装调试费0.2万元，已安装调试完毕投入使用。

（1）业务分析

安装调试费作为建造资产的直接费用，应该予以资本化，计入资产价值。在建工程转为固定资产时，没有发生资金收支，预算会计不做处理。

（2）会计处理

借：在建工程——设备投资（A实训设备） 2 000

　贷：零余额账户用款额度 2 000

借：固定资产——设备（A实训设备） 40 000

　贷：在建工程——设备投资（A实训设备） 40 000

借：事业支出——基本支出——财政拨款基本支出——日常公用经费支出 2 000

　贷：资金结存——零余额账户用款额度 2 000

【示例2-6】接【示例2-4】，20×5年3月4日，前年购买A实训设备扣留M公司的质保金0.19万元到期，符合合同约定支付条件，经批准后使用财政拨款资金（基本支出预算）以财政授权支付方式予以支付。

（1）业务分析

支付扣留的采购余款做质保金，财务会计冲销负债，预算会计做支出处理。如果质保金是额外收取的，因不涉及预算执行问题，预算会计不做处理，返还时亦然。

（2）会计处理

借：长期应付款——质保金——M公司 1 900

　贷：零余额账户用款额度 1 900

借：事业支出——基本支出——财政拨款基本支出——日常公用经费支出 1 900

　贷：资金结存——零余额账户用款额度 1 900

【示例2-7】20×4年1月11日，从红树林支行账户提取现金5万元，用于发放春节慰问金。

（1）业务分析

从零余额账户提取现金，库存现金增加，零余额账户用款额度减少，属于“资金结存”科目二级科目的内部调整。

（2）会计处理

借：库存现金　　　　50 000

　贷：零余额账户用款额度　　　　50 000

借：资金结存——货币资金　　　　50 000

　贷：资金结存——零余额账户用款额度　　　　50 000

✲【思考一刻2-8】与财政授权支付方式相比，以财政直接支付方式支付款项，不需要使用的会计科目是哪个？为什么？

✲【思考一刻2-9】零余额账户余额与零余额账户用款额度的关系是什么？分平时和年末两种情况进行分析。

【拓展阅读2-2】

政府会计的辅助核算要素

辅助核算要素是会计为满足管理需要而进行辅助明细核算的具体名目。与企业会计相比，政府会计尤其是预算会计部分，辅助核算要素非常多，主要目的是满足日益严格、规范、完善的政府预算管理和财务管理的需求。政府会计记账凭证（含辅助核算要素）示例如图2-4所示。

机制　　记账凭证　　已记账

凭证类型：记　号　定位　　202 年 月 日　　附件张数：5

	摘要	科目	借方	贷方	核算类型
1	授支v18100 #付××公司工程款	16130101 [在建工程-建筑安装工程投资-建筑工程]	97,500.00		财务会计
2	授支v18100 #付××公司工程款	400102 [财政拨款收入]		97,500.00	财务会计
3	授支v18100 #付××公司工程款	7201010201 [事业支出-教育支出-项目支出-财政拨款项目支出]	97,500.00		预算会计
4	授支v18100 #付××公司工程款	600102 [财政拨款预算收入-项目支出经费]		97,500.00	预算会计
	财务合计	玖万柒仟伍佰元整	97,500.00	97,500.00	
	预算合计	玖万柒仟伍佰元整	97,500.00	97,500.00	

预算项目	支出功能分类	支出经济分类	往来单位	预算年度	资金性质	财政管理级次	资金流向	事项	支付方式
S00000［发展专项资金-××］	2050305 [教育支出-职业教育-高等职业教育]	3109953 [资本性支出-其他资本性支出-其他基建资本性支出]	1200021000 [单位外-其他民营企业-民营中小微企业-××服务有限公司]	202×[202×年]	11 [预算内资金-一般公共预算]	1 [国家级]	9 [其他]	zz [未区分事项]	12 [国库集中支付-财政授权支付]

制单人：　审核人：　记账人：

图2-4　政府会计记账凭证（含辅助核算要素）示例

政府会计中常用的辅助核算要素有以下项目：

①预算项目，是指资金在政府预算中的名目，即资金项目。

②支出功能分类。

③支出经济分类。

④往来单位，指资金收支的对方单位。

⑤预算年度，指资金所属预算的公历年度。

⑥资金性质，分为政府预算资金、财政专户管理资金和单位资金三大类。

⑦财政管理级次，即资金所属预算的行政级别，分为国家级、省级、市级、县级、乡级、其他六类。

⑧资金流向，即资金收支对方单位的类别，分为本部门内部单位、本部门以外的同级政府单位、本部门以外的非同级政府单位、其他四类。

⑨事项，单位可以为需要进行辅助核算的特殊事项单设“事项”要素。

⑩支付方式，分为财政直接支付、财政授权支付和单位资金支付三类。实行预算管理一体化的单位分为国库集中支付和单位资金支付两类。

⑪机构，即作为资金支出主体的内设机构或部门。

⑫财务项目，即政府财务会计中需要单独核算的项目，比如“在建工程”科目下面的具体工程项目。

【练习2-3】

1.20×3年6月5日，某省属公办大学使用当年财政拨款专项资金，以财政直接支付方式，支付实训用机床款600万元，机床尚未安装。

2.20×3年7月1日，某省属公办大学收到财政部门批复的当年财政授权支付资金额度1 000万元，用于发放职工薪酬。

3.20×3年12月30日，某省属公办大学从基本银行账户提取现金6万元用于发放困难职工慰问金。

场景2-4 核算国库集中支付年末业务

场景2-4

（1）20×4年1月4日，财务处收到省教育厅转发省财政厅下发的上年度“可执行指标执行情况明细表”（即财政对账单），显示20×3年度学校当年财政拨款预算数为685 735 238.89元，截至20×3年12月31日，支付完成数为662 606 526.22元，未支付数为23 128 712.67元，预算资金支付完成率为96.63%，同时显示，学校20×3年度财政拨款资金预算未支付数中，除下述3笔预算指标，学校可以结转下年继续使用外，其他预算指标被收回统筹：一是用于学校新办公楼建设的财政直接支付预算指标1910万元；二是用于学校学生食堂建设项目的财政授权支付预算指标180万元，财政部门已经做预算批复，但学校尚未使用，椰城支行已于20×3年12月31日按规定将该用款额度予以清零；三是用于学校日常公用支出的财政授权支付预算指标20万元，财政部门尚未做预算批复。尽管财务处于20×4年1月4日收到财政对账单，但对账结果需要在上年末20×3年12月31日确认。

①新办公楼建设的财政直接支付预算指标1 910万元。会计分录信息分解见表2-19。

表2-19

会计分录信息分解表

步骤	关键信息	账户名称	增减	账户类别	方向	账户变动金额
	①	②	②	③	③	④
1	本年未完成支付、下年可以继续使用指标1：新办公楼建设专项，财政直接支付					
2	本年财政拨款，财政直接支付					
3	本年未完成支付、下年可以继续使用指标1：新办公楼建设专项					
4	本年财政拨款，专项资金，财政直接支付					

②学生食堂建设项目的财政授权支付预算指标180万元，已经完成预算批复。会计分录信息分解见表2-20。

表2-20　　会计分录信息分解表

步骤	关键信息	账户名称	增减	账户类别	方向	账户变动金额
	①	②	②	③	③	④
1	本年未完成支付、下年可以继续使用指标2：学生食堂建设专项，财政授权支付					
2	本年财政拨款，财政授权支付，已经批复					
3	本年未完成支付、下年可以继续使用指标2：学生食堂建设专项					
4	本年财政拨款，专项资金，财政授权支付，已经批复					

③日常公用支出的财政授权支付预算指标20万元，尚未完成预算批复。会计分录信息分解见表2-21。

表2-21　　会计分录信息分解表

步骤	关键信息	账户名称	增减	账户类别	方向	账户变动金额
	①	②	②	③	③	④
1	本年未完成支付、下年可以继续使用指标3：日常公用经费，财政授权支付					
2	本年财政拨款，财政授权支付，尚未批复					
3	本年未完成支付、下年可以继续使用指标3：日常公用经费					
4	本年财政拨款，日常公用经费，财政授权支付，尚未批复					

（2）20×4年1月4日，财务处国库集中支付系统收到两笔财政授权支付用款额度：一是上年末代理银行清零并结转至财政应返还额度的180万元，系学校学生食堂建设项目财政拨款专项资金额度，现予以恢复；二是财政厅批复了上年没有批复的财政拨款日常公用经费额度20万元。会计分录信息分解见表2-22。

（3）20×4年1月8日，财务处用上年未用完的新办公楼建设财政拨款预算指标，使用财政直接支付方式，支付给省第二建筑公司580万元工程进度款。会计分录信息分解见表2-23。

表 2-22　　会计分录信息分解表

步骤	关键信息	账户名称	增减	账户类别	方向	账户变动金额
	①	②	②	③	③	④
1	收到财政授权支付用款额度					
2	上年财政拨款专项资金，已批复，财政授权支付，现在恢复					
3	上年财政拨款公用经费，未批复，财政授权支付，现在批复					
4	收到财政授权支付用款额度					
5	上年财政拨款专项资金，已批复，现在恢复					
6	上年财政拨款公用经费，未批复，现在批复					

表 2-23　　会计分录信息分解表

步骤	关键信息	账户名称	增减	账户类别	方向	账户变动金额
	①	②	②	③	③	④
1	支付工程进度款					
2	使用上年财政拨款，财政直接支付					
3	支付工程进度款					
4	使用上年财政拨款专项资金，财政直接支付					

【场景知识】年末财政对账

场景知识

年末财政对账

单位月末应该与财政部门核对预算执行情况，确保日常账务处理正确，并掌握预算执行进度。更重要的是，年终要对当年预算执行情况进行总对账，对上年结余、年初预算、调整预算、预算批复、预算支出、预算结转结余等进行核对确认；同时，对历年（即上年及以前年度）预算指标的结转结余情况进行对账，并进行清理。在实务中，这些工作事实上是在下年初完成的。对账结束后，财政部门会对各单位当年或历年没有用完的预算指标进行统筹处理，并批复这些预算指标是做收回处理，还是允许单位下一预算年度继续使用，这项工作被称为财政“年末对账批复”。对于历年结转结余指标的处理，将在“任务 2.4.2 核算预算结余调整或变动业务”中进行学习，本场景仅涉及当年预算指标的清理业务，结果通常有四种情况：

第一，财政部门尚未做预算批复，但年末对账批复同意结转下年继续使用、需要计入当年收入的预算指标，由于单位账面尚未确认收入，单位应于当年年末确认收入和财政应返还额度，实务中各单位称为“收指标”。

第二，财政部门已经做预算批复，但单位没有来得及支付、财政部门年末对账批复同意下年继续使用的财政授权支付预算指标，由于预算批复时单位账面已经确认收入和零余额账户用款额度，而该额度余额年末需要清零，因此年末需要将其转入财政应返还额度，下一预算年度开始再恢复至零余额账户用款额度。

第三，财政部门尚未做预算批复、年末对账也不同意下年继续使用而予以收回的预算指标，由于单位账面尚未处理，该类预算指标年末也无须处理。

第四，财政部门尚未做预算批复，但年末对账批复同意结转下年继续使用，但不作为本年收入的预算指标，即结转数，年末也无须处理，下年使用时再确认为下年收入。这类预算指标比较特殊，本项目后续业务，均不考虑此类情况。

因此，对于当年没有使用完的预算指标，年末需要进行会计处理的主要是前两种。需要强调的是，根据目前预算管理规定，市县级财政国库集中支付结余不再按权责发生制列支，因此相关政府单位年末也不再确认“财政应返还额度”。

年末财政对账单的主要项目见表2-24。

【科目设置】

资产类“财政应返还额度”科目，核算实行国库集中支付的单位年度终了时应收财政下年度返还的资金额度，即本年未用完待下年继续使用的预算指标。所谓预算指标，是指财政部门批复下达的年初预算、年中追加或调整预算等预算资金文件里记载的金额和相关事项。该科目下设“基本支出财政应返还额度”和“项目支出财政应返还额度”两个明细科目，进一步细分为财政直接支付资金额度和财政授权支付资金额度两种。需要注意，实行预算管理一体化的单位，不再区分财政直接支付和财政授权支付，因此财政应返还额度也就不再区分财政直接支付资金额度和财政授权支付资金额度。

✻【思考一刻2-10】表2-24中金额合计各数字的钩稽关系是怎样的？

【示例2-8】某事业单位财政对账单显示，截至20×3年12月31日，不计当年收入的结转数为零，但有3项未完成的预算指标，财政年末对账后批复可以结转下年继续使用：一是用于第二教学楼建设的财政直接支付预算指标820万元；二是财政尚未批复的用于西大门建设的财政授权支付预算指标50万元；三是20×3年12月初已经收到财政预算批复、用于日常公用经费的财政授权支付预算指标30万元，年末代理银行已经将该用款额度清零。

（1）业务分析

本例用于日常公用经费的预算指标，属于基本支出财政应返还额度，用于第二教学楼和西大门建设的预算指标属于项目支出财政应返还额度。

财政直接支付预算指标应在资金支付时确认收入，本例820万元尚未支付，即财政尚未做预算批复，因此账面尚未确认收入；财政授权支付预算指标应在收到财政预算批复时确认收入，因此本例尚未完成预算批复的50万元，账面尚未确认收入，而已经完成预算批复的30万元，账面已经确认收入和零余额账户用款额度。综上，对账无误后，应该确认收入870万元，冲销零余额账户用款额度30万元，预算会计做对应处理。

表 2-24

可执行指标执行情况明细表（简表）

单位：元

支出功能分类	文号	预算数	完成数		平衡预算数（财政收回，不计本年收入）	结转下年继续使用数（计财政应返还额度）	确认收入数（列当年财政拨款收入数，完成数加结转下年合计）	结转数（下年使用，但不计本年收入）	资金性质	支出结构	预算项目	财政管理级次
			合计	占预算%								
		①	②	③	④	⑤	⑥	⑦				
合计		250 339 622.47	233 761 695.54	93.38%	250 236.65	12 728 182.90	246 489 878.44	3 599 507.38				
2050305-高等职业教育	202×年预算大本	30 900 000.00	27 073 392.08	87.62%	0.00	3 826 607.92	30 900 000.00	0.00	91-教育事业收费	1101-基本工资等	J100011-基本工资等	2-省级
2050305-高等职业教育	202×年预算大本	1 000 000.00	989 620.00	98.96%	0.00	10 380.00	1 000 000.00	0.00	91-教育事业收费	1299-其他公用支出	J100029-其他公用支出	2-省级
2050305-高等职业教育	202×年预算大本	51 045 900.00	51 045 900.00	100%	0.00	0.00	51 045 900.00	0.00	11-一般公共预算	1101-基本工资等	J100011-基本工资等	2-省级
2080505-机关事业单位基本养老保险缴费支出	202×年预算大本	5 985 600.00	5 985 600.00	100%	0.00	0.00	5 985 600.00	0.00	11-一般公共预算	1102-社会保障缴费	J100012-社会保障缴费	2-省级
2050305-高等职业教育	202×年预算大本	1 710 000.00	1 710 000.00	100%	0.00	0.00	1 710 000.00	0.00	11-一般公共预算	2-项目支出	S000010-学生资助补助经费	2-省级
2050305-高等职业教育	×财教［202×］××号	4 840 000.00	4 840 000.00	100%	0.00	0.00	4 840 000.00	0.00	11-一般公共预算	2-项目支出	S000010-学生资助补助经费	1-国家级
2050399-其他职业教育支出	×财教［202×］××号	400 000.00	247 585.00	61.9%	52 415.00	0.00	247 585.00	100 000.00	11-一般公共预算	2-项目支出	S000006-教育发展专项资金	1-国家级
		……										

（2）会计处理

借：财政应返还额度——项目支出财政应返还额度——财政直接支付　8 200 000

　　　　　　　　　——项目支出财政应返还额度——财政授权支付　500 000

　　　　　　　　　——基本支出财政应返还额度——财政授权支付　300 000

　贷：财政拨款收入　8 700 000

　　零余额账户用款额度　300 000

借：资金结存——财政应返还额度——基本支出财政应返还额度　300 000

　　　　　　——项目支出财政应返还额度　8 700 000

　贷：资金结存——零余额账户用款额度　300 000

　　财政拨款预算收入——项目支出　8 700 000

【示例2-9】接【示例2-8】，20×3年1月4日，财务处国库集中支付系统收到两笔财政授权支付用款额度：一笔是恢复上年末清零并结转至财政应返还额度的30万元，系财政拨款日常公用经费资金额度；另一笔是财政厅批复了上年没有做预算批复的，用于西大门建设的50万元，系财政拨款专项资金额度。

（1）业务分析

对于财政授权支付额度，不管是上年已做预算批复、年末清零并结转的，还是上年未完成预算批复的，只要本年能够继续使用，则在上年末都记入了“财政应返还额度”科目，本年使用前都必须先转为“零余额账户用款额度”科目。两者的区别在于，上年已经完成预算批复的额度在本年初自动恢复至“零余额账户用款额度”科目，这一工作是国库集中支付系统自动处理的，无须单位再次申请；而上年未完成预算批复的额度需要在本年经财政部门做预算批复后，才能记入“零余额账户用款额度”科目，在完成预算批复前仍然保留在“财政应返还额度”科目中。这两类业务尽管事项不同，但会计分录相同。

需要注意，实行预算管理一体化的单位，“财政应返还额度”科目不再进行“财政直接支付”和“财政授权支付”的明细核算。

（2）会计处理

借：零余额账户用款额度　800 000

　贷：财政应返还额度——基本支出财政应返还额度——财政授权支付　300 000

　　　　　　　　　　——项目支出财政应返还额度——财政授权支付　500 000

借：资金结存——零余额账户用款额度　800 000

　贷：资金结存——财政应返还额度——基本支出财政应返还额度　300 000

　　　　　　　　　　　　　　　　——项目支出财政应返还额度　500 000

【示例2-10】接【示例2-9】，20×4年1月10日，用上年财政授权支付预算资金指标支付西大门建设工程款50万元。

（1）业务分析

使用财政授权支付资金额度进行支付时，不管是使用上年的预算指标，还是使用本年的预算指标，会计分录相同。在会计实务中，不同预算年度的预算指标，会通过“预算年度”辅助核算要素予以区分。

（2）会计处理

借：在建工程——建筑安装工程投资（西大门）　500 000

贷：零余额账户用款额度　500 000

借：事业支出——项目支出——财政拨款项目支出　500 000

贷：资金结存——零余额账户用款额度　500 000

✲【知识点拨 2-1】财政授权支付方式下，不管使用的是本年还是历年的预算指标，由于必须通过零余额账户支付，因此都要通过“零余额账户用款额度”科目核算。

【示例 2-11】接【示例 2-8】，20×4 年 1 月 12 日，用上年第二教学楼建设的财政直接支付预算指标支付空调款 847 000 元，已安装完毕，可以使用。

（1）业务分析

上年没有用完的财政直接支付预算指标，已经记入“财政应返还额度”科目，本年经财政批准使用时，直接冲减“财政应返还额度”科目即可。因此，在政府会计的收支核算中，必须严格区分当年预算资金和历年预算资金。

（2）会计处理

借：固定资产——设备　847 000

贷：财政应返还额度——项目支出财政应返还额度——财政直接支付　847 000

借：事业支出——项目支出——财政拨款项目支出　847 000

贷：资金结存——财政应返还额度——项目支出财政应返还额度　847 000

✲【思考一刻 2-11】比较在财政直接支付方式下，使用本年和历年的预算指标支付时，会计处理有什么不同。

✲【思考一刻 2-12】零余额账户用款额度与财政应返还额度的关系。

单位能够使用的年度资金总额，被称为预算指标总额，资金在使用过程中，财政部门采用“月度用款计划管理”模式，根据预算按月向单位批复资金额度，包括财政直接支付额度和财政授权支付额度。财政直接支付额度于使用时批复，平时不做会计处理，而财政授权支付额度则在批复时先记入“零余额账户用款额度”科目。年终没有用完的财政授权支付额度代理银行予以清零，但在下年初予以恢复，由此产生了零余额账户用款额度与财政应返还额度之间的相互转换业务，两者之间的关系见表 2-25。

表 2-25　零余额账户用款额度与财政应返还额度的关系

<table>
<tr><th colspan="4"></th><th>本年收到或使用额度</th><th>下年恢复或批复后使用额度</th></tr>
<tr><td rowspan="6">预算指标总额（调整后）</td><td rowspan="4">已批复预算指标额度（可支出）</td><td>财政直接支付</td><td>已使用</td><td>借：资产或费用/支出类科目
贷：收入/预算收入类科目</td><td>—</td></tr>
<tr><td rowspan="3">财政授权支付</td><td>收到额度</td><td>借：零余额账户用款额度/资金结存——零余额账户用款额度
贷：收入/预算收入类科目</td><td>—</td></tr>
<tr><td>已使用</td><td>借：资产或费用/支出类科目
贷：零余额账户用款额度/资金结存——零余额账户用款额度</td><td>—</td></tr>
<tr><td>年末未使用</td><td>借：财政应返还额度/资金结存——财政应返还额度
贷：零余额账户用款额度/资金结存——零余额账户用款额度</td><td>借：零余额账户用款额度/资金结存
贷：财政应返还额度/资金结存
借：资产或费用/支出类科目
贷：零余额账户用款额度/资金结存</td></tr>
<tr><td rowspan="2">未批复预算指标额度（不可支出）</td><td colspan="2">财政直接支付</td><td rowspan="2">借：财政应返还额度/资金结存
贷：收入/预算收入类科目</td><td>借：资产或费用/支出类科目
贷：财政应返还额度/资金结存</td></tr>
<tr><td colspan="2">财政授权支付</td><td>借：零余额账户用款额度/资金结存
贷：财政应返还额度/资金结存
借：资产或费用/支出类科目
贷：零余额账户用款额度/资金结存</td></tr>
</table>

由表2-25可以看出，“零余额账户用款额度”科目只用于财政授权支付方式，而“财政应返还额度”科目则在财政直接支付和财政授权支付两种方式下都可能用到。从政府会计科目表的编码也可以发现，“1011零余额账户用款额度”与“1002银行存款”等科目属于货币资金类别，零余额账户里面尽管一般没有资金，但是可以提取现金，这是银行账户非常关键的功能；而“1201财政应返还额度”与“1212应收账款”等科目属于应收款项类别。但是，需要注意，在“资金结存”科目的二级科目中，零余额账户用款额度则从货币资金中分离出来，单列为一个二级科目。

【练习2-4】

（1）年度终了，某事业单位本年财政拨款项目资金财政直接支付预算指标3 000万元，可以结转下年继续使用。

（2）年度终了，某事业单位本年财政拨款公用经费财政授权支付预算指标400万元，尚未批复，可以结转下年继续使用。

（3）年度终了，某事业单位本年财政拨款公用经费财政授权支付预算指标100万元，已经批复，代理银行将额度予以清零，但可以结转下年继续使用。

（4）年初，某事业单位代理银行恢复上年已经批复的财政拨款公用经费财政授权支付预算指标100万元。

任务2.2.2　核算非财政拨款收入业务

场景2-5　核算事业收入业务

场景2-5

（1）20×3年8月25日，财务处收费科发布缴费通知，手机微信平台缴费系统将于8月28日正式开通，缴费时间为工作日8：30—17：00，学生通过学校公众号或小程序缴款，款项直接进入财政账户，缴款信息同步至财政部门非税系统和学校收费系统，同时缴费平台会推送缴费凭证，电子发票链接将通过短信发送至学生预留手机，如果需要可以自行打印。8月28日17时20分，财务处收费科交来本日缴款清单，显示本日学生缴款912万元。

（2）20×3年9月8日，财务处支付系统显示，收到了省财政厅审核批复的财政授权支付用款额度600万元，系作为人员经费使用的本年财政专户返还资金。

（3）20×3年9月10日，财务处收到红树林支行业务回单，显示省科技厅拨入本年度10项科研课题专项经费60万元，课题负责人为牛教授等10名教师。

（4）20×3年9月15日，高山公司预付职工业务培训费收入20万元，已汇入学校红树林支行账户，合同约定项目完成后再收尾款10万元。学校培训业务收入不上缴财政专户，需要缴纳增值税及相关税费。

（5）20×3年9月22日，高山公司职工培训活动结束，财务处收费科给高山公司办公室秦主任开出增值税普通发票，显示价税合计30万元，增值税征收率为3%。秦主任承诺一周内支付本次培训活动尾款。学校应交增值税于开具发票时逐笔核算。

【场景知识】事业收入的类别及确认

事业收入按确认方式分为四类，即采用财政专户返还方式确认的收入、采用预收款方式确认的收入、采用应收款方式确认的收入、其他方式确认的收入。

场景知识

事业收入的类别及确认

（1）财政专户返还收入，是指事业单位收取的、与单位业务相关的、应缴入财政专户进行集中管理的收入，主要是事业性收费收入，比如学校收取的学费、住宿费。财政专户返还收入属于事业单位的自有资金，上缴后再通过编制预算申请财政部门给予返还，因此单位在收到应缴财政专户的款项时不做预算收入，而是作为往来事项进行财务会计核算，不进行预算会计核算。

财政专户返还收入应在财政部门返还时确认收入，与财政拨款收入一样，在财政直接支付方式下，财政部门返还专户资金的同时完成了资金支付；在财政授权支付方式下，财政部门以资金额度的形式返还至单位零余额账户；在单位资金支付方式下，财政部门可以货币资金的形式返还至单位基本账户。

（2）预收款方式确认的收入，财务会计根据权责发生制不能做收入，预算会计根据收付实现制要做预算收入。

（3）应收款方式确认的收入，财务会计根据权责发生制要做收入，预算会计根据收付实现制不能做预算收入。

（4）其他方式确认的收入，是事业单位利用自身专业资源开展的业务辅助活动取得的收入。

【科目设置】

（1）负债类“应缴财政款”科目，核算单位取得或应收的按照规定应当上缴财政的款项，包括应缴国库的款项和应缴财政专户的款项，下设“应缴国库款”和“应缴财政专户款”两个二级科目。单位按照国家税法等有关规定应当缴纳的各种税费，通过“应交增值税”“其他应交税费”科目核算，不通过本科目核算。

如果应缴财政款在收取时不进入执收单位的银行账户，而是直接进入国库账户或财政专户，实务中通常不进行账务处理，只在备查簿中进行登记。

（2）收入类“事业收入”科目，事业单位专用，核算事业单位开展专业业务活动及其辅助活动实现的收入，不包括从同级政府财政部门取得的各类财政拨款。

科研活动是事业单位的专业业务活动或主要辅助活动之一，因此相关收入也属于事业收入，而且除预提的科研间接费用外，均属于专项资金收入。科研活动收入中，有一部分来自其他政府单位，被称为“非同级财政拨款”。“非同级财政拨款”是指单位从非同级政府财政部门取得的经费拨款，包括从同级政府其他部门取得的横向转拨财政款、从上级或下级政府财政部门取得的经费拨款等。可以这样理解，来源于同级政府财政部门的经费拨款为“财政拨款收入”，此外，以各级政府财政部门作为最终来源的款项均属于“非同级财政拨款”，其中，由专业业务活动及其相关辅助活动产生的非同级财政拨款是单位的事业收入，其他活动产生的非同级财政拨款则是单位的“非同级财政拨款收入”（一级科目），后述。

“事业收入”科目下设“财政专户返还收入”“非同级财政拨款”“其他事业收入”等二级明细科目，分别核算不同方式取得的收入。

事业收入不含增值税额，应交增值税需要单独核算。

（3）预算收入类“事业预算收入”科目，事业单位专用，核算事业单位开展专业业务活动及其辅助活动取得的现金流入，事业单位因开展科研及其辅助活动从非同级政府财政部门取得的经费拨款，也通过本科目核算。事业预算收入按取得方式分财政专户返还预算收入、非同级财政拨款和其他事业预算收入。其中，财政专户返还预算收入划分为基本支出财政专户返还预算收入（非专项资金预算收入）和项目支出财政专户返还预算收入（专项资金预算收入）两类；其他事业预算收入分为一般其他事业预算收入和专项其他事业预算收入。

应交增值税包含在事业预算收入中，不单独核算，实际缴纳时直接记入“事业支出”科目。

（4）资产类“银行存款”科目，下设“一般银行存款”和“受托代理资产”两个二级明细科目，前者核算单位自有的银行存款，后者核算单位受托代理或代管的银行存款，比如代收代管的校园一卡通存款等。

（5）资产类“应收账款”科目，下设“需上缴财政应收账款”和“不需上缴财政应收账款”两个明细科目，前者通常是主要专业业务活动产生的事业收入，后者通常是专业业务辅助活动产生的事业收入。由于明细科目设置不同，政府单位的“应收账款”和“预收账款”科目一般不相互借用。

（6）负债类“应交增值税”科目，下设“应交税金”“未交税金”“预交税金”“待抵扣进项税额”“待认证进项税额”“待转销项税额”“简易计税”“转让金融商品应交增值税”“代扣代交增值税”等明细科目。属于增值税一般纳税人的单位，“应交税金”二级明细账内应当设置“进项税额”“已交税金”“转出未交增值税”“减免税款”“销项税额”“进项税额转出”“转出多交增值税”等专栏。

事业单位税费的财务会计处理方法与企业财务会计相同。如果事业单位不需要缴纳增值税的收入较多，则通常属于小规模纳税人；如果需要缴纳增值税的收入较多，符合条件的可以被认定为一般纳税人。

【示例2-12】20×3年9月5—6日，开学报到期间，通过银行系统扣收学费4 500万元、住宿费960万元至红树林支行账户。

（1）业务分析

一般情况下，单位只要有资金收支，预算会计就要做会计处理，即“见钱眼开”原则，见到“钱”做处理，不见“钱”不做处理，但应缴财政款项和受托代理款项等属于例外，原因是此时该“钱”尚不属于单位，尚未纳入单位预算。本例系单位收取的非税收入，收到时应该上缴财政专户，待纳入预算后再返还回来确认收入，因此不做预算会计处理。

（2）会计处理

借：银行存款——一般银行存款——基本户存款	54 600 000	
贷：应缴财政款——应缴财政专户款——非税收入（学费）		45 000 000
——非税收入（住宿费）		9 600 000

预算会计不做处理。

【示例2-13】接【示例2-12】，20×3年9月12日，将收取并存入红树林支行账户的学费4 500万元、住宿费960万元上缴财政专户。

（1）业务分析

在基本账户暂存的应缴财政款，上缴时予以冲减。

（2）会计处理

借：应缴财政款——应缴财政专户款——非税收入（学费）　45 000 000

　　　　　　　　　　　　　　　——非税收入（住宿费）　9 600 000

　贷：银行存款——一般银行存款——基本户存款　54 600 000

预算会计不做处理。

【拓展阅读2-3】

政府单位经营性收入未及时上缴财政专户

湛江市廉江市审计局依法审计了2023年市本级预算执行、决算草案和其他财政收支情况，其中，发现未按规定上缴财政专户或国库有3个方面：一是未严格执行“收支两条线”管理，1个单位2023年累计7个月的经营性收入2 802.36万元未及时上缴财政专户；二是非税收入未及时缴库，垦造水田指标交易收入1 956.82万元未及时足额划解入库，1个单位投资取得的股利分红和股息92.49万元未及时上缴国库；三是债券利息及付息服务费未上缴，3个已竣工投入使用的债券项目实际收益未达预期收益，专项债券利息及付息服务费6 325.76万元未上缴国库。

［资料来源：湛江市廉江市审计局.关于廉江市2023年度本级预算执行和其他财政收支的审计工作报告［EB/OL］.［2024-10-17］. http://www.lianjiang.gov.cn/zjljsjj/gkmlpt/content/1/1966/post_1966962.html#10751.］

【示例2-14】20×3年9月15日，使用当年财政专户返还资金（项目支出预算）以财政直接支付方式支付综合实训楼工程款1 200万元，支付手续已办理完结。

（1）业务分析

使用当年财政专户返还资金支付工程款，与使用当年财政拨款资金类似，一般情况下，也要使用国库集中支付方式进行支付，不同的只是资金性质不同，财政专户返还资金是单位创造的事业收入，属于非财政资金，采用财政直接支付方式，于返还时确认。

（2）会计处理

借：在建工程——建筑安装工程投资（综合实训楼）　12 000 000

　贷：事业收入——财政专户返还收入　12 000 000

借：事业支出——项目支出——非财政专项资金支出　12 000 000

　贷：事业预算收入——财政专户返还预算收入——项目支出返还　12 000 000

【示例2-15】20×3年9月13日，收到财政部门通知，本年度预算中财政专户返还“偿还债务本金”专项资金8 000万元，已经使用财政直接支付方式返还至红树林支行账户中，以备还款。

（1）业务分析

财政专户返还资金通常要通过零余额账户返还支付，但特殊情况下可以返还至基本账户进行支付。

（2）会计处理

借：银行存款——一般银行存款——基本户存款　80 000 000

　贷：事业收入——财政专户返还收入　80 000 000

借：资金结存——货币资金　80 000 000

　贷：事业预算收入——财政专户返还预算收入——项目支出返还　80 000 000

【示例2-16】20×3年9月15日，收到中沙公司员工培训费30 900元，开出增值税普通发票，价款为30 000元，增值税为900元，款项已刷卡存入红树林支行账户。

（1）业务分析

开出培训费发票后，即可确认培训收入，其中财务会计的“事业收入”科目不含增值税，预算会计的“事业预算收入”科目包含增值税，上缴增值税记入预算支出类科目。

（2）会计处理

借：银行存款——一般银行存款——基本户存款　　30 900

　贷：事业收入——其他事业收入　　30 000

　　　应交增值税——应交税金　　900

借：资金结存——货币资金　　30 900

　贷：事业预算收入——其他事业预算收入——一般其他事业预算收入　　30 900

✲【知识点拨2-2】事业收入中的财政专户返还收入，与财政拨款收入一样，要通过财政直接支付或授权支付的方式进行支出。国库集中支付主要业务小结见表2-26。

表2-26　**国库集中支付主要业务小结**

<table>
<tr><th colspan="2">业务类型</th><th>财政直接支付</th><th>财政授权支付</th></tr>
<tr><td colspan="2">收入确认</td><td>借：资产/费用类科目【平时】
　财政应返还额度【年末】
　贷：财政拨款收入
　　事业收入——财政专户返还收入
借：事业支出【平时】
　资金结存——财政应返还额度【年末】
　贷：财政拨款预算收入
　　事业预算收入——财政专户返还预算收入</td><td>借：零余额账户用款额度【平时】
　财政应返还额度【年末】
　贷：财政拨款收入
　　事业收入——财政专户返还收入
借：资金结存——零余额账户用款额度【平时】
　资金结存——财政应返还额度【年末】
　贷：财政拨款预算收入
　　事业预算收入——财政专户返还预算收入</td></tr>
<tr><td colspan="2">零余额账户用款额度跨年处理</td><td>无</td><td>（1）年末清零
借：财政应返还额度
　贷：零余额账户用款额度
借：资金结存——财政应返还额度
　贷：资金结存——零余额账户用款额度
（2）下年初恢复或批复历年资金额度
借：零余额账户用款额度
　贷：财政应返还额度
借：资金结存——零余额账户用款额度
　贷：资金结存——财政应返还额度</td></tr>
<tr><td rowspan="2">支出确认</td><td>当年资金</td><td>同平时收入确认，收支同时发生</td><td rowspan="2">借：资产/费用类科目
　贷：零余额账户用款额度
借：事业支出
　贷：资金结存——零余额账户用款额度</td></tr>
<tr><td>历年资金</td><td>借：资产/费用类科目
　贷：财政应返还额度
借：事业支出
　贷：资金结存——财政应返还额度</td></tr>
</table>

【练习2-5】

（1）20×3年12月31日，财政对账单显示尚未使用或用完的财政专户返还资金预算指标如下：一是用于支付工资的财政直接支付预算指标360万元；二是尚未批复的用于道路建设的财政授权支付预算指标10万元；三是月初已经收到财政部门批复、用于日常公用经费的财政授权支付预算指标60万元，年末该额度已经清零。上述3项预算指标均可以结转下年继续使用。

（2）20×4年1月4日，财务处支付系统显示，收到了省财政厅审核批复的两笔财政授权支付用款额度，一笔是恢复上年末清零并结转的日常公用经费财政专户返还资金额度60万元，另一笔是财政部门批复了上年没有批复的用于道路建设的财政专户返还专项资金额度10万元。

（3）20×4年1月10日，用上年结转留用的财政专户返还授权支付资金额度支付道路建设工程款10万元。

（4）20×3年3月10日，收到省社会科学界联合会拨付的科研课题专项经费收入8万元，已经存入红树林支行账户。省社会科学界联合会是在省委、省政府领导下的学术性人民团体，主要经费由省财政部门拨付。

（5）20×3年6月15日，收到高山公司培训费余款10万元（已确认为应收款项），存入红树林支行账户。该业务属于本单位的专业辅助活动。

场景2-6　核算其他常规收入业务

场景2-6

（1）20×3年5月31日，内部招待所实现客房收入3 280元，已刷卡存入红树林支行账户，增值税发票已开，税率为3%。该项客房业务不属于本校的专业活动或专业辅助活动。

（2）20×3年6月21日，收到第二季度红树林支行账户利息单，显示利息收入1 892.76元。

（3）20×3年7月1日，因追加预算申请尚未收到批复，业务资金周转出现困难，从开户银行取得商业贷款100万元，期限为4个月，已存入红树林支行账户，年利率为6.48%，按月付息。

（4）20×3年7月2日，收到区民政局拨付征兵工作奖励9万元，以表彰学校征兵工作的突出成绩，已存入红树林支行账户。

（5）20×3年7月3日，资产管理部门确认，某软件公司因未按合同约定履行售后服务义务，其缴纳的保证金20万元不再返还。该保证金收到时记在往来账户，预算会计未做处理。

【场景知识】其他常规收入的类别

其他常规收入是比较常见的其他收入，主要有经营收入、利息收入、债务收入（预算会计确认）、非同级财政拨款收入、其他收入等。

场景知识

其他常规收入的类别

【科目设置】

（1）收入类“经营收入”科目，事业单位专用，核算事业单位在专业业务活动及其辅助活动之外开展非独立核算经营活动取得的收入，事业单位不从事这类经营活动，并不影响其正常运行。经营收入中不含应交增值税额，应交增值税应单独核算。

（2）预算收入类“经营预算收入”科目，事业单位专用，核算事业单位在专业业务活动及其辅助活动之外开展非独立核算经营活动取得的现金流入。经营预算收入分为一般经营预算收入和专项经营预算收入两类，除特别说明外，经营预算收入都不是专项经营预算收入。应交增值税包含在经营预算收入中，实际缴纳增值税时记入“经营支出”科目。

【头脑风暴2-2】分别列举学校、医院、科研院所、建筑设计院的事业活动和营业活动。

✲【思考一刻2-13】比较经营收入与事业收入、经营预算收入与事业预算收入的相同点与不同点。

（3）收入类“利息收入”科目，核算单位取得的银行存款利息收入。

现实中，商业银行通常按季度支付客户的存款利息，即每季度末月20日结算存款利息，21日转付存款利息。

（4）预算收入类“其他预算收入”科目，主要核算捐赠预算收入、利息预算收入、租金预算收入、现金盘盈收入、其他杂项基本预算收入、其他杂项项目预算收入等，按收入项目进行明细核算。除“其他杂项项目预算收入”外，其他收入项目均为非专项预算收入。

（5）预算收入类“债务预算收入”科目，事业单位专用，核算事业单位按照规定从银行和其他金融机构等借入的、纳入部门预算管理的、不以财政资金作为偿还来源的债务本金。债务预算收入分为债务基本预算收入和债务项目预算收入两类，短期借款一般为前者，长期借款一般为后者。

事业单位根据业务需要，可以从金融机构借入款项，财务会计做负债处理，而预算会计做预算收入处理，为了实现预算收支平衡，相应地，事业单位偿还本金做预算支出处理，在此，收入与预算收入出现了显著差异。

根据期限长短不同，事业单位举借的债务，在财务会计中记入“短期借款”或“长期借款”科目核算，两者核算原理相同，主要区别在于符合资本化条件的长期借款利息需要进行资本化处理。

（6）收入类“非同级财政拨款收入”科目，核算单位从非同级政府财政部门取得的经费拨款，包括从同级政府其他部门取得的横向转拨财政款、从上级或下级政府财政部门取得的经费拨款等，其中科研资金收入列入“事业收入”科目核算。

非同级财政拨款收入按资金来源级别分为本级横向转拨财政款收入和非本级财政拨款收入两类。这种分类主要是在编制合并会计报表时做内部抵消使用。

（7）预算收入类“非同级财政拨款预算收入”科目，核算单位从非同级政府财政部门取得的经费拨款，包括本级横向转拨财政款和非本级财政拨款两种。非同级财政拨款预算收入分为非同级财政拨款基本预算收入和非同级财政拨款项目预算收入两类。

（8）负债类“其他应付款”科目，下设“一般其他应付款”“代收预拨经费收入”等二级科目。因债权人豁免等无法或无须偿付的债务，单位做“其他收入”和“其他预算收入”处理。

（9）收入类“其他收入”科目，主要核算现金盘盈收入、纳入预算管理的科技成果转化收入、收回已核销的债权（行政单位）、无法偿付的应付及预收款项、换出资产评估增值等内容。

【示例2-17】20×3年6月1日，因新建体育馆向国家开发银行借款3 000万元，期限为3年，财政给予贴息，已存入在国家开发银行开设的一般账户，年利率为4.91%，按月付息。

（1）业务分析

该笔贷款财务会计应记入负债类科目，3年期限为“长期借款”，而且贷款资金支出要纳入相关项目的预算，因此预算会计要进行反映，该笔贷款属于专项借款，应记入“债务预算收入——债务项目预算收入”科目。

（2）会计处理

借：银行存款——一般银行存款——一般户存款　　　　30 000 000

贷：长期借款 30 000 000

借：资金结存——货币资金 30 000 000

贷：债务预算收入——债务项目预算收入 30 000 000

✻【知识点拨 2-3】债务预算收入不是权责发生制“收入”，而是收付实现制“收入”，其强调的不是经济资源的“所有权”，而是“纳入预算管理”的“现金流入”的“使用权”。

【示例 2-18】20×3 年 6 月 10 日，收到省住房和城乡建设厅拨付 50 万元，系本校综合实训楼建筑节能专项补贴，已存入红树林支行账户。

借：银行存款——一般银行存款——基本户存款 500 000

贷：非同级财政拨款收入 500 000

借：资金结存——货币资金 500 000

贷：非同级财政拨款预算收入——非同级财政拨款项目预算收入 500 000

✻【思考一刻 2-14】比较“非同级财政拨款收入”与“事业收入——非同级财政拨款”的相同点和不同点。

【示例 2-19】20×3 年 6 月 12 日，某职工违反校内停车规定，被罚款 100 元，款项已存入红树林支行账户。

（1）业务分析

罚款收入属于单位其他收入，财务会计和预算会计都要进行处理。

（2）会计处理

借：银行存款——一般银行存款——基本户存款 100

贷：其他收入——其他杂项收入 100

借：资金结存——货币资金 100

贷：其他预算收入——其他杂项基本预算收入 100

【练习 2-6】

（1）20×3 年 6 月 30 日，学术交流中心实现客房收入 6 180 元，均已刷卡存入红树林支行账户，并开具了增值税普通发票，增值税税率为 3%。

（2）20×3 年 7 月 1 日，从红树林支行借款 600 万元，期限为两个月，用于垫付补缴的职工社会保险费，已存入红树林支行账户，年利率为 6.12%，按月付息。

（3）20×3 年 9 月 21 日，收到第三季度红树林支行账户利息单，显示利息收入 2 189.72 元。

（4）20×3 年 9 月 18 日，收到省应急管理厅拨付抗震救灾专项资金 30 万元，已存入红树林支行账户。

场景 2-7 核算其他非常规收入业务

场景 2-7

（1）20×3 年 6 月 16 日，收到省教育厅自筹的补助款项 20 万元，已存入红树林支行账户，专项用于发放困难学生生活补助。省教育厅为本校的上级主管部门。

（2）20×3 年 6 月 17 日，收到附属幼儿园上缴管理费 20 万元，已存入红树林支行账户，其中，校长办公会决定 12 万元专门用于幼儿园门口路面工程。

（3）20×3 年 6 月 25 日，出纳自行盘点现金，发现溢余 120 元，原因待查。

（4）20×3 年 6 月 28 日，调查发现，盘盈现金中 100 元系少付搬运工人的劳务费，暂做挂账处理（其他应付款）；另外 20 元无法查明原因，经财务处长批准转作收入。

（5）20×3 年 6 月 29 日，出纳补付搬运工人劳务费 100 元现金。

【场景知识】其他非常规收入的类别

其他非常规收入是不太常见的其他收入，主要有上级补助收入、附属单位上缴收入、资产处置净收入等。

场景知识

其他常规收入的类别

【科目设置】

（1）收入类“上级补助收入”科目，事业单位专用，核算事业单位从主管部门和上级单位取得的非财政拨款收入。该收入资金来源不是主管部门或上级单位的财政拨款收入，而是其自筹的经费收入。主管部门或上级单位可以在部门内部各单位之间进行资金统筹，“取有余而补不足”，以实现部门整体的资金平衡，被“补不足”取得的收入即是“上级补助收入”，相对应，被“取有余”发生的费用即是“上缴上级费用”。

（2）预算收入类“上级补助预算收入”科目，事业单位专用，核算事业单位从主管部门和上级单位取得的非财政补助现金流入。上级补助预算收入分为上级补助基本预算收入和上级补助项目预算收入两类，前者为没有指定用途的补助收入，后者为限定用途的补助收入。

（3）收入类“附属单位上缴收入”科目，事业单位专用，核算事业单位取得的附属独立核算单位按照有关规定上缴的收入。附属单位是指与事业单位除资金联系之外还存在其他联系的事业单位或企业，包括人事、业务、财务决策方面的联系，事业单位与附属单位之间是领导与被领导的关系。政府单位也可以在各附属单位之间进行资金统筹，原理参考“上级补助收入”解释，不再赘述。

《事业单位财务规则》规定，非财政补助收入大于支出较多的事业单位，可以实行收入上缴办法。收入上缴主要有两种形式：一种是定额上缴，即确定一个上缴的绝对数额；另一种是按比例上缴，即根据收支情况，确定按收入或利润的一定比例上缴。比较常见的形式是附属单位上缴的管理费收入。

（4）预算收入类“附属单位上缴预算收入”科目，事业单位专用，核算事业单位取得附属独立核算单位根据有关规定上缴的现金流入。附属单位上缴预算收入分为附属单位上缴基本预算收入和附属单位上缴项目预算收入两类，前者为没有指定用途的上缴收入，后者为限定用途的上缴收入。

（5）资产类“库存现金”科目，设置“一般库存现金”和“受托代理资产”两个二级明细账户，前者核算单位自有的现金，后者核算单位受托代理或代管的现金。

（6）资产类“待处理财产损溢”科目，核算单位在资产清查过程中查明的各种资产盘盈、盘亏和报废、毁损的价值，下设“待处理财产价值”和“待处理净收入”两个明细科目，前者核算盘盈盘亏资产的账面价值，后者核算资产处置过程中取得的残值变价净收入。与企业会计一样，政府单位资产盘盈、盘亏和报废、毁损时，财务会计先记入“待处理财产损溢”科目，查明原因或经批准后再具体处理，但如果涉及现金收付，预算会计按照收付实现制要求直接做收支处理。

【示例 2-20】20×3 年 7 月 1 日，收到附属独立核算印刷厂上缴的、按上月营业额的 30% 计算的收入款项 8.19 万元，用于补充学校日常办公经费使用，已存入红树林支行账户。

（1）业务分析

附属独立核算单位上缴的收入或利润，不属于经营收入，应当单列为“附属单位上缴收入”。预算会计根据该收入是否有确定用途，区分是基本预算收入还是项目预算收入。

（2）会计处理

借：银行存款——一般银行存款——基本户存款　　81 900

　贷：附属单位上缴收入　　81 900

借：资金结存——货币资金　　81 900

　贷：附属单位上缴预算收入——附属单位上缴基本预算收入　　81 900

✲【知识点拨2-4】附属单位通常是事业单位设立的独立核算实体，主要包括事业单位和企业两类。其中，所属企业是附属单位还是被投资单位，区分的基本标准是该企业与事业单位之间，除了资金联系外，还有没有其他联系，即是以市场关系为主，还是以行政关系为主，然而随着附属单位市场化程度的日益加深，其与主管事业单位的联系也越来越市场化，因此界定一笔收入是属于“附属单位上缴收入”还是“投资收益”越来越困难，此时可以由事业单位作为会计政策自行决定，一旦确定后则应在后续会计期间尽量保持不变。

【练习2-7】

1. 20×3年6月16日，收到省教育厅自筹的补助款项60万元，作为日常办公经费调剂使用，已存入红树林支行账户。

2. 20×3年6月30日，收到附属高中交来上半年管理费15万元，已存入基本银行账户，作为下半年校运会专项资金使用。

任务2.3　核算政府单位费用与预算支出业务

政府单位费用与预算支出业务主要涉及财务会计的资产、费用要素和预算会计的预算支出要素，具体业务还可能涉及负债、收入、预算收入或预算结余等要素。

为便于理解，资产、费用与预算支出可以近似对照，见表2-27。

表2-27　资产、费用与预算支出会计科目对应关系表

序号	经济功能	资产、费用会计科目	预算支出会计科目
1	开展专业业务活动及其辅助活动	在途物品、固定资产等/业务活动费用	事业支出（或行政支出）
2	事业单位行政及后勤管理部门开展管理活动	在途物品、固定资产等/单位管理费用	事业支出
3	开展非独立核算经营活动	经营费用	经营支出
4	出售、报废等处置各类资产	资产处置费用	其他支出
5	按规定上缴上级单位款项	上缴上级费用	上缴上级支出
6	对附属单位进行补助	对附属单位补助费用	对附属单位补助支出
7	对外进行股权或债权投资	短期投资等	投资支出
8	偿还从金融机构举借的债务本金	（负债）短期借款等	债务还本支出
9	缴纳企业所得税	所得税费用	（预算结余）非财政拨款结余
10	偿付利息、对外捐赠、现金盘亏、资产处置及相关税费、罚款等	其他费用	其他支出

单位不同经济功能的支出形成了不同的资产、费用和预算支出类会计科目，同时政府会计对费用和预算支出有其他分类要求。

第一，财务会计方面，费用要素中的业务活动费用、单位管理费用和经营费用，需要

再按经济用途细分为工资福利费用、商品和服务费用、对个人和家庭补助费用、对企业补助费用、固定资产折旧费、无形资产摊销费、公共基础设施折旧（摊销）费、保障性住房折旧费、计提专用基金、其他费用等。

第二，预算会计方面，与预算收入相对应，预算支出还要从不同角度做具体分类。一是按资金性质不同，分为财政资金支出和非财政资金支出两类：财政资金支出即财政拨款预算收入安排的支出；其他资金来源安排的支出均属于非财政资金支出。二是按是否具有限定性，分为专项资金支出和非专项资金支出两类：专项资金支出即专项资金收入安排的支出，也称“项目支出”；非专项资金支出即非专项资金收入安排的支出。另外，根据支出结果不同，预算支出分为费用化支出和资本化支出：费用化支出是支出发生时财务会计记入当期费用的支出，偿债支出在财务会计中冲减负债，在预算会计中视同费用化支出；资本化支出是支出发生时财务会计记入相关资产类科目的支出，本项目即是按这种分类进行内容安排，对于不涉及预算支出的费用将穿插在相关内容中。

任务2.3.1　核算费用化支出业务

场景2-8　核算人员经费支出业务

场景2-8

学校有2 800余名教职工，按应付工资总额为职工计算缴纳“四险二金”，即16%养老保险、8%医疗保险、0.5%失业保险、0.1%工伤保险和12%住房公积金，同时，为编内职工缴纳8%职业年金（计入社会保险费），学校教学科研行政后勤人员全部为编内职工，招待所人员全部为编外职工；职工个人承担8%养老保险、2%医疗保险、0.5%失业保险和12%住房公积金，同时，编内职工个人还要承担4%职业年金，连同个人所得税一起，均由学校在发放工资时代扣，然后代缴至相关单位。

（1）20×3年11月30日，财务处根据人事处编制的工资汇总表，计提11月应付未付的职工薪酬5 045万元，见表2-28。本场景为简化基础数据，“四险二金”以“应发工资”为基数测算，实务中，“四险二金”的计缴基数是参照“应发工资”数核定的，除遇到政策性调整外，在一个公历年度内保持不变。

表2-28　**20×3年11月职工薪酬汇总表**　单位：万元

部门及人员类型	社会保险费	住房公积金	应发工资	代扣社会保险费	代扣住房公积金	代扣个税	实发工资
	1	2	3	4	5=2	6	7=3-4-5-6
教学科研部门	815.0	300.0	2 500.0	362.5	300.0	100.0	1 737.5
行政后勤部门	260.8	96.0	800.0	116.0	96.0	30.0	558.0
招待所	49.2	24.0	200.0	21.0	24.0	5.0	150.0
合　计	1 125.0	420.0	3 500.0	499.5	420.0	135.0	2 445.5

（2）20×3年12月10日，财务处使用当年财政拨款资金，以财政直接支付方式支付11月实发工资1 500万元；使用当年财政专户返还资金，以财政直接支付方式支付11月实发工资795.5万元；使用红树林支行账户实有资金，发放11月招待所人员实发工资150万元，合计2 445.5万元。

（3）20×3年12月11日，财务处将学校承担和代扣个人承担的教学科研行政后勤人员社会保险费、住房公积金和个人所得税2 476.3万元，从椰城支行账户转到红树林支行账户，以备上缴。其中，使用财政拨款预算指标2 000万元，使用财政专户返还资金预算指标476.3元。招待所人员的上述税费123.2万元资金一直存放在红树林支行账户中，无须转入。

（4）20×3年12月12日，财务处使用红树林支行账户资金上缴全体职工的社会保险费、住房公积金和个人所得税2 599.5万元。其中，单位承担社会保险费1 125万元、住房公积金420万元，代扣个人承担社会保险费499.5万元、住房公积金420万元、个人所得税135万元。

【场景知识】政府单位薪酬支出的内容和过程

场景知识

政府单位薪酬支出的内容和过程

（1）政府单位职工目前主要包括行政事业人员（含离退休人员）、工勤人员、长期聘用人员、临时聘用人员、遗属人员等，实行编制管理，即国家以法规、法令形式对政府单位的机构设置、组织形式、人员定额、职务配备等方面进行规定和控制，以提高管理效率，节省财政开支。其中，行政事业人员和工勤人员属于编制内（简称编内）职工，其薪酬由财政拨款做基本保障；长期聘用人员和临时聘用人员等属于编制外（简称编外）职工，其薪酬需要单位使用事业收入等自筹资金支付。长期聘用人员通常与编制内职工同工同酬，目前的主要区别是长期聘用人员薪酬中没有职业年金。随着事业单位分类改革进程的逐步加快，公立医院、公立高等学校等部分事业单位将取消编制，实行聘任制管理。

（2）单位财务会计需要根据权责发生制原则计提应付未付的职工薪酬，主要项目有工资（包括基本工资、津贴补贴、绩效工资等）、社会保险费（包括基本养老保险费、基本医疗保险费、失业保险费、工伤保险费、职业年金等）、住房公积金和其他个人收入等，与企业会计薪酬核算原理相同。薪酬计提业务并没有资金支付，因此预算会计不做处理。

（3）对于需要以实有资金账户扣款方式支出的资金，需要事先将资金从零余额账户转入实有资金账户，比如缴纳社会保险费、税费和偿还借款本息等业务。此时单位资金只是内部类别调整，尚未发生实际支付，因此预算会计不做支出。

（4）实际支付社会保险费、住房公积金和个人所得税时，由于财务会计已经记入相关费用和负债类账户，并且已经将资金转入了实有资金账户，此时只需要将代扣或代缴款项相关负债类账户冲销即可；而预算会计在薪酬计提和零余额账户转入基本账户资金时均没有做预算支出，此时则应根据工资表和转回基本账户款项不同来源的相关凭证确认预算支出类别。

（5）预算会计在支出实际发生时记入支出类账户，根据工资表和支付凭证，将事业支出分为财政拨款支出和其他资金支出，经营活动人员一般为编外人员，其薪酬应该使用经营收入产生的基本账户实有资金支付。需要注意的是，作为差额拨款事业单位，编内人员薪酬并非全部由财政拨款资金支付。

（6）本月代缴的个人所得税，通常是上月代扣的税款，比如工资薪金个人所得税、劳务报酬个人所得税等。需要注意，代扣款项转回基本账户和上缴应该在同一个会计期间完成，否则会出现预算指标已经执行但尚未做预算支出的情况。

政府单位职工薪酬实有资金支出路线如图2-5所示。

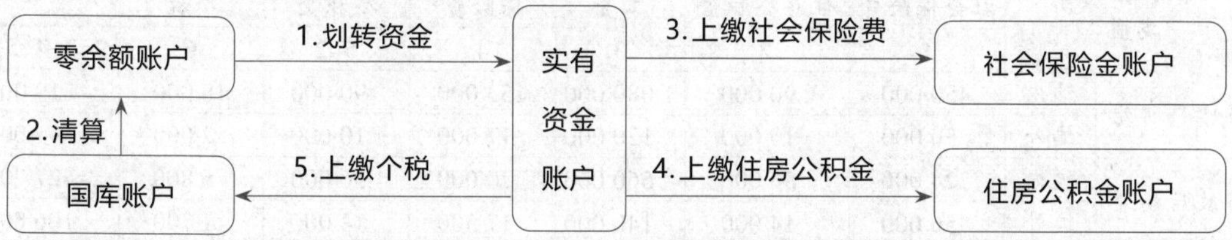

图2-5　政府单位职工薪酬实有资金支出路线图

【科目设置】

（1）费用类“业务活动费用”科目，核算单位为实现其职能目标，依法履职或开展专业业务活动及其辅助活动所发生的各项费用。

（2）费用类“单位管理费用”科目，事业单位专用，核算事业单位本级行政及后勤管理部门开展管理活动发生的各项费用，包括单位行政及后勤管理部门发生的人员经费、公用经费、资产折旧（摊销）等费用，以及由单位统一负担的离退休人员经费、工会经费、诉讼费、中介费等。

（3）费用类“经营费用”科目，事业单位专用，核算事业单位在专业业务活动及其辅助活动之外开展非独立核算经营活动发生的各项费用。开展经营活动发生的城市维护建设税、教育费附加、地方教育附加、车船税、房产税、城镇土地使用税等，通过本科目核算，但是增值税应通过“应交增值税”科目核算。

（4）预算支出类“经营支出”科目，事业单位专用，核算事业单位在专业业务活动及其辅助活动之外开展非独立核算经营活动实际发生的各项现金流出，根据实际支出类别下设“人员支出”“业务活动成本”“管理支出”“税金及附加”等明细科目，如果经营业务成本较多，也可以按实际成本类型增设明细核算，其中“税金及附加”明细科目核算经营活动缴纳的包含增值税在内的各种税费。

（5）负债类“应付职工薪酬”科目，核算单位按照有关规定应付给职工（含长期聘用人员）及为职工支付的各种薪酬，下设“基本工资”“社会保险费”“住房公积金”等二级科目。

（6）负债类“其他应交税费”科目，核算单位按照税法等规定计算应交纳的除增值税以外的各种税费，包括城市维护建设税、教育费附加、地方教育附加、车船税、房产税、城镇土地使用税和企业所得税等，除企业所得税外均列入“业务活动费用”“单位管理费用”“经营费用”科目核算。单位代扣代缴的个人所得税，也通过本科目核算。单位应交纳的印花税不需要预提应交税费，直接通过相关费用类科目核算，不通过本科目核算。

【头脑风暴2-3】以本校组织机构为例，分别举例说明哪些部门或二级单位发生的费用列入“业务活动费用”科目，哪些列入“单位管理费用”科目。

【示例2-21】20×3年6月30日，补提6月应付未付的职工薪酬300万元，见表2-29。

表 2-29　　20×3 年 6 月补提工资表　　单位：元

部门及人员类型		单位承担社会保险费	单位承担住房公积金	应发工资	代扣社会保险费	代扣住房公积金	代扣个税	实发工资
		1	2	3	4	5=2	6	7=3-4-5-6
教学科研处	编内	450 000	90 000	1 080 000	153 000	90 000	18 000	819 000
	编外	50 000	10 000	120 000	17 000	10 000	2 000	91 000
行政后勤处	编内	224 000	56 000	560 000	70 000	56 000	6 800	427 200
	编外	56 000	14 000	140 000	17 500	14 000	1 700	106 800
内部招待所	编外	40 000	10 000	100 000	12 500	10 000	1 500	76 000
编内人员小计		674 000	146 000	1 640 000	223 000	146 000	24 800	1 246 200
编外人员小计		146 000	34 000	360 000	47 000	34 000	5 200	273 800
合 计		820 000	180 000	2 000 000	270 000	180 000	30 000	1 520 000

（1）业务分析

教学科研处发生的薪酬费用，即单位承担社会保险费50万元、住房公积金10万元和应发工资120万元之和。行政后勤处发生的薪酬费用，即单位承担社会保险费28万元、住房公积金7万元和应发工资70万元之和。内部招待所发生的薪酬费用，即单位承担社会保险费4万元、住房公积金1万元和应发工资10万元之和。

（2）会计处理

借：业务活动费用——工资福利费用　　1 800 000
　　单位管理费用——工资福利费用　　1 050 000
　　经营费用——工资福利费用　　150 000
　贷：应付职工薪酬——工资　　2 000 000
　　　　　　　　——社会保险费　　820 000
　　　　　　　　——住房公积金　　180 000

预算会计不做处理。

✻【知识点拨 2-5】政府单位费用与支出的区别：财务会计的费用是用权责发生制核算的结果，强调经济活动实质发生的时间；而预算会计的支出是用收付实现制核算的结果，强调资金实际流出时间的同时，强调资金性质，即是否来源于财政资金。

【示例 2-22】接【示例 2-21】，20×3 年 7 月 10 日，使用本年财政拨款资金以财政直接支付方式支付6月编内人员实发工资1 000 000元，使用上年财政专户返还资金以财政直接支付方式支付6月编内人员实发工资246 200元、教学科研处和行政后勤处编外人员实发工资197 800元，使用红树林支行账户实有资金发放内部招待所编外人员实发工资76 000元，合计1 520 000元。

（1）业务分析

实际发放工资时，可能使用几种来源的资金，应分别不同科目进行核算，其中，内部招待所人员薪酬使用经营所得收入支付，该资金已经在基本账户中。财务会计中，代扣款项需要分别转入“其他应付款”或“其他应交税费”等相应的负债类科目；预算会计中，则不处理代扣款项。

（2）会计处理

借：应付职工薪酬——工资　　2 000 000

贷：财政拨款收入　1 000 000

财政应返还额度——基本支出财政应返还额度——财政直接支付　444 000

银行存款——一般银行存款——基本户存款　76 000

其他应付款——代扣社会保险费　270 000

——代扣住房公积金　180 000

其他应交税费——应交个人所得税　30 000

借：事业支出——基本支出——财政拨款基本支出——人员经费支出　1 000 000

——基本支出——其他资金基本支出　444 000

经营支出——人员支出　76 000

贷：财政拨款预算收入——基本支出——人员经费　1 000 000

资金结存——财政应返还额度——基本支出财政应返还额度　444 000

——货币资金　76 000

【示例2-23】接【示例2-21】和【示例2-22】，20×3年7月11日，使用红树林支行账户资金上缴社会保险费、住房公积金和个人所得税1 490 000元，其中，本月使用财政拨款预算指标从椰城支行账户转回红树林支行账户1 100 000元、使用财政专户返还资金预算指标从椰城支行账户转回红树林支行账户306 000元。单位承担社会保险费820 000元、住房公积金180 000元，代扣个人承担社会保险费270 000元、住房公积金180 000元、个人所得税40 000元（含上月代扣的劳务报酬个人所得税10 000元，已使用财政专户返还资金指标在支付税后劳务费时转回红树林支行账户）。

（1）业务分析

与工资一样，编制内人员社会保险费等，也并非全部由财政拨款资金支付，本例中113 800元使用了财政专户资金支付。

（2）会计处理

借：应付职工薪酬——社会保险费　820 000

——住房公积金　180 000

其他应付款——代扣社会保险费　270 000

——代扣住房公积金　180 000

其他应交税费——应交个人所得税　40 000

贷：银行存款——一般银行存款——基本户存款　1 490 000

借：事业支出——基本支出——财政拨款基本支出——人员经费支出　1 100 000

——基本支出——其他资金基本支出　316 000

经营支出——人员支出　74 000

贷：资金结存——货币资金　1 490 000

✲【思考一刻2-15】比较政府单位与企业单位职工薪酬核算的相同点和不同点。

【练习2-8】

（1）20×3年7月10日，某公立大学发放教职工工资，扣发社会保险费110万元、个人所得税9万元后，使用本年财政专户预算资金，采用财政直接支付方式，支付实发工资1 100万元。工资费用已于上月末预提。

（2）20×3年7月12日，某公立大学将单位承担和代扣个人承担的教职工社会保险费、住房公积金和个人所得税2 880 000元，从椰城支行账户转回红树林支行账户，以备上缴。

（3）20×3年7月15日，某公立大学将单位承担和代扣个人承担的教职工住房公积金760 000元，从红树林支行账户上缴住房公积金管理局，其中，学校和教职工个人分别承担380 000元。转回红树林支行账户时使用了本年财政拨款资金，扣发住房公积金记入了“其他应付款”账户。

场景2-9 核算日常公用经费与项目支出业务

场景2-9

（1）20×3年6月30日，后勤处交来水费发票、本月各部门用水量统计表及付款审批单等，市自来水公司开具的增值税普通发票显示，本月水费价税合计120 000元，其中，价款为116 504.85元，税款为3 495.15元。根据用水量统计表，本月水费应由教学楼、实训楼、图书馆等部门承担103 000元，办公楼承担9 000元，招待所承担8 000元。财务处使用本年财政拨款资金以财政授权支付方式支付112 000元，使用红树林支行账户实有资金支付8 000元。

（2）20×3年7月17日，旅游管理学院李教授交来差旅费报销单，报销上周赴广州培训发生的差旅费8 800元，其中，培训费为3 600元、住宿费为1 500元、城市间交通费为2 800元、出差补助为900元，财务处从该学院的财政拨款公用经费预算中予以列支，已使用财政授权支付方式完成支付。

（3）20×3年7月18日，财务管理学院王教授交来费用报销单，报销其负责的教学改革项目微课制作费用39 000元，财务处从财政专户返还的“高等教育教学改革项目”专项资金中予以列支，已使用财政授权支付方式完成支付。

（4）20×3年7月19日，工程技术学院牛教授交来差旅费报销单，报销其省科技厅科研课题的调研差旅费2 200元，其中，住宿费为1 200元、城市间交通费为400元、市内交通费为240元、出差伙食补助为360元，财务处从省科技厅拨付的该课题专项经费中予以列支，已经从学校红树林支行账户转账支付。

【场景知识】政府单位日常公用经费的内容和相关规定

场景知识

政府单位日常公用经费的内容和相关规定

（1）日常公用经费通常属于商品和服务费用，主要有办公费、印刷费、手续费、水费、电费、邮电费、物业管理费、差旅费、维护（修）费、租赁费、会议费、培训费、专用材料费、专用燃料费、劳务费、工会经费、福利费、因公出国（境）费用、公务接待费、公务用车运行维护费等。政府单位职工出差参加会议的费用为“差旅费”，参加业务培训的费用为“培训费”；政府单位举办会议发生的费用为“会议费”。因公出国（境）费用、公务接待费和公务用车运行维护费合称“三公”经费，是当前政府重点管控和社会普遍关注的费用项目。

（2）行政单位只有“业务活动费用”科目，没有“单位管理费用”科目，在行政单位预算会计中对应“行政支出”科目。

（3）单位实有账户的资金，不属于国库集中支付的资金，但是根据规定，应该将单位实有资金账户纳入国库集中支付系统，通过国库集中支付系统进行付款，以实现集中统一监管，因此目前政府单位一般不再使用支票等传统结算方式。

（4）政府单位财务管理制度通常规定，职工因公付款一般不再使用传统的预借资金方式，应该使用具有透支功能的公务卡刷卡结算，业务完结后再到单位报销，报销款项直接偿还职工的公务卡，以便于财政等有关部门监督单位资金的使用情况。

【示例2-24】20×3年7月16日，使用财政拨款资金以财政授权支付方式支付电费300 000元，其中教学楼、实训楼承担210 000元，办公楼承担90 000元。

（1）业务分析

事业单位的各项费用，应该按照不同部门（经济功能）列入不同的会计科目，其中，财务会计中的“业务活动费用”和“单位管理费用”科目，在预算会计中都属于“事业支出”科目。

（2）会计处理

借：业务活动费用——商品和服务费用　　210 000
　　单位管理费用——商品和服务费用　　90 000
　贷：零余额账户用款额度　　300 000

借：事业支出——基本支出——财政拨款基本支出——日常公用经费支出　　300 000
　贷：资金结存——零余额账户用款额度　　300 000

【示例2-25】20×3年7月16日，使用财政专户返还资金以财政授权支付方式，为党政办公室主任孔某报销出差参会费用10 360元，其中，会务费为2 600元、住宿费为1 200元、城市间交通费为5 800元、市内交通费为160元、出差伙食补助为600元。

（1）业务分析

党政办公室属于行政部门，相关费用记入“单位管理费用”科目。根据《国家税务总局关于印发〈征收个人所得税若干问题的规定〉的通知》（国税发〔1994〕89号）的规定，“差旅费津贴、误餐补助”不属于“工资、薪金所得”，免征个人所得税。

（2）会计处理

借：单位管理费用——商品和服务费用　　10 360
　贷：零余额账户用款额度　　10 360

借：事业支出——基本支出——其他资金基本支出　　10 360
　贷：资金结存——零余额账户用款额度　　10 360

【示例2-26】20×3年7月12日，以财政授权支付方式支付学生物价补贴992 000元，从“全日制大中专学生价格临时补贴”财政拨款专项资金中列支。

（1）业务分析

学生物价补贴通常是政府拨付的专项资金，必须专款专用，因此属于项目支出，支出经济分类为“对个人和家庭的补助”。“项目”在政府会计的不同场合下具有不同的含义，预算会计中的“项目”指的是“预算项目”，是资金来源项目；而财务会计中的“项目”指的是“财务项目”，通常是成本费用的归集对象。

（2）会计处理

借：业务活动费用——对个人和家庭的补助费用　　992 000
　贷：零余额账户用款额度　　992 000

借：事业支出——项目支出——财政拨款项目支出　　992 000
　贷：资金结存——零余额账户用款额度　　992 000

【示例2-27】20×3年7月13日，牛教授报销其省科技厅科研课题的资料打印、复印费2 000元，从红树林支行账户的专项课题经费中列支。

（1）业务分析

科研经费一般为专项资金，专款专用，来源主要有两个途径：一是立项单位拨入本单位实有资金账户；二是本单位使用财政拨款或自有资金配套支持。本项支出属于商品和服务支出，该项目立项单位省科技厅拨入的专项经费60万元此前已经存入单位基本账户，支出时则从基本账户以实拨方式支付。

（2）会计处理

借：业务活动费用——商品和服务费用	2 000	
贷：银行存款——一般银行存款——基本户存款		2 000
借：事业支出——项目支出——非财政专项资金支出	2 000	
贷：资金结存——货币资金		2 000

【练习2-9】

（1）20×3年7月16日，某省属公办大学支付水费120 000元，其中教学楼、实训楼承担90 000元，办公楼承担22 000元，招待所承担8 000元。使用财政拨款资金以财政授权支付方式支付112 000元，使用其红树林支行账户实有资金支付8 000元。

（2）20×3年7月28日，某省属公办大学牛教授报销其省科技厅科研课题的调研差旅费2 200元，其中，住宿费为1 200元、城市间交通费为400元、市内交通费为240元、出差伙食补助为360元，从其红树林支行账户的专项课题经费中列支。

场景2-10　核算税费与劳务费支出业务

场景2-10

（1）20×3年9月30日，计提9月不需上缴财政的收入1 339 000元应交相关附加税，其中，培训事业收入含税金额为1 030 000元，招待所经营收入含税金额为309 000元，城市维护建设税税率为7%，暂免教育费附加等；第三季度应纳税所得额为150 000元，根据小微企业的税收优惠政策，按所得额的50%和20%的企业所得税税率预提所得税15 000元。计提税费合计17 730元。

（2）20×3年10月15日，使用红树林支行账户资金上缴上月应交增值税、附加税费和企业所得税，共计56 730元。

（3）20×3年10月16日，牛教授报销省科技厅科研课题研讨会专家团劳务费，并报销相关代垫税费，应付含税劳务费总额40 000元，代扣代缴个人所得税3 120元，实付专家税后劳务费36 160元，报销经办人代垫税费720元，以财政专户返还专项配套资金列支，以财政授权支付方式支付。

（4）20×3年11月11日，将代扣代缴牛教授科研课题研讨会专家团劳务个人所得税3 120元，使用财政专户返还资金，从椰城支行账户转回红树林支行账户，以备上缴。

【场景知识】政府单位税费相关规定

场景知识

政府单位税费相关规定

（1）单位应该在本月或本季度末预提应交税费，并一般于下月或下季度首月15日前缴纳，如遇节假日则顺延。

（2）根据现行规定，劳务报酬个人所得税与工资薪金个人所得税一样，应该由劳务费支付单位按20%的税率代扣代缴，列入“其他应交税费”科目核算，次月与代扣本单位职工个人所得税同时上缴，次年劳务提供人按规定进行汇算清缴，多退少补。

【科目设置】

（1）费用类“所得税费用”科目，事业单位专用，核算有企业所得税缴纳义务的事业单位按规定缴纳企业所得税所形成的费用，计提时预算会计不做处理。

（2）预算结余类“非财政拨款结余”科目，核算事业单位历年滚存的非限定用途的非同级财政拨款结余资金，主要为非财政拨款结余扣除结余分配后滚存的金额。其中，“非财政拨款结余——累计结余”明细科目核算单位本年和历年滚存的非同级财政拨款、非专项结余资金，年终“非财政拨款结余”各明细科目结转后，只有本明细科目有余额。

年末“其他结余”和“经营结余”科目中的非财政非专项资金要分配转入“非财政拨款结余”科目后，再汇算缴纳企业所得税，因此平时预缴的企业所得税不能列入事业支出或经营支出，而是实际缴纳时冲减“非财政拨款结余——累计结余”明细科目。

【示例 2-28】20×3 年 6 月 30 日，计提 6 月不需上缴财政的收入 1 212 310 元应交相关税费，其中，培训中心事业收入含税金额为 863 140 元，招待所经营收入含税金额为 349 170 元；第二季度应纳税所得额为 100 000 元，根据小微企业的税收优惠政策，按所得额的 50% 和 20% 的企业所得税率预提所得税 10 000 元。计提税费合计 49 547.20 元。

（1）业务分析

本例应交增值税合计为 35 310 元，具体计算如下：

事业收入应交增值税=863 140÷（1+3%）×3%=25 140 元；

经营收入应交增值税=349 170÷（1+3%）×3%=10 170 元。

因此，本例其他应交税费合计 4 237.20 元，具体计算见表 2-30。

表 2-30　　**其他应交税费计算表**　　单位：元

税费名称	税率	业务活动费用		经营费用		合计
		计提基数	税额	计提基数	税额	
城市维护建设税	7%	25 140	1 759.80	10 170	711.90	2 471.70
教育费附加	3%		754.20		305.10	1 059.30
地方教育附加	2%		502.80		203.40	706.20
合　计	12%	—	3 016.80	—	1 220.40	4 237.20

（2）会计处理

借：业务活动费用——商品和服务费用　　3 016.80

　　经营费用——商品和服务费用　　1 220.40

　　所得税费用　　10 000

　贷：其他应交税费——应交城市维护建设税　　2 471.70

　　　　——应交教育费附加　　1 059.30

　　　　——应交地方教育附加　　706.20

　　　　——应交企业所得税　　10 000

预算会计不做处理。

【示例 2-29】接【示例 2-28】，20×3 年 7 月 15 日，使用红树林支行账户资金上缴上月应交增值税及附加等税费，共计 49 547.20 元。

（1）业务分析

政府单位的各项应交税费与职工薪酬的会计处理方法一样，财务会计在计提时做费用处理，预算会计在实际上缴时做预算支出处理，而计提和上缴往往跨越两个会计期间，但最终两者的处理结果是一致的。与职工薪酬不同的是，各项应交税费的资金已存放于或转入单位的实有资金账户中，在纳税申报系统中直接通过已签订三方协议（税务部门、单位和开户银行）的银行账户扣缴即可。

本例中，事业收入增值税及附加税费等于增值税25 140元加其他税费3 016.80元，合计28 156.80元，列入事业支出；经营收入增值税及附加税费等于增值税10 170元加其他税费1 220.40元，合计11 390.40元，列入经营支出。

（2）会计处理

借：应交增值税——应交税金	35 310	
其他应交税费——应交城市维护建设税	2 471.70	
——应交教育费附加	1 059.30	
——应交地方教育附加	706.20	
——应交企业所得税	10 000	
贷：银行存款——一般银行存款——基本户存款		49 547.20
借：事业支出——基本支出——其他资金基本支出	28 156.80	
经营支出——税金及附加	11 390.40	
非财政拨款结余——累计结余	10 000	
贷：资金结存——货币资金		49 547.20

【示例2-30】20×3年7月12日，使用财政专户返还资金以财政授权支付方式，支付外聘老师课酬费并报销相关税费，应付含税课酬费总额173 040元，人事部门孟某代开增值税发票时代垫增值税（3%）、城建税（7%）、教育费附加（3%）、地方教育附加（2%），发放时按人逐项计算并代扣个人所得税15 220元，实付外聘教师课酬费152 175.2元，给孟某报销增值税等税费5 644.8元，代扣代缴个人所得税尚未上缴。

（1）业务分析

单位直接支付给外聘教师个人的课酬，属于增值税应税劳务，应该由外聘教师缴纳增值税，本例由单位代开代缴且为小规模纳税人，不存在进项税额抵扣事项，因此劳务费连同相关增值税和附加税费，单位应该全部列入费用类科目核算。

不含税劳务费=173 040÷（1+3%）=168 000（元）

代扣代交增值税=168 000×3%=5 040（元）

代扣代交城建税=5 040×7%=352.80（元）

代扣代交教育费附加=5 040×3%=151.20（元）

代扣代交地方教育附加=5 040×2%=100.80（元）

（2）会计处理

借：业务活动费用——商品和服务费用	173 040	
贷：零余额专户用款额度		157 820
其他应交税费——应交个人所得税		15 220
借：事业支出——基本支出——其他资金基本支出	157 820	

贷：资金结存——零余额专户用款额度 157 820

【练习2-10】

20×3年6月1日，使用财政专户返还资金以财政授权支付方式，支付学术讲座专家团劳务费并报销相关代垫税费，应付含税劳务费总额40 000元，代扣代缴个人所得税3 200元尚未上缴，实付税后劳务费及报销税费36 800元。

场景2-11 核算债务付息还本支出业务

场景2-11

（1）20×3年7月20日，计算本月1日借入的贷款应支付的利息，本金为100万元，年利率为6.48%，使用财政专户“偿还债务本金及利息”专项资金预算指标，从椰城支行账户转入红树林支行账户，以备银行21日扣收利息。

（2）20×3年7月21日，网银业务回单显示，银行扣收7月利息。

（3）20×3年7月31日，计提7月21—31日利息。

（4）20×3年8月21日，银行扣收8月利息。

（5）20×3年11月1日，将财政专户返还“偿还债务本金及利息”专项资金1 001 980元，从椰城支行账户转入红树林支行账户，用于偿还短期借款本息。

（6）20×3年11月1日，网银业务回单显示，银行已经扣划了贷款本金100万元和剩余利息。

【场景知识】政府单位贷款相关规定

场景知识

政府单位贷款相关规定

银行按日计算贷款利息，如果合同约定按月收息，则于每月20日结算利息，21日收取利息。

除政府出台偶然性特殊政策，使用财政拨款为单位偿还债务外，一般情况下，单位偿还债务的资金来源是其自有资金，包括事业收入、经营收入或其他收入等，尽管借款可能用于单位的基本支出，但偿还债务本息通常因数额较大而列入专项资金预算中，专款专用。

偿还债务本息时，需要事先将资金从零余额账户等划入还款账户，还款时财务会计冲销账面借款和计提的利息，账面没有计提的利息可以直接记入费用，还款日不再计付利息。

【科目设置】

（1）费用类“其他费用”科目，主要核算利息费用、坏账损失、罚没支出、现金资产捐赠支出以及相关税费、运输费等，按费用项目进行明细核算。

（2）预算支出类“其他支出”科目，主要核算利息支出、对外捐赠现金支出、现金盘亏损失、接受捐赠（调入）和对外捐赠（调出）非现金资产发生的税费支出、资产置换过程中发生的相关税费支出、罚没支出等，下设“基本支出”和“项目支出”二级科目，并进一步区分财政性资金支出和非财政性资金支出。预算会计中，涉及财政性资金支出的业务，除列入“事业支出”科目外，还可能列入“其他支出”科目中。

（3）预算支出类“债务还本支出”科目，事业单位专用，核算事业单位偿还自身承担的纳入预算管理的从金融机构举借的债务本金的现金流出。

(4) 资产类“坏账准备”科目，系应收款项的备抵账户，事业单位专用，核算事业单位对收回后不需上缴财政的应收账款和其他应收款提取的坏账准备。

【示例2-31】20×3年10月21日，银行从红树林支行账户扣收10月贷款利息，本金为100万元，年利率为6.48%。9月底财务会计已经计提1 800元利息，全部利息由财政负担，已使用财政拨款“财政贴息”专项资金预算指标，从椰城支行账户转入红树林支行账户。

(1) 业务分析

9月21—30日利息1 800元，财务会计已于9月末计提记入“应付利息”科目，现予以冲销；10月1—20日利息为3 600元，财务会计尚未计提，直接列入费用，银行合计扣收利息5 400元。预算会计无须预提，实际支付时全部记入“其他支出”科目。

(2) 业务处理

借：应付利息	1 800	
其他费用——利息费用	3 600	
贷：银行存款——一般银行存款——基本户存款		5 400
借：其他支出——项目支出——财政拨款项目支出——利息支出	5 400	
贷：资金结存——货币资金		5 400

【示例2-32】20×3年12月15日，银行从红树林支行账户扣收贷款本金200万元，已使用财政专户“偿还债务本金及利息”非财政专项资金预算指标，从椰城支行账户转入红树林支行账户。

(1) 业务分析

偿还贷款本金时，财务会计冲减负债，预算会计则列入“债务还本支出”科目。

(2) 会计处理

借：短期借款	2 000 000	
贷：银行存款——一般银行存款——基本户存款		2 000 000
借：债务还本支出——项目支出——非财政专项资金支出	2 000 000	
贷：资金结存——货币资金		2 000 000

【示例2-33】20×3年12月31日，计提坏账准备8 000元，其中应收账款计提6 000元，其他应收款计提2 000元。

(1) 业务分析

事业单位应当对收回后不需要上缴财政的应收款项，采用备抵法核算坏账损失，年末对预计可能产生的坏账损失计提坏账准备，由于计提坏账准备没有发生现金流出，预算会计不做处理。对事业单位收回后需要上缴财政和行政单位的应收款项，采用直接转销法核算。

经财政部门或主管部门批准核销应收款项时：

①备抵法

借：坏账准备

　贷：应收账款/其他应收款

②直接转销法

借：应缴财政款/其他支出——基本支出——其他资金基本支出

　贷：应收账款/其他应收款

预算会计不做处理。

（2）会计处理

借：其他费用——坏账损失　　8 000

　贷：坏账准备——应收账款坏账准备　　6 000

　　　　　　——其他应收款坏账准备　　2 000

预算会计不做处理。

✻【思考一刻2-16】比较事业单位与企业单位坏账准备的计提与核销。

【练习2-11】

20×3年11月28日，某省属公办大学短期贷款到期，银行扣划本金200万元和剩余利息2 280元，其中上月末已计提利息1 267元，已从偿还债务本息专项预算指标中将本息转至红树林支行账户。

场景2-12　核算经营支出与其他支出业务

场景2-12

（1）20×3年6月26日，内部招待所报账员来报销客房空调维修费9 800元，从红树林支行账户列支。

（2）20×3年6月27日，将省教育厅补助的非专项收入60万元中的40%拨付附属幼儿园，专项用于户外设施更新，已从红树林支行账户划付。

（3）20×3年6月30日，财务部门组织年中盘点现金，发现短缺500元，原因待查。

（4）20×3年7月5日，调查发现，期末校内外各种人员频繁进出办公楼，室内监控显示，短缺现金500元系出纳将其放在办公桌上，中午下班未锁门，被人顺走，但因作案人戴口罩且室外监控故障而未能锁定。经财务部门研究决定，并经主管副校长批准，出纳负主要责任赔偿400元，另100元做损失核销处理。

（5）20×3年7月8日，出纳开具收据，将400元现金缴回并放入保险柜。

【科目设置】

（1）费用类“上缴上级费用”科目，事业单位专用，核算事业单位按照财政部门和主管部门的规定上缴上级单位款项发生的费用。

（2）预算支出类“上缴上级支出”科目，事业单位专用，核算事业单位按照财政部门和主管部门的规定上缴上级单位款项发生的现金流出。

（3）费用类“对附属单位补助费用”科目，事业单位专用，核算事业单位用财政拨款收入之外的收入对附属单位补助发生的费用。

（4）预算支出类“对附属单位补助支出”科目，事业单位专用，核算事业单位用财政拨款预算收入之外的收入对附属单位补助发生的现金流出。

（5）费用类“资产处置费用”科目，核算单位经批准处置资产时发生的费用，包括转销的被处置资产价值，以及在处置过程中发生的相关费用或者处置收入小于相关费用形成的净支出。按照规定，资产处置的形式主要包括无偿调拨、出售、出让、转让、置换、对外捐赠、报废、毁损以及货币性资产损失核销等。

【示例2-34】20×3年6月15日，内部招待所报销洗涤费6 000元，从红树林支行账户列支。

（1）业务分析

经营支出通常不是专项支出，洗涤费属于服务费用，招待所营业收入存入基本账户，相关费用通常也从基本账户中列支。“经营支出”科目下设“人员支出”“业务活动成本”

“管理支出”“税金及附加”等二级科目，其中，业务活动成本与管理支出的区分依据是与经营收入的配比关系。

（2）会计处理

借：经营费用——商品和服务费用　　6 000

　贷：银行存款——一般银行存款——基本户存款　　6 000

借：经营支出——业务活动成本　　6 000

　贷：资金结存——货币资金　　6 000

【示例 2-35】20×3 年 6 月 16 日，将上月经营结余中的 4 万元上缴省教育厅，已从红树林支行账户划转。

（1）业务分析

上缴上级主管部门的资金，是各单位的自有资金，本业务属于主管部门内部的资金统筹业务，具体解释参考“上级补助收入”科目。

（2）会计处理

借：上缴上级费用　　40 000

　贷：银行存款——一般银行存款——基本户存款　　40 000

借：上缴上级支出　　40 000

　贷：资金结存——货币资金　　40 000

【示例 2-36】20×3 年 6 月 19 日，通过中国红十字会向地震灾区捐赠 10 万元，已从红树林支行账户转账支付。

（1）业务分析

捐赠支出通常是临时发生，使用自有资金支付，而且不会列入专项资金预算中，因此一般为非财政基本支出。

（2）会计处理

借：其他费用——现金资产捐赠　　100 000

　贷：银行存款——一般银行存款——基本户存款　　100 000

借：其他支出——基本支出——其他资金基本支出——捐赠支出　　100 000

　贷：资金结存——货币资金　　100 000

【练习 2-12】

20×3 年 9 月 10 日，因新建综合实训楼未按规定修建战时可用于防空的地下室，违反《中华人民共和国人民防空法》，由市人民防空办公室出具行政处罚决定书，罚款 10 万元，已使用财政授权支付方式，从本年财政专户返还的日常公用经费预算中列支。

任务 2.3.2　核算资本化支出业务

场景 2-13　核算存货业务

场景 2-13

（1）20×3 年 3 月 15 日，购入实训用 A 材料一批，收到物资采购处工作人员交来两张增值税专用发票、采购合同等资料，一张发票注明货物价款 20 000 元、税款 2 600 元，另一张发票注明运费价款 1 000 元、税款 90 元。已于当日使用财政拨款资金（基本支出预算）以财政授权支付方式支付，货物尚未收到。

（2）20×3年3月17日，物资采购处收到所购实训用A材料，并验收入库。

（3）20×3年3月19日，工程技术学院实训室领用A材料一批，用于实训教学，实际成本为8 000元。

（4）20×3年3月31日，盘点存货发现盘亏B材料200元。

（5）20×3年4月3日，经学校分管领导批准，盘亏B材料予以核销。

【场景知识】政府单位存货的会计处理规定

政府单位采购存货原理与企业会计相同。领用存货时，资产变成费用，应根据经济功能记入相应的费用类科目，由于没有资金流出，因此预算会计不做处理；领用存货的成本，可以采用先进先出法、加权平均法、个别计价法等计算确定。存货清查发生盈亏时，先记入“待处理财产损溢”科目，然后报批处理，通常盘盈存货冲减“单位管理费用”科目，盘亏存货扣除责任人赔偿后予以核销，记入“资产处置费用”科目。

场景知识

政府单位存货的会计处理规定

政府储备物资与存货核算原理相似，本项目不再赘述。

【科目设置】

（1）资产类“在途物品”科目，核算单位采购材料等物资时货款已付或已开出商业汇票但尚未验收入库的在途物品的采购成本，包括价款、采购费用及相关税费。

（2）资产类“库存物品”科目，核算单位在开展业务活动及其他活动中为耗用或出售而储存的各种材料、产品、包装物、低值易耗品，以及达不到固定资产标准的用具、装具、动植物等的成本。已完成的测绘、地质勘察、设计成果等的成本，也通过本科目核算。

（3）净资产类“无偿调拨净资产”科目，核算单位无偿调入或调出非现金资产所引起的净资产变动金额，年末转入“累计盈余”科目后无余额。

【示例2-37】20×3年3月22日，收到省科技厅从某研究所无偿调拨的实验用B材料一批，价值为50 000元，已验收入库，使用财政拨款资金（基本支出预算）以财政授权支付方式支付运费880元。

（1）业务分析

政府单位使用的资源，除了使用市场手段有偿配置外，还可以使用行政手段在政府单位内部进行无偿调拨。无偿调拨收到的材料没有支付现金，本例中仅支付运费880元，因此预算会计则只需记入预算支出类科目880元即可，但财务会计要根据会计准则要求，完整反映资产的价值。

（2）会计处理

借：库存物品——B材料　　50 880

　贷：无偿调拨净资产　　50 000

　　　零余额账户用款额度　　880

借：其他支出——基本支出——财政其他基本支出——日常公用经费支出　　880

　贷：资金结存——零余额账户用款额度　　880

【示例2-38】20×3年3月25日，接受兄弟院校实验室捐赠C材料一批，无法估价，已验收入库，使用财政拨款资金（基本支出预算）以财政授权支付方式支付运费990元。

（1）业务分析

无法估价的资产，会计上按名义金额1元入账。收入类“捐赠收入”科目，核算单位接收其他单位或个人捐赠取得的收入，接受实物资产捐赠时，由于没有资金流入，因此预算会计不做预算收入，仅核算相关支出。

（2）会计处理

借：库存物品——C材料　　1

　　其他费用——其他相关费用　　990

　贷：捐赠收入　　1

　　　零余额账户用款额度　　990

借：其他支出——基本支出——财政其他基本支出——日常公用经费支出　　990

　贷：资金结存——零余额账户用款额度　　990

【示例2-39】20×3年3月31日，盘点存货发现A材料盘盈500元，经批准冲减管理费用。

（1）业务分析

政府单位存货清查原理与企业会计相同，同时，清查时通常没有资金流入或流出，所以预算会计不做处理。

（2）会计处理

借：库存物品——A材料　　500

　贷：待处理财产损溢——待处理财产价值　　500

借：待处理财产损溢——待处理财产价值　　500

　贷：单位管理费用——其他单位管理费用　　500

预算会计不做处理。

✽【思考一刻2-17】比较政府单位与企业单位存货清查业务的异同。

【练习2-13】

（1）20×3年4月1日，某省属公办大学（小规模纳税人）购入硒鼓一批，收到增值税专用发票，注明价款31 500元、税额4 095元，已使用财政专户返还资金以财政授权支付方式支付，货物尚未收到。

（2）20×3年4月2日，某省属公办大学后勤处领用硒鼓一批，实际成本为4 272元。

（3）20×3年4月3日，某省属公办大学资产管理处批准，上月盘亏打印纸390元予以核销。

场景2-14　核算短期投资业务

场景2-14

（1）20×3年3月3日，使用红树林支行账户实有资金购买6个月的国债面值200 000元，票面年利率为3.65%，按月付息，付息日为每月5日，交易价格200 600元。

（2）20×3年3月5日，收到2月国债投资利息，存入红树林支行账户。

（3）20×3年4月5日，收到3月国债投资利息，存入红树林支行账户。

（4）20×3年4月26日，出售该笔国债投资，实际收款200 550元，存入红树林支行账户。

【场景知识】政府单位资产管理的相关规定

场景知识

政府单位资产管理的相关规定

（1）《行政事业性国有资产管理条例》规定："除法律另有规定外，行政单位不得以任何形式将国有资产用于对外投资或者设立营利性组织。"

《事业单位财务规则》规定："事业单位不得使用财政拨款及其结余进行对外投资，不得从事股票、期货、基金、企业债券等投资，国家另有规定的除外。"

（2）事业单位的对外投资按期限是否超过1年，分为短期投资和长期投资。

（3）国债按日计息，但与商业银行计息不同，一年按365天计算，闰年2月29日不计息，日利率=年利率÷365，起息日计息，算头不算尾。

【科目设置】

（1）资产类"短期投资"科目，事业单位专用，核算事业单位按照规定取得的，持有时间不超过1年（含1年）的投资成本。实际支付价款中包含的、已到付息期但尚未领取的利息，在实际收到时作为投资成本的收回，冲减投资成本。

（2）预算支出类"投资支出"科目，事业单位专用，核算事业单位以货币资金对外投资发生的现金流出。

（3）收入类"投资收益"科目，事业单位专用，核算事业单位股权投资和债券投资所实现的收益或发生的损失。

（4）预算收入类"投资预算收益"科目，事业单位专用，核算事业单位取得的按照规定纳入部门预算管理的属于投资收益性质的现金流入。

（5）预算结余类"其他结余"科目，核算单位本年度除财政拨款收支、非同级财政专项资金收支和经营收支以外各项收支相抵后的余额。预算会计除财政拨款预算收入和经营预算收入外的其他非专项预算收入类科目的贷方累计发生净额，年末转入本科目，年末结账后，本科目应无余额。

【示例2-40】20×3年6月1日，用红树林支行账户实有资金购买一年期国债，面值为500 000元，票面利率为3.65%，按月付息，付息日为每月1日，交易价格为500 400元，手续费为600元。

（1）业务分析

单位以货币资金对外投资时，按照投资金额和所支付的相关税费金额的合计数作为入账金额。

（2）会计处理

借：短期投资　　501 000

　贷：银行存款——一般银行存款——基本户存款　　501 000

借：投资支出　　501 000

　贷：资金结存——货币资金　　501 000

【示例2-41】接【示例2-40】，20×3年7月1日，收到6月国债投资利息1 500元，存入红树林支行账户。

（1）业务分析

6月国债投资利息=500 000×3.65%÷365×30=1 500（元）

（2）会计处理

借：银行存款——一般银行存款——基本户存款　　1 500

　贷：投资收益　　1 500

借：资金结存——货币资金　　1 500

　贷：投资预算收益　　1 500

【示例2-42】20×4年1月28日，出售上年的国债投资，成本为501 000元，实际收款500 700元，存入红树林支行账户。

（1）业务分析

处置短期投资时，实际取得价款与账面余额的差额记入“投资收益”科目。

处置本年度产生的短期投资时，收回的本金预算会计冲销投资时记入“投资支出”科目；处置以前年度产生的短期投资时，由于投资年度预算会计已将投资成本相继结转至“其他结余”和“非财政拨款结余”科目借方，因此，本例处置时则应记入当年“其他结余”科目贷方，弥补投资年度冲减的预算结余。

（2）会计处理

借：银行存款——一般银行存款——基本户存款　　500 700

　　投资收益　　300

　贷：短期投资　　501 000

借：资金结存——货币资金　　500 700

　　投资预算收益　　300

　贷：其他结余　　501 000

【练习2-14】

20×3年1月28日，某省属公办大学出售上年的国债投资，成本为50.1万元，实际收款50.12万元，存入红树林支行账户。

场景2-15　核算长期股权投资业务

（1）20×3年1月10日，学校使用自有资金出资1 000万元，设立全资子公司M国际贸易有限公司（以下简称M公司），主营商品进出口业务，同时作为国际贸易学院实训基地。款项已从学校红树林支行账户汇付至M公司基本账户。

（2）20×3年6月30日，M公司一项以公允价值计量且变动计入其他综合收益的金融资产（其他债权投资），因公允价值变动应计入其他综合收益30万元，已进行账务处理，学校已收到M公司相关佐证资料。

（3）20×3年6月30日，M公司决定分派现金股利18万元，学校已收到M公司相关佐证资料。

场景2-15

（4）20×3年7月2日，学校收到M公司现金股利18万元，已存入红树林支行账户。

（5）20×3年9月30日，M公司本月发生亏损23万元，学校已收到M公司相关佐证资料。

【场景知识】政府单位长期投资的核算方法

场景知识

政府单位长期投资的核算方法

政府单位的长期投资分为两种：长期股权投资和长期债权投资。

（1）长期股权投资又分为对企业股权投资和对投资基金股权投资，并在持有期间通常采用权益法进行核算，但如果政府会计主体无权决定被投资单位的财务和经营政策或无权参与被投资单位的财务和经营决策的，应当采用成本法进行核算。具体核算时，财务会计部分参照企业财务会计核算，预算会计部分参照政府短期投资核算。长期债权投资通常投资于国债，使用“长期债券投资”科目核算。

（2）长期投资与短期投资的区别除持有时间长短不同之外，主要是“实际支付价款中包含的已宣告但尚未发放的现金股利或已到付息期但尚未领取的利息”，在长期投资核算中要单独列为“应收股利”或“应收利息”，不计入投资成本。

【科目设置】

（1）资产类“长期股权投资”科目，事业单位专用，核算事业单位按照规定取得的，持有时间超过1年（不含1年）的股权性质的投资，按照被投资单位和长期股权投资取得方式等进行明细核算。长期股权投资采用权益法核算的，还应当按照“成本”“损益调整”“其他权益变动”设置明细科目，进行明细核算。

（2）净资产类“权益法调整”科目，事业单位专用，核算事业单位持有的长期股权投资采用权益法核算时，按照被投资单位除净损益和利润分配以外的所有者权益变动份额调整长期股权投资账面余额而计入净资产的金额。单位处置采用权益法核算的股权投资时，要将原记入“权益法调整”科目贷方的金额，结转至“投资收益”科目贷方，会计分录如下：

借：权益法调整

　贷：投资收益

如果记入“权益法调整”科目的金额累计在借方，则做相反处理。

【示例2-43】20×3年10月31日，根据持有60%股权的下属L公司的财务资料，L公司将其一栋自用办公楼出租给其他公司，并采用公允价值计量，转换日公允价值比账面价值高200万元，同时，L公司本月实现净利润800万元，学校根据上述资料进行账务处理。

（1）业务分析

下属M公司月末有两项业务，需要根据权益法核算要求，按持股比例调整长期股权投资账面余额，一是一项金融资产因公允价值变动应计入其他综合收益200万元，单位应调增长期股权投资120万元（200×60%），该业务不属于净损益和利润分配事项产生，因此应记入“权益法调整”科目；二是实现净利润800万元，单位应调增长期股权投资480万元（800×60%），该业务属于净损益事项产生，记入“投资收益”科目。被投资单位所有者权益发生变动，导致学校长期股权投资价值发生变化，但并没有资金实际流入，因此预算会计不做处理。

（2）会计处理

借：长期股权投资——其他权益变动——M公司	1 200 000
——损益调整——M公司	4 800 000

贷：权益法调整　　　　　　　　　　　　　　　　　　　　　　　　　　1 200 000

　　投资收益　　　　　　　　　　　　　　　　　　　　　　　　　　　4 800 000

预算会计不做处理。

【练习2-15】

12月31日，根据持有70%股权的下属Y公司的数据资料，Y公司持有一项指定为以公允价值计量且变动计入其他综合收益的金融资产（其他权益工具投资），年末公允价值减少300万元，不考虑其他因素。

场景2-16　核算固定资产持有及处置业务

（1）20×3年4月30日，财务处根据资产管理系统导入的本月资产折旧数据，计提本月固定资产折旧，明细数据见表2-31。

表2-31

累计折旧明细数据表

单位：元

部门	房屋和构筑物	设备	家具和用具	合计
教学部门	38 580.28	31 414.89	8 629.75	78 624.92
管理部门	13 637.31	15 184.40	3 926.77	32 748.48
合计	52 217.59	46 599.29	12 556.52	111 373.40

（2）20×3年5月3日，学校工程技术学院汽车维修实训室更新改造项目举行开工仪式，开始施工，施工方案为重新调整实训室内部布局并加装新设备，部分原设备继续留用，该实训室（不含设备）账面原值1 740 000元，已计提折旧1 161 000元。该项目施工由省第三建筑公司承接，施工合同显示预算总造价为2 040 000元（含设备款900 000元），财务处根据施工合同约定，使用本年财政拨款专项资金，以财政授权支付方式预付了30%备料款。学校委托大信工程监理公司代表学校对该项目工程施工进行全过程监督。

场景2-16

（3）20×3年5月16日，基建处汽车维修实训室项目负责人交来付款申请资料，工程进度表显示施工工程量已完成50%，根据相关合同约定和发票显示，应支付省第三建筑公司工程款1 020 000元（含设备款450 000元）、支付大信工程监理公司监理费120 000元，并应抵扣预付备料款372 000元，财务处审核无误后，使用实训室更新改造项目财政拨款专项资金，以财政授权支付方式实际支付了768 000元，付款手续已办理完毕。

（4）20×3年5月28日，汽车维修实训室项目施工结束，并完成验收交付使用，财务处向基建处该项目负责人索取了竣工验收报告等相关资料，该项目明细账数据如下："在建工程——建筑安装工程投资"账户借方余额2 039 000元，"在建工程——设备投资"账户借方余额850 000元，"在建工程——待摊投资"账户借方余额280 000元，"在建工程——其他投资"（软件）账户借方余额640 000元，"其他应付款——质保金——甲建筑公司"账户贷方余额144 450元，财务处按规定进行在建工程结转处理。

（5）20×3年6月6日，资产处出售汽车维修实训室被替换的报废设备一批，账面原值150 000元，已计提折旧130 000元，出售变现2 000元，款项已存入红树林支行账户，并取得了银行回单，财务处收费科开具了增值税普通发票，增值税征收率为3%，减按2%征收，因应税销售额不足，本月免缴城建税等附加税。根据资产管理规定，资产处置税后净收入应上缴国库。

【场景知识】政府单位固定资产核算的相关规定

场景知识

政府单位固定资产核算的相关规定

（1）固定资产折旧制度

单位固定资产一般按规定的折旧年限，采用年限平均法计提折旧，但下列各项固定资产不计提折旧：陈列品；动植物；图书、档案；单独计价入账的土地；以名义金额（1元）计量的固定资产。

《〈政府会计准则第3号——固定资产〉应用指南》对政府固定资产的折旧年限做了具体规定，比如钢筋混凝土结构的业务及管理用房不低于50年，计算机设备不低于6年，车辆不低于8年，机械设备不低于10年，体育设备5～15年，家具不低于15年。

单位固定资产应当按月计提折旧，当月增加的固定资产，当月开始计提折旧；当月减少的固定资产，当月不再计提折旧。固定资产提足折旧后，无论能否继续使用，均不再计提折旧；提前报废的固定资产，也不再补提折旧。已提足折旧的固定资产，可以继续使用的，应当继续使用。

（2）基本建设的含义

基本建设简称“基建”，是指以新增工程效益或者扩大生产能力为主要目的的新建、续建、改扩建、迁建、大型维修改造工程及相关工作。基本建设项目通常涉及金额巨大、内容复杂、建设周期较长、不确定因素较多、容易产生腐败问题，因此要求严格管理、详细核算。

基本建设项目在施工前要进行充分的可行性分析，并编制工程预算书；工程完工后，施工单位编制工程结算书，建设单位要对该结算书进行审核，金额较大或技术复杂的项目要委托第三方中介机构进行审核；建设单位以审核后的工程结算为基础，加上项目论证费、勘察设计费、审计费、监理费、项目管理费、专门借款利息及单独的硬软件购置等相关成本费用，编制“基本建设项目竣工财务决算报表”，对包括项目资金收支、债务清理、制度执行、总体评价等在内的项目建设整体情况进行全面总结，报上级主管部门审批或备案后，作为固定资产价值的最终入账依据。

（3）应缴财政款的分类

应缴财政款分为应缴国库款和应缴财政专户款。其中，应缴国库款是单位代政府收取的非税收入，主要有以下几种：①事业单位代收的纳入预算管理的基金；②行政事业性收费收入；③罚没收入；④无主财物变价收入；⑤赃款和赃物变价款；⑥其他按预算管理规定应上缴预算的款项，如固定资产处置净收益等。

两种应缴财政款的主要区别是：应缴国库款属于国家的财政性资金，上缴后就充公了，如果通过编制预算返给单位使用，则资金性质为“政府预算资金”；而应缴财政专户款属于单位的自有资金，由财政部门代为管理并监督单位使用，通过编制预算返给单位使用时的资金性质为“财政专户管理资金”。

（4）会计处理

政府单位的无形资产、研发支出、公共基础设施、保障性住房的会计处理与固定资产核算原理相似，本项目不再赘述。

【科目设置】

（1）资产类“固定资产累计折旧”科目，核算单位计提的固定资产累计折旧。公共基础设施和保障性住房计提的累计折旧，应当分别通过“公共基础设施累计折旧（摊销）”科目和“保障性住房累计折旧”科目核算，不通过本科目核算。计提非流动资产折旧时，没有发生资金流出，预算会计不做处理。

（2）资产类“预付账款”科目，核算单位按照购货、服务合同或协议规定预付给供应单位或个人的款项，以及按照合同规定向承包工程的施工企业预付的备料款和工程款。本科目应当按照供应单位或个人及具体项目进行明细核算；对于基本建设项目发生的预付账款，还应当在本科目所属基建项目明细科目下设置“预付备料款”“预付工程款”“其他预付款”等明细科目，进行明细核算。

【示例2-44】20×3年5月31日，计提本月管理用固定资产折旧400 000元，其中，房屋和构筑物折旧220 000元，设备折旧180 000元。

借：单位管理费用——固定资产折旧费　　400 000
　贷：固定资产累计折旧——房屋和构筑物　　220 000
　　　　——设备　　180 000

✽【思考一刻2-18】比较政府单位与企业单位计提固定资产折旧、摊销无形资产的起止时间。

【示例2-45】20×3年6月3日，学校决定将外语机房进行更新改造，内部调整布局，进行重新隔断，该机房账面原值2 270 000元，已计提折旧1 730 000元。该项目施工由H建筑公司承接，已经开始施工，同时委托L工程监理公司监督工程施工。

（1）业务分析

固定资产转入改建或扩建时，应当将账面价值转入“在建工程”，本例账面价值为原值2 270 000元减去累计折旧1 730 000元后的余额。

（2）会计处理

借：在建工程——建筑安装工程投资（外语机房改造）　　540 000
　　固定资产累计折旧——房屋和构筑物　　1 730 000
　贷：固定资产——房屋和构筑物　　2 270 000

【示例2-46】接【示例2-45】，20×3年7月20日，外语机房改造项目完成验收投入使用，工程结算价为110 000元，根据合同预留5%质保金，满一年符合合同约定支付条件时支付，本次使用财政拨款专项资金，以财政授权支付方式实际向H建筑公司支付工程款104 500元，向L监理公司支付监理费7 000元。

（1）业务分析

“在建工程——待摊投资”科目核算单位发生的应当按规定分摊记入有关工程成本和设备成本的各项间接费用和税费支出，本例监理费属于间接费用。此外，如果基本建设项目中有硬软件投资，需要在“在建工程”科目下设“设备投资”“其他投资”二级科目单独核算，项目竣工后形成固定资产或无形资产。此时工程总价款已经入账完毕，并将预留质保金记入“其他应付款”科目。

（2）会计处理

借：在建工程——建筑安装工程投资（外语机房改造） 110 000
——待摊投资（外语机房改造） 7 000
贷：其他应付款——质保金——H建筑公司 5 500
零余额账户用款额度 111 500

借：固定资产——房屋和构筑物 657 000
贷：在建工程——建筑安装工程投资（外语机房改造） 650 000
——待摊投资（外语机房改造） 7 000

借：事业支出——项目支出——财政拨款项目支出 111 500
贷：资金结存——零余额账户用款额度 111 500

【示例2-47】20×3年6月25日，主管部门批复汽车维修实训室改造工程竣工财务决算，报告决算金额为8 568 000元，最终审定金额为8 378 000元。其中，本次工程结算上报金额为2 310 000元，审定金额为2 120 000元，审减190 000元。施工单位为甲建筑公司。

（1）业务分析

本改造工程项目原结算价为2 310 000元，被主管部门审减190 000元，因此投入使用时按结算价入账的固定资产价值，需要核减190 000元，同时冲减结算时扣留的质保金（已计入其他应付款），扣留质保金不足冲减的，须将不足部分资金从施工单位追回，本例默认扣留质保金充足；该业务没有发生资金收支，所以预算会计不做处理。

因改建、扩建等而延长固定资产使用年限或改变固定资产价值的，应当重新确定固定资产的折旧年限或月折旧额。

（2）会计处理

借：其他应付款——质保金——甲建筑公司 190 000
贷：固定资产——房屋和构筑物 190 000

预算会计不做处理。

【示例2-48】20×3年6月18日，使用红树林支行账户资金转账支付一套闲置的C实训设备评估费2 000元，该设备评估价值为40 000元，打算近期出售。

（1）业务分析

本业务尽管减少了单位基本账户的自有资金，但根据有关规定，资产处置净收入要上缴国库，未纳入当期预算管理，因此相关收支和税费，预算会计不做核算。同时，如果预期会发生处置净收入，则相关费用尽量通过实有资金账户垫付，待后续收到处置收入后予以抵补。

（2）会计处理

借：资产处置费用 2 000
贷：银行存款——一般银行存款——基本户存款 2 000

预算会计不做处理。

【示例2-49】接【示例2-48】，20×3年6月20日，出售闲置C实训设备，原值为120 000元，已计提折旧90 000元，含税成交价为38 000元，款项已存入红树林支行账户，开具增值税普通发票，增值税征收率为3%，减按2%征收，城建税税率为7%，教育费附加税率为3%。

（1）业务分析

①单位处置固定资产，属于出售、转让的，把账面价值转入“资产处置费用”科目；清查时发现报废、毁损的，把账面价值转入“待处理财产损溢”科目，处理的净损失再转入“资产处置费用”科目。

②非废旧物资经营单位销售旧货，按照简易办法依照3%征收率减按2%征收增值税，不得抵扣进项税额。本例应交税费计算如下：

应交增值税=38 000÷（1+3%）×2%=737.86（元）

应交城建税=737.86×7%=51.65（元）

应交教育费附加=737.86×3%=22.14（元）

③本例处置固定资产实际收取款项38 000元，扣除增值税等税费811.65元和处置费用2 000元后，处置收入净额为35 188.35元，按规定需要及时上缴国库。

④该资产处置业务中，“资产处置费用”科目尚有借方余额30 000元，系处置资产账面价值，月末转入净资产类“本期盈余”科目即可。

（2）会计处理

借：资产处置费用	30 000	
固定资产累计折旧——设备	90 000	
贷：固定资产——设备		120 000
借：银行存款——一般银行存款——基本户存款	38 000	
贷：资产处置费用		2 000
应交增值税——应交税金		737.86
其他应交税费——应交城建税		51.65
——应交教育费附加		22.14
应缴财政款——国库款		35 188.35

预算会计不做处理。

✽【思考一刻2-19】比较政府单位与企业单位固定资产处置的不同点。

【练习2-16】

（1）20×3年4月12日，某省属公办大学收到教育厅从另一直属高校无偿调拨的实训设备一台，价值为185 000元，使用财政专户返还资金（基本支出预算）以财政授权支付方式支付运费1 000元，该设备已投入使用。

（2）20×3年3月28日，某省属公办大学使用本年财政拨款预算资金（基本支出预算）向F公司购买不需要安装的实训设备一套，价税合计20万元，采用财政授权支付方式支付97%款项，扣留3%质保金6 000元，满一年符合合同约定支付条件时支付。

（3）20×4年3月27日，某省属公办大学上年扣留F公司的质保金6 000元到期，符合合同约定支付条件，经批准后使用财政拨款资金（基本支出预算）以财政授权支付方式予以支付。

（4）20×3年5月31日，某省属公办大学计提本月教学科研用固定资产折旧20万元，其中，房屋和构筑物折旧12万元，设备折旧8万元。

（5）20×3年6月23日，某省属公办大学报废电脑一批，原值为45万元，已计提折旧44万元，残值变价含税收入为1.1万元，款项已存入红树林支行账户，开具增值税普通发票，增值税征收率3%减按2%征收。城建税、教育费附加等暂免。

任务2.4 核算政府单位盈余与预算结余业务

政府单位盈余和预算结余业务主要涉及财务会计的净资产要素和预算会计的预算结余要素。

收入与预算收入、费用与预算支出，在分类和确认时间上的差异，以及财务会计中权责发生制的特殊业务处理，导致净资产与预算结余存在较大差异，但会计科目含义仍然可以近似对照，具体见表2-32。

表2-32 政府净资产和预算结余会计科目对应关系表

序号	资金类别	净资产会计科目	预算结余会计科目
1	财政拨款日常及未完项目资金	累计盈余 本期盈余	财政拨款结转
2	财政拨款已完项目资金		财政拨款结余
3	非财政拨款未完项目资金		非财政拨款结转
4	非财政拨款已完项目资金、非财政拨款结余分配后资金		非财政拨款结余
5	经营活动资金		经营结余
6	非财政非专项资金		其他结余
7	收入或结余资金	专用基金	专用结余
8	长期股权投资资金	权益法调整	—
9	本年盈余或结余资金	本年盈余分配	非财政拨款结余分配
10	无偿调拨资金	无偿调拨净资产	—
11	以前年度盈余资金	以前年度盈余调整	—

政府单位的净资产可分为三类：盈余、专用基金和权益法调整。本期盈余是本期收入与本期费用的差额，年末经过分配后转入专用基金或累计盈余，无偿调拨净资产和以前年度盈余调整年末也应当转入累计盈余。专用基金是具有专门用途的净资产。权益法调整是采用权益法核算的长期股权投资账面价值调整形成的净资产。

政府单位的预算结余分两类：结转资金和结余资金。结转资金是指预算安排项目的支出年终尚未执行完毕或者因故未执行，且下年需要按原用途继续使用的资金，包括财政拨款结转和非财政拨款结转。结余资金是指年度预算执行终了，预算收入实际完成数扣除预算支出和结转资金后剩余的资金，包括财政拨款结余、非财政拨款结余（含经营结余和其他结余）和专用结余。从表2-32可以看出，预算结余的分类比累计盈余要复杂得多。

任务2.4.1 核算期末结转与分配业务

场景2-17 核算期末预算收支结转业务

20×4年12月31日，预算会计科目余额见表2-33。

表2-33 科目余额表

单位：元

总账科目	明细科目	金额
财政拨款预算收入	基本支出	98 000 000.00
	项目支出	82 500 000.00

续表

总账科目	明细科目	金额
事业预算收入	财政专户返还预算收入——基本支出返还	40 000 000.00
	财政专户返还预算收入——项目支出返还	38 692 000.00
	非同级财政拨款——专项非同级财政拨款	1 200 000.00
	其他事业预算收入——一般其他事业预算收入	800 000.00
经营预算收入		3 588 600.00
债务预算收入	债务基本预算收入	6 000 000.00
预算收入小计		270 780 600.00
事业支出	基本支出——财政拨款基本支出	97 642 543.56
	基本支出——其他资金基本支出	40 281 148.27
	项目支出——财政拨款项目支出	94 352 900.00
	项目支出——非财政专项资金支出	37 946 600.00
经营支出		3 262 968.46
投资支出		200 040.00
债务还本支出	项目支出——非财政专项资金支出	6 000 000.00
预算支出小计		279 686 200.29

请做出预算会计科目期末结转的会计处理。

场景2-17

（1）结转财政拨款预算收支。

（2）结转经营预算收支。

（3）结转非财政专项资金收支。

（4）结转非财政非专项资金收支。

【场景知识】政府单位期末结转的路径和方法

（1）财务会计的收入和费用，全部转入“本期盈余”科目，结转原理同企业会计，不再赘述。

场景知识

政府单位期末结转的路径和方法

预算会计的预算收支结转，按照识别难易程度分4步：①财政拨款预算收支结转至“财政拨款结转”科目；②经营预算收支结转至“经营结余”科目；③其他非财政专项预算资金收支结转至“非财政拨款结转”科目；④其他非财政非专项预算资金收支结转至“其他结余”科目，具体见表2-34。

表2-34　政府单位预算收入、预算支出和预算结余主要项目的关系表

<table>
<tr><th colspan="2">预算收入</th><th colspan="2">预算支出</th><th>结转结余</th></tr>
<tr><td rowspan="7">专项预算收入</td><td>财政拨款预算收入</td><td rowspan="7">专项预算支出</td><td>事业支出——财政拨款支出</td><td>财政拨款结转</td></tr>
<tr><td>事业预算收入</td><td rowspan="5">事业支出——非财政拨款支出</td><td rowspan="6">非财政拨款结转</td></tr>
<tr><td>上级补助预算收入</td></tr>
<tr><td>附属单位上缴预算收入</td></tr>
<tr><td>非同级财政拨款预算收入</td></tr>
<tr><td>债务预算收入</td></tr>
<tr><td>其他预算收入</td><td>其他支出</td></tr>
</table>

续表

预算收入		预算支出		结转结余
非专项预算收入	事业预算收入	非专项预算支出	事业支出——非财政非专项拨款支出	其他结余
	上级补助预算收入		上缴上级支出	
	附属单位上缴预算收入		对附属单位补助支出	
	债务预算收入		债务还本支出	
	非同级财政拨款预算收入		事业支出——非财政非专项拨款支出	
	投资预算收益		投资支出	
	其他预算收入		其他支出	
	经营预算收入		经营支出	经营结余
说明：专项和经营预算资金要求收支对应结转，非专项非经营预算资金收支则没有对应关系				

（2）财务会计的收入和费用，应当每月末结转一次；预算会计的预算收入和预算支出，目前制度规定每年年末结转一次。

（3）实务中，财政拨款预算收入要具体分人员经费、日常公用经费和项目支出分别结转，财政拨款预算支出要具体分人员经费支出、日常公用经费支出和项目支出分别结转。

【科目设置】

（1）净资产类“本期盈余”科目，核算单位本期各项收入、费用相抵后的余额，年末分配后无余额。财务会计的收入类科目贷方累计发生净额，期末转入“本期盈余”科目贷方。

（2）预算结余类“财政拨款结转”科目，核算单位取得的同级财政拨款结转资金的调整、结转和滚存情况。“财政拨款结转——本年收支结转”明细科目，核算单位本年度同级财政拨款收支相抵后的余额，预算会计的“财政拨款预算收入”科目贷方累计发生净额年末转入本明细科目贷方，年末结账后，本明细科目应无余额。

（3）预算结余类“经营结余”科目，事业单位专用，核算事业单位本年度经营活动收支相抵后余额弥补以前年度经营亏损后的余额。预算会计的“经营预算收入”科目贷方累计发生净额年末转入本科目贷方，年末结账后，本科日一般无余额；如为借方余额，反映事业单位累计发生的经营亏损。

（4）预算结余类“非财政拨款结转”科目，核算单位除财政拨款收支、经营收支以外各专项资金的调整、结转和滚存情况。“非财政拨款结转——本年收支结转”明细科目核算单位本年度非同级财政拨款专项收支相抵后的余额，预算会计除财政拨款预算收入和经营预算收入外的其他专项预算收入科目的贷方累计发生净额，年末转入本明细科目贷方，年末结账后，本明细科目应无余额。

【示例 2-50】20×3 年 12 月 31 日，结转本月收入和预算收入，科目汇总金额见表 2-35。

表 2-35　**20×3 年 12 月收入和预算收入汇总表**　单位：元

收入	金额	预算收入		金额
财政拨款收入	2 200 000.00	财政拨款预算收入	基本支出	1 200 000.00
			项目支出	1 000 000.00
事业收入	691 262.14	事业预算收入	非专项收入	300 000.00
			专项收入	400 000.00
上级补助收入	800 000.00	上级补助预算收入	非专项收入	600 000.00
			专项收入	200 000.00

续表

收入	金额	预算收入		金额
附属单位上缴收入	200 000.00	附属单位上缴预算收入	非专项收入	80 000.00
			专项收入	120 000.00
经营收入	32 912.62	经营预算收入	非专项收入	33 900.00
—	0.00	债务预算收入	非专项收入	200 000.00
			专项收入	800 000.00
非同级财政拨款收入	400 000.00	非同级财政拨款预算收入	非专项收入	100 000.00
			专项收入	400 000.00
投资收益	510.00	投资预算收益	非专项收入	510.00
捐赠收入	1.00	其他预算收入	非专项收入（捐赠）	0.00
			专项收入（捐赠）	0.00
利息收入	1 892.76		非专项收入（利息）	1 892.76
其他收入	34 000.00		非专项收入（其他）	4 000.00
			专项收入（其他）	0.00
—	—	财政性预算收入小计		2 200 000.00
—	—	非财政性预算收入合计	非专项收入	1 286 402.76
			专项收入	1 920 000.00
—	—	经营预算收入小计		33 900.00
收入合计	4 360 578.52	预算收入合计		5 440 302.76

（1）业务分析

财务会计的收入结转至“本期盈余”贷方，预算会计的预算收入根据4类汇总金额分别结转。

（2）会计处理

①结转收入

借：财政拨款收入　　2 200 000
　　事业收入　　691 262.14
　　上级补助收入　　800 000
　　附属单位上缴收入　　200 000
　　经营收入　　32 912.62
　　非同级财政拨款收入　　400 000
　　投资收益　　510
　　捐赠收入　　1
　　利息收入　　1 892.76
　　其他收入　　34 000
　贷：本期盈余　　4 360 578.52

②结转财政拨款预算收入

借：财政拨款预算收入——基本支出　　1 200 000
　　　　　　　　　——项目支出　　1 000 000
　贷：财政拨款结转——本年收支结转　　2 200 000

③结转经营预算收入

借：经营预算收入　　33 900
　贷：经营结余　　33 900

④结转非财政专项资金收入

借：事业预算收入——专项收入　400 000

　　上级补助预算收入——专项收入　200 000

　　附属单位上缴预算收入——专项收入　120 000

　　债务预算收入——专项收入　800 000

　　非同级财政拨款预算收入——专项收入　400 000

　贷：非财政拨款结转——本年收支结转　1 920 000

⑤结转非财政非专项资金收入

借：事业预算收入——非专项收入　300 000

　　上级补助预算收入——非专项收入　600 000

　　附属单位上缴预算收入——非专项收入　80 000

　　债务预算收入——非专项收入　200 000

　　非同级财政拨款预算收入——非专项收入　100 000

　　投资预算收益　510

　　其他预算收入　5 892.76

　贷：其他结余　1 286 402.76

【示例2-51】20×3年12月31日，结转本月费用和预算支出，科目汇总金额见表2-36。

表2-36　**20×3年12月费用和预算支出汇总表**　单位：元

费用	金额	预算支出		金额
业务活动费用	2 166 624.92	事业支出	财政拨款支出	1 537 000.00
			非财政专项支出	24 500.00
单位管理费用	1 085 748.48		非财政非专项支出	1 593 000.00
经营费用	150 118.49	经营支出	—	151 259.18
资产处置费用	30 200.00	其他支出	非财政非专项支出	—
上缴上级费用	40 000.00	上缴上级支出	非财政非专项支出	40 000.00
对附属单位补助费用	240 000.00	对附属单位补助支出	非财政非专项支出	240 000.00
【资产】	—	投资支出	非财政非专项支出	500 000.00
【负债】	—	债务还本支出	非财政专项支出	1 000 000.00
所得税费用	10 000.00	【非财政拨款结余】		—
其他费用	31 030.00	其他支出	财政拨款支出	1 870.00
			非财政专项支出	11 160.00
			非财政非专项支出	10 000.00
费用合计	3 753 721.89	财政性预算支出	财政拨款支出	1 538 870.00
		非财政性预算支出	非财政专项支出	1 035 660.00
			非财政非专项支出	2 383 000.00
		经营支出	—	151 259.18
		预算支出合计		5 108 789.18

（1）业务分析

财务会计的费用结转至“本期盈余”科目借方，预算会计的预算支出根据4类汇总金额分别结转。

（2）会计处理

①结转费用

借：本期盈余	3 753 721.89	
贷：业务活动费用		2 166 624.92
单位管理费用		1 085 748.48
经营费用		150 118.49
资产处置费用		30 200
上缴上级费用		40 000
对附属单位补助费用		240 000
所得税费用		10 000
其他费用		31 030

②结转财政拨款支出

借：财政拨款结转——本年收支结转	1 538 870	
贷：事业支出——财政拨款支出		1 537 000
其他支出——财政拨款支出		1 870

③结转经营支出

借：经营结余	151 259.18	
贷：经营支出		151 259.18

④结转非财政专项资金支出

借：非财政拨款结转——本年收支结转	1 035 660	
贷：事业支出——非财政专项支出		24 500
其他支出——非财政专项支出		11 160
债务还本支出——非财政专项支出		1 000 000

⑤结转非财政非专项资金支出

借：其他结余	2 383 000	
贷：事业支出——非财政非专项支出		1 593 000
上缴上级支出		40 000
对附属单位补助支出		240 000
投资支出		500 000
其他支出——非财政非专项支出		10 000

【练习2-17】

［多选］下列应转入“财政拨款结转”科目的是（　　）。

A.财政拨款预算收入——基本支出
B.财政拨款预算收入——项目支出
C.事业预算收入——非专项资金收入
D.事业预算收入——专项资金收入
E.事业支出——基本支出——财政拨款基本支出
F.事业支出——基本支出——其他资金基本支出
G.事业支出——项目支出——财政拨款项目支出
H.事业支出——项目支出——非财政专项资金支出
I.经营预算收入
J.经营支出
K.投资预算收益

场景2-18　核算年末盈余和预算结余结转分配业务

场景2-18

（1）20×3年12月31日，财务处进行年末盈余和结余结转，账面显示相关账户余额如下："本期盈余"科目贷方余额6 882 000元，"其他结余"科目贷方余额7 922 000元，"经营结余"科目借方余额638 000元。

（2）20×3年12月31日，财务处分别完成盈余和结余分配，根据规定从非财政拨款结余中提取20%职工福利基金和15%学生奖助基金。

（3）20×4年1月15日，行政后勤处工作人员交来增值税普通发票等报账资料，显示为教职工购买了一批农产品作为春节福利，总计花费2 900 000元，财务处审核无误后，根据审批单批示，使用上年从结余中提取的职工福利基金，从基本银行账户予以支付。暂不做结转。

（4）20×4年1月16日，学生工作处工作人员交来"助学金发放明细表"等资料，拟为300名贫困学生发放助学金600 000元，财务处审核无误后，根据审批单批示，动用从上年培训费收入中提取的"学生奖助学金"专用基金，使用银行存款支付。

（5）20×4年1月31日，结转使用专用基金购买春节福利2 900 000元；20×4年12月31日，结转使用专用结余购买春节福利2 900 000元。

【场景知识】政府单位年末结转结余的相关规定和分配步骤

场景知识

政府单位年末结转结余的相关规定和分配步骤

（1）财政拨款结转资金的处理有两种可能：第一，为了加快财政资金周转速度，充分发挥财政资金的使用价值，解决财政资金积压和短缺并存的结构性矛盾，《中华人民共和国预算法》规定，"连续两年未用完的结转资金，应当作为结余资金管理"，中央和地方据此制定了更为具体的结转结余资金管理办法。目前在实务中，财政拨款资金通常只能结转一个预算年度，如果在规定期限内没有完成资金支付，将被财政部门作为结余资金收回统筹使用。第二，在规定期限内完成项目实施并有资金结余，则转入财政拨款结余，然后进行处理，可能被要求上缴，也可能经过财政部门批准改变用途后留用。与财政拨款结转资金相比，非财政拨款结转资金通常不会有强制收回的情况，在与资金提供单位沟通后，相关项目的剩余资金可能缴回，也可能留下自行支配。

（2）事业单位年末能够分配的只有本期经营结余和其他结余，将其转入结余分配，同时将本期盈余转入盈余分配。需要强调的是，经营结余只能分配贷方余额，如为借方余额，即发生了经营亏损，则不能用其他结余弥补，因此不能转入结余分配，只能留待以后年度改善经营状况予以弥补。

（3）事业单位的结余分配分两步，第一步是以本期转入分配的结余为基数计提专用结余，第二步是将计提专用结余后的剩余结余金额转入非财政拨款结余。同时，财务会计反映为盈余分配，计提的专用结余同时是专用基金，计提专用基金后的剩余盈余金额转入累计盈余。

（4）行政单位年末只做盈余分配，无须进行结余分配，直接将本期"其他结余"科目余额转入"非财政拨款结余"科目中。会计分录为：

借：其他结余

贷：非财政拨款结余

✲【思考一刻2-20】比较政府单位盈余分配与企业单位利润分配的异同。

政府单位预算结余分配或处理方式见表2-37。

表2-37　　　　政府单位预算结余分配或处理方式表

<table>
<tr><th colspan="2">预算收入</th><th colspan="2">预算支出</th><th colspan="3">结转结余及其分配和处理</th></tr>
<tr><td rowspan="9">专项预算收入</td><td rowspan="3">财政拨款预算收入</td><td rowspan="9">专项预算支出</td><td rowspan="3">事业支出——财政拨款支出</td><td rowspan="3">财政拨款结转</td><td colspan="2">财政部门收回（规定期限内未完成支付）</td></tr>
<tr><td rowspan="2">财政拨款结余</td><td>（上缴注销）</td></tr>
<tr><td>财政拨款结转（改变用途使用）</td></tr>
<tr><td>事业预算收入</td><td rowspan="5">事业支出——非财政拨款支出</td><td rowspan="6">非财政拨款结转</td><td colspan="2" rowspan="2">（缴回注销）</td></tr>
<tr><td>上级补助预算收入</td></tr>
<tr><td>附属单位上缴预算收入</td><td colspan="2" rowspan="4">非财政拨款结余（留下自行支配）</td></tr>
<tr><td>非同级财政拨款预算收入</td></tr>
<tr><td>债务预算收入</td></tr>
<tr><td>其他预算收入</td><td>其他支出</td></tr>
<tr><td rowspan="9">非专项预算收入</td><td>事业预算收入</td><td rowspan="9">非专项预算支出</td><td>事业支出——非财政非专项拨款支出</td><td rowspan="7">其他结余（年末清零）</td><td rowspan="8">非财政拨款结余分配</td><td rowspan="4">专用结余</td></tr>
<tr><td>上级补助预算收入</td><td>上缴上级支出</td></tr>
<tr><td>附属单位上缴预算收入</td><td>对附属单位补助支出</td></tr>
<tr><td>债务预算收入</td><td>债务还本支出</td></tr>
<tr><td>非同级财政拨款预算收入</td><td>事业支出——非财政非专项拨款支出</td><td rowspan="4">非财政拨款结余</td></tr>
<tr><td>投资预算收益</td><td>投资支出</td></tr>
<tr><td>其他预算收入</td><td>其他支出</td></tr>
<tr><td rowspan="2">经营预算收入</td><td rowspan="2">经营支出</td><td>经营结余（正数）</td></tr>
<tr><td colspan="3">经营结余（负数）</td></tr>
</table>

【科目设置】

（1）净资产类“本年盈余分配”科目，核算政府单位本年度盈余分配的情况和结果。年末结账后，本科目应无余额。“本期盈余”科目年末账面余额如为借方余额，则做相反会计处理，转入“本年盈余分配”科目的借方。行政单位与事业单位的盈余结转业务处理是相同的。

（2）预算结余类“非财政拨款结余分配”科目，事业单位专用，核算事业单位本年度非财政拨款结余分配的情况和结果。年末结账后，本科目应无余额。

“其他结余”年末账面余额如为借方余额，则做相反会计处理，转入“非财政拨款结余分配”（事业单位）或“非财政拨款结余”（行政单位）科目的借方。

（3）净资产类“累计盈余”科目，核算政府单位历年实现的盈余扣除盈余分配后滚存的金额，以及因无偿调入调出资产产生的净资产变动额。

（4）净资产类“专用基金”科目，事业单位专用，核算按规定提取或设置的具有专门用途的净资产，比如职工福利基金、奖助学金、科技成果转换基金、住房基金、留本基金等。专用基金按来源不同主要有三类，即从结余中提取、从收入中提取和接受捐赠，具体设置和提取办法由国家或省级部门规定。

(5) 预算结余类“专用结余”科目，事业单位专用，核算按照规定从非财政拨款结余中提取的具有专门用途的资金的变动和滚存情况，比如职工福利基金结余、住房基金结余等。

✲【思考一刻2-21】比较专用基金和专用结余的内容。

【示例2-52】20×3年12月31日，“本期盈余”科目贷方余额1 880 000元，转入盈余分配。

(1) 业务分析

本例“本期盈余”科目为贷方余额，应转入“本年盈余分配”科目贷方。本业务为财务会计的盈余结转业务，与预算会计无关。

(2) 会计处理

借：本期盈余	1 880 000	
贷：本年盈余分配		1 880 000

预算会计不做处理。

【示例2-53】20×3年12月31日，“其他结余”科目贷方余额580 000元，“经营结余”科目贷方余额120 000元，转入结余分配。

(1) 业务分析

本例“其他结余”和“经营结余”科目均为贷方余额，应转入“非财政拨款结余分配”科目贷方。本业务为预算会计的结余结转业务，与财务会计无关。

(2) 会计处理

借：其他结余	580 000	
经营结余	120 000	
贷：非财政拨款结余分配		700 000

财务会计不做处理。

【示例2-54】20×3年12月31日，对【示例2-52】盈余和【示例2-53】结余进行分配，其中，根据规定从非财政拨款结余分配中提取30%职工福利基金和10%学生奖助基金。

(1) 业务分析

本例是从结余中提取专用基金，在财务会计中即反映为从盈余中提取专用基金，提取28万元专用基金后，剩下的本期盈余160万元滚存转入“累计盈余”科目；预算会计中，提取28万元专用结余后，剩下的本年结余42万元滚存转入“非财政拨款结余”科目。

(2) 会计处理

借：本年盈余分配	1 880 000	
贷：专用基金——职工福利基金——从结余中提取		210 000
——学生奖助基金——从结余中提取		70 000
累计盈余		1 600 000
借：非财政拨款结余分配	700 000	
贷：专用结余——职工福利基金结余		210 000
——学生奖助基金结余		70 000
非财政拨款结余——累计结余		420 000

【示例2-55】20×4年1月29日，使用【示例2-54】从结余中提取的职工福利基金购置健身器材一批200 000元，均达到资产标准，已从基本银行账户转账支付。

（1）业务分析

从结余中提取的专用基金，来源于非财政非专项收入的其他结余或经营结余，通常以货币资金的形式存放于单位银行账户中，使用时财务会计要记入费用类科目，预算会计要记入预算支出类科目并标注“使用专业结余”明细科目，月末或年末结转费用或支出时要冲减“专用基金”和“专用结余”科目。如果专用基金的使用形成了资产，则从单位整体角度来看，资产和净资产并没有消失，只是存在形式发生了变化，本例中，货币资金变成了固定资产，专用基金变成了“没有限定用途”的滚存盈余——累计盈余，因此需要再做一笔增加资产和净资产的会计分录。

（2）会计处理

借：单位管理费用——工资福利费用　　200 000

　贷：银行存款——一般银行存款——基本户存款　　200 000

借：事业支出——基本支出——其他资金基本支出（使用专业结余）　　200 000

　贷：资金结存——货币资金　　200 000

借：固定资产——设备　　200 000

　贷：累计盈余　　200 000

月末财务会计结转：

借：专用基金——职工福利基金——从结余中提取　　200 000

　贷：单位管理费用——工资福利费用　　200 000

年末预算会计结转：

借：专用结余——职工福利基金结余　　200 000

　贷：事业支出——基本支出——其他资金基本支出（使用专用结余）　　200 000

【示例2-56】20×3年9月30日，根据规定，从本年收取的培训费收入中，提取5%的专用基金，用于给家庭经济困难的学生发放助学金，金额为240万元。

（1）业务分析

从预算收入中提取专用基金时，财务会计应根据权责发生制的要求记入当期费用类科目，但提取时没有涉及预算资金支付，因此预算会计不做处理。

（2）会计处理

借：业务活动费用——计提专用基金　　2 400 000

　贷：专用基金——学生奖助基金——从收入中提取　　2 400 000

预算会计不做处理。

【示例2-57】20×3年12月10日，动用从上年培训费收入中提取的“学生奖助学金”专用基金预算，为400名贫困学生发放助学金1 200 000元，已使用银行存款支付。

（1）业务分析

从预算收入中提取的专用基金，要列入项目预算，专款专用，因财务会计在提取时已经记入了费用类科目，支付时预算会计相对应，记入“事业支出”科目。从收入中提取的专用基金，与专用结余无关，年末不需要冲减专用结余。

（2）会计处理

借：专用基金——学生奖助基金——从收入中提取　　1 200 000

　贷：银行存款——一般银行存款——基本户存款　　1 200 000

借：事业支出——项目支出——非财政专项资金支出　　1 200 000

　贷：资金结存——货币资金　　1 200 000

【示例2-58】20×3年12月31日，结转“无偿调拨净资产”科目贷方余额50 000元。

（1）业务分析

无偿调拨净资产不是因单位收支而导致盈余的变动额，需要单列会计科目核算，但最终结果是导致“没有限定用途”的滚存盈余增加或减少，因此年末无须转入“本期盈余”或“本年盈余分配”科目，直接结转至“累计盈余”科目中即可。“无偿调拨净资产”科目是财务会计科目，相关资产增减不涉及现金收支，因此结转时不涉及预算会计处理。

（2）会计处理

借：无偿调拨净资产　　50 000

　贷：累计盈余　　50 000

预算会计不做处理。

【示例2-59】20×3年9月10日，一位企业家校友捐款8 000万元设立留本基金，已存入基本银行账户，约定本基金仅用于国债投资，以其利息收入用于成绩优秀学生的奖学金。

（1）业务分析

留本基金是接受捐赠形成、资产提供者特别限定仅以收益安排支出的专用基金，使用“专用基金——留本基金”明细科目核算，下设“本金”和“收益”两个三级明细账户，分别核算留本基金的本金和投资收益，其中“本金”下设“未投资”和“已投资”两个四级明细科目。留本基金不是单位的收入，其使用受到资产提供者的严格限制，并单独核算，不属于单位的常规预算资金，因此预算会计不做处理。

（2）会计处理

借：银行存款——一般银行存款——基本户存款　　80 000 000

　贷：专用基金——留本基金——本金——未投资　　80 000 000

预算会计不做处理。

✲【思考一刻2-22】比较事业单位盈余和结余的形成与分配。

【练习2-18】

（1）[多选] 下列会计科目的本期净发生额，年末结转分配后无余额的是（　　）。

A.本期盈余　　B.累计盈余　　C.权益法调整　　D.无偿调拨净资产

（2）[多选] 下列会计科目的本期净发生额，年末结转分配后不可能有余额的是（　　）。

A.其他结余　　B.经营结余　　C.非财政拨款结余　　D.非财政拨款结余分配

（3）20×3年9月30日，根据规定，从本年收取的培训费收入中，提取5%的专用基金，用于给家庭经济困难的学生发放助学金，金额为6 394 830元。

（4）20×3年12月31日，“本期盈余”科目贷方余额9 882 000元，“其他结余”科目贷方余额7 922 000元，“经营结余”科目贷方余额638 000元，转入分配。然后，根据规定从非财政拨款结余中提取20%职工福利基金和15%学生奖助基金。

（5）20×3年12月31日，结转“无偿调拨净资产”科目借方余额1 590 000元。

任务2.4.2　核算预算结余调整或变动业务

场景2-19　核算财政拨款结转和财政拨款结余调整或变动业务

场景2-19

（1）20×3年5月19日，因供应商无法履行合同，上年预付实训设备款62万元原路退回至椰城支行账户，该款项系上年的财政拨款实训设备采购授权支付专项预算资金，资产处已交来相关佐证资料。

（2）20×3年10月22日，省财政厅下发文件，收回上年的财政拨款实训设备采购专项资金62万元，予以统筹使用，已在国库集中支付系统核减相应预算指标。

（3）20×3年10月31日，资产处交来竣工验收资料，校园监控系统安装完毕，财政拨款专项资金尚有13.8万元没有用完，转入结余。资产确认另行处理。

（4）20×3年11月11日，省财政厅下发文件，同意将校园监控系统安装项目结余资金13.8万元，用于补充学校的学生副食品专项补贴资金。

（5）20×3年12月31日，结转本场景业务涉及的“财政拨款结转”明细科目（不考虑其他明细科目）。

（6）20×3年12月31日，结转本场景业务涉及的“财政拨款结余”明细科目（不考虑其他明细科目）。

【场景知识】政府单位预算结余调整或变动的内容和会计处理方法

场景知识

政府单位预算结余调整或变动的内容和会计处理方法

（1）预算结余调整或变动业务的内容

预算结余包括结转资金和结余资金，其调整或变动业务包括年初余额调整和本年变动两类。年初余额调整业务主要是因发生会计差错更正、以前年度支出收回等，需要调整年初结转结余的业务；本年变动业务中最主要的是本年收支结转，此外还有根据预算管理规定进行的资金统筹、各单位之间的资金调配和单位内部不同用途的资金调剂、缴纳所得税、动用专用结余等。同时，因资金管理要求不同，财政资金结转结余和非财政资金结转结余的调整或变动业务的具体内容也不尽相同，具体参考表2-38预算结转结余变动表（部分）。

表2-38　**预算结转结余变动表（部分）**

项目	本年数	上年数
一、年初预算结转结余		
二、年初余额调整（减少以“-”号填列）		
（一）财政拨款结转结余		
（二）其他资金结转结余		
三、本年变动金额（减少以“-”号填列）		
（一）财政拨款结转结余		
1.本年收支差额		
2.归集调入		

续表

项 目	本年数	上年数
3.归集上缴或调出		
（二）其他资金结转结余		
1.本年收支差额		
2.缴回资金		
3.使用专用结余		
4.支付所得税		
四、年末预算结转结余		

（2）“财政拨款结转”和“财政拨款结余”、“非财政拨款结转”和“非财政拨款结余”科目之间的转换，都是相应财务会计中“累计盈余”科目的内部调整，因此财务会计不予处理。

【科目设置】

（1）净资产类“以前年度盈余调整”科目，核算单位本年度发生的调整以前年度盈余的事项，包括本年度发生的重要前期差错更正涉及调整以前年度盈余的事项。期末结转至“累计盈余”科目后应无余额。

（2）预算结余类“财政拨款结转”科目，核算单位取得的同级财政拨款结转资金的调整、结转和滚存情况。

（3）预算结余类“财政拨款结转——年初余额调整”明细科目，核算因发生会计差错更正、以前年度支出收回等，需要调整财政拨款结转的金额。

（4）预算结余类“财政拨款结转——归集调入”明细科目，核算按照规定从其他单位调入财政拨款结转资金时，实际调增的额度数额或调入的资金数额。

（5）预算结余类“财政拨款结转——归集调出”明细科目，核算按照规定向其他单位调出财政拨款结转资金时，实际调减的额度数额或调出的资金数额。

（6）预算结余类“财政拨款结转——归集上缴”明细科目，核算按照规定上缴财政拨款结转资金时，实际核销的额度数额或上缴的资金数额。

（7）预算结余类“财政拨款结转——单位内部调剂”“财政拨款结余——单位内部调剂”明细科目，核算经财政部门批准对财政拨款结余资金改变用途，调整用于本单位其他未完成项目等的调整金额。

（8）预算结余类“财政拨款结转——本年收支结转”明细科目，核算单位本年度财政拨款收支相抵后的余额。

（9）预算结余类“财政拨款结转——累计结转”明细科目，核算单位滚存的财政拨款结转资金。年终财政拨款结转明细科目结转后，只有本明细科目有余额，其他明细科目全部结平。

（10）预算结余类“财政拨款结余”科目，核算政府单位取得的同级财政拨款项目支出结余资金的调整、结转和滚存情况。

（11）预算结余类“财政拨款结余——年初余额调整”明细科目，核算因发生会计差错更正、以前年度支出收回等，需要调整财政拨款结余的金额。

（12）预算结余类“财政拨款结余——归集上缴”明细科目，核算按照规定上缴财政拨款结余资金时，实际核销的额度数额或上缴的资金数额。

（13）预算结余类“财政拨款结余——结转转入”明细科目，核算单位按照规定转入财政拨款结余的财政拨款结转资金。

（14）预算结余类“财政拨款结余——累计结余”明细科目，核算单位滚存的财政拨款结余资金。年终财政拨款结余明细科目结转后，只有本明细科目有余额，其他明细科目全部结平。

【示例2-60】20×3年1月8日，上年购买一批行政办公用品因质量问题退货，货款4 200元已退回至椰城支行账户，该款项系上年财政拨款日常公用经费预算资金。

（1）业务分析

上年支付办公用品款时，预算会计确认了预算收入（资金结存）和预算支出，财务会计确认了收入（零余额账户用款额度）和费用：

借：单位管理费用	4 200	
贷：零余额账户用款额度		4 200
借：事业支出——基本支出——财政拨款基本支出——日常公用经费	4 200	
贷：资金结存——零余额账户用款额度		4 200

本年退货并收回购货款时，财务会计需要冲回的费用，通过“以前年度盈余调整”科目核算，而预算会计上年核算的支出并结转后冲减的预算结余没有实现，因此要恢复上年的预算结余，通过“财政拨款结转——年初余额调整”明细科目核算。

（2）会计处理

借：零余额账户用款额度	4 200	
贷：以前年度盈余调整		4 200
借：资金结存——零余额账户用款额度	4 200	
贷：财政拨款结转——年初余额调整		4 200

✲【知识点拨2-6】与企业会计的“以前年度损益调整”科目同理，政府单位调整以前年度盈余或结余时，需要调整的收入或费用类科目用“以前年度盈余调整”科目替代，需要调整的预算收入或预算支出类科目则用相应的结转结余科目替代。

【示例2-61】20×3年12月2日，收到从其他高校调入的上年度财政拨款项目结转资金80万元，以财政授权支付方式使用。

（1）业务分析

按照规定上缴、缴回、单位间调剂结转结余资金产生的净资产变动额，以及对以前年度盈余的调整金额，通过“累计盈余”科目核算。本例属于单位间调剂调入资金，通常由主管部门协调，报财政部门审批后，直接在国库集中支付系统核增本单位相应预算指标，因此会计处理直接增加盈余和预算结余。

（2）会计处理

借：零余额账户用款额度	800 000	
贷：累计盈余		800 000
借：资金结存——零余额账户用款额度	800 000	
贷：财政拨款结转——归集调入		800 000

【示例 2-62】20×3 年 12 月 2 日，本校向其他高校调出上年度财政拨款项目结转资金 30 万元，以财政授权支付方式使用。

(1) 业务分析

本例属于单位间调剂调出资金，该笔资金上年末已经结转转入“累计盈余”科目和“财政拨款结转——累计结转”明细科目，本年度调出则冲减盈余和预算结余。

(2) 会计处理

借：累计盈余　300 000

　贷：零余额账户用款额度　300 000

借：财政拨款结转——归集调出　300 000

　贷：资金结存——零余额账户用款额度　300 000

【示例 2-63】20×3 年 12 月 5 日，财政部门下发文件通知，综合实训楼上年度财政拨款项目结转资金 550 万元，以财政授权支付方式使用，但在规定期限内没有用完，予以收回统筹。

(1) 业务分析

本例属于上缴财政结转资金，该笔资金上年末已经结转过一次，转入“累计盈余”和“财政拨款结转”科目，本年度未用完，属于“连续两年未用完”的情况，按财政部门要求上缴时，则冲减盈余和预算结余。

(2) 会计处理

借：累计盈余　5 500 000

　贷：零余额账户用款额度　5 500 000

借：财政拨款结转——归集上缴　5 500 000

　贷：资金结存——零余额账户用款额度　5 500 000

【示例 2-64】20×3 年 12 月 6 日，经过分析，百果园绿化工程项目完结，将该项目结余资金 15.23 万元从“财政拨款结转”科目转入“财政拨款结余”科目。

(1) 业务分析

该项目预算资金收入上年末已转入“财政拨款结转”科目，项目结束本年度支出全部结转至该科目后，如果项目总收入大于总支出，则该科目产生贷方余额，该余额需要先转入“财政拨款结余”科目后再进行后续处理。从财务会计角度看，“财政拨款结转”和“财政拨款结余”科目都对应“累计盈余”科目，该业务属于“累计盈余”科目的内部调整，因此无须处理。

(2) 会计处理

借：财政拨款结转——累计结转　152 300

　贷：财政拨款结余——结转转入　152 300

财务会计不做处理。

【示例 2-65】20×3 年 12 月 9 日，财政部门下发通知，决定收回百果园绿化工程项目结余资金，财务处已通过椰城支行账户缴回国库。

(1) 业务分析

本例是财政拨款结余资金的上缴业务，财务会计反映在“累计盈余”科目中，上缴时直接冲减盈余和预算结余。该笔资金上缴前记录在“财政拨款结余——结转转入”明细科目，上缴时记录在“财政拨款结余——归集上缴”明细科目，期末这两个明细科目余额都要转入“财政拨款结余——累计结余”明细科目后归零。后续该类业务同理，不再赘述。

（2）会计处理

借：累计盈余　　152 300

　贷：零余额账户用款额度　　152 300

借：财政拨款结余——归集上缴　　152 300

　贷：资金结存——零余额账户用款额度　　152 300

✽【思考一刻2-23】比较上缴财政部门的未完项目资金和已完项目资金，会计核算有什么异同。

【示例2-66】20×3年12月15日，财政部门下发文件，批准同意将建设图书馆的财政拨款结余资金43.6万元调整用于发放学生物价补贴。

（1）业务分析

财政拨款结余资金改变用途用于其他未完成项目，由于未完项目资金要在“财政拨款结转”科目中核算，因此该笔改变用途的资金，在预算会计核算中要由原用途的“财政拨款结余”科目转回新用途的“财政拨款结转”科目，财务会计则不予处理。

（2）会计处理

借：财政拨款结余——单位内部调剂　　436 000

　贷：财政拨款结转——单位内部调剂　　436 000

财务会计不做处理。

【示例2-67】20×3年12月31日，结转“财政拨款结转”明细科目，各明细科目余额为：本年收支结转=82 200 000−81 538 870=661 130元（贷方），归集调入80万元（贷方），归集调出30万元（借方），归集上缴550万元（借方），单位内部调剂43.6万元（贷方）。

（1）业务分析

期末“财政拨款结转”各明细科目都转入“财政拨款结转——累计结转”明细科目，结转完成后，其他明细科目余额都归零。

（2）会计处理

借：财政拨款结转——本年收支结转　　661 130

　　　　　　　　——归集调入　　800 000

　　　　　　　　——单位内部调剂　　436 000

　贷：财政拨款结转——累计结转　　1 897 130

借：财政拨款结转——累计结转　　5 800 000

　贷：财政拨款结转——归集调出　　300 000

　　　　　　　　　——归集上缴　　5 500 000

财务会计不做处理。

【示例2-68】20×3年12月31日，结转“财政拨款结余”明细科目，各明细科目余额为：结转转入152 300元（贷方），归集上缴152 300元（借方），单位内部调剂436 000元（借方）。

（1）业务分析

期末“财政拨款结余”各明细科目都转入“财政拨款结余——累计结余”明细科目，结转完成后，其他明细科目余额都归零。

（2）会计处理

借：财政拨款结余——结转转入　　152 300

　贷：财政拨款结余——累计结余　　152 300

借：财政拨款结余——累计结余　　588 300

　贷：财政拨款结余——归集上缴　　152 300

　　　　　　　　——单位内部调剂　　436 000

财务会计不做处理。

【练习2-19】

（1）20×3年7月4日，省财政厅下发资金调拨文件，向兄弟院校调出上年的实训设备采购财政授权支付专项资金46万元，已在国库集中支付系统核减相关预算指标。

（2）20×3年9月28日，财政部门下发文件通知，上年度的新行政办公楼财政拨款项目结转资金1 200万元，以财政直接支付方式使用，因项目停工在规定期限内没有使用，予以收回后统筹使用。

（3）20×3年12月8日，某省属公办大学第二运动场工程项目完结，该项目剩余专项资金48万元，转入“财政拨款结余”科目。

（4）20×3年12月10日，财政部门下发通知，第二运动场工程项目结余资金48万元，财政部门决定收回其中的20万元统筹使用，已在国库集中支付系统核减相关预算指标；剩余28万元改变用途，用于游泳池项目建设。

场景2-20　核算非财政拨款结转和非财政拨款结余调整或变动业务

场景2-20

（1）20×3年5月5日，培训中心交来资料，知行商务公司自身原因取消业务培训计划，申请退回上年12月预付学校的暑期培训费6万元，财务处审核无误后，通过国库集中支付平台，从红树林支行账户退付。

（2）20×3年5月31日，根据科研处提供的本年立项资料和相关项目资金管理规定，预提间接费用。其中，国家社会科学基金项目到账60万元，预提比例为30%；省财政科技计划项目到账经费170万元，预提比例为30%；省哲学社会科学规划课题到账经费240万元，预提比例为40%。

（3）20×3年7月10日，支付本年度第一批科研绩效支出92.6万元，相关科研项目系近两年立项且已完成50%研究任务，使用红树林支行账户资金，连同本月工资一起发放给相关教职工。

（4）20×3年12月25日，根据科研处提供的本年度项目完成情况及资金处置审批资料，对非财政专项科研资金进行整理。本年度已完成结题项目的剩余资金为12.83万元，其中，省科技厅科研项目剩余资金10.24万元，经请示后应该缴回，财务处已从红树林支行账户转账缴回；省教育厅科研项目剩余资金2.59万元，经请示后留下自用，补充日常公用经费。

（5）20×3年12月31日，结转本场景业务涉及的“非财政拨款结转”明细科目（不考虑其他明细科目）。

（6）20×3年12月31日，结转本场景业务涉及的“非财政拨款结余”明细科目（不考虑其他明细科目）。

【科目设置】

（1）负债类“预提费用”科目，核算单位预先提取的已经发生但尚未支付的费用，如预提租金费用，按规定从科研项目收入中提取的项目间接费用或管理费等。

（2）预算结余类“非财政拨款结转——年初余额调整”明细科目，核算因发生会计差错更正、以前年度支出收回等，需要调整非财政拨款结转的资金。

（3）预算结余类“非财政拨款结转——项目间接费用或管理费”和“非财政拨款结余——项目间接费用或管理费”明细科目，核算政府单位取得的科研项目预算收入中，按照规定计提项目间接费用或管理费的数额。

（4）预算结余类“非财政拨款结转——缴回资金”明细科目，核算按照规定缴回非财政拨款结转资金时，实际缴回的资金数额。

（5）预算结余类“非财政拨款结转——累计结转”明细科目，核算单位滚存的非同级财政拨款专项结转资金。年终“非财政拨款结转”明细科目结转后，只有本明细科目有余额。

（6）预算结余类“非财政拨款结余——年初余额调整”明细科目，核算因发生会计差错更正、以前年度支出收回等，需要调整非财政拨款结余的资金。

（7）预算结余类“非财政拨款结余——结转转入”明细科目，核算按照规定留归单位使用，由单位统筹调配，纳入单位非财政拨款结余的非同级财政拨款专项剩余资金。

【示例 2-69】20×3 年 12 月 4 日，按照规定从省科技厅拨付的 40 万元科研经费中提取 20% 的项目间接费用，学校规定用于科研间接成本支出。

（1）业务分析

科研项目间接费用或管理费，主要指无法在科研直接费用中列支的管理费用及资产折旧费、水电费和绩效支出等间接成本。财务会计需要先根据相关规定，预提记入“单位管理费用”或“业务活动费用”科目，实际使用时冲减预提费用。

预提科研项目间接费用或管理费，尽管没有发生资金收支，但是预算会计要进行处理。由于科研项目预算收入结转至“非财政拨款结转”科目，但是其中一部分作为预提间接费用或管理费，在实际支出时列入非财政非专项事业支出，经过结转和分配后最终冲减“非财政拨款结余”科目，因此预算会计在此应将其从“非财政补助结转”科目中预先调出至“非财政拨款结余”科目以备冲减。

（2）会计处理

借：业务活动费用	80 000	
贷：预提费用——项目间接费用或管理费		80 000
借：非财政拨款结转——项目间接费用或管理费	80 000	
贷：非财政拨款结余——项目间接费用或管理费		80 000

✻【思考一刻 2-24】比较事业单位预提的借款利息费用与其他日常费用核算。

【示例 2-70】20×3 年 12 月 15 日，支付省科技厅科研项目水电费支出 2 000 元，已在支付学院本月水电费时从红树林支行账户扣划。

（1）业务分析

科研间接费用或管理费支出，作为非财政非专项事业支出，年末转入“其他结余”科目，再转入“非财政拨款结余分配”科目，最终转入“非财政拨款结余——累计结余”科目中，与提取间接费用或管理费的会计处理殊途同归，实现间接费用或管理费提取和支出的对冲。

（2）会计处理

借：预提费用——项目间接费用或管理费　2 000

　贷：银行存款——一般银行存款——基本户存款　2 000

借：事业支出——基本支出——其他资金基本支出　2 000

　贷：资金结存——货币资金　2 000

【示例 2-71】20×3 年 12 月 18 日，对本年度科研项目完成情况进行核实，李教授、赵教授和刘教授的省科技厅自然科学基金项目已完成结题，剩余资金 18 611 元经请示后应该缴回，从红树林支行账户转账上缴。

（1）业务分析

非财政拨款项目资金收支结转至“非财政拨款结转”科目中，由于“非财政拨款结余”科目核算的是事业单位历年滚存的非限定用途的非财政拨款结余资金，因此非财政拨款项目结束剩下的专项资金结余缴回时，直接从“非财政拨款结转”科目中冲销即可，不再事先转入结余科目。

（2）会计处理

借：累计盈余　18 611

　贷：银行存款——一般银行存款——基本户存款　18 611

借：非财政拨款结转——缴回资金　18 611

　贷：资金结存——货币资金　18 611

✲【思考一刻 2-25】比较财政拨款专项资金与非财政拨款专项资金结余的缴回业务核算。

【示例 2-72】20×3 年 12 月 21 日，王教授的省教育厅教学改革项目完成结题，经过书面请示，剩余资金 1 633 元可以留下自用，学校决定作为日常公用经费使用。

（1）业务分析

本例项目资金收支结转后，结余资金留在“非财政拨款结转——本年收支结转”科目，如果所剩较少，通常会留下自用，且不会再作为专项资金使用，则应将其转入“非财政拨款结余”科目。

（2）会计处理

借：非财政拨款结转——本年收支结转　1 633

　贷：非财政拨款结转——累计结转　1 633

借：非财政拨款结转——累计结转　1 633

　贷：非财政拨款结余——结转转入　1 633

财务会计不做处理。

【拓展阅读2-4】

健全新型举国体制，建设科技强国

从事科研活动是我国政府事业单位的主要职能之一，特别是当前我国有不少尖端技术受制于人，需要加快科技自立自强步伐，健全新型举国体制，尽快解决“卡脖子”问题，事业单位科研人员肩负重任。举国体制是我国社会主义建设初期从重大实践中总结和提炼的经验，是社会主义制度能够集中力量办大事的充分体现；新型举国体制则是要在党的坚强领导下，实现有为政府和有效市场的统一。在此背景下，政府会计不仅要履行好基本的核算和监督职能，还要提升服务意识，大力推进业务融合与财务共享，为单位科研活动提供更好的会计服务，助力我国的科技强国建设事业。

[资料来源：李晔，王金颖.新型举国体制“新”在哪？[EB/OL].[2023-04-05]. https://baijiahao.baidu.com/s?id=1762265065232735303&wfr=spider&for=pc.]

【示例2-73】20×3年12月22日，收到原职工王某归还在职时的欠款4 000元，已存入红树林支行账户，王某10年前离职出国定居，当时因离职匆忙、相关部门工作疏忽等未结清欠款，该款项已于3年前经批准核销，现又收回。

（1）业务分析

①单位其他应收款分为两类，即一般其他应收款和留本基金委托投资，本例属于一般其他应收款。

②事业单位收回已核销的债权，产生了现金流入，采用备抵法核算时，政府财务会计与企业财务会计一样，要先做恢复债权，再做收回债权；预算会计则理解为收回以前年度的支出，从而确认为“非财政拨款结余——年初余额调整”。

③事业单位收回已核销需要上缴财政的应收款时，财务会计先确认为负债，再及时上缴，预算会计不做处理：

借：银行存款

　　贷：应缴财政款

④行政单位收回已核销的债权时，因其采用直接转销法核算坏账损失，不计提坏账准备，财务会计和预算会计则直接分别做其他收入和其他预算收入处理：

借：银行存款

　　贷：其他收入——收回已核销的债权

借：资金结存——货币资金

　　贷：其他预算收入——其他杂项基本预算收入

（2）会计处理

借：其他应收款——一般其他应收款　　4 000

　　贷：坏账准备——其他应收款坏账准备　　4 000

借：银行存款——一般银行存款——基本户存款　　4 000

　　贷：其他应收款——一般其他应收款　　4 000

借：资金结存——货币资金　　4 000

　　贷：非财政拨款结余——年初余额调整　　4 000

【示例2-74】20×3年12月31日，结转“非财政拨款结转”明细科目，各明细科目余额为：本年收支结转863 000元（贷方），项目间接费用或管理费80 000元（借方），缴回资金　70 000元（借方），全部转入“非财政拨款结转——累计结转”明细科目。

（1）业务分析

期末“非财政拨款结转”各明细科目都转入“非财政拨款结转——累计结转”明细科目，结转完成后，其他明细科目余额都归零。

（2）会计处理

借：非财政拨款结转——本年收支结转　　863 000

　贷：非财政拨款结转——累计结转　　863 000

借：非财政拨款结转——累计结转　　150 000

　贷：非财政拨款结转——项目间接费用或管理费　　80 000

　　　　　　　　　　——缴回资金　　70 000

财务会计不做处理。

【示例2-75】20×3年12月31日，结转“非财政拨款结余”明细科目，各明细科目余额为：年初余额调整4 000元（贷方），项目间接费用或管理费80 000元（贷方），结转转入13 000元（贷方），全部转入“非财政拨款结转——累计结余”明细科目。

（1）业务分析

期末“非财政拨款结余”各明细科目都转入“非财政拨款结转——累计结余”明细科目，结转完成后，其他明细科目余额都归零。

（2）会计处理

借：非财政拨款结余——年初余额调整　　4 000

　　　　　　　　　——项目间接费用或管理费　　80 000

　　　　　　　　　——结转转入　　13 000

　贷：非财政拨款结余——累计结余　　97 000

财务会计不做处理。

【练习2-20】

（1）20×3年5月4日，按照规定从省教育厅、社科联拨付的100万元科研经费中提取20%的项目间接费用。

（2）20×3年6月18日，孙老师因考取公务员辞职，其上年立项的省社科联研究项目决定撤题，课题经费4万元尚未使用，已从红树林支行账户转账缴回。

请对以上业务进行账务处理。

参考资料

3 项目3 商业企业会计

【知识目标】

1.了解批发企业和零售企业的主要业务活动、商品代销业务的分类、零售企业的常见促销手段、联营业务的特点和流程；

2.熟悉增值税进项税额、销项税额及增值税发票管理等的有关规定；

3.理解商业企业会计核算的主要特点、存货核算方法及其在批发企业和零售企业中的应用；

4.掌握毛利率法、差价率法、实际差价法结转销售成本的计算。

【能力目标】

1.能够完成批发企业日常购销、串号、补退价、商品代销等业务的核算；

2.能够完成零售企业日常购销和储存、补退价、受托代销、常见促销活动、联营、鲜活商品等业务的核算。

【价值目标】

1.了解我国商业和商业企业的代表性元素，温习甲、午、戊、戌等干支纪年符号，回望落后历史，珍惜现代生活，坚定奋斗信念；

2.关注"一带一路"倡议和我国海南省三沙市市情，树立"人类命运共同体"理念，增强海权意识和爱国情怀；

3.强调我国国庆节、春节、元宵节、中秋节、端午节、教师节等重要节日，重视我国传统文化及尊师重教传统。

任务3.1 认知商业企业会计

场景3-1 小王同学做买卖

场景3-1

某周六上午，小王同学拉着行李箱，乘坐公交车到了城西批发市场，使用下月的生活费，购买了20件水晶球笔筒，每件买价25元。乘坐公交车来回花费10元。晚饭后在学校侧门外的路边摆摊，以每件40元的价格出售。当天晚上，小侯同学在端量时不小心摔坏1件，小王同学收了30元赔偿款，说是保本即可。随后又卖出7件，还剩12件带回了宿舍。请思考：

（1）批发市场卖家和小王同学出售笔筒分别属于什么行业？

（2）小王同学的买卖活动分几步，资金运动轨迹是怎样的？

（3）小侯同学摔坏笔筒赔偿30元是否合理？为什么？

【场景知识】商业企业会计核算的主要特点

（1）背景导入：古代丝绸之路与现代"一带一路"

丝绸之路是古代连接中国和西方的商业道路，历史非常悠久，19世纪末，德国地理学家李希霍芬把“从公元前114年至公元127年，中国与河中地区以及中国与印度之间，以丝绸贸易为媒介的这条西域交通道路”称为“丝绸之路”。丝绸之路一般分为陆上丝绸之路、海上丝绸之路和草原丝绸之路三种，狭义的丝绸之路仅指“陆上丝绸之路”。陆上丝绸之路起源于西汉，以首都长安（今西安）为起点，经甘肃、新疆，到中亚、西亚，并连接地中海各国，主要是运输我国古代出产的丝绸和玉石等货物。海上丝绸之路包括东海航线和南海航线，以南海航线为主，南海航线以我国南海为中心，形成于秦汉时期，从我国广州和泉州出发，经中南半岛和南海诸国，穿过印度洋进入红海，抵达东非和欧洲，途经100多个国家和地区，除丝绸外，海上丝绸之路还运输瓷器和香料等货物。草原丝绸之路初步形成于公元前5世纪前后，由我国古代中原地区向北，越过古阴山（今大青山）、燕山一带的长城沿线，穿越蒙古高原、南俄草原、中西亚北部，直达地中海北陆的欧洲地区，运输对象主要包括纺织品、畜牧产品、粮食、茶叶、手工制品等。

场景知识

商业企业会计核算的主要特点

丝绸之路是我国古代商业发展的产物，尽管是为货物贸易而开辟的，但客观上大大促进了东西方的政治、经济、文化交流，因此是一条名副其实的“东西方文明交流对话之路”。2013年9月和10月，中国国家主席习近平先后提出共同建设“丝绸之路经济带”和“21世纪海上丝绸之路”的倡议，简称“一带一路”，旨在借用古代丝绸之路的历史符号，高举和平发展的旗帜，积极发展与共建国家的经济合作伙伴关系，共同打造政治互信、经济融合、文化包容的利益共同体、命运共同体和责任共同体。其中，基于共建原则，21世纪海上丝绸之路的主要航线城市为：泉州、福州、广州、海口、北海、河内、吉隆坡、雅加达、科伦坡、加尔各答、内罗毕、雅典、威尼斯。在此背景下，维护我国海洋权益的重要性正日益凸显。截至2023年10月，“一带一路”合作从亚欧大陆延伸到非洲和拉美，150多个国家、30多个国际组织签署共建“一带一路”合作文件，成立了20多个专业领域多边合作平台。

（2）商业企业及其会计核算特点

商业，即商品流通业，是将商品从生产领域转移到消费领域的行业，在《国民经济行业分类》（GB/T 4754—2017）中列示为“批发和零售业”门类，属于第三产业，下设批发业和零售业两个大类。批发业是指向其他批发或零售单位（含个体经营者）及其他企事业单位、机关团体等批量销售生活用品、生产资料的活动，以及从事进出口贸易和贸易经纪与代理的活动。零售业是指百货商店、超级市场、专门零售商店、品牌专卖店、售货摊等主要面向最终消费者（如居民等）的销售活动，以互联网、邮政、电话、售货机等方式进行的销售活动，还包括在同一地点、后面加工生产、前面销售的店铺（如面包房）。

商业的历史非常悠久，资料显示，我国商业产生于约公元前1800年的先商时期，起初采用物物交换方式，货币作为一种交换媒介产生以后，大大促进了商品交换的发展。在我国春秋时代，商业就已成为一种职业，但是以“官商”为主，后来慢慢出现了“私商”，并划分为行商和坐商两种。行商是外出流动经营的商人，将商品从一个地方贩运至另一个地方，通常要结帮而行，又称“帮客”，有以同乡关系结帮的，比如京帮、陕帮等；有以贩运货物种类结帮的，比如盐帮、酒帮、粮食帮等；有以运输工具结帮的，比如马帮、船帮等，他们往往有固定的路线，比如“丝绸之路”“茶马古道”。坐商是在固定地点经营的商人，将商品销售给使用者，古代一般是“行商拜坐商”，因此坐商地位通常更高。当然也有很多商人，既是行商，也是坐商。

随着商品经济的快速发展，传统商人的经营规模已经远远不能满足商品流通的需要，现代商业企业应运而生，按照流通环节可分为批发企业和零售企业两种。批发企业从事商品批量流通，经营商品的品种较少，交易次数较少，但单笔交易规模较大；零售企业从事商品零散流通，经营商品的品种较多，交易次数较多，但单笔交易规模较小。但从总体交易规模来看，零售企业要比批发企业更大，由此造就了很多传统的国际零售企业巨头。

我国由于历史原因，传统零售企业起步较晚、规模较小，20世纪及以前没有产生太大规模的本土零售企业。而进入21世纪以后，互联网技术催生的电子商务模式，在快速发展的物流行业支撑下，对传统商业经营模式带来了巨大冲击，商家对商家（Business to Business，B2B）、商家对消费者（Business to Consumer，B2C）、消费者对商家（Consumer to Business，C2B）、商家对家庭（Business To Family，B2F）等电子商务模式蓬勃发展，我国现代电子商务企业开始强势崛起，并在近年对我国境内的传统欧美国家零售企业巨头的分支机构展开了较大规模的并购，为人们的日常生活消费提供了基本保障，充分展现了我国现代电商和物流企业的强大实力和责任担当。

商业企业会计核算特点主要体现在以下几个方面：

第一，商业企业的主要业务是商品的购进、储存和销售，没有生产活动，无须进行生产成本核算，因此，资金运动轨迹是“货币—商品—货币”，这比工业企业简单很多。

第二，商业企业的销售业务比较复杂，特别是零售企业，赠送积分、买一送一、以旧换新等促销手段五花八门、层出不穷，收入核算也相对复杂。

第三，商业企业通常租赁经营场所，固定资产不是很多，而存货在资产中的占比很大，因此，存货是商业企业会计的核算重点，而且核算方法较多，批发企业与零售企业各不相同，采购费用的会计处理也各有侧重。

【头脑风暴3-1】说出你所知道的当今国内外零售企业巨头，包括传统线下零售企业、现代电子商务综合零售企业或平台企业等。

【拓展阅读3-1】

华商始祖王亥

王亥（公元前1854年—公元前1803年），子姓，王氏，名亥，又名振，今河南商丘人，夏朝时期商国的第七任君主。王亥年轻时帮助父亲冥治理黄河，即位之后大力发展农牧业生产，驯服牛马作为运输工具，发明了牛车，后来农产品和牛羊过剩，便用牛车拉着货物，赶着牛羊，到其他部落去进行物物交易，因此被其他部落称为“商人”，王亥去世后，商国后人继续发展部落贸易，使商部落得以日益强大，为日后灭夏奠定了坚实基础。王亥开创了中华民族商业贸易的先河，后来人们就把从事贸易活动的人称为“商人”，把用于交换的物品叫“商品”，把商人从事的职业叫“商业”，尊称王亥为“华商始祖”。

［资料来源：澎湃政务：网信商丘.《殷商之源·十祖圣地》之商祖：王亥［EB/OL］.［2020-05-07］. https：//m.thepaper.cn/baijiahao_7295203.］

【练习3-1】

［多选］商业企业会计核算的主要特点有（　　）。

A.资金运动轨迹是“货币—商品—货币”　　B.存货占总资产的比重很大

C.经营活动主要有购进、储存、销售　　D.批发与零售业务的会计核算相同

任务3.2　核算商业企业日常业务

本项目批发企业的业务场景，使用的背景均为永兴批发公司（以下简称“永兴公司”），其主要经营服装批发，系增值税一般纳税人，主要商品有男士上衣、男士西裤、女士上衣、女士西裤等，增值税税率为13%；艺美服装公司为永兴公司的主要供应商之一，系增值税一般纳税人；三沙超市为综合性零售企业，系永兴公司的主要客户之一。示例或练习使用的背景为南海批发公司（以下简称“南海公司”）、永暑电器商贸公司（以下简称“永暑公司”），系增值税一般纳税人，其中，南海公司主要经营粮油批发，增值税税率为9%，永暑公司主要经营家用电器，增值税税率为13%。上述三家批发公司均设有财务部、采购部、销售部、仓库等部门。

本项目零售企业的业务场景和练习，使用的背景均为三沙超市，其系增值税一般纳税人，设有办公室、人事部、财务部、采购部、营运部、收货部、客服部等部门，其中，营运部下辖食品组、服装组、日用品组、日化组、纺织品组、玩具组、家电组、文具组、熟食组、生鲜组等。

任务3.2.1　核算商业企业日常购销业务

场景3-2　核算批发企业日常购销业务

（1）3月25日，永兴公司财务部收到采购部交来服装采购增值税专用发票原件四张和复印件一张。四张发票原件显示，从艺美服装公司采购600件男士上衣，每件不含税进价100元，艺美服装公司垫付运费2 180元（含税，税率9%）、保险费318元（含税，税率6%）、装卸费530元（含税，税率6%）；一张发票复印件显示艺美服装公司为永兴公司垫付运费381.5元，发票抬头为三沙超市，已代永兴公司将100件男士上衣直接发货至三沙超市。所有款项财务部已通过网银转账支付，永兴公司和三沙超市均尚未收到货物。永兴公司会计制度规定采购费用不计入采购成本，平时归集后，月末进行摊销。

3月29日，财务部收到仓库交来的入库单，显示第一批350件男士上衣已验收无误入库。

（2）3月30日，三沙超市通知永兴公司销售部，已收到100件男士上衣，销售部来财务部要求给三沙超市开具增值税专用发票，财务部审核相关合同后予以开出，注明不含税销售单价为130元。3月31日，财务部收到银行回单，显示已收到三沙超市汇付的包括代垫运费的全部款项。

（3）3月31日，永兴公司用毛利率法计算结转本月男士上衣的销售成本，并计算第一季度男士上衣的销售成本率和销售毛利率（百分比保留两位小数）。“库存商品——男士上衣”明细账显示，年初余额为64 806.27元，上年第四季度毛利率为25.18%，1月销售收入为369 580元，1月31日结转销售成本276 519.76元，2月销售收入为190 520元，3月销售收入为286 890元，第一季度购进成本总额为625 300元，采用加权平均法计算的3月末结存成本为82 612.36元。

2月份销售成本=____（元）

第一季度销售成本=________________（元）

3月份销售成本=________________（元）

第一季度男士上衣销售成本率=________________

第一季度男士上衣销售毛利率=________________

（4）3月31日，永兴公司财务部以服装数量为分配标准，计算分配本月采购费用。“销售费用——采购费用”账户显示月初转入58 620元，本月发生采购费用92 730元；库存商品明细账显示，本月销售服装73 280件，月末结存服装27 620件。4月1日，财务部将上月结存的采购费用转回“销售费用——采购费用”账户。

采购费用分配率=________________

月末结存服装承担采购费用=________________

（5）4月2日，永兴公司财务部收到仓库交来的验收单，显示收到艺美服装公司第二批150件男士上衣，但发现是冬装，与采购合同不符，然后通知采购部，采购部与供应商联系后得知系错发货物，协商后决定拒收退回，并办妥了运输手续，供应商承担退回运费，不再补发货物，采购部向财务部提供了拒收退回情况说明和抬头为艺美服装公司的运费发票复印件。财务部在增值税发票管理系统中填开《开具红字增值税专用发票信息表》，用网银转账支付代垫退货运费545元。

4月5日，财务部收到退回货物的红字增值税专用发票及银行回单，显示退货款和代垫退回运费均已全部收到。

【场景知识】商业企业的存货核算与销售成本结转方法

（1）商业企业的存货核算方法

商业企业的存货占资产总额的比重较大，而且核算方法多种多样，可能核算数量，也可能不核算数量，金额可能是售价，也可能是进价，因此有四种存货核算方法，具体见表3-1。

表3-1　**商业企业存货核算方法分类表**

数量／金额	核算数量	不核算数量
进价	数量进价金额核算法 （适用于大中型批发企业普通商品）	进价金额核算法 （适用于商业企业鲜活商品）
售价	数量售价金额核算法 （适用于零售企业贵重商品）	售价金额核算法 （适用于零售企业普通商品）

①数量进价金额核算法。

库存商品的进销存按照进价（即成本价）记账，同时核算进销存的数量。这种方法有利于从数量和金额两个角度，随时了解各种商品增减变动和结存情况，但是核算工作量较大，适用于交易次数少但单笔金额大的工业企业和大中型批发企业存货核算。

场景知识

商业企业的存货核算与销售成本结转方法

②进价金额核算法。

其与数量进价金额核算法的不同在于不核算数量，平时只记销售收入，不结转销售成本，期末经过盘点倒挤出销售成本，公式为“销售成本=期初结存金额+本月购进金额-期末结存金额”，因此也称“进价记账，盘存计销”核算法，适用于商业企业中容易腐烂变质、数量和价格变化比较频繁的鲜活商品核算。

③数量售价金额核算法。

库存商品的进销存平时均按照售价记账，同时核算进销存的数量，进价与售价的差额设置“商品进销差价”科目单独核算，由于售价中包含销项税额，所以，月末需要将销项税额从销售收入中分离出来、将商品进销差价从销售成本中分离出来。这种方法能够随时掌握商品的销售毛利和数量变动情况，但由于核算数量，工作量比较大，而且用售价记账，意味着售价变动就需要调账，所以适用于零售企业中需要监控数量、容易丢失的金银珠宝等贵重商品的核算，以及售价波动小、业务次数少、品种类型少的小型批发企业的存货核算。

④售价金额核算法。

其与数量售价金额核算法的不同在于不核算数量，大大减少了工作量，但需要建立实物负责制，由实物负责人记录和控制商品数量，因此也称“售价记账，实物负责制”核算法，适用于交易次数多、单笔交易金额少且商品品种多的零售企业普通商品的核算。当然，具备信息化管理条件和数量管理需求的零售企业也可以核算数量。

(2)《关于深化增值税改革有关政策的公告》(财政部 税务总局 海关总署公告2019年第39号)

①增值税一般纳税人（以下称纳税人）发生增值税应税销售行为或者进口货物，原适用16%税率的，税率调整为13%；原适用10%税率的，税率调整为9%。

②纳税人购进农产品，原适用10%扣除率的，扣除率调整为9%。纳税人购进用于生产或者委托加工13%税率货物的农产品，按照10%的扣除率计算进项税额。

(3) 商业企业采购费用的处理

与工业企业一样，商业企业采购业务也分单货同到、单到货未到、货到单未到三种情况，与工业企业采购原材料会计处理的主要区别在于“采购费用”的处理。

原则上，商品采购成本应为商品价款加上运输费、装卸费、保险费等采购费用，但商业企业为简化处理，以及便于分析商品价格变化情况，可以不将采购费用计入采购成本，具体有两种做法：

一是如果金额较小，可以直接记入“销售费用——采购费用”账户，商业企业采购的主要目的是直接销售，而且采购与销售间隔时间一般较短，因此，将采购费用列入当期费用对当期损益没有影响或影响很小，相比而言，零售企业比批发企业更倾向于采用这种方法；

二是如果金额较大，可以先归集记入“销售费用——采购费用”账户，月末在本月销售商品和结存商品中进行分摊。

采购费用的分摊标准，应当选择相关性尽可能大的指标，可以采用价值指标，比如采购或结存实际成本或售价，也可以采用数量指标，比如采购或结存商品数量。

(4) 直运商品销售

直运商品销售在批发企业比较常用，是将商品从供应商直接发货至客户的销售方式，不经过储存环节，不需使用“库存商品”账户，但须事先约定运费等的负担方式。

（5）批发企业的成本结转方法

批发企业销售收入的核算，以及销售成本计算的个别计价法、先进先出法、加权平均法等，均与工业企业相同，不再赘述。

批发企业对非销售的发出存货（包括加工商品、短缺商品等）成本的计算和结转，采用随发生随结转的方式，其单价确定有两种方法：

①按日结转商品销售成本的，按商品明细账当日结存商品的单价计算；

②按月结转商品销售成本的，按月初结存商品的单价计算。

（6）毛利率法

①毛利率的含义。

毛利，即销售毛利，是销售收入与销售成本的差额。毛利率，即销售毛利率，是毛利与销售收入的比率。

②毛利率法的运用。

毛利率法是根据计划毛利率（或上季实际毛利率）和本期销售净额匡算出本期销售毛利，据以计算并结转本期发出存货成本的方法。销售净额系扣除销售退回与折让的销售额，本项目中“销售收入”默认为销售净额。计算公式为：

本期销售成本=本期销售收入×（1-毛利率）

毛利率法以一个季度为一个计算周期，在每个季度的前两个月，用上季度毛利率匡算商品销售成本，在第三个月采用其他合理方法，比如先进先出法、加权平均法等，确定季度销售成本总额，并调整前两个月用毛利率法匡算的误差，以保证商品销售成本在整个季度的准确性。

季度末月销售成本=季度销售成本总额-本季度已结转销售成本

季度销售成本总额=季初库存商品余额+本季度库存商品增加额-季末库存商品余额

③毛利率与销售成本率的关系。

销售成本率是销售成本与销售收入的比率，因此，毛利率与销售成本率之和等于1。

（7）拒收商品与进货退回

拒收商品是指在商品入库之前，因质量或规格型号等原因拒绝收货。拒收商品的同时会拒付货款，如果货款已经支付，则会要求供应商退还，尚未做账务处理的，直接退回商品和增值税发票即可；已经做账务处理的，冲销已做的账务处理，退回商品，如果已付货款则应追回款项。而进货退回是货物入库后再退库，因此涉及“库存商品”账户。

发出退回货物时，增值税的处理需要看是否符合发票作废条件：

①如果符合增值税专用发票作废条件，退回发票，用红字冲销原账务处理中的进项税额。“符合增值税专用发票作废条件”是指同时具有以下情形：

第一，退回的发票联、抵扣联时间未超过销售方开票当月；

第二，销售方未抄税并且未记账；

第三，购买方未认证或者认证结果为“纳税人识别号认证不符”“专用发票代码、号码认证不符”等。

同时满足以上三个条件，销售方凭税务机关系统校验通过的《开具红字增值税专用发票信息表》开具红字专用发票，在增值税发票管理系统中以销项负数开具，在纸质专用发票（含未打印的专用发票）各联次上注明“作废”字样，全联次留存。

②如果不符合增值税专用发票作废条件，则必须根据销售方开具的红字增值税专用发票，将已经抵扣的原发票进项税额做转出处理。如果退回货物时尚未收到红字增值税专用发票，则暂不处理进项税额。

③自2017年7月1日起，增值税一般纳税人取得的2017年7月1日及以后开具的增值税专用发票和机动车销售统一发票，应自开具之日起360日内认证或登录增值税发票选择确认平台进行确认，并在认证、确认或申请稽核比对当月或当季度的纳税申报期内，向主管税务机关申报抵扣进项税额。

④纳税人开具电子专票后，发生销货退回、开票有误、应税服务中止、销售折让等情形，应当先开具红字电子专票进行处理，红冲后再按照正确的金额重新开具蓝字电子专票，不能直接作废。

需要注意，对于涉及增值税的业务，除无法取得增值税发票外，会计处理均应以发票为依据，即“见票处理”原则。

✲【思考一刻3-1】拒收商品须追回的款项，能否通过“应收账款”核算？

【科目设置】

（1）“在途物资”科目

核算商业企业采购商品的实际成本，按商品品种或供货单位设明细账。目前部分商业企业仍然使用“商品采购”这一传统会计科目核算采购成本。

（2）“销售费用——采购费用”科目

用于归集不列入采购成本的商品采购费用，包括运输费、保险费、装卸费等。月末分摊后，需要由本月销售商品承担的采购费用，保留在本账户中予以结转；需要分摊计入结存库存商品采购成本的采购费用，则转入“库存商品——采购费用”账户，下月初再转回本账户，继续分摊。

（3）“应付账款”科目

核算采购过程中欠付的款项，以及拒收商品或退货应追回的款项。会计实务中，通常将业务双方因相互之间发生预付、多付、未付、少付款项的核算账户称为“往来账户”，主要有应付账款、预付账款、其他应付款、应收账款、预收账款和其他应收款六个账户，其中，“应付账款”和“预付账款”适用于采购业务，“应收账款”和“预收账款”适用于销售业务。

【示例3-1】8月31日，南海公司购进花生油10箱，每箱进价1 000元，取得增值税专用发票，注明价款10 000元、税款900元，供应商垫付运费价税合计545元（采购费用单独核算），商品已入库，款项已通过银行支付。9月1日，接到供应商通知，该批花生油存在质量问题，全部召回并承担退回运费，南海公司立即将货物发出，垫付退货运费545元，款项暂挂往来账户。

（1）业务分析

本业务是批发企业的进货退回业务，由于此时商品已经入库，须冲减“库存商品”，后续收到红字增值税专用发票再做“进项税额转出”。

（2）会计处理

8月31日采购入库：

借：库存商品——花生油　　10 000
　　应交税费——应交增值税（进项税额）　　945
　　销售费用——采购费用　　500
　贷：银行存款　　11 445

9月1日退回货物：

借：应付账款　　10 545
　贷：库存商品——花生油　　10 000
　　　银行存款　　545

【示例3-2】永兴公司“库存商品——女士西装”2月初余额为100 000元、采购费用3 000元，2月购入900 000元、发生采购费用30 000元，2月销售850 000元。月末以商品实际成本为标准进行分摊。

（1）业务分析

月末结存库存商品=100 000+900 000−850 000=150 000（元）

采购费用分配率=（3 000+30 000）÷（850 000+150 000）=0.033

月末结存库存商品承担的采购费用=150 000×0.033=4 950（元）

（2）会计处理

月末保留的采购费用，转入“库存商品”账户，下月初再转回“销售费用”账户，参与下月销售费用的分摊。

本月末：

借：库存商品——采购费用　　4 950
　贷：销售费用——采购费用　　4 950

下月初：

借：销售费用——采购费用　　4 950
　贷：库存商品——采购费用　　4 950

【示例3-3】永兴公司第二季度末服装账面余额为435 000元，实际毛利率为28.86%，第三季度采购总额为2 253 500元，采用加权平均法计算的9月末账面余额为985 508.50元。7—9月份不含税销售收入分别为562 000元、775 000元和918 000元。永兴公司采用毛利率法计算结转销售成本。

（1）业务分析

7月销售成本=562 000×（1−28.86%）=399 806.80（元）

8月销售成本=775 000×（1−28.86%）=551 335（元）

第三季度销售成本总额=435 000+2 253 500−985 508.50=1 702 991.50（元）

9月销售成本=170 2991.50−399 806.80−551 335=751 849.70（元）

季度末月结转销售成本后，须计算出本季度销售成本率和销售毛利率，供下季度使用。

第三季度销售收入总额=562 000+775 000+918 000=2 255 000（元）

第三季度销售成本率=1 702 991.50÷2 255 000×100%=75.52%

第三季度毛利率=（2 255 000−1 702 991.50）÷2 255 000=24.48%

（2）会计处理

①7月31日：

借：主营业务成本　　399 806.80

　贷：库存商品　　399 806.80

②8月31日：

借：主营业务成本　　551 335

　贷：库存商品　　551 335

③9月30日：

借：主营业务成本　　751 849.70

　贷：库存商品　　751 849.70

【练习3-2】

（1）5月27日，永兴公司从珠江饮水机公司采购饮水机200台，每台300元，增值税专用发票显示税率为13%；运费增值税专用发票显示税率为9%，价税合计1 526元（运费计入当期费用）。相关单据已收到，款项已通过银行全部付清。6月2日，验收时发现型号不符，不符合当地市场需求，难以销售，经协商后决定退货，采购运费自负，供应商承担退货运费，货物暂放在备用仓库。

6月3日，在增值税发票管理系统中填开《开具红字增值税专用发票信息表》，并将货物发出，用转账支票支付代垫退货含税运费1 417元。

6月8日，收到退回货物的红字增值税专用发票及全部退款。

（2）20××年7月1日，永署公司结存电视机的成本为184 000元，7月份购进电视机的成本为920 000元，7月份电视机不含税销售收入为1 250 000元，电视机第二季度的毛利率为32.68%。8月份不含税销售收入为2 109 375元，9月份不含税销售收入为1 914 820元。第三季度购进电视机的成本总额为3 552 000元，9月30日，采用先进先出法确定的结存电视机成本为236 000元。

场景3-3　核算零售企业日常购销业务

场景3-3

（1）9月3日，财务部收到采购部交来的两张增值税专用发票、相关采购合同以及验收入库单等资料，一张发票显示从北京恒源服装公司购入男士T恤50件，不含税进价为18 700元，增值税税率为13%；另一张系代垫的运费发票，注明增值税税率为9%、价税合计545元，三沙超市规定采购费用直接列入当期费用；采购合同约定该笔采购款项最迟应在本月底之前支付，总经理尚未批准支付；验收入库单显示，该批T恤质量、数量、规格与合同一致，已验收入库，交由服装组负责保管，采购部将该批T恤含税售价定为每件800元。

①采购成本=________________（元）

②采购费用=________________（元）

③进项税额=________________（元）

④本业务欠款=________________（元）

⑤入库商品售价=________________（元）

⑥入库商品差价=________________（元）

（2）9月5日，收到广州甜蜜糖业公司的发票显示，三沙超市购入散装白糖500千克，每千克20元，货款10 000元，增值税税率为13%，经总经理批准，该笔采购款项已使用网银转账支付，该批商品采购价格已包含运费。9月9日，该批白糖到货，收货部验收发现实际收到555千克，溢余55千克原因待查，该批白糖已全部交付食品组，含税售价定为每千克30元。

①采购成本=______________________________(元)

②进项税额=______________________________(元)

③付款金额=______________________________(元)

④入库商品售价=______________________________(元)

⑤溢余商品成本=______________________________(元)

应记入______________________________账户。

⑥入库商品差价=______________________________(元)

(3) 9月11日，前天采购溢余白糖55千克的原因已经查明，50千克为广州甜蜜糖业公司出库时多发货，采购部经过沟通协商，同意补做购进处理，广州甜蜜糖业公司已经补来增值税专用发票，财务部已通过网银转账付款；其余5千克属于自然升溢，总经理批准同意冲减费用。

①补做采购成本=______________________________(元)

②补做进项税额=______________________________(元)

③补付款项金额=______________________________(元)

④溢余商品总成本=______________________________(元)

⑤自然升溢商品成本=______________________________(元)

会计处理方式为：______________________________。

(4) 9月29日，销售日报表显示，服装组当日实现含税销售额45 200元，全部刷卡存入银行，本批服装进价成本为20 100元。9月30日，“主营业务收入”明细账显示，本月服装组总共实现含税销售额1 680 000元，增值税税率均为13%，财务部计算本月服装组销售应交增值税税额，并进行价税分离处理。

①9月29日记入“主营业务收入”账户______________________________元。

②9月29日记入“主营业务成本”账户______________________________元。

③本月服装组销项税额=______________________________(元)

会计处理方式为：______________________________。

(5) 9月30日，财务部根据公司规定，采用差价率法（倒算法）计算并结转本月食品组的商品进销差价。相关数据资料如下：“库存商品——食品组”明细账显示，9月初余额为127 560元，9月借方累计发生额为396 570元，贷方累计发生额为420 370元，没有发生毁损等其他非销售事项；“商品进销差价——食品组”明细账显示，9月初余额为41 966.70元；“在途物资”明细账显示，9月份食品组购进食品进价总额为258 830元。

①本月购进商品售价=______________________________(元)

本月购进商品进价=______________________________(元)

②本月商品进销差价总额=______________________________(元)

③本月销售商品售价=______________________________(元)

④月末“库存商品”账户余额=______________________________(元)

⑤本月差价分配标准之和=______________________________(元)

⑥本月差价率=______________________________（元）

⑦本月末应保留差价=______________________________（元）

月末结存实际成本=______________________________（元）

⑧本月应结转差价=______________________________（元）

会计处理方式为：______________________________。

⑨本月实际销售成本=______________________________（元）

（6）12月31日，财务部根据公司规定，采用实际差价法计算结转12月食品组商品进销差价。“商品进销差价——食品组”账户显示，分摊前余额为38 570.61元，年终“库存商品盘点表”显示食品组结存商品含税售价82 540元，进价57 645元。

年末食品组库存商品应保留的差价=______________________________（元）

年末食品组应结转的差价=______________________________（元）

【场景知识】售价核算法相关知识

（1）售价记账

零售企业一般商品采用售价核算法，“库存商品”核算包含增值税销项税额的“售价”，因此，为了完整记录采购成本及其变动信息，在商品采购业务中，不管是否单货同到，都应使用“在途物资”科目核算采购成本。零售企业的商品流转速度通常比批发企业更快，采购费用通常直接列入当期损益。

（2）商品进销差价率与毛利率的关系

场景知识

售价核算法相关知识

①商品进销差价与毛利。

商品进销差价=售价-进价=不含税售价+销项税额-进价

毛利=主营业务收入-主营业务成本=不含税售价-进价

商品进销差价=毛利+销项税额

例如，一件商品进价70元，售价113元，不含税售价100元，则差价为43元，毛利为30元。

②差价率与毛利率。

差价率=商品进销差价÷售价=（毛利+销项税额）÷（主营业务收入+销项税额）

毛利率=毛利÷主营业务收入

因此，与毛利率相比，差价率的分子分母均增加了销项税额。

接上例，差价率=43÷113=38.05%，毛利率=30÷100=30%。

毛利率分综合毛利率、分类毛利率和个别毛利率，差价率也分综合差价率、分类差价率和个别差价率，其区别仅在于精度不同。综合毛利率和综合差价率是按全部库存商品计算得出的一个总的毛利率或差价率，分类毛利率和分类差价率是按大类库存商品分别计算得出的若干个分类别的毛利率或差价率，个别毛利率和个别差价率是按具体规格型号库存商品逐个计算得出的毛利率或差价率。从具体应用来说，个别毛利率和个别差价率精确但数量太多，综合毛利率和综合差价率则过于粗糙，因此，常用的是分类毛利率和分类差价率。

✲【知识点拨3-1】商品进销差价与材料成本差异相比，商品进销差价是售价与进价的差额，一般情况下是正数，而材料成本差异是材料的计划成本与实际成本的差额，既可能是正数，也可能是负数。

（3）采购溢缺处理

零售企业购进入库时发现溢余或短缺，须按实际入库数量计算商品售价和差价，溢余或短缺商品的成本按进价金额记入“待处理财产损溢”，查明原因后的会计处理同批发企业和工业企业，不再涉及商品进销差价，企业应该在查明溢缺原因之后再处理进项税额。

（4）日常销售处理

零售企业平时销售时简化核算，直接按售价确认销售收入，同时，由于“库存商品”账户按售价核算，因此按售价结转销售成本，这种会计处理方法与批发企业有很大区别。

（5）收入价税分离

零售企业平时按含税收入确认销售收入，因此，在申报增值税之前，最迟在当月月末要对账面含税收入进行价税分离。增值税一般按月申报，规模非常大的零售企业可以1日、3日、5日、10日、15日为周期进行申报，规模小的零售企业也可以1个季度为周期进行申报，具体由主管税务机关核定。

（6）差价率法

由于零售企业平时销售时按售价结转了销售成本，售价里面包含差价，因此，期末要将本期已销商品进销差价从销售成本中分离出来，将销售成本还原为实际成本，同时从相应的“商品进销差价”账户中转销。具体方法有差价率法和实际差价法两种。

差价率法是用差价率来计算分摊本期已销商品进销差价的方法。

差价率=差价÷售价

$$=\frac{\text{月末分摊前“商品}}{\text{进销差价”科目余额}}\div\left(\frac{\text{月末“库存商品”}}{\text{科目余额}}+\frac{\text{月末“受托代销}}{\text{商品”科目余额}}+\frac{\text{本月含税主营业务收入}}{\text{或已结转商品销售成本}}\right)$$

差价率一般不能除尽，需要四舍五入保留百分比两位小数，即四位小数，根据计算本月已销商品进销差价的顺序不同，差价率法分为顺算差价率法和倒算差价率法两种，前者简称“顺算法”，后者简称“倒算法”。

商品进销差价

	期初余额 本期增加
本期减少？	
	期末余额？

①顺算法是根据会计账户基本等式，先计算本月已销商品进销差价，然后得出月末应保留进销差价的方法。

会计账户顺算等式：

期初余额+本期增加额-本期减少额=期末余额

本月已销商品应分摊进销差价=差价率×本月含税主营业务收入或已结转商品销售成本

$$\frac{\text{月末应保留进销差价}}{\text{（含受托代销商品）}}=\frac{\text{月末分摊前“商品}}{\text{进销差价”科目余额}}-\frac{\text{本月已销商品}}{\text{应分摊进销差价}}$$

②倒算法是根据会计账户倒算等式，先计算月末应保留进销差价，然后倒挤出本月已销商品进销差价的方法。

会计账户倒算等式：

期初余额+本期增加额-期末余额=本期减少额

$$\frac{\text{月末应保留进销差价}}{\text{（含受托代销商品）}} = \text{差价率} \times \left(\frac{\text{月末“库存商品”}}{\text{科目余额}} + \frac{\text{月末“受托代销}}{\text{商品”科目余额}} \right)$$

$$\frac{\text{本月已销商品}}{\text{应分摊进销差价}} = \frac{\text{月末分摊前“商品}}{\text{进销差价”科目余额}} - \frac{\text{月末应保留进销差价}}{\text{（含受托代销商品）}}$$

如果差价率为四舍五入取得，为确保月末应保留进销差价更准确，应该用倒算法，将尾差挤入本月已销商品进销差价中。

（7）零售企业商品实际成本的计算

零售企业在计算出已销商品进销差价后，才能得出已销商品实际成本和期末结存商品实际成本。

已销商品实际成本=已结转商品销售成本-已销商品应分摊进销差价

结存商品实际成本=期末“库存商品”余额-期末“商品进销差价”余额

（8）实际差价法

零售企业计算结转商品进销差价的方法，除差价率法外，还有一种实际差价法，又称实际进销差价计算法，是根据库存商品盘点结果，先计算出期末库存商品中的实际进销差价，进而倒算出已销商品进销差价。

具体做法是：期末由各营业柜组或门市部通过商品盘点，编制“库存商品盘存表”和“受托代销商品盘存表”，根据各种商品的实存数量，分别乘以销售单价和购进单价，计算出期末库存商品和受托代销商品的售价金额和进价金额，从而汇总计算出期末应该保留的商品进销差价金额，最后跟“商品进销差价”账面余额进行比较，计算出本期应该结转的商品进销差价。计算公式为：

$$\frac{\text{期末结存商品}}{\text{进销差价}} = \left(\frac{\text{期末库存商品}}{\text{售价金额}} - \frac{\text{期末库存商品}}{\text{进价金额}} \right) + \left(\frac{\text{期末受托代销}}{\text{商品售价金额}} - \frac{\text{期末受托代销}}{\text{商品进价金额}} \right)$$

本期已销商品进销差价=结转前“商品进销差价”账户余额-期末结存商品进销差价

实际差价法计算的结果比差价率法更为准确，但是盘点库存商品耗时耗力，因此，这种方法通常是在结转12月份已销商品进销差价时使用，以调整本年度前11个月使用差价率法计算结转商品进销差价而产生的误差。

✲【知识点拨3-2】实际差价法是一种倒算法，与差价率法中的倒算法相比，其已销商品进销差价不是用差价率计算出来的，而是实地盘点得出来的。

（9）零售企业“售价”的完整含义

“售价”像一枚硬币，可以把正面看作收入——含税销售收入，即主营业务收入（不含增值税收入）加上销项税额；把背面看作成本——含差价销售成本，即主营业务成本（实际成本）加上商品进销差价。正因为零售企业平时“按售价做收入，按售价记成本”，才有了后续“价税分离”和“分摊差价”的业务处理。

如果没有特殊购销业务，本期已销商品“售价”应该等于“库存商品”贷方发生额、“主营业务成本”借方发生额和“主营业务收入”贷方发生额，当然，在现实工作中，商业企业一般都会或多或少发生一些特殊购销业务。

【科目设置】

“商品进销差价”科目，是“库存商品”的调整科目，核算零售企业的售价与进价（采购成本）之间的差额，与“库存商品”科目一样，通常按柜组设置明细账。由于零售企业"库存商品"科目核算商品售价，而且默认包含增值税销项税额，因此，需要设置一个调整科目，将售价调整为进价。平时归集的商品进销差价，月末需要采用一定的方法在本月已销商品和月末结存商品之间进行分摊。

【示例 3-4】8月15日，三沙超市购进家电一批，取得增值税专用发票两张，货物发票显示价款1 400 000元、进项税额182 000元，运费发票显示价税合计21 800元、税率为9%，已转账付款，该批家电已经验收入库，含税售价2 164 500元。

（1）业务分析

进项税额=1 400 000×13%+21 800÷（1+9%）×9%=183 800（元）

商品进销差价=2 164 500−1 400 000=764 500（元）

（2）会计处理

借：在途物资	1 400 000	
销售费用——采购费用	20 000	
应交税费——应交增值税（进项税额）	183 800	
贷：银行存款		1 603 800
借：库存商品——家电组	2 164 500	
贷：在途物资		1 400 000
商品进销差价——家电组		764 500

【示例 3-5】南海公司食品组从某食品厂购入散装蛋黄派200千克，每千克进价12.5元，增值税税率13%，运费327元（含税），款项已通过银行支付。商品运到发现短缺20千克，验收入库180千克，售价每千克20元。经查，原因为运输单位途中丢失，同意全额赔偿，款项尚未收到。

（1）业务分析

库存商品=180×20=3 600（元）

商品进销差价=180×（20−12.5）=1 350（元）

待处理财产损溢=20×12.5=250（元）

运输单位丢失属于"管理不善导致的非正常损失"，应该转出进项税额。

（2）会计处理

借：在途物资	2 500	
应交税费——应交增值税（进项税额）	352	
销售费用—采购费用	300	
贷：银行存款		3 152
借：库存商品	3 600	
待处理财产损溢	250	
贷：在途物资		2 500
商品进销差价		1 350
借：其他应收款	282.5	
贷：待处理财产损溢		250
应交税费——应交增值税（进项税额转出）		32.5

✽【思考一刻 3-2】比较库存商品在售价核算法与实际成本法下，存货购进溢缺会计

处理的相同点与不同点。

【示例3-6】8月16日，三沙超市家电组取得含税销售收入86 000元，全部为刷卡结算。

（1）业务分析

零售企业为简化核算，平时销售商品后，以含税售价记收入，同时以含税售价记成本，月末再处理增值税和商品进销差价。

（2）会计处理

借：银行存款　86 000

　贷：主营业务收入——家电组　86 000

借：主营业务成本——家电组　86 000

　贷：库存商品——家电组　86 000

【示例3-7】8月31日，对三沙超市家电组含税销售收入进行价税分离。8月份家电组共取得含税销售收入2 082 600元，增值税税率为13%。

（1）业务分析

销项税额=不含税销售额×增值税税率或征收率

不含税销售额=含税销售额÷（1+增值税税率或征收率）

销项税额=2 082 600÷（1+13%）×13%=239 591.15（元）

由于销项税额包含在平时确认的收入中，因此分离出来的销项税额要冲减收入。

（2）会计处理

借：主营业务收入——家电组　239 591.15

　贷：应交税费——应交增值税（销项税额）　239 591.15

【示例3-8】接【示例3-4】和【示例3-7】，8月31日，采用差价率法（倒算法）计算并结转三沙超市本月家电组的商品进销差价。8月1日家电组“库存商品”余额409 500元，“商品进销差价”余额159 500元，本月家电组仅在8月15日采购2 164 500元商品。

（1）业务分析

月末“库存商品”余额=409 500+2 164 500−2 082 600=491 400（元）

差价率=（159 500+764 500）÷（491 400+2 082 600）=35.90%

月末结存商品进销差价=491 400×35.90%=176 412 .60（元）

本月已销商品进销差价=159 500+764 500−176 412 .60=747 587.40（元）

（2）会计处理

借：商品进销差价——家电组　747 587.40

　贷：主营业务成本——家电组　747 587.40

按顺算法计算的应结转差价=2 082 600×35.9%=747 653.40（元）

与倒算法计算结果747 587.40元之间产生了66元差异，是由于差价率四舍五入导致的。

本例已销商品实际成本=2 082 600−747 587.40=1 335 012.60（元）

本例结存商品实际成本=491 400−176 412 .60=314 987.40（元）

✲【思考一刻3-3】比较在差价率法与计划成本法下，存货发出成本结转会计处理的相同点与不同点。

【示例3-9】12月31日，三沙超市服装组分摊前“商品进销差价”账户余额为20 970

元，年终盘点结果显示含税售价62 910元，进价54 900元，试用实际差价法计算12月应结转的差价并做会计处理。

年末库存商品应保留的差价=62 910-54 900=8 010（元）

年末应结转的差价=20 970-8 010=12 960（元）

借：商品进销差价——服装组　　12 960

　贷：主营业务成本——服装组　　12 960

✲【思考一刻3-4】比较批发企业和零售企业日常购销业务核算的不同点。

【练习3-3】

（1）南海公司（综合零售企业一般纳税人）向北京服装厂购入男士大衣50件，不含税进价为18 700元，增值税税率为13%，供应商代垫运费218元（含税，增值税税率为9%，列入当期费用），银行转来凭证，审核无误支付。三天后商品到达，验收入库，该批商品含税售价32 000元。

（2）［填空］某超市有三个柜组，月末用倒算法计算结转已销商品差价，比较综合差价率与分类差价率的差异。结转前相关账户余额和发生额见表3-2。

表3-2　　**结转前相关账户余额和发生额**　　单位：元

项　目	百货组	食品组	服装组	合计
结转前商品进销差价余额	129 360	210 240	209 700	549 300
库存商品余额	252 166	576 248	629 172	1 457 586
本月含税销售额	467 700	647 500	708 200	1 823 400
差价率				
月末应保留进销差价				
本月结转商品进销差价				

（3）［多选］下列关于实际差价法的说法中，正确的有（　　）。

A.实际差价法采用实地盘点的方法确定期末结存商品的种类、数量、售价和进价，进而确定期末结存商品进销差价

B.在实际运用时，差价率法比实际差价法更加繁杂

C.计算本期结转商品进销差价额时，实际差价法比差价率法更加准确

D.零售企业计算本期结转商品进销差价时，通常平时采用实际差价法，仅在年末使用差价率法

任务3.2.2　核算商业企业日常储存业务

场景3-4　核算批发企业存货串号业务

场景3-4

永兴公司4月30日盘点存货，发现库存的两款服装账实不符，同类服装不同尺码或款式，各有盈亏，而且盈亏数量相同，初步判断，原因是错发货物。销售部与三沙超市联系沟通后，三沙超市经过核实，确认昨天签收的服装尺码与订单不完全一致，发生了串号，但认为串号尺码相似，不影响销售，不再更换，货款差额暂挂往来账户。盘点溢缺情况见表3-3，进价、售价均不含税，增值税税率为13%。

表 3-3　　　　　　　　　　**永兴公司存货盘点盈亏情况表**　　　　　　　　　　金额单位：元

商品	规格	账存（件）	实存（件）	盈亏			销售单价
				数量	单价	金额	
女士西裤	涤纶33码	30	40	10	100	1 000	120
女士西裤	涤纶31码	40	30	−10	100	−1 000	120
男士上衣	纯棉32码	100	120	20	80	1 600	100
男士上衣	涤纶32码	100	80	−20	90	−1 800	110
合 计		270	270	0	—	−200	—

【场景知识】商品串号的含义及其会计处理方法

场景知识

商品串号的含义及其会计处理方法

串号是指库存商品由于收发上的差错，将同一类商品中某一规格等级误作另一规格等级收进或发出，而在不同商品货号、规格、等级之间出现此多彼少的情况。批发企业存货发生串号时，串号商品中，一种发生溢余，同时另一种发生短缺，因此，数量上表现为一多一少，总量正确。账务处理时，首先将账务调整至账实相符，如果串号商品单价相同，则溢余金额与短缺金额相等；如果串号商品单价不同，则将溢余金额与短缺金额的差额记入"待处理财产损溢"账户。然后，再调查商品串号原因，根据调查结果和与客户的协商意见，进行妥善处理。

对于存货溢余金额大于短缺金额的串号业务，如果是由于购进时供货单位错发商品，则应该补付货款；如果是由于销售时错发商品，则开具红字增值税专用发票，退还多收的价款和销项税额，并冲销已结转成本，借记"待处理财产损溢"账户，贷记"主营业务成本"账户；如果不能查明原因，经批准冲减"管理费用"。对于存货溢余金额小于短缺金额的串号，相关会计处理相反，不再赘述。

【示例3-10】南海公司月末盘点花生油，结果发现有商品串号，经与客户确认，原因是销售时公司仓库发货错误，客户购买5升装10桶，实际发出了4升装10桶，客户同意不再换货，款项差额暂挂往来账户，本笔业务货款已经收到，销售成本已经结转。商品串号具体情况见表3-4。（进价、售价不含税，增值税税率9%）

表3-4　　　　　　　　　　**南海公司存货盘点盈亏情况表**

规格	账存	实存	盈亏数量	进价	盈亏金额	售价
5升装	70桶	80桶	10桶	66元/桶	660元	80元/桶
4斤装	100桶	90桶	−10桶	55元/桶	−550元	70元/桶
合计	170桶	170桶	0	—	110元	—

（1）业务分析

在本业务中，客户买的是5升装10桶，永兴公司也按5升装收取款项、确认收入、结转销售成本，应该发出5升装10桶，实际发出4升装10桶，导致盘点时5升装溢余、4升装短缺，客户没有回来换货，因此，多收取的款项应该退还，多确认的收入和多结转的销售成本应予以冲销。

实际库存商品溢余金额与短缺金额相抵后，净溢余金额为110元。5升装没有实际销售，收入800元系多确认，4升装收入700元实际已经实现但没有确认，多确认净收入100

元予以冲销；同时结转了5升装销售成本660元，而4升装销售成本550元没有结转，多结转销售成本110元，因此导致实际溢余库存商品110元，应予以冲销。

（2）会计处理

①发现串号时：

借：库存商品——5升装　660

　贷：库存商品——4升装　550

　　　待处理财产损溢——待处理流动资产损溢　110

②经联系客户确认，多收款项暂挂往来账户：

借：主营业务收入——5升装　800

　贷：主营业务收入——4升装　700

　　　应收账款　109

　　　应交税费——应交增值税（销项税额）　9

③转销“待处理财产损溢”：

借：待处理财产损溢——待处理流动资产损溢　110

　　主营业务成本——4升装　550

　贷：主营业务成本——5升装　660

【练习3-4】

接【示例3-10】，假如南海公司月末盘点花生油，结果见表3-5，其他情况相同。

表3-5

南海公司存货盘点盈亏情况表

规格	账存	实存	盈亏数量	进价	盈亏金额	售价
5升装	100桶	80桶	−20桶	66元/桶	−1 320元	80元/桶
4斤装	100桶	120桶	20桶	55元/桶	1 100元	70元/桶
合计	200桶	200桶	0	—	−220元	—

场景3-5　核算零售企业日常储存业务

场景3-5

（1）6月1日，三沙超市财务部冲销上月采购入库暂估账务。相关合同、入库单等资料复印件显示，该笔账务包括两笔月末没有收到发票的采购业务，一是5月28日入库的自苏州服装厂采购的女士长裙80件，含税售价为19 120元，根据合同暂估负债为10 400元；二是5月29日入库的自杭州服装厂采购的女士A字裙90件，含税售价为15 120元，根据合同暂估负债9 000元。

①上月暂估入库商品售价=____________________（元）

②上月暂估负债=____________________（元）

③上月暂估入库商品差价=____________________（元）

（2）6月18日，根据天气预报情况，三天后将有强台风登陆，市民开始囤积食品，三沙超市决定将方便面、饼干、火腿肠等售价向上微调1%，会计部门收到“变价商品差价调整单”，显示该批食品现售价总额为320 000元，上调后变为323 200元。同时，将小家电组积压的售价为4 800元的手电筒降价为3 800元。

①食品组调价前售价=____________________（元）

②食品组调价后售价=____________________（元）

③食品组调增售价金额=________（元）

④小家电组调价前售价=________（元）

⑤小家电组调价后售价=________（元）

⑥小家电组调减售价金额=________（元）

商品调价应调整的账户是：________。

（3）6月25日，三沙超市决定对部分只有二十天保质期的食品进行削价清仓处理。经盘点，该批食品原进价总额为7 830元，削价前售价总额为9 820元，清仓售价总额为7 910元，增值税税率为13%。

①食品组削价前售价=________（元）

②食品组削价后售价=________（元）

③食品组调减售价金额=________（元）

④食品组削价商品采购成本=________（元）

⑤食品组削价商品不含税售价=________（元）

⑥食品组削价商品减值损失=________（元）

削价商品减值损失应记入的账户是：________。

（4）6月26日，昨天削价的食品销售完毕，货款全部刷入银行账户。

（5）6月29日，三沙超市采购部将需要退货退款的一批洗衣机交付物流公司，并垫付退货运费3 200元。相关发票、合同等复印件显示，该批洗衣机系6月27日入库，不含税进货价为200 000元，增值税税率13%，售价为280 000元，款项已经全部支付；6月28日接供应商通知，该批洗衣机电机存在质量问题，决定召回并退款，该批洗衣机尚未销售，尚未收到红字增值税专用发票和退款。

①本批洗衣机采购成本=________（元）

②本批洗衣机采购进项税额=________（元）

此时能不能处理？________。

③本批洗衣机入库售价=________（元）

④本批洗衣机入库差价=________（元）

⑤本批洗衣机已付款总额=________（元）

⑥本批洗衣机退货垫付运费=________（元）

⑦本批洗衣机退货应收回款项总额=________（元）

⑧本次退货应收回款项金额=________（元）

本次应收回款项应记入的账户是________。

（6）6月30日，三沙超市食品组盘点存货，发现散装白糖溢余30千克，每千克售价20元，月初“库存商品——食品组”借方余额为59 400元、“商品进销差价——食品组”贷方余额为21 912.17元，原因尚未查明。

①食品组溢余白糖估算售价=________（元）

②食品组上月差价率=________

③食品组溢余白糖估算差价=________（元）

④食品组溢余白糖估算进价=________（元）

溢余白糖估算进价应记入的账户是：________。

【场景知识】零售企业日常储存业务类别及其会计处理

场景知识

零售企业日常储存业务类别及其会计处理

（1）暂估入账业务

对于零售企业的货到单未到业务，库存商品已经入库，进入储存环节，如果月末未收到发票账单，应该暂估入账，下月初再用红字冲销。与批发企业暂估入账不同的是，由于零售企业的“库存商品”用售价核算，因此要暂估“商品进销差价”。

（2）进货退回业务

零售企业发生进货退回，与商品拒收处理一样，相关款项通常暂挂往来账，但由于退回时商品已经入库，因此要冲销相应的“库存商品”和“商品进销差价”。

（3）调价与削价业务

由于市场变幻莫测，商业企业必须根据商品存储情况、销售情况及经营策略等适时调整商品售价，调价可能是调低售价，也可能是调高售价。零售企业调价时，要先对调价商品进行实地盘点，确定实存数量，然后填写“变价商品差价调整单”，计算出新旧售价差额，会计据此调账。售价核算法下，“库存商品”科目核算的是售价，调整售价即调整“库存商品”账户余额，由于进价未变，所以调整售价意味着同时要调整“商品进销差价”账户余额。

零售企业调低商品售价时，如果新的不含税售价低于进价，商品发生了减值，可变性净值低于成本，即为削价，应该计提“存货跌价准备”，因此，削价实质上是调低售价的一种特殊情况。通常削价商品会很快销售完毕，为简化处理，不考虑销售费用和税金等，只按不含税进销价格倒挂差额计提准备金即可。削价商品销售后，结转售价的同时，也要结转相应的“存货跌价准备”。

（4）内部调拨业务

库存商品在同一会计核算主体内部各柜组（实物负责人）之间的转移，称为库存商品的内部调拨。内部调拨不会导致库存商品总账金额发生变化，只有明细账金额发生变更，而且售价核算法下需要同时变更对应的商品进销差价。

（5）存货盘点溢缺业务

库存商品盘点发生溢缺时，需要将相应的进价成本——售价与进销差价的差额，转入“待处理财产损溢——待处理流动资产损溢”账户，如果不易查找个别差价率，可以用上月的分类差价率匡算溢缺商品的进销差价和采购成本。商品溢缺原因查明后的处理，及批发企业库存商品盘点溢缺业务的会计处理，与工业企业相同。

【示例3-11】5月28日，三沙超市向北京服装厂购入女士百褶裙100件，合同约定不含税进价为18 750元，增值税税率13%，商品已验收入库，但月末仍未收到发票账单，该批女裙含税售价为35 000元。

（1）业务分析

零售企业暂估入账时，将不含税合同价视同进价，作为负债估计数，其与售价的差额即为估计的进销差价，本例为16 250元（35 000-18 750）。

（2）会计处理

借：库存商品——服装组　　35 000

贷：应付账款——北京服装厂 18 750

商品进销差价——服装组 16 250

【示例3-12】8月16日，夏季过半，三沙超市决定下调一批夏装的售价，经盘点，该批服装原进价总额为140 000元，调价前售价总额为300 000元，价格下调幅度为20%。

（1）业务分析

新售价=300 000×（1−20%）=240 000（元），售价调低，进价不变，则进销差价减少，即售价↓−进价=差价↓。本例售价调低60 000元后，进销差价由原来的160 000元（300 000−140 000），减少至100 000元（240 000−140 000），减少金额也为60 000元。

（2）会计处理

借：商品进销差价——服装组 60 000

贷：库存商品——服装组 60 000

【示例3-13】9月25日，三沙超市决定将剩余夏装进行削价清仓处理，并调拨至特价组。经过盘点，剩余夏装原进价总额为60 000元，削价前售价总额为85 000元，清仓售价总额为56 500万元，增值税税率为13%。

（1）业务分析

本次削价调减售价金额为28 500元（85 000−56 500），新的不含税售价总额为50 000元（56 500÷1.13），已经低于原进价总额60 000元，意味着商品已经减值10 000元（60 000−50 000）。

本例削价后，“商品进销差价——服装组”余额为−3 500元（56 500−60 000），即借方余额3 500元，由服装组转移至特价组后，调至“商品进销差价——特价组”借方。调拨后，“库存商品——特价组”借方余额为56 500元，“商品进销差价——特价组”借方金额为3 500元，二者合计60 000元即等于进价金额。

（2）会计处理

①商品削价：

借：商品进销差价——服装组 28 500

贷：库存商品——服装组 28 500

借：资产减值损失 10 000

贷：存货跌价准备 10 000

②内部调拨：

借：库存商品——特价组 56 500

贷：库存商品——服装组 56 500

借：商品进销差价——特价组 3 500

贷：商品进销差价——服装组 3 500

【示例3-14】接【示例3-13】，9月26日，三沙超市将昨天削价的夏装销售完毕，收款56 500元，全部为刷卡结算。

（1）业务分析

该批夏装“商品进销差价”账面为借方余额3 500元，“存货跌价准备”账面为贷方余额10 000元。削价商品销售后，一方面，削价损失已经真实发生，须用“存货跌价准备”弥补；另一方面，根据会计核算要求，削价商品计提的减值准备也要予以转销。由于“商品进销差价”账户已经出现异常的借方余额，因此，应该先用存货跌价准备补平“商品进销差价”，本例为-3 500元，避免期末用差价率法结转差价后遗留负数尾差；然后再用存货跌价准备冲销“主营业务成本”，即由“库存商品”账户结转而来的包含销项税额的售价。如果削价后“商品进销差价”尚未出现负数，则用“存货跌价准备”直接冲减“主营业务成本”即可。

（2）会计处理

借：银行存款　56 500

　贷：主营业务收入——特价组　56 500

借：主营业务成本——特价组　56 500

　贷：库存商品——特价组　56 500

借：存货跌价准备　10 000

　贷：商品进销差价——特价组　3 500

　　主营业务成本——特价组　6 500

✲【思考一刻3-5】商业企业库存商品削价后，将导致进项税额大于销项税额，该批商品的进项税额为7 800元（60 000×13%），销项税额为6 500元（56 500÷（1+13%）×13%），致使进项税额不能完全抵扣，这部分进项税额是否应该做“进项税额转出”？

【示例3-15】8月28日，三沙超市购入冰箱100台，进货不含税单价1 500元，增值税税率13%，销售单价2 400元，已验收入库。9月1日，接供应商通知，该批冰箱存在因线路故障导致火灾的安全隐患，决定召回后重新发货。9月2日，三沙超市将该批冰箱交付物流公司，运费到付。

（1）业务分析

入库商品退回后，如果供应商重新发货，则不需要重新开具增值税发票，不涉及增值税处理和款项结算，只需将原入库的采购成本（含“库存商品”和“商品进销差价”）冲销，恢复“在途物资”即可，收到货物后做重新入库处理。

（2）会计处理

借：在途物资　150 000

　　商品进销差价——家电组　90 000

　贷：库存商品——家电组　240 000

【示例3-16】三沙超市年末食品组盘点存货，发现食品组散装饼干短缺10千克，每千克售价20元，上月食品组差价率为32.50%。

（1）业务分析

短缺商品进销差价=20×10×32.50%=65（元）

短缺商品成本=20×10-65=135（元）

（2）会计处理

借：待处理财产损溢——待处理流动资产损溢　135

　　商品进销差价——食品组　65

　贷：库存商品——食品组　200

✲【思考一刻3-6】比较零售企业库存商品与工业企业原材料盘点溢缺的账务处理。

✲【思考一刻3-7】批发企业调整商品售价怎样进行账务处理？

【拓展阅读3-2】

粮票：一个时代的集体记忆

在我国零售业的发展过程中，有一段实行票证制度的特殊时期，即从1953年到1992年，在此期间，我国对生活用品实行“统购统销”制度，由供销社统一组织实施，向人们零售生活用品时，不仅收钱，同时还要收“票”，比如出售粮食时，购买人要有“粮票”，否则供销社不能卖。那是一个有钱也可能买不到东西的时代，票证通常分为“吃、穿、用”三大类，除了最重要的粮票（如图3-1所示）之外，还有肉票、蛋票、布票、鞋票、洗衣粉票、煤油票、电器票、自行车票、手表票等，五花八门。票证是物资匮乏时代的产物，更是计划经济的缩影。1978年改革开放以后，我国开始逐步实行社会主义市场经济，1985年前后，随着国家经济的发展，除粮、油以外的其他生活必需品不再凭证凭票供应了。1993年2月18日，国务院颁发《国务院关于加快粮食流通体制改革的通知》，实行了40年的居民粮食供应制度（即统购统销制度）退出历史舞台。如今，粮票这一“时代见证者”已成为几代人的集体记忆，静静躺在票证收藏夹中、陈列在博物馆的展柜中，小小的身躯穿过岁月折射出伟大的时代变革，也不断告诫着现代人要忆苦思甜、珍惜粮食、珍惜当下的幸福生活。

图3-1　全国通用粮票

［资料来源：晁辛宁．粮票：一个时代的集体记忆［J］．农产品市场，2020（24）．］

【练习3-5】

（1）三沙超市将一批冰箱降价处理，经盘点共100台，进货单价1 500元，销售单价2 400元，现将销售单价调整为2 300元。

（2）三沙超市对一批过季羊毛衫进行削价处理，共50件，进货单价120元，原售价为260元，新售价为113元。

任务3.3　核算商业企业特殊业务

任务3.3.1　核算商业企业补退价业务

场景3-6　核算批发企业补退价业务

场景3-6

8月21日，南海公司购进一批花生油20箱，每箱进价500元，取得增值税专用发票，已通过认证，税率为9%，商品已入库，款项已通过银行支付。8月25日，供应商发来销货更正单和红字增值税专用发票，注明每箱价格应为450元，退价款项尚未收到，暂挂往来账户。假设退价时，发生以下五种情况之一：

（1）该批花生油尚未开始销售；

（2）该批花生油已全部销售完毕，但尚未结转销售成本；

（3）该批花生油已全部销售完毕，并已结转了销售成本；

（4）该批花生油已销售8箱，但尚未结转销售成本；

（5）该批花生油已销售8箱，并已结转了销售成本。

【场景知识】补退价业务的账务处理方法

场景知识

补退价业务的账务处理方法

商品验收入库后，由于供应商计算错误、错开发票、采用暂定价初步结算等原因，可能发生补价或退价业务。如果价款少计了，则应向供应商补付价款，即补价；如果价款多计了，则供应商应退回多计价款，即退价。进货补退价只涉及金额，包括价款和增值税税额，但不涉及数量，即“一次采购两次开票”，商业企业应根据供应商开来的“销货更正单”、增值税发票等进行会计处理。其中，退价业务一般需要供应商开具红字增值税专用发票，凭以冲销退价，但如果原发票符合作废条件，也可以作废后重开蓝字发票。补价和退价业务内容相反，因此，会计处理也表现为借贷科目相反。

对购买方来说，补退价会影响商品成本，即补价会增加商品成本，退价会减少商品成本。商品成本在销售之前是采购成本，在销售之后则变为销售成本。补退价发生时，商品可能处于五种状况之一：

①没有销售；

②已经全部销售且结转了销售成本；

③已经全部销售但没有结转销售成本；

④已经部分销售且结转了销售成本；

⑤已经部分销售但没有结转销售成本。

补退价发生时，按照“在哪调哪”的规则处理，即补退价发生时商品原采购成本在什么账户就调整什么账户。具体而言，如果补退价发生时商品尚未销售，或已销售但未结转销售成本，则调整采购成本；如果商品已经销售一部分或全部且结转了销售成本，则调整相应的销售成本。以批发企业为例，具体会计处理方法见表3-6。

表3-6　批发企业补退价会计处理方法表

项目	补退价时未销售	补退价时全部销售	补退价时部分销售
未结转销售成本	补退价全部调整库存商品	补退价全部调整库存商品	补退价全部调整库存商品
已结转销售成本	—	补退价全部调整销售成本	未销商品补退价调整库存商品、已销商品补退价调整销售成本

【示例3-17】7月21日，南海公司购进一批花生油20箱，每箱进价500元，取得增值税专用发票，已通过认证，税率为9%，商品已入库，款项已通过银行支付。8月25日，供应商发来销货更正单和增值税专用发票，注明每箱价格应为550元，补价款项尚未支付，暂挂往来账户。假设发生以下三种情况之一：

（1）补价发生时，该批花生油尚未销售

①业务分析：

本业务是批发企业采购的补价业务，由于尚未销售，商品原采购成本仍留存在“库存商品”账户中，则直接调整“库存商品”账户即可。本例单价调增50元，20箱共计1 000

元，因此“库存商品”增加1 000元，增值税进项税额按常规方法进行核算。

②会计处理：

借：库存商品——花生油　　1 000

　　应交税费——应交增值税（进项税额）　　90

　贷：应付账款　　1 090

（2）补价发生时，该批花生油已经销售完毕，并结转了销售成本

①业务分析：

补价时该批花生油已全部销售完毕，并已结转了成本，则补价意味着销售成本的增加，所以全部记入“主营业务成本”科目。

②会计处理：

借：主营业务成本　　1 000

　　应交税费——应交增值税（进项税额）　　90

　贷：应付账款　　1 090

（3）补价发生时，该批花生油已经销售8箱，并结转了销售成本

①业务分析：

商品发生补价时，已经部分销售且结转了销售成本，则补价意味着已销商品的销售成本和未销商品的采购成本增加，应分别调增相应的“主营业务成本”和“库存商品”。

②会计处理：

借：主营业务成本　　400

　　库存商品——花生油　　600

　　应交税费——应交增值税（进项税额）　　90

　贷：应付账款　　1 090

【练习3-6】

接【示例3-17】，假设补价发生时，该批花生油已经销售8箱，没有结转销售成本。

场景3-7　核算零售企业补退价业务

场景3-7

8月28日，三沙超市从广州冰箱厂购入冰箱100台，进货不含税单价2 000元，增值税税率13%，销售单价2 400元，已验收入库。假设发生以下五种情况之一：

（1）8月30日，接广州冰箱厂通知，该批冰箱正确不含税单价应为2 100元，共需补付价税合计11 300元。该批冰箱尚未销售，三沙超市确定新零售单价为2 460元，补价款暂挂往来账户，相关数据变动见表3-7。

表3-7

数据变动表

项目	数量	原单价	原金额	新单价	新金额	调整额
售价	100	2 400	240 000	2 460	246 000	6 000
进价	100	2 000	200 000	2 100	210 000	10 000
差价	100	400	40 000	360	36 000	-4 000

（2）8月30日，接广州冰箱厂通知，该批冰箱正确不含税单价应为2 100元，共需补付价税合计11 300元。该批冰箱已经全部销售，尚未结转差价，补价款暂挂往来账户。

（3）8月30日，接广州冰箱厂通知，该批冰箱正确不含税单价应为2 100元，共需补付价税合计11 300元。该批冰箱已经销售40台，尚未结转差价，三沙超市确定新零售单价为2 460元，补价款暂挂往来账户。

（4）9月1日，接广州冰箱厂通知，该批冰箱正确不含税单价应为2 100元，共需补付价税合计11 300元。该批冰箱上月已经全部销售，补价款暂挂往来账户。

（5）9月1日，接广州冰箱厂通知，该批冰箱正确不含税单价应为2 100元，共需补付价税合计11 300元。该批冰箱上月已经销售40台，本月尚未销售，三沙超市确定新零售单价为2 460元，补价款暂挂往来账户。

【场景知识】

场景知识

零售企业补退价业务的账务处理方法

不管什么企业，已销商品实际成本的最终归宿都是"主营业务成本"账户。售价核算法下，商品实际成本在"库存商品"和"商品进销差价"两个账户中核算，因此，结转销售成本要分两步进行：

第一步，在日常销售时，将已销商品的售价，从"库存商品"账户结转至"主营业务成本"账户；

第二步，在月末时，将已销商品的差价，从"商品进销差价"账户结转至"主营业务成本"账户，这一步标志着商品实际销售成本结转的完成。

由此可见，商品发生补退价时，可能涉及上述三个账户：库存商品、商品进销差价、主营业务成本，具体核算时根据"在哪调哪"的规则确定。

零售企业发生补退价业务，即采购成本发生变化时，如果对毛利影响不大，可以不调整售价；但如果对毛利影响较大时，则可能调整售价，此时又有三种情况：售价调整额与补退价相等、售价调整额大于补退价、售价调整额小于补退价，用公式表示为：售价○↑-进价↑=差价↓○↑。补价时售价调整可能发生四种情况之一，数据示例见表3-8。

表3-8　补价时售价调整数据示例　单位：元

单价类型	原价格	销售单价调整额							
		不调整		等于补退价		大于补退价		小于补退价	
		金额	变化	金额	变化	金额	变化	金额	变化
进价	2 000	2 100	+100	2 100	+100	2 100	+100	2 100	+100
售价	2 400	2 400	0	2 500	+100	2 550	+150	2 450	+50
差价	400	300	−100	400	0	450	+50	350	−50

零售企业发生退价的会计处理，与发生补价相反，本教材不再赘述。

与批发企业相比，零售企业的补退价业务由于"商品进销差价"的存在而显得更加复杂一些，但只要把握三个关键点则不难掌握：一是补退价发生时原采购成本记录在什么账户中，在哪则调哪；二是补退价导致哪些账户发生了怎样的增减变动；三是如果发生部分销售，则区分已销商品和未销商品，分别处理后再合并会计分录。

【示例3-18】三沙超市购入冰箱100台，进货不含税单价2 000元，增值税税率13%，销售单价2 400元，已验收入库。五天后接供应商通知，该批冰箱价格有误，正确不含税单价应为2 100元，每台冰箱应补价100元，共需补付价税合计11 300元，该笔补价不调整售价，补价款项暂挂往来账户。假设发生以下三种情况之一：

①该批冰箱尚未销售；

②该批冰箱已经全部销售，并结转了原进销差价；

③该批冰箱只销售了40台，并结转了40台的原进销差价。

（1）业务分析

本例是补价时不调整售价的情况。

①商品发生补价时，如果商品尚未销售，原采购成本仍留存在两个账户中："库存商品"和"商品进销差价"，因不调整售价，则"库存商品"账户不变，但补价导致采购成本增加，因此，"商品进销差价"减少，相关数据见表3-9。

表3-9 **补价时不调整售价数据变动表** 单位：元

项目	数量	原单价	原金额	新单价	新金额	调整额
售价	100	2 400	240 000	2 400	240 000	0
进价	100	2 000	200 000	2 100	210 000	10 000
差价	100	400	40 000	300	30 000	-10 000

②商品发生补价时，如果已经全部销售完毕并结转了商品进销差价，相应的"库存商品"和"商品进销差价"金额均已转入"主营业务成本"账户，此后发生的补价不能再记入这两个账户，应该全部增加记入"主营业务成本"账户。

③商品发生补价时，如果已经部分销售且结转了商品进销差价，则区分已销商品和未销商品两部分，分别处理后再进行合并（下同）：已销部分的补价增加"主营业务成本"账户；未销部分的差价仍然在"商品进销差价"账户中，其补价应该调减该账户。

五种情况的会计处理方法见表3-10。

表3-10 **补价时不调整售价会计处理方法表**

项目	补价时未销售	补价时全部销售	补价时部分销售
未结转差价	补价全部调减差价	补价全部调减差价	补价全部调减差价
已结转差价	—	补价全部调增销售成本	已销商品补价调增销售成本、未销商品补价调减差价

（2）会计处理

①该批冰箱尚未销售：

借：在途物资 10 000

　　应交税费——应交增值税（进项税额） 1 300

　贷：应付账款 11 300

借：商品进销差价——家电组 10 000

　贷：在途物资 10 000

②该批冰箱已经全部销售，并结转了原进销差价［购进下月］：

借：在途物资 10 000

　　应交税费——应交增值税（进项税额） 1 300

　贷：应付账款 11 300

借：主营业务成本——家电组　10 000

　贷：在途物资　10 000

✻【知识点拨3-3】本例补价金额没有通过"库存商品"账户过渡，将导致"库存商品"贷方发生额小于"主营业务成本"借方发生额，而且"主营业务成本"除核算常规的已销商品售价外，还可能核算补退价金额。因此，如果零售企业存在这类直接调整"主营业务成本"的特殊业务，月末计算差价率时，"本月已销商品售价"应该使用"主营业务收入"账户数据。

③该批冰箱已经销售了40台，并结转了40台的原进销差价［购进下月］：

借：在途物资　10 000

　应交税费——应交增值税（进项税额）　1 300

　贷：应付账款　11 300

借：主营业务成本——家电组　4 000

　商品进销差价——家电组　6 000

　贷：在途物资　10 000

✻【思考一刻3-8】在【示例3-18】中，还可能发生两种情况：

（1）该批冰箱已经全部销售，但没有结转原进销差价［购进当月］；

（2）该批冰箱已经销售了40台，但没有结转该40台的原进销差价［购进当月］。

分别怎样做会计分录？将结果填到表3-15中。

【示例3-19】三沙超市购入冰箱100台，进货不含税单价2 000元，增值税税率13%，销售单价2 400元，已验收入库。五天后接供应商通知，该批冰箱价格有误，正确不含税单价应为2 100元，每台冰箱应补价100元，共需补付价税合计11 300元，同时调整新零售单价为2 500元，补价款项暂挂往来账户。假设发生以下三种情况之一：

①该批冰箱尚未销售；

②该批冰箱已经全部销售，并结转了原进销差价；

③该批冰箱只销售了40台，并结转了40台的原进销差价。

（1）业务分析

本例是补价时售价与补价等额调整的情况。

①商品发生补价时，商品尚未销售，原采购成本仍留存在两个账户中："库存商品"和"商品进销差价"，因售价调增，"库存商品"账户金额增加，尽管补价导致采购成本增加，但因售价调增额与补价相等，"商品进销差价"金额不变，相关数据见表3-11。

表3-11　**补价时售价与补价等额调整数据变动表**　单位：元

项目	数量	原单价	原金额	新单价	新金额	调整额
售价	100	2 400	240 000	2 500	250 000	10 000
进价	100	2 000	200 000	2 100	210 000	10 000
差价	100	400	40 000	400	40 000	0

②同【示例3-17】业务分析②。

③商品发生补价时，已经销售并结转差价商品的补价，应增加记入"主营业务成本"账户；未销商品尚未结转售价和差价，由于同步调整了售价，其补价调增"库存商品"账户即可。

售价与补价等额调整时，五种情况的账务处理方法见表3-12。

表3-12　　**补价时售价与补价等额调整会计处理方法表**

项目	补价时未销售	补价时全部销售	补价时部分销售
未结转差价	补价全部调增库存商品	补价全部调减差价	已销商品补价调减差价、未销商品补价调增库存商品
已结转差价	—	补价全部调增销售成本	已销商品补价调增销售成本、未销商品补价调增库存商品

（2）会计处理

①该批冰箱尚未销售：

借：在途物资　　10 000

　　应交税费——应交增值税（进项税额）　　1 300

　贷：应付账款　　11 300

借：库存商品——家电组　　10 000

　贷：在途物资　　10 000

②该批冰箱已经全部销售，并结转了原进销差价［购进下月］：

借：在途物资——家电组　　10 000

　　应交税费——应交增值税（进项税额）　　1 300

　贷：应付账款　　11 300

借：主营业务成本——家电组　　10 000

　贷：在途物资　　10 000

③该批冰箱已经销售了40台，并结转了40台的原进销差价［购进下月］：

借：在途物资　　10 000

　　应交税费——应交增值税（进项税额）　　1 300

　贷：应付账款　　11 300

借：主营业务成本——家电组　　4 000

　　库存商品——家电组　　6 000

　贷：在途物资　　10 000

✼【知识点拨3-4】售价与补价等额调整时，看似与批发企业补价会计处理相同，但是相关会计科目含义不同，批发企业会计处理中的“主营业务成本”和“库存商品”均是“进价”含义，而此处则是“售价”含义，只是“售价”等于“进价”而已。

✼【思考一刻3-9】在【示例3-19】中，还可能发生两种情况：

（1）该批冰箱已经全部销售，但没有结转原进销差价［购进当月］；

（2）该批冰箱已经销售了40台，但没有结转该40台的原进销差价［购进当月］。

分别怎样做会计分录？将结果填到表3-15中。

【示例3-20】三沙超市购入冰箱100台，进货不含税单价2 000元，增值税税率13%，销售单价2 400元，已验收入库。五天后接供应商通知，该批冰箱价格有误，正确不含税单价应为2 100元，每台冰箱应补价100元，共需补付价税合计11 300元，同时调整新零售单价为2 550元，补价款项暂挂往来账户。假设发生以下五种情况之一：

①该批冰箱尚未销售；

②该批冰箱已经全部销售，但没有结转原进销差价；

③该批冰箱已经全部销售，并结转了原进销差价；

④该批冰箱已经销售了40台，但没有结转原进销差价；

⑤该批冰箱已经销售了40台，并结转了40台的原进销差价。

（1）业务分析

本例是补价时售价调增额大于补价的情况。

①商品发生补价时，商品尚未销售，原采购成本仍留存在“库存商品”和“商品进销差价”账户中。因售价调增，“库存商品”账户金额增加，尽管补价导致采购成本增加，但因售价调增额大于补价，所以“商品进销差价”金额也有增加，相关数据见表3-13。

表3-13 补价时售价调增额大于补价数据变动表 金额单位：元

项目	数量（台）	原单价	原金额	新单价	新金额	调整额
售价	100	2 400	240 000	2 550	255 000	15 000
进价	100	2 000	200 000	2 100	210 000	10 000
差价	100	400	40 000	450	45 000	5 000

②商品发生补价时，已经全部销售完毕但没有结转差价，相应的“库存商品”金额已转入“主营业务成本”账户，但相应的差价还在“商品进销差价”中，补价导致已销商品采购成本增加、进销差价减少，根据“在哪调哪”规则应该调减“商品进销差价”。

③同【示例3-17】业务分析②。

④商品发生补价时，已经部分销售但没有结转差价，未销商品的售价在“库存商品”账户中，已销商品的售价金额已转入“主营业务成本”账户，但全部的差价还在“商品进销差价”中，因此，已销商品补价调减“商品进销差价”；未销商品调增售价增加“库存商品”，同时调增相应的“商品进销差价”。

⑤商品发生补价时，已经部分销售且结转了已销商品差价，未销商品的售价在“库存商品”账户中，已销商品的售价和差价金额已转入“主营业务成本”账户，但未销商品的差价还在“商品进销差价”中，因此，已销商品补价调增“主营业务成本”；未销商品调增售价增加“库存商品”，同时调增相应的“商品进销差价”。

售价调增额大于补价时，五种情况的账务处理方法见表3-14。

表3-14 补价时售价调增额大于补价会计处理方法表

项目	补价时未销售	补价时全部销售	补价时部分销售
未结转差价	增加售价调增库存商品售价、调增相应差价	补价全部调减差价	已销商品补价调减差价，未销商品调增库存商品售价和差价
已结转差价	—	补价全部调增销售成本	已销商品补价调增销售成本，未销商品调增库存商品售价和差价

（2）会计处理

①该批冰箱尚未销售：

借：在途物资 10 000

应交税费——应交增值税（进项税额） 1 300

贷：应付账款 11 300

借：库存商品——家电组　15 000
　贷：在途物资　10 000
　　　商品进销差价——家电组　5 000

②该批冰箱已经全部销售，但没有结转原进销差价［购进当月］：

借：在途物资　10 000
　　应交税费——应交增值税（进项税额）　1 300
　贷：应付账款　11 300

借：商品进销差价——家电组　10 000
　贷：在途物资　10 000

③该批冰箱已经全部销售，并结转了原进销差价［购进下月］：

借：在途物资　10 000
　　应交税费——应交增值税（进项税额）　1 300
　贷：应付账款　11 300

借：主营业务成本——家电组　10 000
　贷：在途物资　10 000

④该批冰箱已经销售了40台，但没有结转原进销差价［购进当月］：

借：在途物资　10 000
　　应交税费——应交增值税（进项税额）　1 300
　贷：应付账款　11 300

A.已销商品会计处理：

借：商品进销差价——家电组　4 000
　贷：在途物资　4 000

B.未销商品会计处理：

借：库存商品——家电组　9 000
　贷：在途物资　6 000
　　　商品进销差价——家电组　3 000

合并已销商品和未销商品会计处理后，本例会计分录为：

借：商品进销差价——家电组　1 000
　　库存商品——家电组　9 000
　贷：在途物资　10 000

⑤该批冰箱已经销售了40台，并结转了40台的原进销差价［购进下月］：

借：在途物资　10 000
　　应交税费——应交增值税（进项税额）　1 300
　贷：应付账款　11 300

A.已销商品会计处理：

借：主营业务成本——家电组　4 000
　贷：在途物资　4 000

B.未销商品会计处理：

借：库存商品——家电组　9 000

贷：在途物资　　6 000

　　商品进销差价——家电组　　3 000

合并已销商品和未销商品会计处理后，本例会计分录为：

借：主营业务成本——家电组　　4 000

　　库存商品——家电组　　9 000

　贷：在途物资　　10 000

　　　商品进销差价——家电组　　3 000

✲【思考一刻3-10】在【示例3-20】中，如果发生补价时该批冰箱已经销售70台，其中，上月销售40台的差价已经结转，本月销售30台的差价尚未结转，怎么进行会计处理？

✲【思考一刻3-11】补全表3-15，并比较补价发生时，售价不调整、售价调整额等于补价、售价调整额大于补价的会计处理。

【练习3-7】

（1）三沙超市购入冰箱100台，进货不含税单价2 000元，增值税税率13%，销售单价2 400元，已验收入库。五天后接供应商通知，该批冰箱价格有误，正确不含税单价应为1 800元，该批冰箱尚未销售，供应商已开来红字增值税专用发票。

（2）6月29日，三沙超市（一般纳税人）采购服装50件，不含税购进单价100元，含税零售单价226元，已收到增值税专用发票、转账付款并验收入库。7月1日供应商发来通知，因销售人员疏忽定错价格，不含税购进单价应为110元，并补开了增值税专用发票，6月份该批服装已销售10件，该超市将含税零售单价调整为230元。

任务3.3.2　核算商业企业代销业务

场景3-8　核算批发企业商品代销业务

场景3-8

（1）4月8日，永兴公司委托乙批发公司销售男士上衣500件，商品已经发出，每件成本为70元，乙公司于当日收到商品。合同约定乙公司必须按每件不含增值税售价100元对外销售，永兴公司按不含增值税售价的10%向乙公司支付手续费，在乙公司售出男士上衣之前，永兴公司有权随时将剩余商品调回。本业务需考虑并完成代销商品收发双方的会计处理。

（2）乙公司月末集中一次处理代销商品销售业务。截至4月30日，乙公司实际累计对外销售男士上衣300件，销售额价税合计为33 900元，款项已全部存入银行，然后向永兴公司开出商品代销清单。

（3）4月30日，永兴公司收到代销清单，开出货物电子增值税专用发票。

（4）4月30日，乙公司向永兴公司开出手续费电子增值税专用发票（增值税税率为6%），收到永兴公司开具的货物增值税专用发票。

（5）4月30日，永兴公司收到乙公司的手续费电子增值税专用发票。5月5日，永兴公司收到乙公司支付的上月代销结算款。

表 3-15 补价（100 元）时售价调整会计处理比较

补价 100 元	售价不调整	售价调整额等于补价	售价调整额大于补价	售价调整额小于补价
售价调整额	0	100	150	60
补做补价	借：在途物资 10 000 应交税费——应交增值税（进项税额）1 300 贷：应付账款 11 300	借：在途物资 10 000 应交税费——应交增值税（进项税额）1 300 贷：应付账款 11 300	借：在途物资 10 000 应交税费——应交增值税（进项税额）1 300 贷：应付账款 11 300	
1.尚未销售	借：商品进销差价——家电组 10 000 贷：在途物资 10 000	借：库存商品——家电组 10 000 贷：在途物资 10 000	借：库存商品——家电组 15 000 贷：在途物资 10 000 商品进销差价——家电组 5 000	
2.全部销售，未结转差价			借：商品进销差价——家电组 10 000 贷：在途物资 10 000	
3.全部销售，已结转差价	借：主营业务成本——家电组 10 000 贷：在途物资 10 000	借：主营业务成本——家电组 10 000 贷：在途物资 10 000	借：主营业务成本——家电组 10 000 贷：在途物资 10 000	
4.已销售 40 台，未结转差价［第 1、2 种情况合并］			借：商品进销差价——家电组 1 000 库存商品——家电组 9 000 贷：在途物资 10 000	
5.已销售 40 台，已结转差价［第 1、3 种情况合并］	借：主营业务成本——家电组 4 000 商品进销差价——家电组 6 000 贷：在途物资 10 000	借：主营业务成本——家电组 4 000 库存商品——家电组 6 000 贷：在途物资 10 000	借：主营业务成本——家电组 4 000 库存商品——家电组 9 000 贷：在途物资 10 000 商品进销差价——家电组 3 000	

【场景知识】商品代销业务的分类及收入确认方法

场景知识

商品代销业务的分类及收入确认方法

商品代销是委托方委托受托方代为销售商品的一种销售业务。根据当事人的角度不同，分为委托代销和受托代销两种业务，实质是一项业务的两个方面。一般而言，工业企业通常为委托方，零售企业通常为受托方，而介于二者之间的批发企业则可能是委托方、受托方两种角色兼而有之。

（1）商品代销业务的分类

按照受托方是否具有定价权，商品代销业务分为视同买断和收取手续费两种方式。视同买断方式下，受托方有定价权，能够加价赚取价差，代销业务视同自营业务，需要确认商品销售收入。根据受托方责任的完整性不同，视同买断方式又分为包销视同买断和非包销视同买断。包销视同买断方式下，受托方具有完全代销责任，不能退回代销商品，委托方也不能随时调回商品，商品售出后支付货款，约定日期仍未售出的商品，由受托方自行购入。非包销视同买断方式下，受托方仅具有部分代销责任，滞销商品可以随时退回给委托方，委托方保留部分商品控制权，可以随时调回商品，即委托方保留“调货权”，受托方保留“退货权”。收取手续费方式下，受托方没有定价权，只能赚取手续费，并且具有商品“退货权”。

（2）商品代销业务的收入确认

商品代销双方当事人确认收入的主要依据为发票或代销清单。根据收入准则，销售方应该在“客户取得相关商品控制权”时确认收入，因此，包销视同买断方式下，委托方发出商品时，受托方即取得了商品控制权，委托方则开具增值税发票，与日常商品销售一样确认商品销售收入和应收账款，受托方则与自营商品一样做日常商品购进处理。非包销视同买断方式下，委托方发出商品时仍然对商品保留部分控制权，有权调拨商品，受托方也没有包销责任，有权退回商品，因此，委托方应于收到代销清单时开具增值税发票并确认商品销售收入，但受托方则因拥有定价权而与自营商品一样确认商品销售收入。收取手续费方式下，委托方与非包销视同买断一样，应于收到代销清单时确认商品销售收入，但对受托方而言仅是一种代理销售业务，不是日常商品销售业务，因此，不确认商品销售收入，而确认代理业务收入。各种代销方式下收入确认比较见表3-16。

表3-16 **商品代销业务收入确认对比表**

对比角度		视同买断		收取手续费
		包销	非包销	
受托方是否有定价权		是	是	否
收入确认时间	委托方	发出货物	收到代销清单	收到代销清单
	受托方	完成销售	发出代销清单	发出代销清单
受托方收入类型	委托方	主营业务收入	主营业务收入	主营业务收入
	受托方	主营业务收入	主营业务收入	其他业务收入

包销视同买断方式与自营商品销售一样，因此，本教材仅介绍非包销视同买断和收取手续费两种代销方式的会计处理。

【示例3-21】11月5日，永暑公司委托甲省批发公司（以下简称“甲公司”）和午省批发公司（以下简称午公司）分别代销洗衣机100台，永暑公司进货不含税单价1 200元。

两份代销协议均约定：（1）不含税协议单价为1 500元；（2）永署公司可以随时调回商品，甲、午公司可以随时退回商品。同时，永署公司允许甲公司根据市场状况自行确定售价，但午公司只能按照协议价销售，永署公司按不含税销售价款的5%给付午公司代销手续费。截至11月30日，甲、午公司各销售90台洗衣机（甲公司不含税售价为1 700元），增值税税率为13%，并向永署公司开出代销清单或手续费增值税专用发票（税率为6%），永署公司当日收到代销清单，向甲、午公司开出增值税专用发票（税率13%），但代销双方当事人均暂未收到相应的增值税专用发票。12月3日，永署公司与甲、午公司分别收到相应的增值税专用发票，并结算代销款项。

（1）业务分析

永署公司为委托方，甲、午公司为受托方。永兴公司与甲公司的代销业务采用的是非包销视同买断方式，永兴公司与午公司的代销业务采用的是收取手续费方式。

在非包销视同买断和收取手续费方式下，委托方发出商品时保留了控制权，不符合收入确认条件，因此，相关商品成本应记入“发出商品”账户，受托方则相应记入“受托代销商品”账户，并确认“受托代销商品款”这一“准负债”项目。代销商品实现销售后，受托方转销“受托代销商品”，同时将“受托代销商品款”转为真正的负债“应付账款”。对于受托方而言，两种方式的主要区别在于是否确认商品销售收入。

收取手续费方式下，代销手续费对于委托方而言是“销售费用”，对于受托方而言是“其他业务收入”，根据权责发生制原则，应属于代销当月的费用或收入，应该在当期确认，以避免因跨期结算虚减本月费用或收入。

本例中相关计算如下：

代销手续费=1 500×90×5%=6 750（元）

代销手续费增值税=6 750×6%=405（元）

永署公司和甲公司结算款=1 500×90×（1+13%）=152 550（元）

永署公司和午公司结算款=1 500×90×（1+13%）−6 750−405=145 395（元）

（2）委托方永署公司会计处理

①11月5日，发出商品。

A.发出商品给甲公司：

借：发出商品——洗衣机	120 000	
贷：库存商品——家电类		120 000

B.发出商品给午公司：

借：发出商品——洗衣机	120 000	
贷：库存商品——家电类		120 000

②11月30日，收到甲公司、午公司代销清单，各销售90台。

A.向甲公司开出增值税专用发票：

借：应收账款——甲公司	152 550	
贷：主营业务收入		135 000
应交税费——应交增值税（销项税额）		17 550
借：主营业务成本	108 000	
贷：发出商品——洗衣机		108 000

B.向午公司开出增值税专用发票：

借：应收账款——午公司 152 550
　贷：主营业务收入 135 000
　　　应交税费——应交增值税（销项税额） 17 550
借：主营业务成本 108 000
　贷：发出商品——洗衣机 108 000
借：销售费用 6 750
　贷：应收账款——午公司 6 750

③12月3日，收到代销结算款。

A.收到甲公司款项：

借：银行存款 152 550
　贷：应收账款——甲公司 152 550

B.收到午公司款项：

借：银行存款 145 395
　　应交税费——应交增值税（进项税额） 405
　贷：应收账款——午公司 145 800

（3）受托方甲公司、午公司会计处理

①收到代销商品。

A.甲公司收到商品：

借：受托代销商品 150 000
　贷：受托代销商品款 150 000

B.午公司收到商品：

借：受托代销商品 150 000
　贷：受托代销商品款 150 000

②截至11月30日，甲、午公司各销售90台，货款已存入银行。

批发企业的日常销售，可以在当日做会计处理，也可以定期集中处理。

A.甲公司每台不含税售价为自定价1 700元：

借：银行存款 172 890
　贷：主营业务收入 153 000
　　　应交税费——应交增值税（销项税额） 19 890
借：主营业务成本 135 000
　贷：受托代销商品 135 000
借：受托代销商品款 135 000
　贷：应付账款——永暑公司 135 000

B.午公司每台不含税售价为协议价1 500元：

借：银行存款 152 550
　贷：受托代销商品 135 000
　　　应交税费——应交增值税（销项税额） 17 550
借：受托代销商品款 135 000

贷：应付账款——永暑公司 135 000

借：应付账款——永暑公司 7 155

贷：其他业务收入 6 750

应交税费——应交增值税（销项税额） 405

✻【知识点拨3-5】将非包销视同买断方式下的“主营业务收入”和“主营业务成本”去掉，再加上手续费的相关处理，即是收取手续费方式的会计处理。

③12月3日，支付代销结算款。

A.甲公司支付结算款：

借：应付账款——永暑公司 135 000

应交税费——应交增值税（进项税额） 17 550

贷：银行存款 152 550

B.午公司支付结算款：

借：应付账款——永暑公司 127 845

应交税费——应交增值税（进项税额） 17 550

贷：银行存款 145 395

【练习3-8】

永暑公司委托D省商贸公司（简称“D公司”）销售500个电水壶，购进不含税单价50元，合同约定按不含税售价65元出售，委托代销合同规定手续费为不含税销售额的10%，每月末结算一次。受托当月D公司售出200个，月末开出代销清单和手续费发票给永暑公司，永暑公司收到后开出增值税专用发票给D公司，双方均收到了对方的代销清单或发票。下月2日双方清算款项。请分别做出永暑公司和D公司从委托、受托到清算款项的会计处理，完成表3-17。

表3-17 各业务节点的相关账务处理

项目	业务节点	业务顺序及账务处理
委托方	发出商品时	
	代销售出200个，月末收到代销清单和手续费发票，开出发票（同时满足增值税纳税义务）	（1）销售实现（卖多少，写多少，不一定全卖）： （2）结转成本（成本价，卖多少，抵多少）： （3）确认手续费：
	下月2日收到结算款	

续表

项目	业务节点	业务顺序及账务处理
受托方	收到代销商品时	
	售出代销商品200个，开具代销清单和手续费发票，并收到委托方发票	（1）销售实现： （2）转销受托代销商品款： （3）确认手续费收入： （4）收到永署公司发票：
	下月2日支付结算款	

场景3-9 核算零售企业受托代销业务

场景 3-9

（1）4月8日，三沙超市接受永兴公司的委托，代销女士上衣500件，已经验收入库。合同约定三沙超市必须按每件不含增值税售价100元对外销售，增值税税率为13%，并按不含增值税售价的10%收取手续费，在女士上衣售出之前，永兴公司有权随时将女士上衣调回。

（2）截至4月30日，三沙超市本月累计销售女士上衣300件，销售额价税合计为33 900元，款项已收到并存入银行，然后向永兴公司开出商品代销清单。假设三沙超市月末集中一次处理代销商品销售业务。

（3）4月30日，三沙超市收到永兴公司开具的货物增值税专用发票，注明价税合计33 900元。随即向永兴公司开出手续费的电子增值税专用发票，增值税税率为6%，价税合计3 180元。

（4）4月30日，三沙超市收到永兴公司的通知，剩余200件女士上衣按每件不含增值税售价110元对外出售。完成调价后，处理本月手续费方式下代销永兴公司商品业务相关的销项税额和进销差价。

（5）5月4日，永兴公司将剩余未销售的200件女士上衣调回，三沙超市为其垫付运费900元，通过网银转账支付。

（6）5月5日，三沙超市支付代销结算款给永兴公司。

【场景知识】零售企业受托代销业务的特殊处理方法

零售企业受托代销的会计处理，在批发企业受托代销处理的基础上，融入了零售企业日常销售的核算特点。

场景知识

零售企业受托代销业务的特殊处理方法

零售企业"受托代销商品"用售价核算，因此，收到商品时，需要确认"商品进销差价"，非包销视同买断方式下，不含税协议接受价即为进价，其与售价的差额为差价；代销手续费方式下，受托方没有毛利，根据"商品进销差价=毛利+销项税额"，则差价即为销项税额。此时如果不计"商品进销差价"，则月末在计算差价率时，"受托代销商品"计入了分母，但分子没有相应的"商品进销差价"，这将增大差价率误差。

与批发企业相比，零售企业在非包销视同买断方式下，代销商品售出后不立即分离出销项税额，而是月末与自营商品销售额一同做价税分离和差价分摊，不再单独做会计处理；而在收取手续费方式下，由于不确认商品销售收入和成本，日常月末价税分离和差价分摊不涉及该部分销售额和销售成本，因此需要在计算本月差价率之前单独处理，日常月末处理如下：

借：主营业务收入

　贷：应交税费——应交增值税（销项税额）

借：商品进销差价

　贷：主营业务成本

收取手续费方式下，受托方不确认销售收入和销售成本，要去掉上述会计分录中的"主营业务收入"和"主营业务成本"，月末会计处理为：

借：商品进销差价

　贷：应交税费——应交增值税（销项税额）

【示例3-22】4月10日，三沙超市接受戊空调销售公司（以下简称"戊公司"）委托，代销空调一批，协议接收价为50 000元（不含税），三沙超市自定含税售价67 800元（税率为13%），根据协议，三个月后仍然没有售出的空调可以返给戊公司；同时，接受戌电器公司（以下简称"戌公司"）委托，代销冰箱一批，协议含税售价67 800元（税率为13%），三沙超市不能改变售价，按不含税售价的10%收取代销手续费。

两份代销协议均约定，委托方戊、戌公司有权根据需要调回商品。截至4月末，代销空调全部售出、冰箱售出一半，三沙超市向戊、戌公司开出代销清单或手续费增值税专用发票（税率为6%），尚未收到委托方开具的增值税专用发票。

5月初，三沙超市收到了戊、戌公司开具的增值税专用发票，随即向其支付了代销结算款。

（1）业务分析

本例三沙超市与戊公司的代销合作采用的是非包销视同买断方式，与戌公司的代销合作采用的是收取手续费方式，本例中冰箱售出一半，应该结转一半差价，即7 800×50%=3 900（元）。

由于5月初才收到委托方开具的增值税专用发票，因此进项税额应该在5月份处理。

应支付戊公司款项=50 000+6 500=56 500（元）

应支付戌公司款项=30 000−3 180+3 900=30 720（元）

（2）会计处理

①4月10日，收到代销商品。

A.收到戊公司空调：

借：受托代销商品——家电组（空调）	67 800	
贷：受托代销商品款——戊公司		50 000
商品进销差价——家电组（空调）		17 800

B.收到戊公司冰箱：

借：受托代销商品——家电组（冰箱）	67 800	
贷：受托代销商品款——戊公司		60 000
商品进销差价——家电组（冰箱）		7 800

②4月末，代销空调全部售出，代销冰箱销售一半，货款已存入银行。

A.向戊公司开出代销空调清单，自定含税售价67 800元：

借：银行存款	67 800	
贷：主营业务收入——家电组		67 800
借：主营业务成本——家电组	67 800	
贷：受托代销商品——家电组		678 00
借：受托代销商品款——戊公司	50 000	
贷：应付账款——戊公司		50 000

B.向戊公司开出代销冰箱清单和手续费发票，协议含税售价33 900元：

借：银行存款	33 900	
贷：受托代销商品——家电组		33 900
借：受托代销商品款——戊公司	30 000	
贷：应付账款——戊公司		30 000
借：应付账款——戊公司	3 180	
贷：其他业务收入		3 000
应交税费——应交增值税（销项税额）		180

③4月末，价税分离并结转进销差价。

A.受托代销戊公司销售额相关的销项税额和进销差价，不做单独处理。

B.受托代销戊公司销售额相关的销项税额和进销差价，需要单独处理：

借：商品进销差价——家电组	3 900	
贷：应交税费——应交增值税（销项税额）		3 900

④5月初，收到委托方开具的增值税专用发票，支付代销结算款。

A.向戊公司支付结算款：

借：应付账款——戊公司	50 000	
应交税费——应交增值税（进项税额）	6 500	
贷：银行存款		56 500

B.向戊公司支付结算款：

借：应付账款——戊公司	26 820	
应交税费——应交增值税（进项税额）	3 900	
贷：银行存款		30 720

【练习3-9】

三沙超市接受永暑公司的委托，销售500个电水壶，合同约定按不含税售价65元出售，委托代销合同规定手续费为不含税销售额的10%，每月末结算一次。受托当月三沙超市售出200个电水壶，月末开出代销清单和手续费专用发票给永暑公司，永暑公司收到后开出增值税专用发票给三沙超市，双方均收到了对方的清单或发票。下月2日双方清算款项。仅练习三沙超市从接受委托到清算款项的会计处理。

任务3.3.3 核算零售企业促销业务

【头脑风暴3-2】说出零售企业常见的促销手段。

场景3-10 核算零售企业消费积分业务

场景3-10

20×4年1月1日，三沙超市开始推行一项奖励积分计划。根据该计划，客户在三沙超市每消费10元可获得1个积分，每10个积分从次月开始在购物时可以抵减1元，积分有效期两年，于两年后的同月月底失效。

（1）截至20×4年1月31日，客户共消费18 642 973万元，可获得1 864 297个积分，根据以往经验，三沙超市估计该积分的兑换率为90%。

（2）截至20×4年12月31日，客户共兑换了1 185 436个积分，三沙超市对该积分的兑换率进行了重新估计，三沙超市估计该积分的兑换率为92%。

（3）截至20×5年12月31日，客户累计兑换了1 786 561个积分。三沙超市对该积分的兑换率进行了重新估计，三沙超市估计该积分的兑换率为96%。

（4）20×6年1月31日，本月没有客户兑换积分，剩余77 736个积分失效。

【场景知识】消费积分的确认与计量

场景知识

消费积分的确认与计量

（1）消费积分的确认与初始计量方法

收入准则规定的收入确认五步法模型为：识别合同、区分履约义务、确定交易价格、分配交易价格、确认收入。其中，区分履约义务时，如果客户只有在订立了一项合同的前提下，才取得了额外购买选择权，并且客户行使该选择权购买额外商品时，能够享受到超过该地区和该市场中其他同类客户所能够享有的折扣，则通常认为该选择权向客户提供了一项重大权利，应当作为单项履约义务。比如未来购买商品的积分或折扣券、合同续约选择权等。

企业应当按照商品和额外购买选择权单独售价的相对比例，对本次交易价格进行分配。其中，额外购买选择权如果不被行使，则没有价值，因此，其单独售价与客户行使选择权的可能性相关。分配至额外购买选择权的交易价格与未来销售的商品相关，应该在客户未来行使该选择权并取得相关商品控制权时，或者在该选择权失效时确认为收入。计算公式为：

额外购买选择权单独售价=选择权数量×选择权单位定价×选择权行使概率

交易价格分配率=总交易价格÷（商品单独售价+额外购买选择权单独售价）

额外购买选择权交易价格=额外购买选择权单独售价×交易价格分配率

商品交易价格=总交易价格−额外购买选择权交易价格

《企业会计准则第14号——收入》应用指南规定，企业因转让商品收到的预收款适用新收入准则进行会计处理时，不再使用“预收账款”科目及“递延收益”科目，额外购买选择权的交易价格应该使用“合同负债”科目核算。

（2）消费积分的后续计量

后续客户使用消费积分时，应该按兑换当期的估计积分兑换率计算已兑换积分的交易价格，并将其确认为当期收入。

$$\text{兑换积分的交易价格}=\text{累计兑换积分数量}\div\text{预期兑换积分总数}\times\text{消费积分的初始计量金额}-\text{已结转为收入的积分交易价格}$$

预期兑换积分总数=消费积分总数×当期估计积分兑换率

会计实务中，顾客兑换积分（合同负债转收入）的会计处理，通常在月末集中进行，与日常销售的处理是分开的。

（3）消费积分的失效处理

根据会计准则的规定，与消费积分有关的收入，待客户兑换积分或积分失效时转做收益，按失效积分账面余额，借记“合同负债”科目，贷记“主营业务收入”科目。

【示例3-23】三沙超市在国庆节期间推出促销活动，规定促销期间消费积分加倍，每消费满10元积1分，不足10元不积分。10月2日，顾客李国庆刷卡购买了售价28 250元（含税）的一批家用电器，获得积分2 825分，每分折合人民币1元，积分有效期为一年，该批家用电器适用的增值税税率为13%，估计客户使用积分的概率为90%。10月28日，李国庆又购买了一件零售价为4 520元（含税）的皮衣，三沙超市规定可以用积分卡上的1 000分积分抵付价款，并刷卡补付差价，该皮衣适用的增值税税率为13%。

（1）业务分析

①企业销售商品时赠送消费积分，属于“附有客户额外购买选择权的销售”，消费积分应单独确认为一项履约义务，作为“合同负债”处理，销售额扣除消费积分交易价格后的余额作为本期收入。

本例赠送消费积分数量=INT（28 250÷10）×1=2 825（个）

消费积分单独售价=2 825×1×90%=2 542.5（元）

消费积分交易价格=28 250÷（28 250+2 542.5）×2 542.5=2 332.57（元）

商品交易价格=28 250−2 332.57=25 917.43（元）

由于总交易价格28 250元是含税价，因此，分摊后的消费积分和商品交易价格也属于“含税价”，尤其对于消费积分交易价格而言，存在一定的偏差，但由于消费积分交易价格本身是根据估计兑换率计算而来的，也是一个会计估计数，根据重要性原则，该偏差通常是可以接受的。

②10月28日兑换积分时，还在取得积分当月，估计兑换率不变。

兑换积分的交易价格=1 000÷（2 825×90%）×2 332.57=917.43（元），应将其确认为本期收入。

（2）会计处理

①10月2日，销售给李国庆家电一批：

借：银行存款	28 250	
贷：合同负债		2 332.57
主营业务收入——家电组		25 917.43

借：主营业务成本——家电组　　28 250

　贷：库存商品——家电组　　28 250

零售企业在赠送顾客消费积分时，应按销售全额开具发票、计缴增值税。

②10月28日销售皮衣：

借：银行存款　　3 520

　贷：主营业务收入——服装组　　3 520

借：主营业务成本——服装组　　4 520

　贷：库存商品——服装组　　4 520

借：合同负债　　917.43

　贷：主营业务收入——服装组　　917.43

为避免重复缴纳增值税，客户兑换积分时，零售企业应按实收销售额开具发票、计缴增值税。

【练习3-10】

三沙超市在元旦期间推出促销活动，规定促销期间每消费满1元积1分，不足1元不积分，每分折合人民币0.1元，积分有效期为一年。A顾客刷卡购买了售价508.5元（含税）的一批日用品，该批日用品进价为348元，适用的增值税税率为13%，超市估计顾客的积分兑换率为80%。一个月后，A顾客又刷卡购买了一件零售价为124.3元（含税）的玩具，超市规定可以用100积分抵付价款，并补付差价，该玩具适用的增值税税率为13%，超市估计顾客的积分兑换率为70%。

场景3-11　核算零售企业以旧换新、赠品销售、销售抽奖业务

场景3-11

三沙超市在五一劳动节假期的部分促销活动如下，全部为刷卡或扫码收款：

（1）家电组冰箱和洗衣机类商品的促销政策为：如果交还同品牌旧冰箱或洗衣机，最高可以作价510元，由超市人员送货上门时回收旧货。5月1日当天，采用此种方式销售冰箱和洗衣机，实现的销售额为189 200元，回收旧货作价23 370元，收款165 830元。

（2）食品组的促销政策为：购买某品牌食用油满149元送一辆正常售价为58元的手拉购物车。5月1日当天，该品牌共实现销售额19 416元，送出118辆手拉购物车。手拉购物车由日用品组负责，分配率四舍五入保留小数点后四位小数。

（3）玩具组实行“一元购”促销政策：购买玩具满69元，可以加一元购买一件价值19元的玩具。5月1日当天，“一元购”活动共销售玩具132单，包含“加一元”的销售额共计10 826元。

（4）为吸引顾客，三沙超市同时举办抽奖活动，购物满30元即可参加抽奖，中奖率为20%。5月1日当天，累计发放了进价3 160元、售价5 370元的奖品，增值税税率均为13%。由于奖品价值不高，没有向客户收取应该代扣代缴的个人所得税，由超市承担。

【场景知识】以旧换新、赠品销售、销售抽奖业务的会计处理

（1）以旧换新的会计处理

以旧换新即“买旧卖新”， 方面，回收的旧货不会再直接卖给消费者，按照作价记入“原材料”账户，零售企业不是专门从事废旧物资回收的单位，因此，回收的旧货不能

计算进项税额；另一方面，收入和销项税额应该按新货物的公允价值确认，而不是按实际收款额确认，金银首饰以旧换新业务除外。

（2）赠品销售的会计处理

场景知识

以旧换新、赠品销售、销售抽奖业务的会计处理

根据收入确认的“五步法”模型，一笔交易价格涉及销售几种商品时，应该按照每种商品的公允价值分摊确认相应的交易价格。这跟相关税收法规是一致的，国家税务总局《关于确认企业所得税收入若干问题的通知》（国税函〔2008〕875号）规定：“企业以买一赠一等方式组合销售本企业商品的，不属于捐赠，应将总的销售金额按各项商品的公允价值的比例来分摊确认各项的销售收入”，这里的公允价值一般指不含税售价。因此，赠品销售与无偿赠送不同，赠品销售的目的是销售，要求有回报，其实质是正品降价销售，而无偿赠送不要求回报，尽管税务上视同销售计算销项税额，但会计上不确认收入。

（3）销售抽奖的会计处理

销售抽奖是销售活动结束后给予客户抽奖权，客户行使该抽奖权的活动。尽管销售抽奖是基于销售活动的一种额外活动，但并不是第二次交易，不属于“附有客户额外购买选择权的销售”活动。销售抽奖可能设置消费金额条件，也可能不设置，其本质是一种广告宣传活动，因此，相关耗费应作为“销售费用”；发放的奖品并不能带来相关经济利益流入，因此会计上不确认收入，直接结转奖品实际成本，但税务上按照“将自产、委托加工或者购进的货物无偿赠送其他单位或者个人”，认定为视同销售行为，计算缴纳增值税。

《关于个人取得有关收入适用个人所得税应税所得项目的公告》（财政部 税务总局公告2019年第74号）规定，企业在业务宣传、广告等活动中，随机向本单位以外的个人赠送礼品（包括网络红包，下同），企业在年会、座谈会、庆典以及其他活动中向本单位以外的个人赠送礼品，个人取得的礼品收入，按照“偶然所得”项目计算缴纳个人所得税，但企业赠送的具有价格折扣或折让性质的消费券、代金券、抵用券、优惠券等礼品除外。前款所称礼品收入的应纳税所得额按照《财政部 国家税务总局关于企业促销展业赠送礼品有关个人所得税问题的通知》（财税〔2011〕50号）第三条的规定计算，即企业赠送的礼品是自产产品（服务）的，按该产品（服务）的市场销售价格确定个人的应税所得；是外购商品（服务）的，按该商品（服务）的实际购置价格确定个人的应税所得。因此，客户抽奖获得的奖品，要按照“偶然所得”项目，全额适用20%的税率缴纳个人所得税，由赠送奖品的单位代扣代缴，未履行代扣代缴义务的，按《税收征收管理法》予以处罚。

如果销售抽奖活动跨越两个会计年度，则应该通过“预计负债”进行核算。

【示例3-24】9月10日，三沙超市举办教师节促销活动，教师本人当日凭教师资格证书购买电视机，如果有旧电视机，可以作价100～910元，抵扣新电视机货款。当日采用此种方式销售电视机120台，总营业额为367 260元，其中，回收旧电视机作价77 280元，刷卡收款289 980元。

（1）业务分析

以旧换新销售与常规销售的不同，仅在于收取的对价包括两部分：货币资金和旧货，其他会计处理相同。

（2）会计处理

借：银行存款　　289 980

　　原材料——旧货　　77 280

　贷：主营业务收入——家电组　　367 260

借：主营业务成本——家电组　　367 260

　贷：库存商品——家电组　　367 260

✽【知识点拨3-6】零售企业回收的旧货，返售给厂家或出售给废旧物资收购单位时，应按照销售旧货（3%的征收率减按2%计算）缴纳增值税。

【拓展阅读3-3】

我国教师节的由来

1985年9月10日，全国的教师们迎来了自己的第一个教师节。1981年3月，中国人民政治协商会议第五届全国委员会第四次会议上，中国民主促进会的17位政协委员联名提交了一份提案：建议确定全国教师节日期及活动内容案。理由：教师担负着培养四化建设人才的重任，应当享有崇高的社会地位。该提案被全国政协编为第170号提案。政协审查的意见如下：建议国务院交教育部研究办理。1984年12月，教育部党组和全国教育工会分党组“关于建立‘教师节’的报告”送中央书记处并报国务院。报告中说，“根据中央领导同志的指示精神，我们进行了研究，建议确定每年9月10日为教师节，在新学年开始，新生一入学，即开展尊师活动。”1985年1月，国务院总理在全国人大常委会上提出建立教师节的议案，全国人大常委会通过了这一议案，确定每年的9月10日为教师节，1985年9月10日为新中国的第一个教师节。

［资料来源：中华人民共和国教育部. 资料：我国教师节的由来［EB/OL］.［2003-08-23］. http://www.moe.gov.cn/jyb_xwfb/xw_zt/moe_357/s3579/moe_70/moe_320/tnull_4956.html.］

【示例3-25】6月25日，三沙超市举行端午节促销活动，规定购买鲜牛奶一箱，赠送保鲜盒一个，鲜牛奶和保鲜盒的正常含税售价分别为76.3元和11.3元，当日销售鲜牛奶100箱、赠送保鲜盒100个，全部通过银行卡或二维码结算。鲜牛奶由食品组管理，适用税率为9%；保鲜盒由日用品组管理，适用税率为13%。

（1）业务分析

鲜牛奶的公允价值=7 630÷（1+9%）=7 000（元）

保鲜盒的公允价值=1 130÷（1+13%）=1 000（元）

分配率=7 630÷（7 000+1 000）=0.95375

鲜牛奶的实际含税收入=7 000×0.95375=6 676.25（元）

保鲜盒的实际含税收入=7 630−6 676.25=953.75（元）

（2）会计处理

借：银行存款　　7 630

　贷：主营业务收入——食品组　　6 676.25

　　　　　　　　　——日用品组　　953.75

借：主营业务成本——食品组　　7 630

　　　　　　　　——日用品组　　1 130

　贷：库存商品——食品组　　7 630

　　　　　　　——日用品组　　1 130

✽【知识点拨3-7】赠品销售的开票方法。

实务中，零售企业通常会将正品和赠品分别在同一张发票上列示，金额之和等于含税销售额。比如买油烟机一台送燃气灶一台，价格2 680元，开票时标明油烟机1 680元、燃气灶1 000元。

【示例3-26】1月20日，三沙超市决定在春节假期期间举办抽奖活动，购物满50元即可参加抽奖，奖品分幸运奖、快乐奖和惊喜奖，其中，幸运奖奖品价值20元，100%中奖。春节假期结束后，累计发放了进价18万元、售价28万元的奖品，增值税税率均为13%。客户领取奖品时，将个人所得税刷入超市基本账户。

（1）业务分析

销项税额=280 000÷（1+13%）×13%=32 212.39（元）

销售费用=180 000+32 212.39=212 212.39（元）

应代扣代缴个人所得税=180 000×20%=36 000（元）

奖品进销差价=280 000−180 000=100 000（元）

（2）会计处理

借：销售费用——业务宣传费	212 212.39	
商品进销差价	100 000	
贷：库存商品		280 000
应交税费——应交增值税（销项税额）		32 212.39
借：银行存款	36 000	
贷：应交税费——应交个人所得税		36 000

✲【知识点拨3-8】自2020年起，偶然所得新增"随机赠送礼品"所得项目，获奖人数较多且未获取纳税人真实的基础信息时，扣缴义务人可暂采用汇总申报方式，注明"随机赠送礼品汇总申报"。《税收征收管理法》规定，扣缴义务人应扣未扣、应收而不收税款的，由税务机关向纳税人追缴税款，对扣缴义务人处应扣未扣、应收未收税款百分之五十以上三倍以下的罚款。《纳税信用评价指标和评价方式（试行）》规定，未按规定期限纳税申报（按税种按次计算）扣除5分；未按规定期限代扣代缴（按税种按次计算）扣除5分；未履行扣缴义务，应扣未扣，应收不收税款（按次计算）扣除3分；已代扣代收税款，未按规定解缴的（按次计算）扣除11分。

【练习3-11】

2月19日，三沙超市（一般纳税人零售企业）举办元宵节促销活动，规定顾客当日购买元宵每单满50元减10元。元宵节当日采用此种方式销售元宵386单，总销售额为15 960元，全部为扫码收款。

任务3.3.4　核算零售企业其他业务

场景3-12　核算零售企业联营业务

场景3-12

（1）8月28日，三沙超市销售日报表等资料显示，当日服装组与供应商永兴公司的联营销售额为18 275.5元，全部为刷卡结算，增值税税率为13%，合同约定由永兴公司直接向客户开具发票。

（2）8月31日，经汇总，8月份服装组联营销售额合计为389 286.10元，合同规定留利为不含税销售额的20%，与永兴公司核对无误后，向其开出代理收入发票。

（3）9月1日，通过银行转账向永兴公司支付全部返款。

【场景知识】联营业务的特点、流程及其会计处理

场景知识

联营业务的特点、流程及其会计处理

（1）联营业务产生的原因

市场竞争加剧给工业企业、批发企业销售带来了巨大挑战，同时，零售企业为加快自身资金周转速度、减少资金占用、提高资金使用效率，提出了“引厂进店”的联营模式，即供应商与零售企业通过签署合作协议，由零售企业在卖场为供应商提供专用货架进行销售的一种合作经营模式。

（2）联营模式的特点

①零售企业提供卖场，但不收取场地租金，而是直接参与商品供应商的销售额分成。这一点不同于柜台或铺面出租。

②零售企业负责卖场的治安管理，不负责联营商品具体的日常管理事务，联营商品的运输、上架、销售及毁损等，由供应商自行负责。这一点不同于受托代销方式。

③零售企业控制联营商品的销售款结算。零售企业负责收取联营商品销售款，然后计算返利，与供应商对账、结算货款。

（3）联营业务的基本操作流程

①选择商品供应商，签订联营合同。

选择合适的商品供应商和联营商品，是保证零售企业联营经营盈利的基本前提。联营合同是由零售企业与商品供应商签订的，据以确定合作双方权利和义务关系，明确联营商品的种类、规格、保底销售额、收益分成比例、货款结算方式等事项的书面合约。

②商品销售款管理。

在商品销售过程中，零售企业应当负责全部联营商品的销售收款工作，并确保正确无误。

③计算供应商返款。

一般情况下，零售企业于每月末汇总当期全部联营商品销售额，并根据约定的留利比例，计算应返还供应商的款项。

④联营结算对账。

零售企业计算的应返还的款项应当与供应商进行核对，以确保结算款项顺利支付。

⑤支付联营结算款。

零售企业与供应商对返款额核对无误后，就可以办理联营款项的结算工作。

（4）联营业务的会计处理

收入准则第三十四条规定：企业应当根据其在向客户转让商品前是否拥有对该商品的控制权，来判断其从事交易时的身份是主要责任人还是代理人。企业在向客户转让商品前能够控制该商品的，为主要责任人，应当按照已收或应收对价总额确认收入；否则为代理人，应当按照预期有权收取的佣金或手续费的金额确认收入，且该金额按照已收或应收对价总额扣除应支付给其他相关方的价款后的净额，或者按照既定的佣金或比例等确定。

在联营模式中，供应商承担向终端客户转让商品的主要责任，自主决定商品的交易价格，承担存货风险和销售费用，因此，拥有对商品的控制权，属于“主要责任人”，相应

地，零售企业则属于“代理人”，联营业务属于代理业务，应当使用“净额法”确认代理业务收入。与受托代销业务不同，联营业务下，零售企业既没有商品控制权，也没有商品管理权，因此不确认“受托代销商品”。传统上，联营业务的发票开具与代销业务相同，由零售企业向终端客户开具发票，零售企业要确认销售商品的销项税额，然后再向供应商开具代理业务发票，确认代理业务收入的销项税额。目前，也有零售企业要求供应商在卖场配置开票系统，直接向终端客户开具发票，这种方式下，零售企业仅开一次发票即可。

【示例3-27】10月28日，三沙超市销售日报表等资料显示，当日家电组与供应商永暑公司的联营销售额为18 275.50元，全部为刷卡结算，增值税税率为13%，合同约定由超市向客户开具发票。10月31日，经汇总，10月份家电组联营销售额合计为389 286.10元，合同规定留利为不含税销售额的20%，与永暑公司核对无误后，向其开出代理费发票，并收到永暑公司开具的增值税专用发票，价税合计389 286.10元。11月2日，通过银行转账向永暑公司支付全部返款。

（1）业务分析

10月28日联营销售额价款=18 275.50÷（1+13%）=16 173.01（元）

联营销售额销项税额=16 173.01×13%=2 102.49（元）

10月31日，零售企业需要根据联营合同约定的留利率，计算留利和应返还给供应商的款项，本例计算如下：

本月联营不含税销售额=389 286.10÷（1+13%）=344 500.97（元）

留利=344 500.97×20%=68 900.19（元）

留利税额=68 900.19×6%=4 134.01（元）

联营销售增值税税额=344 500.97×13%=44 785.13（元）

向供应商返款=389 286.10−68 900.19−4 134.01=316 251.90（元）

（2）会计处理

①10月28日，入账联营销售额：

借：银行存款	18 275.50	
贷：应付账款——永暑公司		16 173.01
应交税费——应交增值税（销项税额）		2 102.49

②10月31日，计算10月留利，开出联营代理费发票，收到永暑公司发票：

借：应付账款——永暑公司	73 034.20	
贷：其他业务收入——联营代理费		68 900.19
应交税费——应交增值税（销项税额）		4 134.01
借：应交税费——应交增值税（进项税额）	44 785.13	
贷：应付账款——永暑公司		44 785.13

③11月2日，支付联营返款：

借：应付账款——永暑公司	316 251.90	
贷：银行存款		316 251.90

【练习3-12】

三沙超市与南海公司采用联营模式销售食用油，本月联营销售额为261 684.90元，合同约定留利为不含税销售额的20%，核对销售额无误后，向其开出代理收入发票。

场景3-13　核算零售企业鲜活商品业务

场景3-13

5月30日，三沙超市从农场购入蔬菜9 240元，取得增值税普通发票，票面显示税率为9%，已通过网银转账支付；销售日报表显示，当天生鲜组蔬菜销售额为9 731.40元，已扫码存入银行。

5月31日，账面显示，5月初“库存商品——生鲜组（蔬菜）”账户余额为1 560元，本月从农场购入蔬菜266 180元，取得增值税普通发票，票面显示税率为9%，当晚盘点蔬菜库存价值为1 280元。本月蔬菜累计销售额为584 462.60元。

【场景知识】鲜活商品与进价金额核算法

场景知识

鲜活商品与进价金额核算法

鲜活商品主要是食品，包括蔬菜、水果、鱼、肉、蛋等。鲜活商品容易损耗，数量波动较大，而且售价随着新鲜程度调整频繁，因此，对于其“库存商品”数量和售价均不予核算，而采用进价金额核算法，即“进价记账、盘存计销”，商品进销存均采用进价入账，销售成本的计算采用倒算法，公式如下：

本期销售成本=期初余额+本期购进-期末余额

进价金额核算法手续简便，核算过程可以分为四步：购进进价入账、平时收入含税、月末价税分离、月末盘点倒算成本。因此，销售过程中的损耗或责任事故难以控制，容易造成成本不实，需要加强日常存货管理。

零售企业购入非免税农产品，可以按农产品收购发票或销售发票上注明的买价和9%的扣除率直接计算进项税额，无须换算为不含税价款；零售企业销售农产品，按9%的税率计算销项税额。

零售企业鲜活食品类“库存商品”账户核算的是进价，因此，不能与其他售价核算的“库存商品”混在一起，须做区分。

《财政部 国家税务总局关于免征蔬菜流通环节增值税有关问题的通知》（财税〔2011〕137号）规定，对从事蔬菜批发、零售的纳税人销售的蔬菜免征增值税。《关于免征部分鲜活肉蛋产品流通环节增值税政策的通知》（财税〔2012〕75号）规定，对从事农产品批发、零售的纳税人销售的部分鲜活肉蛋产品免征增值税。增值税法规规定，用于免征增值税项目的购进货物或者应税劳务，其进项税额不能抵扣。

✲【知识点拨3-9】批发企业使用进价金额核算法时，平时的销售收入可以用不含税金额入账。

【示例3-28】三沙超市5月初“库存商品——生鲜组（海产品）”账户余额为40 000元，本月从渔民处购入海产品300 000元，取得农产品收购发票，增值税扣除率9%。本月海产品累计销售额为436 000元，增值税税率为9%。月末盘点库存海产品价值25 000元。（为便于理解，本例所用购销数据均为本月汇总数）

（1）业务分析

购进海产品进项税额=300 000×9%=27 000（元）

采购成本=300 000−27 000=273 000（元）

零售企业销售鲜活商品时，按含税价入账，但不结转销售成本，月末进行价税分离，倒算销售成本。销售非免税农产品，增值税税率为9%，本例计算如下：

销售海产品销项税额=436 000÷（1+9%）×9%=36 000（元）

销售成本=40 000+273 000−25 000=288 000（元）

（2）会计处理

①5月购进海产品入库：

借：库存商品——生鲜组（海产品）	273 000	
应交税费——应交增值税（进项税额）	27 000	
贷：银行存款		300 000

②5月销售海产品：

借：银行存款	436 000	
贷：主营业务收入——生鲜组		436 000

③5月末价税分离：

借：主营业务收入——生鲜组	36 000	
贷：应交税费——应交增值税（销项税额）		36 000

④5月末结转已销海产品成本：

借：主营业务成本——生鲜组	288 000	
贷：库存商品——生鲜组（海产品）		288 000

【练习3-13】

5月初“库存商品——生鲜组（鲜鸡蛋）”账户余额为1 390元，本月从养殖场购入鲜鸡蛋376 410元，取得增值税普通发票，税率显示为免税，月末盘点鲜鸡蛋库存价值为1 170元。计算结转本月鲜鸡蛋销售成本。

参考资料

4 项目 4 建筑企业会计

【知识目标】

1. 了解建筑产品的特点、设计概算及其与施工图预算的区别、建设工程施工合同的类型；

2. 熟悉建筑企业会计核算的主要特点、建筑企业预收款的增值税规定、合同收入的内容；

3. 理解施工成本核算对象的确定、施工成本项目的内容、施工成本的一般核算程序、建筑企业施工成本与工业企业生产成本的计算与会计核算的区别、建筑企业抵还备料款的计算原理、合同收入与合同成本的确认方法、合同预计损失的确认方法；

4. 掌握建筑企业周转材料的摊销方法、施工成本的归集与分配方法、履约进度的计算方法、“合同结算”会计科目的使用。

【能力目标】

1. 能够运用成本会计的基本原理，完成建筑企业施工成本的计算与会计核算；

2. 能够完成建筑企业预收及抵还备料款的计算与会计核算；

3. 能够运用收入的五步法模型，完成合同收入与合同成本的计算与会计核算；

4. 能够完成合同预计损失的计算与会计核算。

【价值目标】

1. 培养吃苦耐劳的思想品质，弘扬大国工匠精神，树立“中国建造”的自豪感；

2. 理解“中国建造”出海与“一带一路”建设的密切关系，增强“人类命运共同体”意识。

任务 4.1 认知建筑企业会计

场景 4-1 耗时三年建造的大学室内体育馆

场景 4-1

6月15日，小祝同学返校领取毕业证书，然后兴高采烈地来到新落成的室内体育馆。他清楚地记得三年前入学时，这个体育馆就已经开工建设了，当时工地门口工程概况介绍其造价1 080万元，包括室内篮球馆、排球馆、羽毛球馆、乒乓球馆、瑜伽馆、健身馆等，竣工时间为第二年6月30日，畅想着大二就可以在体育馆里打篮球了。可是大一寒假回来，发现体育馆停工了，裸露在外面的钢筋锈迹斑斑，成了“烂尾馆”，临时工棚里也看不到工人了。转眼间到了大三，暑假结束返校时，他惊喜地发现体育馆复工了，但年底实习离校时其仍然没有完工。现在体育馆终于建成了，一定要去打场篮球，给大学生活画一个圆满的句号。

根据小祝同学的描述，可以看出建筑产品有什么特点？相应地，建筑企业会计核算有什么特点？

【场景知识】建筑企业会计核算的主要特点

场景知识

建筑企业会计核算的主要特点

（1）背景导入：中国基建工程近年来的代表作

2018年10月24日，港珠澳大桥正式通车。港珠澳大桥总长55千米，其主体工程由6.7千米的海底沉管隧道，长达22.9千米的桥梁，逾20万平方米的东、西人工岛组成，即“桥—岛—隧”一体。港珠澳大桥建设难度极大，新材料、新工艺、新设备、新技术层出不穷，仅专利就达400项之多，在多个领域填补了空白，造出了世界上最难、最长、最深的海底公路沉管隧道，被国际媒体评为“新世界七大奇迹”的第三位。

2019年9月25日，在万众瞩目之中，北京第二座大型民用机场大兴国际机场正式投入运营，占地面积140万平方米，只用不到5年时间就展现在世人面前。大兴国际机场从兴建之日就自带“黑科技”光环。高铁下穿航站楼、无感过关、强大的单体隔震能力、化雪融雪设计、横向跑道抵御季风……种种人性化、高效率、充满后现代感的设计和技术应用，证明中国为世界航空港建设树立了新的标杆，因此，北京大兴国际机场被排在“新世界七大奇迹”首位。

（2）建筑企业会计核算的主要特点

建筑企业又称建筑施工企业或施工企业，主要从事各类房屋建筑及其附属设施的建造和与其配套的线路、管道、设备的安装活动。其业务通常包括房屋建筑、土木工程建筑、建筑安装和建筑装饰装修等，比如，建房、修路、修坝、电气管道安装、室内外装饰装修、汽车飞机舰船涂装等。

在《国民经济行业分类》（GB/T 4754—2017）中，列示了“建筑业”门类，与采矿业、制造业一样属于第二产业。相比工业企业或服务企业，建筑企业会计核算主要有以下特点：

①工程款一般分次结算。

由于建筑产品一般造价高、生产周期长，所以建筑企业资金压力较大，通常会在建造合同中约定预收备料款，并按完工进度分次结算，特大型项目也可能约定每月末定期结算。造价低、工期短的小型工程项目，也可以竣工后一次结算工程价款。

②工程成本采用分批法计算。

建筑产品通常是根据订单（建造合同）进行的单件或小批量生产，因此，建筑产品一般采用分批法（订单法），以产品批别或合同为成本核算对象。

同时，由于工程款分次结算，需要分次确认收入并结转成本。

✲【思考一刻4-1】比较建筑企业与工业企业的成本计算方法和成本项目方面的异同点。

③工程成本具有不确定性。

建筑产品体积庞大、位置固定、工期较长，可能会由于工期大幅变动、设计与图纸变更、施工工艺调整、主材价格波动、地区价格不平衡、“三边”（边勘测、边设计、边施工）工程、项目管理粗放等原因，导致工程成本发生重大变化。另外，工程露天施工、机械和物资露天堆放，受自然力侵蚀的影响很大，也可能会发生更多的自然损耗或停工损失，从而额外增加工程成本或损失。

④收入确认与工程款结算存在差异。

一般建筑项目分次结算的同时，也按周期分次确认收入，这样更符合会计核算原则，避免收入与成本错配，避免收入和利润坐过山车，忽高忽低、忽盈忽亏。但工程款的结算与收入的确认并不完全匹配，工程款的确认和付款是以建设单位（甲方）为主体的行为，而确认收入和结转成本是以施工单位（乙方）为主体的行为，二者天然存在差异。

由于建筑业和制造业同属第二产业，因此，在会计处理上有很多共同之处，本项目内容仅涉及建筑企业施工成本核算业务和收入结算业务的会计核算。

【练习 4-1】

［多选］建筑企业会计核算的特点有（　　）。

A.工程成本通常采用分步法核算　　B.工程款通常分次结算

C.工程成本具有一定的不确定性　　D.财务风险较大

任务 4.2　核算建筑企业主营业务

本项目的业务场景、示例和练习，使用的背景为海南南沙建筑工程有限公司（简称“南沙建筑公司”）和海南华阳建筑工程有限公司（简称“华阳建筑公司”），主要经营房屋建筑工程施工总承包，公路工程施工总承包，钢结构工程专业承包，桥梁工程专业承包，公路路面工程专业承包，市政公用工程施工总承包，地基与基础工程专业承包，机电设备安装工程专业承包，建筑机械设备租赁，建筑材料销售，施工咨询管理服务等。系增值税一般纳税人，增值税税率为9%。

场景 4-2　核算建筑企业施工成本的归集与分配业务

场景 4-2

华阳建筑公司下设第一、第二两个项目部，其中，第一项目部20×4年9月起，承建上海东门椰汁饮料公司的车间和仓库两项建筑工程，合同总造价为11 155万元。20×4年10月，部分施工成本业务如下，于10月31日集中进行会计处理：

（1）编制10月工程项目材料费用分配汇总表，见表4-1。

表 4-1　　**工程项目材料费用分配汇总表**　　单位：元

材料项目及差异率 / 成本核算对象		主要材料				特型结构件	其他材料	合计
		钢材	水泥	化工料	小计			
		2.5%	-3%	4%		-3%	2%	
车间工程	计划成本	190 000	140 000	35 000	365 000	18 000	6 000	
	成本差异							
	实际成本							
仓库工程	计划成本	165 000	110 000	28 000	303 000	12 000	2 000	
	成本差异							
	实际成本							
预制件组	计划成本	10 000	20 000	0	30 000	0	2 000	
	成本差异							
	实际成本							
合计	计划成本							
	成本差异							
	实际成本							

（2）车间工程工地报废一批原值4 000元的模板，残料300元已经入库，该类模板账面原值40 000元，已提摊销额30 000元。

报废模板应提摊销额=________________（元）

报废模板已提摊销额=________________（元）

报废模板应补提摊销额=________________（元）

（3）根据工程人员人工费相关资料，编制10月份人工费分配汇总表，其中，工程部门全部为劳务费，已收到劳务公司申请代开的增值税专用发票，价款215 350元，税率为3%，税额6 460.50元，款项已通过银行转账支付，劳务费按工日数分配，分配结果四舍五入取整，见表4-2。

表4-2 **人工费分配汇总表** 单位：元

部门		工资或劳务费			社会保险费	住房公积金	工会、职工教育经费	合计
		工日数	分配率	金额				
工程部门	车间工程	6 000	—		—	—	—	
	仓库工程	4 800	—		—	—	—	
	小计	10 800		215 350	—	—	—	
预制件组		—	—	25 160	6 315	3 019	2 516	
项目管理部		—	—	86 420	21 691	10 370	8 642	
合计		—	—					

（4）以转账支票支付本月机械使用费39 550元，取得增值税专用发票，价款35 000元，其中，塔吊租金20 000元，挖掘机租金15 000元，税率13%，税额4 550元。编制机械使用费分配表，根据使用台班进行分配，见表4-3。

表4-3 **机械使用费分配表** 单位：元

成本核算对象	塔吊			挖掘机			合计
	台班	分配率	金额	台班	分配率	金额	
车间工程	6			4			
仓库工程	4			6			
合计	10			10			

（5）预制件组本月摊销模具800元。汇总本月预制件组费用和入库单等，共加工特型结构件560件，计划成本68 000元。

（6）汇总本月发生的间接费用：计提管理用固定资产折旧15 000元，其中，办公设备12 890元、临时设施摊销2 110元；用银行转账支付办公用品、水电费9 300元（含可抵扣进项税额820元），以银行转账支付报销的差旅费7 400元（含可抵扣进项税额670元），以转账支票支付管理用固定资产修理费800元（含税，增值税专用发票显示税率13%）。

（7）采用直接费用比例法分配间接费用，见表4-4，分配率四舍五入保留四位小数。

本期施工间接费用=________（人工费）+________（折旧费）+________（办公费）+

________（差旅费）+________（维修费）

=________（元）

表 4-4　　　　　　　　　　　　**施工间接费用分配表**　　　　　　　　　　　　单位：元

项　目		车间工程	仓库工程	合计
直接费用	材料费			
	人工费			
	机械使用费			
	合计			
分配率				
分配金额				

（8）编制本月工程施工成本汇总表，格式见表 4-5。

表 4-5　　　　　　　　　　　　**工程施工成本汇总表**　　　　　　　　　　　　单位：元

成本核算对象	材料费	人工费	机械使用费	间接费用	合计
车间工程					
仓库工程					
合　计					

【场景知识】建筑企业施工成本的内容及一般核算程序

场景知识

建筑企业施工成本的内容及一般核算程序

建筑企业（“乙方”）与建设单位（“甲方”）签订建造合同后，便可进入施工阶段，一份建造合同可以包含一项或多项工程。建筑企业的施工业务，相当于工业企业的生产业务，二者成本核算的基本原理相同。

（1）施工成本核算对象

成本核算对象是根据“为谁发生则由谁承担”的原则确定的。建筑企业通常以具有独立施工图预算的单项工程作为成本核算对象。施工图预算是根据施工图、预算定额、各项取费标准、建设地区的自然及技术经济条件等资料编制的工程预算造价文件。特殊情况下，同一建设项目、同一施工地点、结构类型相同、同时或依次施工的几个单项工程，可以合并为一个成本核算对象；对于规模很大、工期很长的工程项目，或者需要某一部分工程成本数据，可以将一个工程划分为若干部分，以每一项分部工程作为成本核算对象。

【拓展阅读 4-1】

设计概算及其与施工图预算的区别

与施工图预算相关的一个概念是设计概算，亦称“初步设计概算”，简称“概算”，是根据初步设计、概算定额和费用标准等编制的概略地计算建设项目所需全部建设费用的文件，可分为建设项目总概算、单项工程综合概算和单位工程概算三级。

建设项目总概算是确定一个建设项目从筹建到竣工验收所需全部费用的文件，由各单项工程综合概算、预备费、建设期贷款利息等汇总而成。一个建设项目由若干单项工程组成，如某新校区建设项目包括办公楼、教学楼、实训楼、宿舍楼、食堂、图书馆、体育场等单项工程。

单项工程综合概算是指在一个建设项目中，具有独立的设计文件，建成后可以独立发挥生产能力或工程效益的项目概算，由单位工程概算、其他工程概算、费用概算等汇总而成。一个单项工程由若干单位工程组成，比如办公楼包括建筑工程、安装工程等。

单位工程概算是在一个单项工程中具有独立设计资料，可以独立组织施工的工程概算，由建筑工程概算、设备购置及安装工程概算、工具器具购置概算等汇总而成。

设计概算与施工图预算的区别在于：

第一，设计概算确定建设项目全部建设费用，而施工图预算只确定建筑安装工程预算造价，因此，设计概算通常是建设单位进行项目审批、经费控制使用，施工图预算则是建筑企业控制施工成本、实行经济核算和考核经营成果的依据；

第二，设计概算比较粗略，施工图预算比较细致、精确；

第三，设计概算编制在前，施工图预算编制在后并受设计概算控制，如无特殊原因，施工图预算不允许超过设计概算。

（2）施工成本项目

建筑企业在施工过程中发生的各种耗费的总和称为施工成本，但不包括劳动者为社会创造的价值（税金和利润）及非生产性支出（如非正常损失）。施工成本加上计划利润、工程设备购置安装费和相关税费等，即形成工程造价。

成本即对象化的费用，按经济用途不同，建筑企业的成本项目可分为两大类：直接费用和间接费用。施工成本一般设以下成本项目：

①直接费用。

直接费用包括材料费、人工费、机械使用费和其他直接费用等。

材料费，即构成工程实体的各种材料费用，除主要材料和辅助材料外，还包括周转材料的摊销和租赁费等。出售残余物资取得的收入，冲减施工成本中的材料费。

人工费指在工程实体上作业人员的薪酬。在建筑企业中，由于很多一线施工人员通过劳务派遣形式用工，因此，劳务费是人工费的重要形式。随着机械化施工技术的发展，人工费占比将慢慢减少。

机械使用费指使用机械发生的操作人工费、折旧费、耗材费、租赁费、进出场费等费用。

其他直接费用主要有水电费、二次搬运费、检验试验费、场地清理费、设计及技术援助费、工程定位复测费等。

②间接费用。

类似于工业企业的“制造费用”，主要是指项目部或施工队的施工管理费用、临时设施摊销、设施维修费等。

③分包成本。

其是指支付给分包单位的工程价款，这部分是相对独立的施工成本，单列一个成本项目。工程总承包单位可以将承包工程中的部分工程发包给具有相应资质条件的分包单位，但不可以将全部承包工程分包或转包给其他单位，分包单位也不能将其承包的工程再分包。

✲【思考一刻4-2】建筑安装工程承包合同的印花税怎样计算？由谁缴纳？用什么会计科目核算？

（3）建筑企业施工成本的一般核算程序

建筑企业应根据具体业务特点和成本管理要求，合理设置成本归集和分配顺序，采用合理的分配方法计算施工成本。核算程序一般如下：

①按照成本项目和成本核算对象，归集并分配本期施工发生的各项直接费用；

②归集并分配本期发生的辅助生产费用；

③归集并分配本期发生的间接费用；

④确认合同收入时，结转合同成本。

本场景只涉及前三步，合同成本的结转将在下个场景中涉及。

（4）建筑企业周转材料的分类与摊销

建筑企业周转材料通常有以下几类：

①模板：浇灌混凝土时使用，木制或钢制；

②挡板：土方工程施工时使用，木制；

③架料：竹竿、木杆或钢管等；

④其他：塔吊使用的枕木等。

建筑企业周转材料摊销计入施工成本的材料费中，除常用的摊销方法外，还可以采用定额摊销法，即根据实际完工的工程量和规定的周转材料消耗定额计算，主要适用于模板，计算公式为：

每月摊销额=本月完成的实物工程量×单位工程周转材料消耗定额

比如，某项工程本月完成现浇梁混凝土工程150立方米，每10立方米模板消耗定额为66.15元，本月模板摊销额为：150÷10×66.15=992.25（元）。

【科目设置】

（1）成本类“合同履约成本——工程施工”科目

核算施工成本，按成本核算对象设明细账。

（2）成本类“辅助生产成本”科目

核算辅助生产部门发生的各项耗费，按部门或小组设明细账，期末分配结转至“合同履约成本——工程施工”账户。

（3）成本类“机械作业”科目

核算施工过程中发生的自有或租用的机械使用费，按单机、机组或类别设明细账，期末分配结转至“合同履约成本——工程施工”账户。

（4）成本类“施工间接费用”科目

核算归集的各种间接费用，按费用类别设明细账，比如项目管理费用、人员薪酬、临时设施摊销等，期末分配结转至“合同履约成本——工程施工”账户。

（5）资产类“固定资产——临时设施”“累计折旧——临时设施摊销”“固定资产减值准备——临时设施减值”“固定资产清理——临时设施清理”科目

核算建筑企业临时设施的搭建、摊销、减值、清理业务。临时设施是建筑企业为保证施工和管理的正常进行而建造的各种临时性生产、生活简易设施，通常工程施工结束即予以拆除。临时设施的具体核算方法参照固定资产的核算。

【示例4-1】南沙建筑公司承建云南高速某一标段，合同总造价1.8亿元，预计两年完工，包括一条360米的隧道、一座200米长的大桥和20千米的路面。该公司设云南高速项目部组织施工，并成立了一个隧道队、一个大桥队和一个路面队进行施工，另外成立一个碎石开采场、一个机械维修队作为辅助生产部门，机械部派来推土机一台。3月份材料费用分配汇总表见表4-6。

表 4-6　　　　　　　　　　　　材料费用分配汇总表　　　　　　　　　　　　单位：元

成本核算	主要材料			辅助材料		燃料	合计
对象	水泥	钢材	碎石	炸药	配件	柴油	
隧道	875 000	800 000	85 000				1 760 000
大桥	375 000	480 000	127 500				982 500
路面	40 000	45 000	85 000				170 000
采石场				6 300			6 300
维修队					11 000		11 000
机械部						8 700	8 700
合计	1 290 000	1 325 000	297 500	6 300	11 000	8 700	2 938 500

（1）业务分析

本例中以具体工程项目隧道、大桥、路面作为成本核算对象。几个成本核算对象共同耗用的材料费，要按合理标准进行分摊；辅助生产领取的材料为物料消耗，机械作业领用的燃料为燃料费。

（2）会计处理

借：合同履约成本——工程施工（隧道——材料费）　　1 760 000
　　　　　　　　——工程施工（大桥——材料费）　　982 500
　　　　　　　　——工程施工（路面——材料费）　　170 000
　　辅助生产成本——采石场（物料消耗）　　6 300
　　　　　　　　——维修队（物料消耗）　　11 000
　　机械作业——推土机（燃料）　　8 700
　贷：原材料——主要材料（水泥）　　1 290 000
　　　　　　——主要材料（钢材）　　1 325 000
　　　　　　——主要材料（碎石）　　297 500
　　　　　　——辅助材料（炸药）　　6 300
　　　　　　——辅助材料（配件）　　11 000
　　　　　　——燃料（柴油）　　8 700

【示例 4-2】华阳建筑公司 2 月末盘点，发现食堂工程在施工过程中，短缺一批原值 2 500 元的模板，该类模板已提摊销额 20 000 元，账面原值 50 000 元，残值率 10%。

（1）业务分析

无论采用哪一种摊销法核算周转材料摊销额，一般都不可能与实际的价值损耗完全一致，因此，建筑企业在年终或工程竣工时，需要对周转材料进行盘点或退库，并根据实际损耗补提摊销额。盘点结果主要有短缺、报废和降低成色三种情况。根据会计的谨慎性原则，对于盘点发现增加成色的情况不予调整账务。

应补提摊销额=应提摊销额-已提摊销额

①应提摊销额的确定。

A.短缺周转材料无残值回收，应提摊销额为其原值。

B.报废周转材料还有一定残值，应提摊销额=报废周转材料原价-残值。

C.降低成色周转材料还可以继续使用，应提摊销额=降低成色周转材料原价×（1-盘点确定的成色百分比）。

比如，年终盘点一批模板账面原价12 000元，还有四成新，则：

应提摊销额=12 000×（1-40%）=7 200（元）

②已提摊销额的确定。

由于周转材料摊销是按批量计算的，但通常只有一部分发生价值减损，因此，价值减损部分的已提摊销额，要按其原值占所属批类模板原值总额的比例计算，公式为：

已提摊销额=该类周转材料已提摊销额×（价值减损周转材料原价÷该类周转材料原价总额）

③报废周转材料补提摊销额之后，应转销其账面价值，将材料作为原材料入库：

借：原材料

　　周转材料——周转材料摊销

　贷：周转材料——在用周转材料

此外，工程竣工后，周转材料需要退库，如果退库时降低了成色，应先补提摊销额，再进行退库会计处理。

④本例属于模板短缺的情况，应提摊销额为其原值，即2 500元。

本例已提摊销额=20 000×（2500÷50 000）=1 000（元）

应补提摊销额=应提摊销额-已提摊销额=2 500-1 000=1 500（元）

短缺模板补提完摊销额后，其摊销额累计等于原值，其账面价值为零，应将其原值和摊销额进行对冲，予以核销。

（2）会计处理

借：合同履约成本——工程施工（食堂工程——材料费）　　1 000

　贷：周转材料——周转材料摊销（模板）　　1 000

对冲周转材料摊销额和账面价值：

借：周转材料——周转材料摊销（模板）　　2 500

　贷：周转材料——在用周转材料（模板）　　2 500

【示例4-3】接【示例4-1】，南沙建筑公司云南高速项目部3月份人工费用均为自有职工发生的费用，工资费用汇总表见表4-7。

表4-7　　工资费用汇总表　　单位：元

成本核算对象	工资	社会保险	住房公积金	合计
隧道队	360 000	54 000	36 000	450 000
大桥队	224 000	33 600	22 400	280 000
路面队	200 000	30 000	20 000	250 000
采石场	240 000	36 000	24 000	300 000
维修队	176 000	26 400	17 600	220 000
机械部	96 000	14 400	9 600	120 000
项目管理部	142 400	21 360	14 240	178 000
合计	1 438 400	215 760	143 840	1 798 000

（1）业务分析

建筑企业支付给内部职工的工资、社保等薪酬，记入“应付职工薪酬”科目。但是，支付给劳务公司、农民工等外部单位或个人的人工费，不通过“应付职工薪酬”核算，直接记入“银行存款”或“应付账款”。

（2）会计处理

借：合同履约成本——工程施工（隧道——人工费）　　450 000
　　　　　　　　——工程施工（大桥——人工费）　　280 000
　　　　　　　　——工程施工（路面——人工费）　　250 000
　　辅助生产成本——采石场（人工费）　　300 000
　　　　　　　　——维修队（人工费）　　220 000
　　机械作业——推土机（人工费）　　120 000
　　施工间接费用——人工费　　178 000
　贷：应付职工薪酬——工资　　1 438 400
　　　　　　　　——社会保险　　215 760
　　　　　　　　——住房公积金　　143 840

【示例4-4】接【示例4-3】，南沙建筑公司云南高速项目部以维修工时为分配标准，分配3月份维修队费用，汇总表见表4-8。

表4-8　**维修费用分配汇总表**　单位：元

项目	隧道	大桥	路面	采石场	机械部	合计
维修工时	80	70	50	60	40	300
分配率	770					
分配金额	61 600	53 900	38 500	46 200	30 800	231 000

（1）业务分析

本业务为劳务性辅助生产成本的核算。所谓劳务性辅助生产成本，即最终形成劳务的辅助生产成本，供应水、电、气、风等或提供维修服务等，都属于“形成劳务”。形成劳务的辅助生产部门可能不止一个，同时也可能相互提供劳务。辅助生产成本的分配，有几种方法可供选择：直接分配法、交互分配法、计划成本分配法、顺序分配法、代数分配法等，建筑企业应根据自身业务实际情况和管理要求斟酌择定。本例不涉及相互提供劳务。

本例维修费用=11 000（材料费）+220 000（人工费）=231 000（元）

分配率=231 000÷300=770（元/工时）

隧道应承担成本=80×770=61 600（元）

其他以此类推。

（2）会计处理

借：合同履约成本——工程施工（隧道——间接费用）　　61 600
　　　　　　　　——工程施工（大桥——间接费用）　　53 900
　　　　　　　　——工程施工（路面——间接费用）　　38 500
　　辅助生产成本——采石场（维修费）　　46 200
　　机械作业——推土机（维修费）　　30 800
　贷：辅助生产成本——维修队（物料消耗）　　11 000
　　　　　　　　——维修队（人工费）　　220 000

✲【思考一刻4-3】比较辅助生产成本分配的直接分配法、交互分配法、计划成本分配法，哪个最简单？

【示例4-5】接【示例4-4】，3月南沙建筑公司云南高速项目部推土机出现重大故障，生产商上门服务发生修理费28 000元，收到增值税专用发票，税率为13%，税额3 640元，已开出转账支票支付。此外，3月推土机应计提折旧20 000元。

（1）业务分析

本例为自有机械的使用费核算，包括燃料、维修费、折旧费等项目。施工机械也可以租赁使用，租赁机械没有折旧费，相关租赁费、燃料费等直接或分配计入具体单项工程合同成本。

（2）会计处理

借：机械作业——推土机（维修费） 28 000

——推土机（折旧费） 20 000

应交税费——应交增值税（进项税额） 3 640

贷：银行存款 31 640

累计折旧——推土机 20 000

【示例4-6】接【示例4-5】，3月末，南沙建筑公司云南高速项目部以各项目的机械使用费预算为标准，分配本月机械使用费，汇总表见表4-9。

表4-9 **机械使用费分配汇总表** 单位：元

项目	隧道	大桥	路面	采石场	合计
预算成本（万元）	20	15	30	35	100
分配率	2 075				
分配金额	41 500	31 125	62 250	72 625	207 500

（1）业务分析

建筑企业使用的机械，可以是自有机械，也可以是短期租赁的机械。

3月末"机械作业"账户余额=8 700（燃料）+120 000（人工费）+58 800（维修费）+20 000（折旧费）=207 500（元）

机械作业的分配方法有机械台班分配法、作业量分配法、预算分配法等。本例采用预算分配法。

分配率=207 500÷100=2 075

隧道承担的机械费=20×2 075=41 500（元）

其余以此类推。

（2）会计处理

借：合同履约成本——工程施工（隧道——机械使用费） 41 500

——工程施工（大桥——机械使用费） 31 125

——工程施工（路面——机械使用费） 62 250

辅助生产成本——采石场（机械使用费） 72 625

贷：机械作业——推土机（柴油） 8 700

——推土机（人工费） 120 000

——推土机（维修费） 58 800

——推土机（折旧费） 20 000

【示例4-7】接【示例4-6】，3月末，南沙建筑公司云南高速项目部采石场共生产碎石5万吨，已验收登记。

（1）业务分析

本例为形成产品的辅助生产成本核算。施工过程中，自行加工制作的原材料、半成品、周转材料等，比如碎石、水泥预制件、混凝土等，都属于“形成产品”，按自制存货进行处理。

3月采石场共发生费用=6 300（物料消耗）+300 000（人工费）+46 200（维修费）+72 625（机械使用费）
=425 125（元）

每吨成本四舍五入约8.5元。转入“原材料”账户。

（2）会计处理

借：原材料——碎石	425 125	
贷：辅助生产成本——采石场（物料消耗）		6 300
——采石场（人工费）		300 000
——采石场（维修费）		46 200
——采石场（机械使用费）		72 625

【示例4-8】接【示例4-7】，3月份南沙建筑公司云南高速项目部管理用固定资产折旧费145 000元，其中，办公设备折旧费50 000元，车辆折旧费70 000元，临时设施摊销25 000元；通过银行转账支付办公费6 780元（取得增值税专用发票，税率13%，可抵扣进项税额780元）、差旅费9 660元（其中，部分票据为飞机票、住宿费增值税专用发票，可抵扣进项税额660元），开出支票支付财产保险费5 300元（取得增值税专用发票，税率6%，可抵扣进项税额300元）。

（1）业务分析

施工过程中发生的各种管理费用，归集后分配计入成本核算对象，包括折旧费、办公费、车辆使用费、中介机构费、财产保险费、诉讼费、招投标费、临时设施摊销、与建造合同有关的符合资本化条件的借款费用等。其中，办公用品费、交通费、住宿费、保险费等，取得规定票据的，可以做进项税额抵扣。

（2）会计处理

借：施工间接费用——折旧费	145 000	
——办公费	6 000	
——差旅费	9 000	
——财产保险费	5 000	
应交税费——应交增值税（进项税额）	1 740	
贷：累计折旧——办公设备		50 000
——车辆		70 000
——临时设施摊销		25 000
银行存款		21 740

【示例4-9】接【示例4-8】，3月末，3月份南沙建筑公司云南高速项目部按人工费比例，在隧道、大桥和路面工程中分摊间接费用，汇总分配表见表4-10。

表 4-10　　　　　　　　　　　施工间接费用汇总分配表　　　　　　　　　　　单位：元

项目	隧道	大桥	路面	合计
人工费	450 000	280 000	250 000	980 000
分配率	0.35			
分配金额	157 500	98 000	87 500	343 000

（1）业务分析

施工间接费用分配方法有：人工费比例分配法、直接费用比例分配法等。

本期施工间接费用=178 000（人工费）+145 000（折旧费）+6 000（办公费）+9 000（差旅费）+5 000（财产保险费）

=343 000（元）

分配率=343 000÷（450 000+280 000+250 000）=0.35

隧道应分摊的间接费用=450 000×0.35=157 500（元）

大桥和路面分别分摊间接费用98 000元和87 500元。

（2）会计处理

借：合同履约成本——工程施工（隧道——间接费用）　　157 500

　　——工程施工（大桥——间接费用）　　98 000

　　——工程施工（路面——间接费用）　　87 500

　贷：施工间接费用——人工费　　178 000

　　——折旧费　　145 000

　　——办公费　　6 000

　　——差旅费　　9 000

　　——财产保险费　　5 000

3月份南沙建筑公司云南高速项目部工程施工成本汇总情况见表4-11。

表 4-11　　　　　　　　　　　工程施工成本汇总表　　　　　　　　　　　单位：元

成本核算对象	材料费	人工费	机械使用费	间接费用	合计
隧道	1 760 000	450 000	41 500	219 100	2 470 600
大桥	982 500	280 000	31 125	151 900	1 445 525
路面	170 000	250 000	62 250	126 000	608 250
合计	2 912 500	980 000	134 875	497 000	4 524 375

【示例4-10】华阳建筑公司第二项目部签订了一项总金额为8 610万元的生产车间建造合同，将其中的部分隔断工程分包给当地一工程队，分包含税价217万元，工程队为小规模纳税人，工程完工后，提供了税率为3%的增值税普通发票，款项已经转账支付。

（1）业务分析

建筑企业可以将部分工程分包给其他建筑企业完成，承包单位完成的工程量视为建筑企业自己完成并承担相应的法律责任，因此，支付的分包款也是履约成本的一部分。如果承包单位提供增值税专用发票，则符合抵扣条件的发票税额记为“进项税额”；如果分包单位仅能提供增值税普通发票，根据差额计税规定，发票税额应记为“销项税额抵减”。

（2）会计处理

借：合同履约成本——工程施工（生产车间——分包成本）　　2 106 796.12

　　应交税费——应交增值税（销项税额抵减）　　63 203.88

贷：银行存款　　2 170 000

✼【思考一刻4-4】比较建筑企业与工业企业成本结转的区别。

【拓展阅读4-2】

雅万高铁正式开通运营

北京时间2023年10月17日下午，国家主席习近平在人民大会堂会见了来华出席第三届“一带一路”国际合作高峰论坛并进行国事访问的印度尼西亚总统佐科，并共同为雅万高铁正式开通运营揭幕，16时35分，G1137次动车组列车从印尼雅加达哈利姆车站开出，雅加达至万隆高速铁路正式开通运营，标志着印尼迈入高铁时代。雅万高铁是两国元首亲自关心推动的中印尼共建“一带一路”合作旗舰项目和“金字招牌”，是印尼和东南亚的第一条高速铁路，连接印尼首都雅加达和旅游名城万隆，全长142.3千米，设计最高时速350千米，使原本3个多小时的车程缩短至40多分钟，令当地交通体系实现升级，大幅加速了沿线人员流动、货物流通，由于征拆成本提高等导致工程延期和原材料成本上升等原因，实际总投资达60亿美元，比预算55亿美元稍有超支，但中国施工单位在工程上“未超支一分钱”。雅万高铁是中国高铁首次全系统、全要素、全产业链在海外落地，中印尼两国建设者携手攻坚，历经近2 000个日日夜夜，打通了13座隧道，架设了56座桥梁，不仅铺就了两国合作共赢的“幸福路”，更架起了两国人民双向奔赴的“连心桥”。

［资料来源：新华网.元首外交 | 中印尼元首为雅万高铁正式开通运营揭幕［EB/OL］.［2023-10-18］. https://baijiahao.baidu.com/s?id=1780070856073916406&wfr=spider&for=pc.］

场景4-3　核算建筑企业合同结算业务

场景4-3

20×4年9月，华阳建筑公司与上海东门椰汁饮料有限公司签订一份建筑工程施工合同，合同总造价为11 155万元，其中，车间工程8 738万元，仓库工程2 417万元，该项目由第一项目部承建，日常结算工程款均不含增值税，增值税另行计算，合同约定按月结算。20×4年9—10月部分结算业务如下：

（1）20×4年9月8日，根据合同约定，开工前预收本年预计完成工程价值的30%作为备料款。本年度预计完成工程价值为4 000万元，其中，车间工程2 800万元，仓库工程1 200万元，增值税预征率为2%。车间工程主要材料比重为50%，仓库工程主要材料比重为60%。

预交增值税=________________________（元）

（2）20×4年10月31日，经双方确认，车间工程完成工程价值1 052 744元（不含税），并考虑是否需要抵还备料款，已开出工程价款结算单（见表4-12）和增值税专用发票，款项尚未收到。仓库工程暂不结算。

表4-12　**工程价款结算单**

建设单位：上海东门椰汁饮料有限公司　　20××年10月　　单位：元

工程名称	合同造价（不含税）	本期应收工程款	应抵还备料款	本期实收工程款	累计已收工程款	备注
车间工程	87 380 000	1 052 744		1 052 744	1 052 744	
仓库工程	24 170 000					
合计	111 550 000	1 052 744		1 052 744	1 052 744	

车间工程起扣点=________________________（元）

销项税额=________________________（元）

（3）20×4年10月31日，确认车间工程的合同收入与合同成本。10月月初施工成本累计为321 926元，本月发生施工成本561 796.16元，月末累计施工成本883 722.16元，估计总施工成本为74 273 000元。车间工程合同价为87 380 000元，截至9月末尚未确认收入。

履约进度=______________________________

本期累计应确认的合同收入=______________________________（元）

本期应确认的合同收入=______________________________（元）

（4）20×4年11月30日，经双方确认，车间工程累计完成工程价值1 418.564万元，本月发生施工成本11 594 085.59元，由于材料费、人工费上涨，预计还将发生成本75 064 100元，开出工程价款结算单和增值税专用发票，进行工程款结算，并确认车间工程的合同收入与合同成本。

本月结算工程款=______________________________（万元）

销项税额=______________________________（元）

应抵还备料款=______________________________（万元）

履约进度=______________________________

本期累计应确认的合同收入=______________________________（元）

本期应确认的合同收入=______________________________（元）

本期合同预计损失=______________________________（元）

（5）20×5年10月28日，车间工程竣工验收通过，根据合同约定预留合同价款8 738万元的3%作为质保金，十二个月内如果没有重大质量问题再办理结算手续。已开出工程价款结算单和增值税专用发票，款项已经收到。截至20×5年9月30日累计合同成本为83 254 927.31元，做出相关会计处理，并计算车间工程合同毛利，其他相关账户余额见表4-13。

表4-13　**车间工程相关账户余额表**　单位：元

账户名称	方向	金额
工程结算——价款结算（车间工程）	贷	81 249 586
合同负债——预收备料款（车间工程）	贷	432 811
工程结算——收入结转（车间工程）	借	82 031 483
合同履约成本——工程施工（车间工程）	借	4 062 347.28
预计负债——车间工程	贷	68 513

竣工应结算工程款=______________________________（元）

竣工结算预留质保金=______________________________（元）

竣工实际结算工程款=______________________________（元）

销项税额=______________________________（元）

竣工实收工程款及增值税=______________________________（元）

竣工确认收入=______________________________（元）

车间工程合同毛利=______________________________（元）

（6）20×6年10月28日，车间工程质保期结束，未发生重大质量问题，与上海东门椰汁饮料有限公司沟通后，开出工程款结算单和增值税专用发票，款项已经收到。

销项税额=______________________________（元）

【场景知识】建筑企业备料款、合同收入和成本的会税规定

场景知识

建筑企业备料款、合同收入和成本的会税规定

建筑企业向建设单位收取的款项有两种，一种是在建筑服务提供前的预收款，通常称为预收备料款或预收工程款；另一种是在建筑服务提供后的工程进度款。建筑企业工程价款的结算涉及的是工程进度款，具体结算方式有三种：定期结算（按月或按季）、分段结算和竣工后一次结算。其中，竣工后一次结算方式多适用于合同金额小、合同工期短的项目。

（1）根据国家有关规定，建筑企业可以向建设单位预收备料款，以预计年度工程完工价值为基准计算，建筑工程一般不超过年度合同造价的30%，安装工程一般不超过年度合同造价的10%。当工程进度达到一定阶段，即累计完成工程价值达到一定金额后，预收备料款超过年度剩余工程所需主要材料费时，意味着备料款有多余部分，应该在结算工程款时抵还给建设单位，这个累计工程价值金额即为“起扣点”。由于抵还备料款在结算工程款时进行，也就是说，如果不结算工程款，施工企业即使完成的施工成本超出起扣点，也不存在抵还备料款问题。起扣点计算相对烦琐，在实际工作中，为简化处理，可以在合同中约定具体扣回方式，比如投入施工成本达到50%以后，每次结算抵还25%备料款。另外，实际工作中，预收备料款与工程款往往不做严格区分。

✲【思考一刻4-5】思考一下，建筑企业为什么要预收备料款？

（2）根据增值税相关法规的规定，建筑企业提供建筑服务取得的预收款（规定取消预缴税款的省份或纳税人除外），需要在收到预收款时，以取得的预收款扣除支付的分包款后的余额，按规定的预征率计算并预交增值税，预交地点以建筑企业所在的“本地级市”为界限，本地级市内项目预收款在建筑企业机构所在地预缴，本地级市外项目预收款在建筑服务发生地预缴，并于月末转入“未交增值税”明细科目。

适用一般计税方法计税的项目预征率为2%，计算公式为：

预交增值税=预收款÷（1+9%）×2%

适用简易计税方法计税的项目预征率为3%，计算公式为：

预交增值税=预收款÷（1+3%）×3%

如果建设单位需要预收款发票，可以按《商品和服务税收分类与编码（试行）》中“未发生销售行为的不征税项目”的“612建筑服务预收款”名称，开具零税率发票，该发票由于没有计税，因此不影响后续工程进度款发票的开具。

（3）合同收入和成本的确认。

①建设工程施工合同的类型。

建设工程施工合同按合同金额是否确定，分固定造价合同和成本加成合同两种。固定造价合同，是指按照固定的合同价或固定单价确定工程价款的建造合同。成本加成合同，是指以合同约定或其他方式议定的成本为基础，加上该成本的一定比例或定额费用确定工程价款的建造合同。例如，建造一艘船舶，合同总价款以建造该船舶的实际成本为基础，加计5%收取。

②合同收入的内容。

建筑服务通常都要签订严格规范的合同，因此，习惯上将建筑企业的销售收入称为合同收入，销售成本称为合同成本，合同收入与合同成本的差额称为合同毛利，合同毛利如

果为负数则为合同亏损。合同收入包括初始收入和追加收入。初始收入是指建造承包商与客户签订的合同中最初商定的合同总金额。追加收入是在施工过程中新增的收入，包括变更收入、索赔收入、奖励收入等。变更收入是因建设单位改变合同规定的作业内容而形成的收入；索赔收入是因建设单位或第三方的原因而收取的用于补偿合同造价外的成本而形成的收入；奖励收入是工程达标或超过规定的标准时，建设单位同意支付给建造承包商的额外奖励款项而形成的收入。

③合同收入的确认。

收入准则强调以合同为基础和资产负债观，要求企业应当在履行了合同中的履约义务，即在客户取得相关商品控制权时确认收入。具体分五步进行：识别与客户订立的合同；识别合同中的单项履约义务；确定交易价格；将交易价格分摊至各单项履约义务；履行每一单项履约义务时确认收入。

确认收入时，履约进度能够合理确定的，应当按照履约进度确认收入。履约进度不能合理确定的，采用成本补偿法确认收入，即企业应当按照已经发生且预计能够得到补偿的成本金额确认收入，直到履约进度能够合理确定为止。

④履约进度的确认方法。

A.产出法。

产出法下，根据已经完成的合同工作量占合同预计总工作量的比例，或专业人员实际测定的完工进度，来确定履约进度。比如，水下施工工程等。

B.投入法。

投入法下，根据累计实际发生的实际投入占预计总投入的比例确定履约进度。建筑企业的投入可以用施工成本金额、数量或施工时间进度等指标来衡量。履约进度是一个累计概念，是截至确认本期收入时的累计进度。

以施工成本衡量投入的方法也称成本法，计算公式为：

履约进度=累计已发生施工成本÷预计总施工成本

=累计已发生施工成本÷（累计已发生施工成本+预计尚需发生施工成本）

累计已发生施工成本是指形成工程完工进度的工程实体和工作量所耗用的直接成本和间接成本，不包括下列内容：

第一，与合同未来活动相关的合同成本，如施工中尚未安装、使用或耗用的材料成本；

第二，在分包工程的工作量完成之前预付给分包单位的款项，但是，根据分包工程进度支付的分包工程进度款，应构成累计实际发生的合同成本。

比如，甲建筑公司与某建设单位一揽子签订了一项建造合同，承建车间、仓库两项工程。该项合同的车间、仓库两项工程密切相关，建设单位要求同时施工，一起交付，工期为2年。合同规定的总金额为1 100万元。甲建筑公司决定车间工程由自己施工，仓库工程以400万元的合同金额分包给乙建筑公司承建，甲公司已与乙公司签订了分包合同。

第一年，甲公司自行施工的车间工程实际发生工程成本450万元，预计为完成车间工程尚需发生工程成本150万元；甲公司根据乙公司分包的仓库工程的完工进度，向乙公司支付了仓库工程的进度款250万元，并向乙公司预付了下年度备料款50万元。

甲公司根据上述资料计算确定该项建造合同第一年的履约进度如下：

合同履约进度=（450+250）÷（450+150+400）×100%=70%

⑤合同收入与成本的计量。

按照履约进度计算合同收入与合同成本的公式如下：

当期确认的合同收入=合同总收入×履约进度-以前会计期间累计已确认的收入

当期确认的合同成本=合同预计总施工成本×履约进度-以前会计期间累计已确认的成本

建筑企业通常以投入法确认履约进度，代入履约进度计算公式后：

当期确认的合同成本=合同预计总施工成本×履约进度-以前会计期间累计已确认的成本

=累计已发生施工成本-以前会计期间累计已确认的成本

=当期实际发生的施工成本

⑥合同预计损失。

如果合同预计总成本超过总收入，则合同履行产生了损失。合同预计总损失分成两部分，一部分是已施工工程应承担的合同亏损（负数毛利），另一部分是未施工工程应承担的预计损失。其中，已施工工程应承担的合同亏损已通过合同收入与合同成本的确认入账。

《企业会计准则第13号——或有事项》第八条规定："待执行合同变成亏损合同的，该亏损合同产生的义务满足本准则第四条规定的，应当确认为预计负债。"第四条规定："与或有事项相关的义务同时满足下列条件的，应当确认为预计负债：（一）该义务是企业承担的现时义务；（二）履行该义务很可能导致经济利益流出企业；（三）该义务的金额能够可靠地计量。"因此，未施工工程应承担的预计损失，尚未发生但未来很可能发生，应该确认为"预计负债"，计入当期合同成本中，后续每一会计期间均需重新计量合同预计损失，并进行账务调整。计算公式如下：

合同预计总损失=合同亏损+合同预计损失

合同预计损失=合同预计总损失-合同亏损

=（合同总收入-合同预计总成本）-（合同累计收入-合同累计成本）

本期确认合同预计损失=本期合同预计损失-账面已确认合同预计损失

【科目设置】

设置共同类"合同结算"科目，核算同一合同下属于在某一时段内履行履约义务涉及与客户结算对价的合同资产或合同负债，在此科目下设置"价款结算"明细科目反映定期与客户进行结算的金额，增值税专用发票注明的税额记入"应交税费——应交增值税（销项税额）"；设置"收入结转"明细科目反映按履约进度结转的收入金额。

该科目既不是资产类科目也不是负债类科目，是一个具有双重性质的会计科目。资产负债表日，"合同结算"科目的期末余额在借方的，根据其流动性，在资产负债表中分别列示为"合同资产"或"其他非流动资产"项目；期末余额在贷方的，根据其流动性，在资产负债表中分别列示为"合同负债"或"其他非流动负债"项目。

【示例4-11】接【示例4-1】，南沙建筑公司云南高速项目部本年度预计完成工程价值为11 000万元，其中，隧道2 000万元，大桥1 000万元，路面8 000万元。合同约定1月份开工前预收备料款30%。隧道项目主要材料比重为32%，大桥项目主要材料比重为35%，路面项目主要材料比重为60%。项目部按月结算。

3月31日，根据成本计算资料，本月隧道累计施工成本327.013万元、大桥累计施工成本183.7145万元、路面累计施工成本268.7150万元。其中，经与建设单位共同确认，本月路面完成工程价值923 707元（不含税），并开出工程价款结算单（见表4-14）和增值税专用发票（税率9%），进行工程款结算。

表4-14 工程价款结算单

建设单位：云南高速　　20×4年3月　　单位：元

工程名称	合同造价（不含税）	本期应收工程款	应抵还备料款	本期实收工程款	累计已收工程款	备注
隧道	20 000 000					
大桥	10 000 000					
路面	150 000 000	923 707		923 707	923 707	
合计	180 000 000	923 707		923 707	923 707	

截至6月末已结算路面项目工程款2 864.5451万元，经双方确认，7月末路面项目累计完成工程价值4 088.4230万元，8月末路面项目累计完成工程价值5 274.9655万元。

（1）业务分析

①本例属于一般计税办法的异地项目，收取的预收款，须在项目所在地预交增值税。

预交增值税=33 000 000÷（1+9%）×2%=605 504.59（元）

②起扣点及抵还金额的计算。

起扣点是未来工程所需主要材料的费用等于预收备料款时的工程价值。如果已施工工程价值没有超过起扣点，比如图4-1中A点，预收备料款不足以支付未来所需的主要材料款，因此不予抵还：

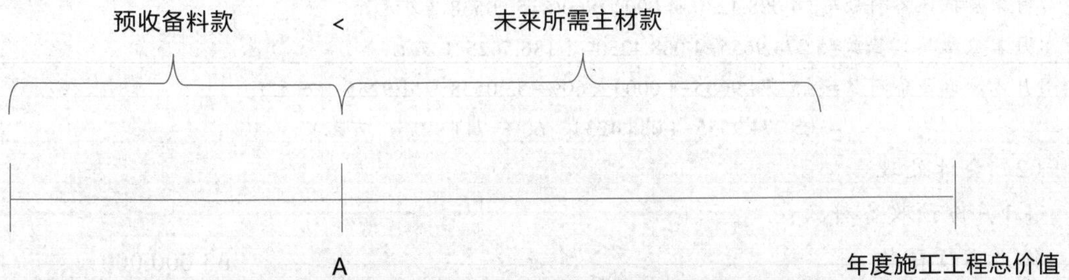

图4-1　已施工工程价值小于起扣点示意图

随着工程进度的逐步推进，未来所需主要材料款等于预收备料款时，比如图4-2中X点，该施工工程价值即为起扣点。

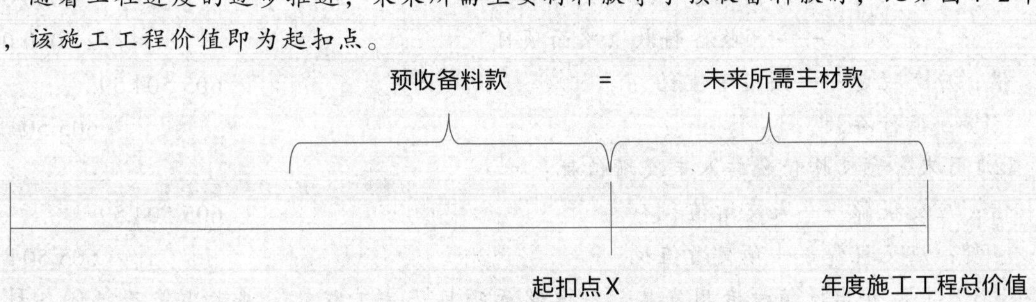

图4-2　已施工工程价值等于起扣点示意图

如果施工工程价值超过起扣点，比如图4-3中B点，说明预收备料款已经超出未来所需主要材料款，应当将超出部分归还给建设单位，在结算工程款时予以抵还。

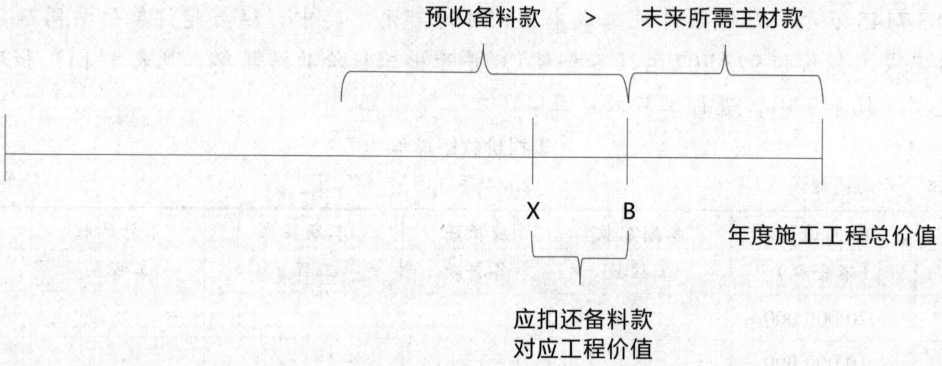

图4-3 已施工工程价值大于起扣点示意图

设起扣点为X，则列出方程式：

（年度施工工程总价值-X）×主要材料占合同造价比重=预收备料款

则，X［起扣点］=年度施工工程总价值-预收备料款÷主要材料比重

每月抵扣备料款 =（累计施工工程价值-起扣点）× 主要材料比重 - 累计已抵扣备料款［首次抵还用，累计已抵扣备料款为零］

=超出起扣点后当月完成工程价值×主要材料比重［后续抵还用］

本例相关计算如下：

隧道和大桥项目没有结算工程款，3月不进行备料款抵还。

路面工程起扣点=8 000-2 400÷60%=4 000（万元）

3月结算工程款92.3707万元，小于起扣点，不予抵还备料款。

7月末应结算工程款=4 088.4230-2 864.5451=1 223.8779（万元）

7月末应抵还备料款=（4 088.4230-4 000）×60%=53.0538（万元）

8月末应结算工程款=5 274.9655-4 088.4230= 1 186.5425（万元）

8月末应抵还备料款=（5 274.9655-4 000）×60%-53.0538=711.9255（万元）

=（5 274.9655-4 088.423）×60%=711.9255（万元）

（2）会计处理

①1月份预收备料款：

借：银行存款　　33 000 000

　贷：合同负债——预收备料款（隧道项目）　　6 000 000

　　　　　　——预收备料款（大桥项目）　　3 000 000

　　　　　　——预收备料款（路面项目）　　24 000 000

借：应交税费——预交增值税　　605 504.59

　贷：银行存款　　605 504.59

②1月末，预交增值税转入未交增值税：

借：应交税费——未交增值税　　605 504.59

　贷：应交税费——预交增值税　　605 504.59

③3月末，开出增值税专用发票，结算路面项目已完工程款，并考虑是否抵还备料款（增值税税率9%）：

借：应收账款——应收工程款　　1 006 840.63

　贷：合同结算——价款结算（路面）　　923 707

　　应交税费——应交增值税（销项税额）　　83 133.63

④7月末路面项目累计完成4 088.4230万元，已超过起扣点，结算时需要抵还备料款：

借：应收账款——应收工程款　　13 340 269.11

　贷：合同结算——价款结算（路面）　　12 238 779

　　应交税费——应交增值税（销项税额）　　1 101 490.11

借：合同负债——预收备料款（路面项目）　　530 538

　贷：应收账款——应收工程款　　530 538

⑤8月末路面项目累计完成工程价值5 274.9655万元：

借：应收账款——应收工程款　　5 814 058.25

　合同负债——预收备料款　　7 119 255

　贷：合同结算——价款结算（路面）　　11 865 425

　　应交税费——应交增值税（销项税额）　　1 067 888.25

【示例4-12】接【示例4-11】，3月31日，南沙建筑公司云南高速项目部路面项目月初施工成本余额为2 078 900元，本月发生施工成本608 250元，月末累计施工成本2 687 150元，估计总施工成本为136 400 000元。路面项目合同价为150 000 000元，截至2月末已累计确认收入1 980 000元，计算3月份应确认的合同收入与合同成本，并做出会计处理。

（1）业务分析

①按已累计发生施工成本占预计总施工成本的比例，计算履约进度：

履约进度=2 687 150÷136 400 000×100%=1.97%

②本期累计应确认的合同收入=150 000 000×1.97%=2 955 000（元）

本期应确认的合同收入=2 955 000−1 980 000=975 000（元）

因建筑企业开出增值税专用发票进行工程结算时已经做了销项税额的处理，此处确认收入时，则不再进行增值税的处理。

③本期应确认的合同成本，即本期实际发生的施工成本。

（2）会计处理

借：合同结算——收入结转（路面）　　975 000

　贷：主营业务收入——路面　　975 000

借：主营业务成本——路面　　608 250

　贷：合同履约成本——工程施工（路面——材料费）　　170 000

　　　　——工程施工（路面——人工费）　　250 000

　　　　——工程施工（路面——机械使用费）　　62 250

　　　　——工程施工（路面——间接费用）　　126 000

3月末，路面项目的“合同结算”余额为借方余额51 293元（975 000−923 707），实质为合同资产，是已履行履约义务但尚未结算的金额，即投入的施工成本没有形成完工工程的部分。

✽【思考一刻4-6】比较建筑企业与工业企业收入业务会计处理的区别。

【示例4-13】两年前，南沙建筑公司云南高速项目竣工后，合同约定按不含税工程款

1.8亿元的3%，即540万元作为质保金暂不结算，其中，隧道工程60万元，大桥工程30万元，路面工程450万元，待2年后工程无重大质量问题方可收款。现在质保期结束，确认未发生质量问题，经与建设单位沟通后，开出增值税专用发票，对方承诺10天内付款。

（1）业务分析

工程竣工后，收入已确认1.8亿元，即“合同结算——收入结转”借方余额为1.8亿元，而结算金额为1.746亿元，即“合同结算——价款结算”贷方余额为1.746亿元，因此，目前“合同结算”账户为借方余额540万元，已在竣工后会计期间的资产负债表中列为“合同资产”，此时质保期结束，按合同约定应该转为收款仅取决于时间流逝因素的“应收账款”。发票金额=540×（1+9%）=588.6（万元）。项目结算全部完成后，“合同结算——收入结转”与“合同结算——价款结算”余额相等、方向相反，要予以对冲。

（2）会计处理

借：应收账款	5 886 000	
贷：合同结算——价款结算（隧道）		600 000
——价款结算（大桥）		300 000
——价款结算（路面）		4 500 000
应交税费——应交增值税（销项税额）		486 000
借：合同结算——价款结算（隧道）	20 000 000	
——价款结算（大桥）	10 000 000	
——价款结算（路面）	150 000 000	
贷：合同结算——收入结转（大桥）		20 000 000
——收入结转（大桥）		10 000 000
——收入结转（路面）		150 000 000

【示例4-14】20×4年6月，华阳建筑公司第二项目部签订了一项总金额为2 000万元的职工食堂固定造价合同，工期一年，最初预计总成本为1 700万元。由于下半年材料费和人工费上涨，当年实际发生成本1 100万元。年末，预计为完成合同尚需发生成本1 000万元。该合同能够继续履行，合同结果能够可靠估计。

（1）业务分析

第一年合同完工进度=1 100÷（1 100+1 000）×100%=52.38%

第一年确认的合同收入=合同总收入×52.38%=2 000×52.38%=1 047.60（万元）

第一年应确认的合同成本=预计总成本×52.38%=（1 100+1 000）×52.38%=1 100（万元）

第一年确认的合同毛利=合同收入-合同成本=1 047.60-1 100=-52.40（万元）

第一年预计的合同损失=2 000-（1 100+1 000）-（-52.40）=-47.60（万元）

即第一年预计总成本超过总收入的金额，分为已施工工程应承担的亏损（-52.40万元）和未施工工程应承担的预计损失（-47.60万元）两部分。

（2）会计处理

借：合同结算——收入结转（职工食堂）	10 476 000	
贷：主营业务收入——职工食堂		10 476 000
借：主营业务成本——职工食堂	11 000 000	
贷：合同履约成本——职工食堂		11 000 000

借：主营业务成本——职工食堂　　476 000

　贷：预计负债　　476 000

【示例4-15】华阳建筑公司第二项目部签订了一项总金额为8 610万元的生产车间建造合同，第一年实际发生工程成本5 260万元，已结算并收到含税工程款5 450万元。但施工过程中发现存在重大设计缺陷，年末设计图纸修改方案还没有完全确定，导致履约进度无法可靠确定。经对合同执行力进行评估，双方均有能力继续履行合同。

（1）业务分析

如果建筑工程合同的履约进度不能合理确定，应采用成本补偿法确认合同收入和合同成本。已经发生的施工成本，能够得到多少补偿，就确认多少收入，即合同收入按能够收回的实际已发生施工成本确认，合同成本按实际已发生施工成本的金额确认。因此，成本补偿法下，合同毛利为零或者亏损。本例中，已经发生的合同成本能够全部得到补偿，则合同收入与合同成本相同，合同毛利为零。

（2）会计处理

借：银行存款　　54 500 000

　贷：合同结算——价款结算　　50 000 000

　　　应交税费——应交增值税（销项税额）　　4 500 000

借：合同结算——收入结转　　52 600 000

　贷：主营业务收入　　52 600 000

借：主营业务成本　　52 600 000

　贷：合同履约成本　　52 600 000

假如建设单位因该项目投资失败，主要股东退出，银行停止贷款，难以继续经营，而且尚未进行价款结算，仅收到了预收款1 000万元，余款难以收回，合同已终止执行，则只能确认主营业务收入917.43万元（1 000÷（1+9%）），主营业务成本仍然确认5 260万元。

【练习4-2】

（1）20×4年11月，华阳建筑公司第二项目部某公司车间和仓库工程部分业务如下：

①材料费用汇总分配表见表4-15。

表4-15　**材料费用汇总分配表**　单位：元

材料类别	车间工程	仓库工程	机械作业	辅助生产成本	合计
一、主要材料					
1.钢材	54 000	27 000			81 000
2.水泥	41 000	23 000			64 000
3.其他主要材料	1 500	2 000			3 500
主要材料合计	96 500	52 000			148 500
材料成本差异	986	530			1 516
二、结构件					
特型结构件金额	15 000	25 000			40 000
材料成本差异	225	375			600
三、机械配件					

续表

材料类别	车间工程	仓库工程	机械作业	辅助生产成本	合计
机械配件金额			600		600
材料成本差异			12		12
四、其他材料					
其他材料金额	800	1 000	1 000	800	3 600
材料成本差异	8	10	10	8	36
五、周转材料摊销	600	750			1 350
总计					

②仓库工程退库一批挡板，原值5 000元，已提摊销2 000元，估计还有4成新。

③核定建筑安装工人计时工资为41 200元（含税），劳务公司已代开增值税专用发票，税率为3%，款项已转账支付，劳务费按工时分配，车间工程用1 500工时，仓库工程用2 500工时；机械操作员工资8 000元，公司承担社保比例为25.1%、住房公积金比例为12%、工会及职工教育经费比例为10%。

（2）华阳建筑公司第一项目部20×4年承建一项工程，工期3年，该合同的结果能够可靠估计，资料见表4-16，请填写表4-17，并做出发生施工成本、开出工程结算单和增值税专用发票、收到结算款、确认合同收入与合同成本及竣工结算（未预留质保金）的会计处理，填写表4-18。建设单位拖欠工程款时，一般要求不要拖欠税款，销项税额默认全部收到。

表4-16 **工程资料表** 单位：元

项目	20×4年	20×5年	20×6年	合计
合同总价款				11 000 000
实际发生成本	3 000 000	3 648 000	2 652 000	9 300 000
预计完工前尚需发生成本	6 000 000	2 552 000	—	—
开出账单结算工程款	2 200 000	5 300 000	3 500 000	11 000 000
销项税额（默认收到）	198 000	477 000	315 000	990 000
实际收到价款（不含税）	1 800 000	5 200 000	4 000 000	11 000 000

表4-17 **合同收入确认计算表** 单位：元

项 目	20×4年	20×5年	20×6年
合同总价款	11 000 000	11 000 000	11 000 000
本期实际发生成本			
至本期末累计实际发生成本			
预计完成合同尚需发生成本			
预计合同总成本			
完工进度（百分比四舍五入保留两位小数）			
至本期末累计应确认收入			
至本期末累计已确认收入			
本期应确认收入			

表 4-18 **会计分录表** 单位：元

会计科目	20×4 年	20×5 年	20×6 年
①实际发生成本时			
贷：原材料等			
②开出发票及工程结算账单			
③收到工程款			
④确认合同收入和合同成本			
⑤20×7 年竣工结算			
	—	—	
	—	—	

参考资料

5 项目5 房地产开发企业会计

【知识目标】

1. 了解房地产企业的类型、房地产开发企业的开发对象、商品房预售和按揭贷款销售的相关规定；

2. 熟悉房地产开发成本项目、开发成本对象的确定；

3. 理解房地产开发企业会计核算的主要特点、开发成本会计核算的基本思路、含税与不含税劳务费的换算方法；

4. 掌握房地产开发成本的分摊方法、配套设施费的预提方法、预售商品房预交税费的相关规定。

【能力目标】

1. 能够运用成本核算基本原理，完成房地产开发成本的计算和会计核算；

2. 能够完成周转房、商品房预售和交房、按揭贷款销售的会计核算；

3. 能够计算预售商品房的预交税费。

【价值目标】

1. 增强“房住不炒”政策理念，强化以实体经济为根基的经济意识，深化对我国社会主义土地公有制的理解，坚定对中国特色社会主义经济制度的自信。

2. 倡导中国古代先贤“何陋之有”的居住观，重视个人道德修养。

任务5.1 认知房地产开发企业会计

场景5-1 小万同学房地产置业顾问培训日记

“暑假第三天，我按约定来到公司进行岗前培训。销售部王经理首先介绍了楼盘基本情况，该楼盘建设用地70年产权于五年前获批，2年前，该楼盘的原开发公司资金链断裂，银行停止后续贷款并追偿本息，本公司接手过来，对整体设计稍作修改后，开始正式动工建设，整个楼盘计划分四期，现在一期12栋高层住宅将于下月封顶，并获批预售许可证，届时正式开盘预售，预计一年后完成精装修，交给业主。然后讲解了第一步‘开场白’，主要是怎样接待客户，要做好细节，尤其是说辞、语气、姿态等都要规范、自然……”

从上述日记内容中可以看出：

（1）房地产开发公司常见的资金来源有哪些？

（2）一期12栋高层住宅的预计建设周期是几年？预购业主实际享有房地产产权的年限预计是多少年？

（3）房地产开发企业最大的财务风险是什么？

场景知识

房地产开发企业会计核算的主要特点

【场景知识】房地产开发企业会计核算的主要特点

（1）背景导入：某地产集团公司被依法处罚

2024年5月，中国证券监督管理委员会下发行政处罚决定书，对某地产集团有限公司及相关责任人员依法进行处罚。经查明，该公司主要存在以下违法事实：第一，通过提前确认收入方式实施财务造假，2019年虚增收入2 139.89亿元，占当期营业收入的50.14%，对应虚增利润407.22亿元，占当期利润总额的63.31%；2020年虚增收入3 501.57亿元，占当期营业收入的78.54%，对应虚增利润512.89亿元，占当期利润总额的86.88%。第二，2020—2021年分5次发行企业债券208亿元，公告的发行文件中分别引用了存在虚假记载的2019年、2020年年度报告的相关数据，存在欺诈发行。第三，未按期披露2021年年度报告、2022年中期报告及2022年年度报告；未按规定披露重大诉讼仲裁情况，涉及金额4 312.59亿元；未按规定披露未能清偿到期债务情况，涉及金额2 785.31亿元。因此，中国证券监督管理委员会决定：责令该地产集团有限公司改正，给予警告，并处以41.75亿元的罚款，同时对相关责任人给予警告、罚款、禁入证券市场等处罚。

（2）房地产企业的经营范围

①房地产企业的类型。

房地产企业是从事房地产开发、销售、出租和物业管理等业务的企业。其中，“房”指房屋，“地”指土地，“产”指产权。在《国民经济行业分类》（GB/T 4754—2017）中，列示了“房地产业”门类，属于第三产业。

按经营内容和经营方式的不同，房地产企业分房地产开发企业、房地产中介服务企业和物业管理企业。其中，房地产开发企业是以营利为目的，从事房地产开发和销售的企业，是房地产企业的主体。

按经营范围不同，房地产企业分房地产专营企业、房地产综合企业和房地产项目企业，其中，房地产专营企业仅经营房地产开发、房地产租赁、房地产中介服务、物业管理等单项业务，通常为中小微型房地产企业；房地产综合企业则经营多种房地产业务，通常为大型或特大型房地产企业；房地产项目企业是为某个房地产开发项目设立的房地产企业，项目开发结束便予以注销。

②房地产开发企业的开发对象及开发产品。

房地产的开发经营要符合当地经济社会发展和城市建设规划，其开发对象主要有土地、房屋、配套设施、代建工程四类：

第一类土地，是指我国城市规划区的国有土地使用权，由于我国实行土地的社会主义公有制，即全民所有制和劳动群众集体所有制，因此，任何单位和个人只拥有一定年限的土地使用权。土地最高使用年限根据用途确定：居住用地70年，工业用地50年，教育、科技、文化、卫生、体育用地50年，商业、旅游、娱乐用地40年，综合或者其他用地50年。

第二类房屋，是指土地上的建筑物及构筑物，具体包括商品房、出租房、周转房、代建房等。

第三类配套设施，是根据市政规划要求或开发项目设计规划，为满足居民使用或居住需求，与开发项目配套建设的各种服务性设施，包括不可有偿转让的配套设施和可以有偿转让的配套设施两类，前者如居委会、派出所、消防设施、水塔、锅炉房、配电房、游泳池、自行车棚、垃圾站、公共厕所等，后者如银行、邮局、快递点、商场、饭店、电影院、商店、学校、医院等。

第四类代建工程，是接受委托建造的工程项目，包括土地开发、房屋开发和市政工程开发等，相对于前三类房地产，代建工程的最大特点是其开发产品已经有了确定的“买家”，建造完成后直接移交，即可完成销售。

房地产开发企业的开发产品是一种特殊商品，不可移动、价格差别很大。与普通生活用品一样，房地产也是一种可以买卖的商品，不同的是，房地产存放位置固定，不能随意移动，而且价值很大，价格受经济水平、人口密度、地段、整体和结构设计、周边环境和配套设施、品牌、政府调控政策、地方发展预期等诸多因素影响，相差很大，但根本上还是由市场供求规律决定的。

✲【知识点拨 5-1】房地产业与建筑业的区别。

建筑业是建筑产品的生产部门，属于国民经济的第二产业；房地产业是组织房地产开发、为房地产流通和消费提供服务的部门，属于国民经济的第三产业。房地产业中的房地产建造环节，是由建筑业完成的；但建筑业不仅建造商品性房地产，还建造道路、桥梁等公共基础设施，以及单位或个人的房屋等建筑物或构筑物。

（3）房地产开发企业会计核算的主要特点

①资金筹集渠道多。

房地产开发企业需要海量资金，因此，资金来源渠道非常多，常见的有股东投入、银行借款、预收定金或工程款、联合开发、发行证券等。

②开发建设周期长。

房地产开发从购买土地到房屋销售完毕，至少需要几年的时间，在建筑企业进场前已经投入了土地、勘察设计等大量的成本，因此，房地产开发企业的开发建设和成本核算周期比建筑企业更长。

③资金形态多元、开发经营业务复杂。

在不同的房地产开发时间和空间下，开发资金呈现不同的形态，主要有土地资金、商品房资金、配套设施资金、代建工程资金等。房地产开发的第一件事情就是获取土地，获取的主要方式是购买，包括从地方政府购买、从拍卖市场或二级市场购买、从其他房地产开发公司购买等，此外，还有股东投入、政府划拨、债务重组等方式，如果获取的土地不能直接使用，还要进行土地开发，这一阶段的资金呈现为土地资金。然后，进行勘察设计，取得规划、消防、环保等相关政府部门的审批手续，审批通过后方可进行商品房、配套设施、代建工程等不同开发对象的施工建造或装修，分别形成商品房资金、配套设施资金、代建工程资金，施工过程中或完全竣工后，要进行阶段性或整体性工程验收，各种验收全部通过后才可以交付给业主。在整个房地产开发过程中，业务内容繁杂，审批手续繁多，资金形态多样，资金数量庞大。

④财务风险较大。

房地产开发企业由于资金需求量极大，资金来源渠道众多，其中，股东投入仅占一小部分，资产负债率比一般行业高很多，通常都在80%以上，因此，财务风险较大，一旦资金周转出现危机，甚至资金链断裂，就会对企业经营产生很大影响，甚至导致公司破产。

【头脑风暴 5-1】请列出中国知名房地产开发企业的名称。

【拓展阅读5-1】

"房住不炒"政策

2016年中央经济工作会议首次提出"房住不炒"政策，强调要坚持"房子是用来住的、不是用来炒的"的定位，综合运用金融、土地、财税、投资、立法等手段，加快研究建立符合国情、适应市场规律的基础性制度和长效机制，既抑制房地产泡沫，又防止出现大起大落。2019年中央经济工作会议确定，要坚持房子是用来住的、不是用来炒的定位，全面落实因城施策，稳地价、稳房价、稳预期的长效管理调控机制，促进房地产市场平稳健康发展。

[资料来源：1.共产党员网.中央经济工作会议在北京举行　习近平李克强作重要讲话[EB/OL].[2016-12-16]. https://news.12371.cn/2016/12/16/ARTI1481886083189302.shtml.

2.共产党员网.中央经济工作会议在北京举行　习近平李克强作重要讲话　栗战书汪洋王沪宁赵乐际韩正出席会议[EB/OL].[2019-12-12]. https://www.12371.cn/2019/12/12/ARTI1576148359199968.shtml.]

【练习5-1】

(1)[多选]房地产开发企业的开发对象包括（　　）。

A.土地　　B.房屋　　C.配套设施　　D.跨海大桥

(2)[多选]房地产开发企业会计核算的主要特点有（　　）。

A.资金筹集渠道多　　B.开发建设周期长

C.资产的自然损耗大　　D.财务风险较大

任务5.2　核算房地产企业存货业务

本项目的业务场景、示例和练习，使用的背景为西沙房地产开发有限公司（以下简称"西沙房地产公司"）和东沙房地产开发有限公司（简称"东沙房地产公司"），经营范围相同，主要经营房地产的开发和销售，系增值税一般纳税人，增值税税率为9%。

场景5-2　核算房屋开发成本业务

场景5-2

西沙房地产公司投资建设东岛家园项目，部分开发业务如下：

(1) 20×4年2月3日，西沙房地产公司投资部交来一笔土地出让金支出申请资料，显示新股东黄岩渔业公司，用其拥有的一块8 000平方米工业用地投资入股，西沙房地产公司拟用该地块建设配备幼儿园的住宅项目，办理过户手续时，因用途变更为住宅用地和教育用地，共补缴土地出让金1 000万元（不含印花税）。黄岩渔业公司提供的增值税发票显示，价税合计6 322万元，增值税税率为9%，投资协议规定黄岩渔业公司投资额为5 000万元，其余1 322万元作为资本公积处理。同时缴纳契税、印花税，契税税率为3%，印花税税率为0.5‰，全部税费款项已通过银行转账支付。

土地使用权价款=______________________________（万元）

进项税额=______________________________（万元）

契税=______________________________（万元）

印花税=______________________________（万元）

(2) 20×4年2月6日，西沙房地产公司支付给华阳工程公司218万元（含税，增值税税率9%），将新股东黄岩渔业公司投入土地的地上建筑物拆除，并补缴契税，已通过银行转账支付。

进项税额=________________________________（万元）

契税=________________________________（万元）

（3）20×4年3月8日，西沙房地产公司取得与新股东黄岩渔业公司投入的土地接壤的2 000平方米耕地的使用权，用于建设住宅，支付土地出让金、土地补偿费、青苗补偿费、市政配套费等，共计1 200万元。契税税率为3%，耕地占用税单位税额为30元/平方米，印花税税率为0.5‰，全部税费款项已通过银行转账支付。

契税=________________________________（万元）

耕地占用税=________________________________（万元）

印花税=________________________________（万元）

（4）20×4年3月10日，西沙房地产公司董事会决定，将黄岩渔业公司投入和新取得的土地合并用于建设东岛家园住宅项目，其中，洋房用地3 000平方米，高层住宅用地6 500平方米，幼儿园用地500平方米。

土地总成本=________________________________（万元）

洋房承担的土地成本=________________________________（万元）

高层住宅承担的土地成本=________________________________（万元）

幼儿园承担的土地成本=________________________________（万元）

（5）20×4年3月15日，西沙房地产公司向三沙建筑工程设计院支付东岛家园勘察设计费636万元（含税），取得增值税专用发票一张，增值税税率为6%。以用地面积为标准进行分配。

进项税额=________________________________（万元）

（6）20×4年6月2日，西沙房地产公司向市财政局缴纳基础设施费390万元，取得政府非税收入一般缴款书一张。以建筑面积为标准进行分摊，根据设计图纸，洋房建筑面积为8 100平方米，高层住宅建筑面积为21 150平方米，幼儿园建筑面积为750平方米。

洋房、高层住宅和幼儿园建筑面积占比分别为________________________________。

（7）20×4年8月30日，东岛家园举行动工奠基仪式，洋房和高层住宅同时开工，当天通过银行转账，向承建单位南沙建筑公司预付工程备料款3 000万元，取得收款收据一张；向正明工程监理公司支付监理费42.40万元（含税），向大洋工程造价事务所有限公司支付结算审核费63.60万元（含税），均取得增值税专用发票，增值税税率为6%。监理费、结算审核费按预算成本分摊，洋房工程预算成本2 900万元，高层住宅工程预算成本6 300万元，幼儿园工程预算成本230万元。其中，幼儿园因不可转让，不再承担开发间接费用。

监理费、结算审核费进项税额=________________________________（万元）

洋房承担的开发间接费用=________________________________（万元）

高层住宅承担的开发间接费用=________________________________（万元）

（8）20×4年12月31日，西沙房地产公司收到南沙建筑公司结算东岛家园工程进度款资料，增值税专用发票显示，增值税税率为9%，价税合计3 052万元。工程结算单及相关资料显示，洋房完工30%，进度款为1 090万元（含税），高层住宅完工28%，进度款为1 962万元（含税）。抵付工程备料款1 200万元，应付1 852万元，工程款暂欠，西沙房地产公司承诺春节前付清。

进项税额=________________________________（万元）

（9）20×5年10月28日，东岛家园洋房和高层住宅通过竣工验收，但幼儿园因资金短缺尚未开工，经主管部门批准，以预算成本预提入账，并以预算成本为标准分配幼儿园配套设施费。

幼儿园已发生开发成本=____（万元）

幼儿园预计总开发成本=____（万元）

洋房承担的幼儿园开发成本=____________________________________（万元）

高层住宅承担的幼儿园开发成本=________________________________（万元）

（10）20×5年10月28日，结转东岛家园洋房和高层住宅开发成本，开发成本汇总见表5-1。其中，土地征用及拆迁补偿费和基础设施费数据见前述业务。

表5-1　**东岛家园开发成本汇总表**　金额单位：元

成本项目	东岛家园洋房	东岛家园高层住宅	合 计
土地征用及拆迁补偿费			
前期工程费	2 268 462.00	4 811 528.00	7 079 990.00
基础设施费			
建筑安装工程费	32 684 268.00	65 814 951.00	98 499 219.00
配套设施费	2 893 417.53	5 341 891.57	8 235 309.10
开发间接费用	513 718.26	824 659.41	1 338 377.67
合 计			

【场景知识】房地产开发成本的内容与基本核算思路

场景知识

房地产开发成本的内容与基本核算思路

（1）开发成本项目

开发成本是开发房地产过程中发生的所有耗费的总和。房地产的成本项目主要有以下几项：

①土地征用及拆迁补偿费。

土地征用及拆迁补偿费是指为取得土地开发使用权（或开发权）而发生的各项费用，主要包括土地买价或出让金（为获得一定年限内的土地使用权向政府支付）、市政配套费、契税、耕地占用税、土地使用费、土地闲置费、土地变更用途和超面积补交的地价及相关税费、拆迁补偿支出、安置及动迁支出、回迁房建造支出、农作物补偿费、危房补偿费等。从当地政府竞拍获得的土地使用权的，由自然资源部门向税务机关推送费源信息，税务机关据此通知缴费人申报缴纳，缴纳成功后可以在网上办税系统申请开具《中央非税收入统一票据》（如图5-1所示）；从其他企业购入或接受投资等获得的土地使用权，对方要按转让土地使用权相关规定，提供增值税发票。

土地出让合同以及相关的建设工程合同、借款合同等，要缴纳印花税。征收的耕地，自批准征收之日起满1年时开始缴纳城镇土地使用税；征收的非耕地，自批准征收次月起缴纳城镇土地使用税。印花税和城镇土地使用税均不计入开发成本，计入当期“税金及附加”，予以费用化处理。

②前期工程费。

其是指项目开发前期发生的政府许可规费、招标代理费、临时设施费以及水文地质勘察、测绘、规划、设计、可行性研究、咨询论证、筹建、场地通平等发生的前期费用。

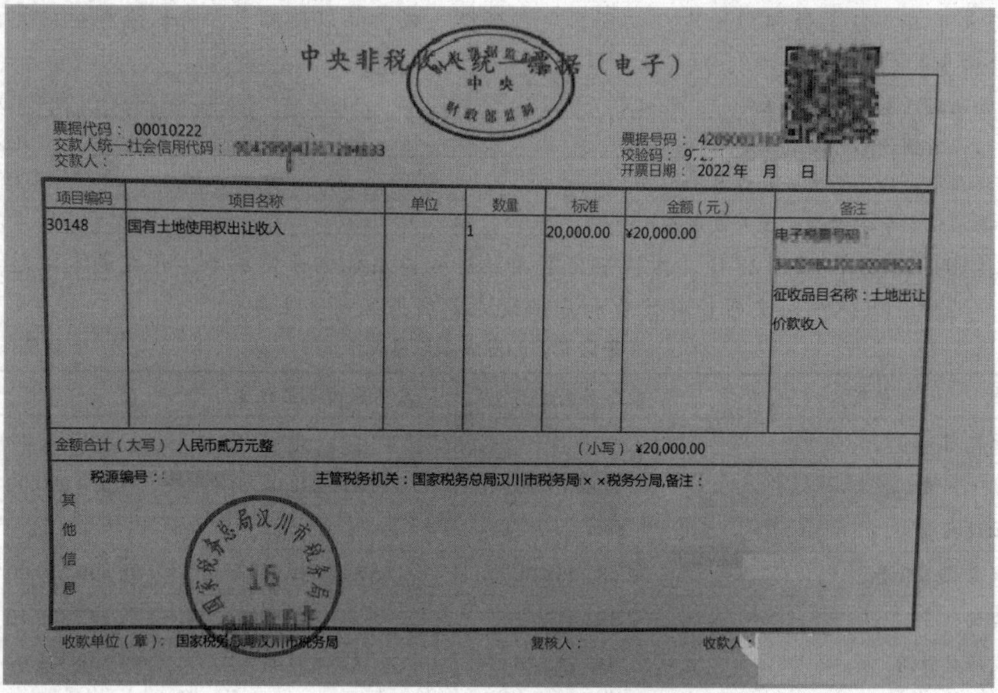
中央非税收入统一票据（电子）

票据代码：00010222
交款人统一社会信用代码：[illegible]
交款人：

票据号码：[illegible]
校验码：[illegible]
开票日期：2022年 月 日

项目编码	项目名称	单位	数量	标准	金额（元）	备注
30148	国有土地使用权出让收入		1	20,000.00	¥20,000.00	电子票据号码：[illegible] 征收品目名称：土地出让价款收入
金额合计（大写）人民币贰万元整				（小写）¥20,000.00		

其他信息　税源编号：　主管税务机关：国家税务总局汉川市税务局××税务分局,备注：

收款单位（章）：国家税务总局汉川市税务局　复核人：　收款人：

图5-1　中央非税收入统一票据

③基础设施费。

其是指开发项目在开发过程中发生的道路、供水、供电、供气、供暖、排污、排洪、消防、通信、照明、有线电视、宽带网络、智能化等社区管网工程费和环境卫生、园林绿化等园林、景观环境工程费用等。

④建筑安装工程费。

其是指开发项目开发过程中发生的各项土体建筑的建筑工程费、安装工程费及精装修费等。

⑤配套设施费。

其是指开发项目内发生的、独立的、非营利性的且产权属于全体业主的，或无偿赠与地方政府、政府公共事业单位的公共配套设施费用等。

⑥借款费用。

其是指符合资本化条件的借款费用。

⑦开发间接费用。

其指企业为直接组织和管理开发项目所发生的，且不能将其直接归属于成本核算对象的工程监理费、造价审核费、结算审核费、工程保险费等。为业主代扣代缴的公共维修基金等不得计入产品成本。

房地产企业自行进行基础设施、建筑安装等工程建设的，可以比照建筑企业设置有关成本项目。

此外，在房地产开发项目预算中，通常还要按直接费用的3%—5%预计一定的不可预见费。

按开发对象不同，开发成本分为土地开发成本、房屋开发成本、配套设施开发成本和代建工程开发成本四种类型，其具体成本项目有所差异，具体见表5-2。

表 5-2 **房地产开发成本项目对照表**

成本项目	土地	房屋	配套设施		代建工程
			可以有偿转让	不可有偿转让	
土地征用及拆迁补偿费	√	√	√	√	√
前期工程费	√	√	√	√	√
基础设施费	√	√	√	√	√
建筑安装工程费	×	√	√	√	√
配套设施费	×	√	√	×	√
借款费用	√	√	√	√	√
开发间接费用	√	√	√	×	√

对于不可有偿转让的配套设施费，要分配计入其他可有偿转让的房地产开发成本中，因此，为简化核算手续，不再承担其他配套设施费和开发间接费用。

✽【知识点拨 5-2】土地使用费和城镇土地使用税的区别。

首先，征收依据不同，土地使用费的征收依据是《中华人民共和国土地管理法》《中华人民共和国城市房地产管理法》等规定，而城镇土地使用税的征收依据是《中华人民共和国城镇土地使用税暂行条例》等规定。其次，费用性质不同，土地使用费是国家土地使用权有偿转让时一次性收取的，属于企业的准资本性支出，而城镇土地使用税则是企业在土地使用权保有期间，为使用土地而每年分期支付的税收成本，属于费用化支出。最后，征收主体不同，土地使用费通常由国家（土地所有者）征收并作为财政资金统一按规定使用，而城镇土地使用税则由土地所在地的税务机关征收。随着我国土地出让制度的实行，土地使用费制度适用范围已越来越小。

✽【思考一刻 5-1】比较房地产业开发产品与工业产成品、建筑业施工成本的成本项目，列出其相同点、相似点和不同点。

（2）开发成本核算对象

设置成本核算对象是进行成本核算的前提。房地产企业一般按照开发项目、综合开发期数并兼顾产品类型等确定成本核算对象。

①一般开发项目，以每一独立编制设计概算或施工图预算的单项工程作为核算对象。

②分期开发的，以每一期开发产品作为核算对象。

③功能不同的，按功能划分核算对象，如商务楼、住宅楼、可售车位等。

④结构不同的，按结构划分核算对象，如平层（普通住宅，室内各部分高度相同）、跃层（两层组合）、复式（高度介于单层和跃层之间）、错层（室内各部分高度不同）等。住宅建筑高度不同，结构设计一般也会有所区别，比如，《住宅设计规范》规定，七层及七层以上住宅或住户入口层楼面距室外设计地面的高度超过16米时，必须设置电梯。根据《民用建筑设计通则》，1~3层为低层住宅，4~6层为多层住宅，7~9层为中高层住宅，10层及10层以上为高层住宅，超过40层或100米高的建筑被称为超高层建筑。此外，还有俗称的别墅（豪华低层住宅）、洋房（容积率通常介于别墅和普通多层住宅之间的西式住宅）、大平层（180~200平方米以上的平层住宅）等类别，结构设计上也各有特色。

（3）开发成本会计核算的基本思路

能够直接分清成本核算对象的直接费用，直接计入或分配计入相应成本科目；无法直接分清成本核算对象的间接费用，采用先归集后分配的办法，分配计入成本科目。

（4）开发土地的用途

房地产公司开发的土地，在完成开发后，主要有两种用途，一种是对外销售，卖给其他房地产公司建造房屋，这种情况下形成“开发产品”；另一种是内部使用，自己继续建造房屋、配套设施或代建工程，这种情况下，土地开发成本转入相应开发对象的开发成本中。此外，完成开发的土地也可能有其他用途，比如进行出租或持有以备增值、对外投资等。

【科目设置】

（1）成本类“开发成本”科目

核算开发房地产的各项成本，下设土地开发、房屋开发、配套设施开发和代建工程开发四个二级科目，再按具体开发项目和成本项目设三、四级科目，如开发成本——土地开发（A项目——土地征用及拆迁补偿费）

（2）成本类“开发间接费用”科目

核算开发房地产的间接费用，按费用项目设明细账，月末分配结转至“开发成本”科目后无余额。

（3）资产类“开发产品”科目

核算开发完工待售的房地产，下设土地、房屋、配套设施和代建工程四个二级科目。

（4）资产类“周转房”科目

核算用于安置被拆迁居民的房屋成本。周转房的产权归房地产开发企业所有。

此外，开发成本核算中还涉及“投资性房地产”“税金及附加”等会计科目。

【示例5-1】20×4年6月，东沙房地产公司通过竞拍从当地政府拍得某市区一块旧城改造土地，总面积10万平方米，土地价款连同契税共计4亿元，尚未完成拆迁。20×4年11月，完成项目整体设计方案，总建筑面积40万平方米，分为商业区和住宅区两个区域，商业区用地面积4万平方米，开发产品为3层裙楼的商场加12层写字楼，建筑面积合计16万平方米，其中：裙楼建筑面积4万平方米，写字楼建筑面积12万平方米；住宅区用地面积6万平方米，开发产品为20栋高层住宅，建筑面积24万平方米。

（1）业务分析

①土地的类型。

土地有生地、毛地和熟地之分。生地是没有进行基础设施建设和“三通一平”（通路、通水、通电、平整地面），但是已经对农民集体支付了征地补偿费的土地，通常为农民集体所有的土地或荒地。毛地主要指城区内国家所有的待拆迁的土地。熟地是完成了基础设施建设和“三通一平”后，可以直接建造建筑物的土地。本例土地系毛地。

②开发土地的成本项目。

开发土地尚未进入建筑物建造阶段，其成本项目仅包括四项：土地征用及拆迁补偿费、前期工程费、基础设施费、开发间接费用。

③土地成本的分摊方法。

土地成本一般以用地面积为标准进行分摊，但垂直排列的成本对象一般使用建筑面积为标准进行分摊。房屋建筑面积是计算房款的直接依据，由套内建筑面积（自用建筑面积）和公摊建筑面积两部分构成。套内建筑面积，是根据设计图纸计算的套内房屋使用空间的面积，由套内房屋使用面积、套内墙体面积和套内阳台建筑面积三部分组成。公摊建筑面积是指由全体产权人共同分摊的公用部分的建筑面积，包括电梯井、管道井、楼梯间、变电室、设备间、公共门厅、过道、值班警卫室，以及公共用房和管理用房的建筑面积等。公摊建筑面积通常以套内建筑面积为标准分摊，计算公式为：

公摊建筑面积=自用建筑面积×（公摊总面积÷∑套内建筑面积）

根据该项目实际情况，确定成本核算对象分别为商场、写字楼和住宅。土地成本分摊计算如下：

第一，裙楼和写字楼的土地成本，商业区的土地成本按用地面积进行分摊：

商业区的土地成本=4÷10×40 000=16 000（万元）

裙楼和写字楼的土地成本按建筑面积进行分摊：

裙楼的土地成本=4÷16×16 000=4 000（万元）

写字楼的土地成本=12÷16×16 000=12 000（万元）

第二，住宅的土地成本按用地面积进行分摊：

住宅的土地成本=6÷10×40 000=24 000（万元）

在进行土地成本分摊时，还应注意几种特殊情况：第一，单独建造的、具有独立使用功能的地下建筑物，应分摊土地成本，比如规划设计中的地下商场、地下车库等；第二，为建造地上建筑物而形成的、不具有独立使用功能的地下基础设施，不分摊土地成本，比如地下给排水、通信、供热、供气、供电管网隧道，以及人民防空工程等；第三，单独建造的配套设施，应分摊土地成本。

（2）会计处理

①20×4年6月拍得土地，支付土地价款时：

借：开发成本——土地开发（土地征用及拆迁补偿费——待分摊土地出让金）

400 000 000

贷：银行存款 400 000 000

②20×4年11月根据具体的经济技术指标，进行土地价款分摊：

借：开发成本——裙楼（土地征用及拆迁补偿费——土地出让金）

40 000 000

——写字楼（土地征用及拆迁补偿费——土地出让金）

120 000 000

——住宅（土地征用及拆迁补偿费——土地出让金）

240 000 000

贷：开发成本——土地开发（土地征用及拆迁补偿费——待分摊土地出让金）

400 000 000

【示例5-2】东沙房地产公司通过竞拍从当地政府取得一块国有土地使用权，面积1万平方米，竞拍成交价格为20 000万元，成交时拆迁补偿工作并未完成，取得土地使用权后又发生拆迁补偿费4 000万元、安置补助费800万元、市政建设配套费600万元。由于基础设施建设薄弱，当地政府同意减免土地出让金3 000万元。市政规划部门文件规定，该项目容积率为2.5，配套建设廉租房5 000平方米。契税税率为4%，印花税税率为0.5 ‰。

（1）业务分析

土地交易契税的计税依据为成交价格，包括土地出让金、土地补偿费、安置补助费、地上附着物及青苗补偿费、拆迁补偿费、市政建设配套费等。成交价格未包含补偿补助费的，于发生时补缴契税。不能因减免土地出让金而减免契税。契税和印花税的计税依据均不包括列明的增值税税额，但增值税税额未列明的，按含税金额计税。

土地使用权出让、转让合同，印花税率为万分之五。在商品房项目中配套建设经济适用房、廉租房的，可免征经济适用房、廉租房部分的印花税，按面积比例计算。补缴土地出让金时，通常也要同时补缴印花税，除非土地出让金补缴金额中包含印花税。

容积率是建筑面积与用地面积的比值，是影响居住舒适度的重要指标。容积率越低，单位面积上的建筑物越少，则居住舒适度越高。用公式表示为：

容积率=建筑面积÷用地面积

建筑面积=用地面积×容积率

本例计算如下：

契税=（20 000+4 000+800+600）×4%=1 016（万元）

本项目建筑面积=10 000×2.5=25 000（平方米）

印花税=20 000×0.5‰×（1−5 000÷25 000）=10×80%=8（万元）

（2）会计处理

借：开发成本——土地征用及拆迁补偿费（契税）	10 160 000	
税金及附加——印花税	80 000	
贷：银行存款		10 240 000

【示例5-3】东沙房地产公司竞拍取得一块国有土地使用权，面积2万平方米，其中，占用农户养殖水面8 000平方米，进行房地产开发，当地规定耕地占用税单位税额是40元/平方米，耕地占用税已上缴。为推进拆迁进度，决定对前100户拆迁居民每户额外奖励3 000元，共支出30万元，奖励款已支付，代扣的个人所得税尚未缴纳。

（1）业务分析

耕地占用税按纳税人实际占用耕地面积和单位税额一次性计税，单位税额由各省确定。耕地包括种植农作物的土地、园地、林地、牧草地、农田水利用地、养殖水面、渔业水域滩涂等。

耕地占用税=8 000×40÷10 000=32（万元）

被拆迁人从房地产企业获得拆迁补偿费超过当地政府规定标准的部分，要按偶然所得缴纳个人所得税，由房地产企业代扣代缴。

应代扣代缴个人所得税=30×20%=6（万元）

（2）会计处理

借：开发成本——土地征用及拆迁补偿费（耕地占用税）	320 000	
——土地征用及拆迁补偿费（拆迁补偿支出）	300 000	
贷：银行存款		560 000
应交税费——应交个人所得税		60 000

【示例5-4】20×4年3月31日，东沙房地产公司决定将本月开发完成的15亩自用土地用于建造房屋，其中，11亩建造住宅楼，3.6亩建造商务楼，0.3亩建造商场，0.1亩建造锅

炉房。在“开发成本——土地开发”账户中归集的成本共36 288 000元，其中，土地征用及拆迁补偿费30 000 000元，前期工程费1 500 000元，基础设施费4 500 000元，开发间接费用288 000元。

（1）业务分析

土地开发结束后自用的，应将开发成本进行分配后，转入相关开发对象的开发成本中。土地开发成本分配率及金额见表5-3。

表5-3 **土地开发成本分配表** 金额单位：元

开发项目	面积（亩）	土地征用及拆迁补偿费	前期工程费	基础设施费	开发间接费	合计
分配率（元/亩）	—	2 000 000	100 000	300 000	19 200	—
住宅楼	11	22 000 000	1 100 000	3 300 000	211 200	26 611 200
商务楼	3.6	7 200 000	360 000	1 080 000	69 120	8 709 120
商场	0.3	600 000	30 000	90 000	5 760	725 760
锅炉房	0.1	200 000	10 000	30 000	1 920	241 920
合计	15	30 000 000	1 500 000	4 500 000	288 000	36 288 000

（2）会计处理

借：开发成本——房屋开发（住宅楼） 26 611 200

——房屋开发（商务楼） 8 709 120

——配套设施开发（商场） 725 760

——配套设施开发（锅炉房） 241 920

贷：开发成本——土地开发 36 288 000

【示例5-5】东沙房地产公司开发的北岛一品项目内，幼托设施不可有偿转让，其开发成本应由该项目的住宅、公寓、写字楼、商铺、商店来负担，由于幼托设施动工较晚，在3月末其他可销售房地产完工交房时尚未动工，各可售房地产项目预算成本为：住宅1 000万元、公寓900万元、写字楼800万元、商铺800万元、商店500万元、幼托设施32万元。9月末，幼托设施建设完工，共花费35万元，此时，相关可售房地产已销售40%。

（1）业务分析

对于不可转让且与相关可售房地产开发不同步的配套设施开发成本，为确保可售房地产开发成本的完整性，应该先预提计入相关可售房地产开发成本中，配套设施预提开发成本通过“其他应付款”账户核算。预提金额的计算公式为：

配套设施费预提率 = 该配套设施预算成本（计划成本）÷ 应负担该配套设施各可售房地产的预算成本（计划成本）之和

某可售房地产应负担的配套设施费=该项可售房地产预算成本（计划成本）×配套设施预提率

幼托设施配套费预提率=32÷（1 000+900+800+800+500）×100%=0.8%

预提数计算见表5-4。

表5-4 **幼托设施配套费预提分配计算表** 金额单位：万元

项目	预提率	住宅	公寓	写字楼	商铺	商店	幼托
预算成本	—	1 000	900	800	800	500	32
应负担幼托设施配套费	0.8%	8	7.2	6.4	6.4	4	—

幼托设施完工后超支3万元，应该重新分配并调整相关可售房地产的开发成本或销售成本。

超支配套费分配率=3÷4 000×100%=0.075%

分配金额见表5-5。

表5-5　　幼托设施超支配套费分配计算表　　金额单位：万元

项目	分配率	住宅	公寓	写字楼	商铺	商店	幼托追加成本
预算成本（万元）	—	1 000	900	800	800	500	3
应负担幼托追加成本	0.075%	0.75	0.675	0.6	0.6	0.375	3
未售房地产承担	0.045%	0.45	0.405	0.36	0.36	0.225	1.8［60%］
已售房地产承担	0.03%	0.3	0.27	0.24	0.24	0.15	1.2［40%］

（2）会计处理

①预提配套设施费：

借：开发成本——房屋开发（北岛一品——住宅——配套设施费）　80 000
　　——房屋开发（北岛一品——公寓——配套设施费）　72 000
　　——房屋开发（北岛一品——写字楼——配套设施费）　64 000
　　——房屋开发（北岛一品——商铺——配套设施费）　64 000
　　——房屋开发（北岛一品——商店——配套设施费）　40 000
　贷：其他应付款——预提配套设施费　320 000

②幼托设施建设实际发生35万元：

借：其他应付款——预提配套设施费　350 000
　贷：银行存款等　350 000

③幼托设施完工，其他应付款余额为借方3万元，已售房地产承担40%：

借：开发产品——北岛一品（住宅）　4 500
　　——北岛一品（公寓）　4 050
　　——北岛一品（写字楼）　3 600
　　——北岛一品（商铺）　3 600
　　——北岛一品（商店）　2 250
　主营业务成本——北岛一品（住宅）　3 000
　　——北岛一品（公寓）　2 700
　　——北岛一品（写字楼）　2 400
　　——北岛一品（商铺）　2 400
　　——北岛一品（商店）　1 500
　贷：其他应付款——预提配套设施费　30 000

【示例5-6】20×4年8月，东沙房地产公司与境外某设计公司签订设计合同，约定设计服务费不含税净额为200万元人民币，即需直接支付给境外设计公司200万元，该公司在中国境内没有分支机构，其所在国与中国没有税收协定。合同签订日至图纸交付日，境外设计公司先后派员进行实地考察和测量，共计148天。20×5年5月10日，境外设计公司交付了图纸，且不保留任何权利。5月15日，东沙房地产公司到当地税务机关代开了增值税专用发票，并缴纳相关税费。5月17日，东沙房地产公司向境外设计公司汇付了200万元人民币。假设工程设计服务费增值税税率为6%，附加税费为增值税的12%（城建税7%，教育费附加3%，地方教育附加2%），核定利润率为25%，企业所得税税率为20%。

（1）业务分析

本例是境外服务费支付业务核算，需要依次从三个方面进行分析：服务费是否含税、代扣代缴什么税种及扣缴义务发生时间、进项税额是否能够抵扣。

①服务费是否含税。

劳务交易双方必须在合同中对交易金额是否含税做出明确的表述。会计上习惯将含增值税的金额称为含税金额，将不含增值税但含其他税的金额称为不含税金额，将不含所有税种的金额称为不含税净额。用公式表示为：

含税金额-增值税=不含税金额

不含税金额-附加税费-所得税-其他税=不含税净额

如果合同约定的是含税金额，则只需将代扣代缴增值税及附加税费和所得税后的余额支付给境外设计企业即可；如果合同约定的金额为不含税净额，则需要先将不含税金额换算为含税金额，企业以扣除增值税后的不含税金额作为成本费用进行核算。本例交易金额已经明确为不含税净额200万元。

②代扣代缴什么税种及扣缴义务发生时间。

第一，增值税及相关附加税费。

依据《财政部 国家税务总局关于全面推开营业税改征增值税试点的通知》（财税〔2016〕36号）附件1第十二条规定，在境内销售服务、无形资产或者不动产，是指：（一）服务（租赁不动产除外）或者无形资产（自然资源使用权除外）的销售方或者购买方在境内。同时，第十三条规定：下列情形不属于在境内销售服务或者无形资产：（一）境外单位或者个人向境内单位或者个人销售完全在境外发生的服务。第六条规定：中华人民共和国境外（以下称境外）单位或者个人在境内发生应税行为的，在境内未设有经营机构的，以购买方为增值税扣缴义务人。本例属于“服务的购买方在境内”，且境外设计服务提供方“在境内未设有经营机构”，因此，房地产企业有义务代扣代缴增值税及其附加税费，增值税税率为6%。

第四十五条规定：增值税纳税义务、扣缴义务发生时间为：（一）纳税人发生应税行为并收讫销售款项或者取得索取销售款项凭据的当天。先开具发票的，为开具发票的当天。（五）增值税扣缴义务发生时间为纳税人增值税纳税义务发生的当天。因此，本例扣缴义务发生时间为开具发票的当天20×5年5月15日。

第二，所得税。

本例服务提供方为企业，应考虑是否需要扣缴企业所得税。如果是个人，则考虑是否需要扣缴个人所得税。

《中华人民共和国企业所得税法》第三条第三款规定，非居民企业在中国境内未设立机构、场所的，或者虽设立机构、场所但取得的所得与其所设机构、场所没有实际联系的，应当就其来源于中国境内的所得缴纳企业所得税；第四条规定，非居民企业取得本法第三条第三款规定的所得，适用税率为20%。《中华人民共和国企业所得税法实施条例》

第七条规定：企业所得税法第三条所称来源于中国境内、境外的所得，按照以下原则确定：（二）提供劳务所得，按照劳务发生地确定。因此，设计服务的发生地是否在中国境内，是判断在中国是否产生企业所得税纳税义务的关键。境外设计企业只要派员来中国境内从事设计服务相关的活动，就构成在中国境内提供劳务，需要在中国缴纳企业所得税。本例境外设计公司先后派员来中国考察测量，累计达148天，属于"劳务发生地"在中国境内，因此具有企业所得税纳税义务。

如果非居民企业所在国家与中国签订了避免双重征税的税收协定，比如新加坡，并符合税收协定免税待遇的，其中国境内收入可以在中国免税而在其所属国家交税。否则，应按《非居民企业所得税核定征收管理办法》的相关规定处理，其中第七条规定，非居民企业为中国境内客户提供劳务取得的收入，凡其提供的服务全部发生在中国境内的，应全额在中国境内申报缴纳企业所得税；第五条规定，税务机关可按照以下标准确定非居民企业的利润率：（一）从事承包工程作业、设计和咨询劳务的，利润率为15%~30%。《中华人民共和国企业所得税法》第三十七条规定，对非居民企业取得本法第三条第三款规定的所得应缴纳的所得税，实行源泉扣缴，以支付人为扣缴义务人，税款由扣缴义务人在每次支付或者到期应支付时，从支付或者到期应支付的款项中扣缴。本例没有适用的税收协定，因此，应当由东沙房地产公司提供相关合同协议等资料，到主管税务机关核定利润率，从应向境外设计公司支付的服务费中代扣代缴企业所得税。

③进项税额是否能够抵扣。

《财政部 国家税务总局关于全面推开营业税改征增值税试点的通知》（财税〔2016〕36号）附件1第二十五条规定了准予从销项税额中抵扣的进项税额，其中第四款为：从境外单位或者个人购进服务、无形资产或者不动产，自税务机关或者扣缴义务人取得的解缴税款的完税凭证上注明的增值税税额。第二十六条第三款规定，以完税凭证抵扣进项税额的，应当具备书面合同、付款证明和境外单位的对账单或者发票。如果资料不全，则其进项税额不得从销项税额中抵扣。因此，本例东沙房地产公司到税务局代开的增值税专用发票及其相关资料，可以作为确认进项税额的依据。

④含税与不含税劳务费的换算。

假如不含税净额为X，增值税税率为A，附加税费率为B，主管税务局核定的利润率为C，企业所得税税率为D，则换算为含税金额（Y）和不含税金额（Y'）的公式为：

$$Y=X\div(1-A\times B-C\times D)\times(1+A)$$

$$Y'=X\div(1-A\times B-C\times D)$$

公式推导过程如下：

含税金额-增值税税额×（1+附加税费率）-企业所得税=不含税净额

即：

$$Y-Y\div(1+A)\times A\times(1+B)-Y\div(1+A)\times C\times D=X$$

两边同时乘以（1+A）：

$$Y\times(1+A)-Y\times A\times(1+B)-Y\times C\times D=X\times(1+A)$$

左边提取Y：

$$Y\times(1+A-A-A\times B-C\times D)=X\times(1+A)$$

两边同时除以Y的系数：

Y=X×（1+A）÷（1-A×B-C×D）

右边除以（1+A）得到不含税金额：

Y′=Y÷（1+A）=X÷（1-A×B-C×D）

本例换算金额如下：

含税金额=200÷（1-6%×12%-25%×20%）×（1+6%）=224.8621（万元）

不含税金额=224.8621÷（1+6%）=212.1341（万元）

下面对上述计算方法进行验证：

需代扣代缴增值税=212.1341×6%=12.7280（万元）

需代扣代缴附加税费=12.7280×12%=1.5274（万元）（具体税种可以分列）

需代扣代缴企业所得税=212.1341×25%×20%=10.6067（万元）

需支付的设计费净额=含税金额-增值税-附加税费-企业所得税

=224.8621-12.728-1.5274-10.6067=200（万元）

本例中，税务机关代开发票价税合计为224.8621万元，其中，价款212.1341万元可以作为东沙房地产公司的设计费用在企业所得税前扣除，增值税12.7280万元可以作为进项税额予以抵扣。

（2）会计处理（金额以“万元”表示）

①5月15日，开具发票时：

科目	借方	贷方
借：开发成本——房屋开发（某项目——前期工程费）	212.1341	
应交税费——应交增值税（进项税额）	12.7280	
贷：应交税费——代扣代交增值税		12.7280
——代扣代交城建税及附加		1.5274
——代扣代交企业所得税		10.6067
应付账款——境外设计公司		200
借：应交税费——代扣代交增值税	12.7280	
——代扣代交城建税及附加	1.5274	
——代扣代交企业所得税	10.6067	
贷：银行存款		24.8621

②5月17日，实际汇付设计费时：

科目	借方	贷方
借：应付账款——境外设计公司	200	
贷：银行存款		200

【拓展阅读5-2】

建党百年与土地制度变迁的理论和实践探索

我国《宪法》第六条规定：“中华人民共和国的社会主义经济制度的基础是生产资料的社会主义公有制，即全民所有制和劳动群众集体所有制”。土地是人类赖以生存和发展的基本资源。土地制度是一个国家基础性、根本性、全局性的制度。因此，《宪法》第十条规定：“城市的土地属于国家所有。农村和城市郊区的土地，除由法律规定属于国家所有的以外，属于集体所有；宅基地和自留地、自留山，也属于集体所有”。千百年来，我国在历史上一直实行土地私有制，因此，社会主义土地公有制是我国土地制度的革命性变化，但这个变化并不是瞬间发生的，而是在中国共产党为建立、建设新中国而进行的百年探索的基础上逐步实现的，具有深厚的历史渊源。

我们之所以能够实现伟大飞跃，重要的原因就在于赢得了农民，赢得农民的根本就在于解决土地问题。在新中国成立前，我国革命时期的土地制度，赢得了农民并取得了政权；新中国成立后，社会主义建设时期的土地制度，联合了农民并有力推进了工业化；党的十一届三中全会之后，改革开放时期的土地制度，激励了农民并支持了经济发展；党的十八大以来，新时代的土地制度，为实现农业农村现代化打下了基础。中国共产党百年土地制度演变史，是一部以土地赢得农民和富裕农民、以土地稳固和壮大江山的历史，是马克思主义与中国革命和建设具体实践相结合的伟大创造，是马克思主义政治经济学中国化的生动体现。

［资料来源：刘伟,刘守英. 建党百年与土地制度变迁的理论和实践探索［EB/OL］.［2021-07-05］. http://dangshi.people.com.cn/n1/2021/0705/c436975-32148734.htm.］

【练习5-2】

东沙房地产公司开发的南岛雅居项目，配套设施水塔在其他可售房地产完工销售时尚未动工，其开发成本应由住宅、公寓、商铺来负担，各项目预算成本如下：住宅8 000万元、公寓4 000万元、商铺3 000万元、水塔45万元。请列出住宅等销售项目应分摊的水塔预算成本的预提率计算式（以各项目的预算成本为分摊标准），并做出会计处理。

场景5-3　核算房地产开发企业周转房业务

场景5-3

20×4年5月，西沙房地产公司为建设红城湖畔D座，发生以下周转房业务：

（1）5月3日，将4月底建造完工的红城湖畔C座商品房，转作周转房，用于临时安置D座地块上的原住居民，C座商品房账面价值为6 000万元。

（2）5月31日，计提C座周转房本月摊销额，预计使用60年，预计残值率1%。

（3）11月28日，C座周转房发生日常修理费用5 000元，开出转账支票支付。

（4）20×5年8月30日，D座商品房竣工交房，C座周转房安置的拆迁居民搬出，准备对外销售，通过银行转账支付售前整修费用9 000元。

【场景知识】房地产开发企业周转房及其会计处理

场景知识

房地产开发企业周转房及其会计处理

周转房的用途是安置拆迁居民，所有权归房地产开发企业。

周转房在用期间发生的价值摊销或日常维修费，根据成本归因原则，即“为谁发生则由谁负担”，计入导致周转房业务发生的土地或房屋的开发成本中，直接或分配记入“开发间接费用”科目。周转房自投入使用当月开始摊销，在结束使用当月结束摊销。

周转房结束周转使用，通常会转入销售状态，成为普通商品房，此后发生的日常维修费，则应记入“销售费用”科目。

【科目设置】

周转房在用期间不能销售，因此要与开发产品区别开来，单独设置资产类“周转房”科目，下设“在用周转房”和“周转房摊销”两个二级科目，分别核算周转房的原值和摊销额。

【示例5-7】东沙房地产公司为开发某小区2号楼，将已经开发完工的1号楼，用于安置2号楼的拆迁居民。1号楼开发成本为7 800万元，预计使用65年，预计残值率2%。计提1号楼本月摊销额，并作出会计处理。

月摊销额=78 000 000×（1-2%）÷（65×12）=98 000（元）

借：开发成本——房屋开发（2号楼——开发间接费用）　98 000

　贷：周转房——周转房摊销　98 000

✲【思考一刻5-2】比较周转房与周转材料的明细科目设置。

【练习5-3】

接【示例5-7】东沙房地产公司开发的2号楼完工交房，1号楼安置的拆迁居民搬出，准备对外销售，已摊销18个月。

任务5.3　核算房地产开发企业销售业务

场景5-4　核算房地产开发企业商品房预售业务

场景5-4

西沙房地产公司开发商住两用楼盘滨海花园，其部分销售业务如下：

（1）20×4年8月4日，滨海花园营销中心开业，由于该楼盘预期销售火爆，公司发布公告称，本楼盘预计15个月后交房，即日起向意向客户收取诚意金，每套1万元，预计一个月后取得《商品房预售许可证》并正式开盘，届时缴纳诚意金的客户方可获得摇号机会，未摇中客户全额退还诚意金。当天共收取33万元诚意金，刷卡存入银行。

（2）20×4年9月9日，滨海花园正式开盘销售，本期商品房共868套，共有983位客户缴纳诚意金，经摇号成交868套，通过网银转账退还115位客户诚意金。

（3）20×4年9月27日，滨海花园业主李先生要求换房，将原认购的100平方米A户型房屋，更换为120平方米的B户型房屋，补付34.6万元，已收到补价款存入银行，并到房屋主管部门办妥了相关备案变更手续。

（4）20×4年9月30日，计算并申报缴纳本月预售房款税费。本月滨海花园项目成交868套，签订合同总金额1 788 651 800元，其中，合同注明增值税147 686 845.87元。根据合同约定，预收房款536 595 540元，其中，预收住宅款375 616 878元，预收商铺款160 978 662元。当地税务部门规定，住宅土地增值税预征率为2%，非住宅土地增值税预征率为3%，企业所得税预计计税毛利率为15%。本期发生期间费用、税金及附加合计17 294 815.67元，没有其他所得税纳税调整事项。

①预交增值税=________________（元）

②预交城建税=________________（元）

③预交教育费附加=________________（元）

④预交地方教育附加=________________（元）

⑤预交土地增值税：

住宅预交土地增值税=________________（元）

商铺预交土地增值税=________________（元）

预交土地增值税合计=________________（元）

⑥预交企业所得税：

预计应纳税所得额=预计毛利-本期期间费用、税金及附加

=______________________________________（元）

预交企业所得税额=______________________________________（元）

⑦应交印花税=______________________________________（元）

（5）20×5年10月30日，滨海花园楼盘达到交房条件，正式向业主交房，收取面积补差尾款256.62万元并补缴印花税，代收住宅专项维修基金4 618.49万元，代收物业费86.80万元。该楼盘开发成本为1 352 746 946.81元，其中，44 690万元系从当地政府购入土地款；土地增值税清算后，确定滨海花园楼盘应缴税总额为45 987 875.49元。相关账户账面余额为："合同负债"贷方余额1 788 651 800元，"应交税费"下设的"预交增值税"明细账户借方余额49 228 948.62元、"应交城市维护建设税"借方余额3 446 026.40元、"应交教育费附加"借方余额1 476 868.46元、"应交地方教育附加"借方余额984 578.97元、"应交土地增值税"借方余额37 742 193.95元，"递延所得税资产——预交所得税"借方余额47 741 277.15元。本期应交城市维护建设税、教育费附加、地方教育附加和企业所得税另行处理，本业务暂不考虑。

①主营业务收入=______________________________________（元）

②销售额=（全部价款和价外费用-当期允许扣除的土地价款）÷（1+9%）

=______________________________________（元）

③销项税额=______________________________________（元）

④销项税额抵减=______________________________________（元）

⑤补缴印花税=______________________________________（元）

分四步进行会计处理：

①确认销售收入、成本和应交增值税、印花税。

②结转账面预交增值税、企业所得税。

③清算土地增值税。

④代收专项维修基金、物业费。

【场景知识】房地产开发企业销售业务及相关规定

【场景知识】

房地产开发企业销售业务及相关规定

（1）商品房预售及预缴税款规定

与普通工业产品不同的是，商品房的开发成本非常高，因此，政府会按规定批准颁发《商品房预售许可证》，房地产开发企业可以凭其在达到交房条件之前预售商品房，这种商品房俗称"期房"。具体预售条件由当地政府规定，因此预售条件是政府调控房地产市场的重要行政手段。房地产开发企业在获取《商品房预售许可证》之前不能开盘销售商品房，但可以进行一定的宣传或营销活动。预售合同签订后，房地产开发企业要到房产管理部门办理备案手续，这是办理按揭贷款和产权证明等的基础，待交房后预售合同自动转为正式买卖合同，因此，很多房地产公司在预售时直接跟客户签订买卖合同，不再单独签订预售合同。商品房买卖合同（部分）如图5-2所示。

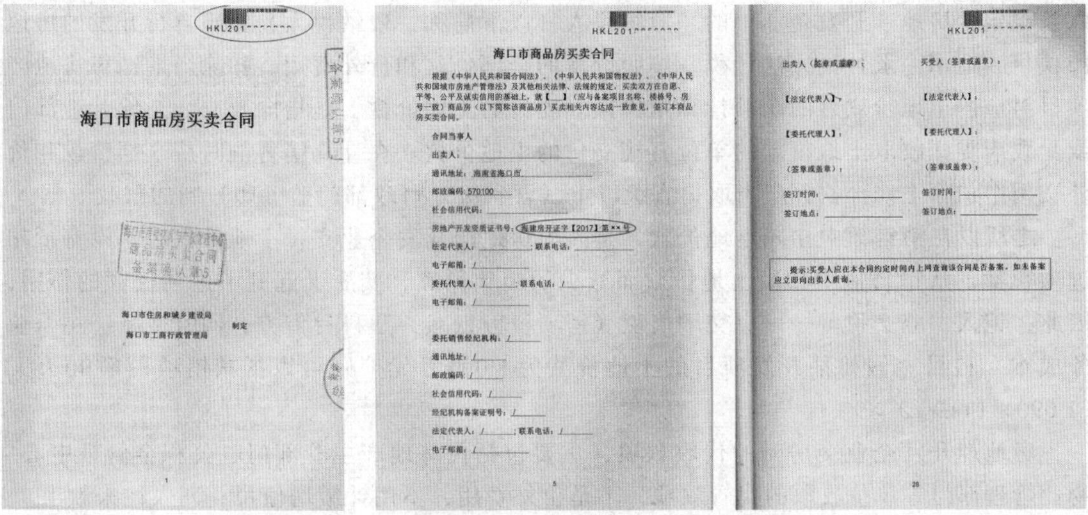

图5-2　商品房买卖合同（部分）

房地产开发企业的预收款（含认购协议书约定的定金），要按照相关税收法规的规定，预交增值税、土地增值税、企业所得税等税金。

《房地产开发企业销售自行开发的房地产项目增值税征收管理暂行办法》第十条、第十一条规定：一般纳税人采取预收款方式销售自行开发的房地产项目，应在收到预收款时按照3%的预征率预缴增值税。计算公式是：应预缴税款=预收款÷（1+适用税率或征收率）×3%，适用一般计税方法计税的，按照9%的适用税率计算；适用简易计税方法计税的，按照5%的征收率计算。

《中华人民共和国土地增值税暂行条例实施细则》第十六条规定，纳税人在项目全部竣工结算前转让房地产取得的收入，由于涉及成本确定或其他原因，而无法据以计算土地增值税的，可以预征土地增值税，待该项目全部竣工、办理结算后再进行清算，多退少补。

《房地产开发经营业务企业所得税处理办法》第九条规定，房地产开发企业销售未完工开发产品取得的收入，应先按预计计税毛利率分季（或月）计算出预计毛利额，计入当期应纳税所得额。用预计毛利扣除当期实际发生的期间费用和税金及附加后，作为计算当期企业所得税的基数。如果当期还有正常销售商品房的销售毛利，则连同预计毛利一起计算当期应交所得税。

（2）房地产开发企业营业收入的确认及税款清算

根据收入准则，房地产开发企业应在业主取得房地产控制权时，即交付房地产时确认收入。交房时，房地产开发企业要收取面积补差款，按房款全额开具增值税发票，交付房屋说明书和钥匙，代收水电费、物业费和住宅专项维修基金等，此时业主便取得了房屋控制权。交房后，房地产开发企业要为业主办理房产证，业主缴纳契税和公共维修基金，房产证办妥后，如果业主有住房贷款，还要进行房屋抵押登记，然后才能将房产证交给业主。

房屋销售收入确认后，需要清算相关税费，包括增值税及附加税费、土地增值税、企业所得税、印花税。

①增值税及附加税费。

《房地产开发企业销售自行开发的房地产项目增值税征收管理暂行办法》第四条至第

六条规定：房地产开发企业中的一般纳税人（以下简称一般纳税人）销售自行开发的房地产项目，适用一般计税方法计税，按照取得的全部价款和价外费用，扣除当期销售房地产项目对应的土地价款后的余额计算销售额。支付的土地价款，是指向政府、土地管理部门或受政府委托收取土地价款的单位直接支付的土地价款。在计算销售额时从全部价款和价外费用中扣除土地价款，应当取得省级以上（含省级）财政部门监（印）制的财政票据。

之所以在销售额中扣减土地价款，是因为房地产开发企业支付土地价款时，没有抵扣进项税额。从销售额中扣减土地价款而减少的销项税额，实质上起到了进项税额的作用，因此，记入“应交税费——应交增值税（销项税额抵减）”科目借方，同时冲减“主营业务成本”科目。假如某开发项目的土地价款为1 090万元，则可以抵减销项税额90万元（1 090÷（1+9%）×9%）。

房地产开发企业交房时的代收款项，主要包括代房地产主管部门、公积金管理中心、物业管理部门等单位收取的代管款项，不是价外费用，不用计缴增值税，列入往来款项。

以本期应交增值税为基数，计算应交城市维护建设税、教育费附加等。

②土地增值税。

$$\begin{aligned}\text{土地增值税}&=\text{土地增值额}\times\text{土地增值税税率［四级超率累进税率］}\\&=\text{（收入-扣除项目金额）}\times\text{土地增值税税率}\\&=\left[\text{收入}-\begin{matrix}\text{开发成本（含土地}\\\text{使用权成本）}\end{matrix}-\begin{matrix}\text{开发}\\\text{费用}\end{matrix}-\begin{matrix}\text{税金及}\\\text{附加}\end{matrix}-\begin{matrix}\text{开发}\\\text{成本}\end{matrix}\times 20\%\right]\times\begin{matrix}\text{适用}\\\text{税率}\end{matrix}-\begin{matrix}\text{扣除项目}\\\text{金额}\end{matrix}\times\begin{matrix}\text{扣除}\\\text{系数}\end{matrix}\end{aligned}$$

③企业所得税。

按照确认的实际销售收入和销售成本等进行所得税清算，并将原记入“递延所得税资产”的部分，转为“所得税费用”。

④印花税。

房地产开发企业在预缴税款时，已经按照合同金额缴纳了印花税，交房清算税费时，仅对房款补差金额计算补交印花税。

✲【知识点拨5-3】企业零星购买办公用品需要按规定缴纳印花税。

印花税是一个征收范围非常广泛但税负很轻的税种，所以，容易因被忽视而漏税。比如，企业最常见的购买办公用品业务，《财政部 税务总局关于印花税若干事项政策执行口径的公告》规定了应税凭证的具体情形，其中一项是“企业之间书立的确定买卖关系、明确买卖双方权利义务的订单、要货单等单据，且未另外书立买卖合同的，应当按规定缴纳印花税”。根据印花税法的规定，印花税额为买卖合同金额的万分之三，需要注意三点：

第一，印花税对企业之间的买卖合同征税，如果企业从个人处购买办公用品，则不用缴纳印花税；

第二，企业从其他企业购买办公用品，即使没有签订正式合同，比如从超市或电商企业处购买，也要缴纳印花税；

第三，印花税不足一元的，也要申报缴纳。

【科目设置】

负债类“应交税费——应交增值税（销项税额抵减）”科目，核算一般纳税人按照现行增值税制度的规定，因扣减销售额而减少的销项税额，在“应交税费——应交增值税”

账户借方设置专栏进行核算。该科目是为“营改增”差额征税方法设置的科目，未来增值税制度完善后，取消差额征税，该科目也将随之取消。

【示例5-8】东沙房地产公司滨江帝景商住两用楼盘正式开盘首日，与109家客户签订认购协议书，每户缴纳定金5 000元，已存入公司银行账户。协议约定，如果客户在一周内不签订正式商品房销售合同，定金不予退还。

(1) 业务分析

房地产开发企业在取得《商品房预售许可证》之前，通过签订意向协议书等方式收取的“诚意金”“定金”“会员费”等，因为不是以合同为依据，不属于交易，不预交税款，记入“其他应付款”账户。

房地产开发企业取得《商品房预售许可证》之后，可以与客户签订预售（销售）合同或认购协议书，约定定金，定金属于对履行合同的保证，如果客户违约则不予退还。房地产企业从签订预售合同至完工交房期间收取的房款，不符合收入确认条件，性质为预收款，应该通过“合同负债”核算。认购协议书并不是正式买卖合同，内容相对简单，因此约定的定金，既不能记入“其他应付款”账户，也不能记入“合同负债”账户，而应记入“预收账款”账户。

(2) 会计处理

借：银行存款　545 000

　贷：预收账款——定金　545 000

✻【思考一刻5-3】比较预收账款与合同负债的区别。

【示例5-9】接【示例5-8】一周后，上述109家认购客户中有100家成交，签订正式预售合同，另外9家违约没有成交，东沙房地产公司按约定扣收定金，合同约定18个月后正式交房。

(1) 业务分析

签订正式预售合同后，则产生了具体的未来交付房屋的义务，形成“合同负债”。因客户违约而扣收的定金转为“营业外收入”。

(2) 会计处理

借：预收账款——定金　545 000

　贷：合同负债——滨江帝景　500 000

　　营业外收入　45 000

【示例5-10】赵女士将其认购但尚未交付的滨江帝景房屋转让给钱先生，东沙房地产公司已在房产管理部门办理了更名手续，赵女士已缴纳房款120万元。房地产公司收取2 000元更名费，已转入银行账户。

(1) 业务分析

在商品房预售（期房）阶段，房屋可以更名，原业主可以将认购房屋转让给新业主，房地产开发企业要收回原业主的预售合同、发票，并开具红字增值税发票，并到房屋主管部门撤销原合同备案手续，为新业主进行合同备案。更名费属于房地产公司在销售过程中因合同变更而收取的价外费用，应当计入销售额，并按销售房地产适用税率计缴增值税。房地产开发企业交房后则不可以更名，如需变更业主，则要按照房屋转让处理，与房地产公司无关。此外，在商品房预售阶段，业主也可以退换房屋，除涉及房款结算外，还要进行房屋预售合同备案的撤销或变更手续。

（2）会计处理

借：合同负债——滨江帝景（赵女士） 1 200 000

贷：合同负债——滨江帝景（钱先生） 1 200 000

借：银行存款 2 000

贷：主营业务收入 1 834.86

应交税费——应交增值税（销项税额） 165.14

【示例5-11】东沙房地产公司滨江帝景项目成交100套，签订合同总金额19 200万元，其中，合同注明增值税15 853 211.01元。根据合同约定，预收房款6 000万元，其中，预收住宅款4 000万元，预收商铺款2 000万元。当地税务部门规定，住宅土地增值税预征率为2%，非住宅土地增值税预征率为3%，企业所得税预计计税毛利率为15%。本期发生期间费用、税金及附加合计195.62万元，没有其他所得税纳税调整事项。

（1）业务分析

①预交增值税=60 000 000÷（1+9%）×3%=1 651 376.15（元）

②预交城建税=1 651 376.15×7%=115 596.33（元）

③预交教育费附加=1 651 376.15×3%=49 541.28（元）

④预交地方教育附加=1 651 376.15×2%=33 027.52（元）

⑤预交土地增值税：

住宅：40 000 000÷（1+9%）×2%=733 944.95（元）

商铺：20 000 000÷（1+9%）×3%=550 458.72（元）

土地增值税合计：733 944.95+550 458.72=1 284 403.67（元）

⑥预交企业所得税：

预计应纳税所得额=预计毛利-本期期间费用、税金及附加

=60 000 000÷（1+9%）×15%-1 956 200=6 300 680.73（元）

预交企业所得税税额= 6 300 680.73 ×25%=1 575 170.18（元）

⑦应交印花税=192 000 000÷（1+9%）×0.5‰=88 073.39（元）

（2）会计处理

借：应交税费——预交增值税 1 651 376.15

——应交城市维护建设税 115 596.33

——应交教育费附加 49 541.28

——应交地方教育附加 33 027.52

——应交土地增值税 1 284 403.67

——应交企业所得税 1 575 170.18

税金及附加——印花税 88 073.39

贷：银行存款 4 797 188.52

【示例5-12】滨江帝景楼盘预售当年，没有达到交房条件，东沙房地产公司12月31日对预交所得税予以调账。年末相关账户账面余额为："合同负债"贷方余额192 000 000元，"应交税费"下设的"预交增值税"明细账户借方余额5 284 403.67元、"应交城市维护建设税"借方余额369 908.26元、"应交教育费附加"借方余额158 532.11元、"应交地方教

育附加”借方余额105 688.07元、“应交土地增值税”借方余额4 110 091.74元、“应交企业所得税”借方余额4 916 148.45元（期间费用、税金及附加合计6 757 424.57元）。

（1）业务分析

“合同负债”贷方余额19 200万元，说明东沙房地产公司已经收到全部合同房款，并预交了相关税费。其中，当年年末没有达到交房条件的，预交的企业所得税要转入“递延所得税资产”账户，结转后不再保留借方余额。

《增值税会计处理规定》要求，房地产开发企业等在预缴增值税后，应直至纳税义务发生时方可从“应交税费——预交增值税”科目结转至“应交税费——未交增值税”科目。因此，包括预交增值税在内的其他预交税费，年末继续留存在相应的“应交税费”借方账户中。

预计应纳税所得额合计=192 000 000÷（1+9%）×15%-6 757 424.57=19 664 593.78（元）

预交企业所得税税额合计= 19 664 593.78×25%=4 916 148.45（元）

（2）会计处理

借：递延所得税资产——预交所得税　　　　4 916 148.45

　贷：应交税费——应交企业所得税　　　　4 916 148.45

【示例5-13】东沙房地产公司滨江帝景楼盘预售次年，达到交房条件正式交房，收取面积补差尾款35.7万元并补缴印花税，代收住宅专项维修基金480万元。该楼盘开发成本为122 547 614.68元，其中，5 450万元系从当地政府取得土地使用权价款；土地增值税清算后，确定滨江帝景楼盘应缴总额为4 877 635.94元。其他相关账户余额见【示例5-12】。

（1）业务分析

主营业务收入=（192 000 000+357 000）÷（1+9%）=176 474 311.93（元）

销售额=（全部价款和价外费用-当期允许扣除的土地价款）÷（1+9%）

　　=（192 357 000-54 500 000）÷（1+9%）=126 474 311.93（元）

销项税额=126 474 311.93×9%=11 382 688.07（元）

销项税额抵减=54 500 000÷（1+9%）×9%=4 500 000（元）

补缴印花税=357 000÷（1+9%）×0.5‰=163.76（元）

土地增值税清算后，全额记入“税金及附加”借方和“应交税费”贷方，自动冲抵预交时记入借方的余额，冲抵后应补缴的土地增值税=4 877 635.94-4 110 091.74=767 544.20（元），预交土地增值税账务不再单独处理。

本期应交城市维护建设税、教育费附加和地方教育附加，按照本期应交增值税计算入账后，自动冲抵预交时记入借方的余额，预交税费账务不再单独处理。

（2）会计处理

①确认收入和应交增值税、印花税：

借：合同负债——滨江帝景　　　　192 000 000

　　银行存款　　　　357 000

　贷：主营业务收入——滨江帝景　　　　176 474 311.93

　　　应交税费——应交增值税（销项税额）　　　　11 382 688.07

　　　　　　　——应交增值税（销项税额抵减）　　　　4 500 000

借：应交税费——应交增值税（销项税额抵减）　　　　4 500 000

贷：主营业务成本——滨江帝景　　4 500 000

借：主营业务成本——滨江帝景　　122 547 614.68

贷：开发产品——房屋（滨江帝景）　　122 547 614.68

借：税金及附加——印花税　　163.76

贷：银行存款　　163.76

②结转账面预交增值税、企业所得税：

借：应交税费——未交增值税　　5 284 403.67

所得税费用——递延所得税　　4 916 148.45

贷：应交税费——预交增值税　　5 284 403.67

递延所得税资产——预交所得税　　4 916 148.45

③清算土地增值税：

借：税金及附加——土地增值税　　4 877 635.94

贷：应交税费——应交土地增值税　　4 877 635.94

④代收专项维修基金：

借：银行存款　　4 800 000

贷：其他应付款——滨江帝景维修基金　　4 800 000

本期应交城市维护建设税、教育费附加、地方教育附加和企业所得税的计算和账务处理，不再赘述。

✲【知识点拨5-4】销项税额抵减在土地增值税清算中的处理方案。

土地增值税清算时出现了一个问题：销项税额抵减金额在会计核算中，初始入账时包含在土地成本中，确认收入后转入“主营业务成本”，在抵减销项税额的同时又冲减了“主营业务成本”，那么，销项税额抵减金额在计算土地增值额时，是否应该包含在扣除项目金额里？以上述示例数据为例，不含税销售额为176 474 311.93元，销项税额抵减为450万元，实务中出现过四种处理方案，见表5-6。

表5-6　**销项税额抵减在土地增值税清算中的处理方案**

方案	主营业务收入	主营业务成本	备注
A	176 474 311.93	54 500 000+其他成本	毛利最小
B	176 474 311.93+4 500 000	54 500 000+其他成本	毛利居中，加计扣除更多
C	176 474 311.93	50 000 000+其他成本	毛利居中，账面数
D	176 474 311.93+4 500 000	50 000 000+其他成本	毛利最大

经过多年的实践，实务中税务部门和房地产开发企业都乐意接受的优选方案是B方案。

【练习5-4】

（1）东沙房地产公司开发的滨江帝景项目，内部住宅区D区为每栋60套，套内建筑面积80平方米户型的10套，套内建筑面积90平方米户型的40套，套内建筑面积100平方米户型的10套，公用建筑面积共1 080平方米，计算每种户型的建筑面积。

（2）东沙房地产公司滨江帝景项目开盘后第三个月，成交80套，签订合同总金额15 360万元，其中，合同注明增值税12 682 568.81元。根据合同约定，预收房款4 800万元，其中，预收住宅款3 200万元，预收商铺款1 600万元。当地税务部门规定，住宅土地增值税预征率为2%，非住宅土地增值税预征率为

3%，企业所得税预计计税毛利率为15%。本期发生期间费用、税金及附加合计156.496万元，没有其他所得税纳税调整事项。

（3）滨江帝景业主孙先生决定将其付完房款的期房退回，东沙房地产公司已经在房屋管理部门办妥备案撤销手续。根据合同约定，需要扣收其房款总额140万元的1%作为违约金。

场景5-5　核算房地产开发企业商品房按揭贷款销售业务

场景5-5

西沙房地产公司用按揭贷款方式，预售给李先生江岸阳光楼盘的一套住宅，相关业务如下：

（1）20×4年5月21日，签订房地产买卖合同，并预收20%首付款，合同约定16个月后交房。房屋建筑面积105平方米，单价19 600元，房款共计2 058 000元，首付款411 600元。不考虑预交税费。

（2）20×4年6月11日，李先生在银行办妥按揭贷款手续，收到银行通知，需缴纳10%的按揭保证金，出纳立即办妥，已存入公司保证金专用账户，随即基本账户收到银行划入的李先生按揭贷款资金。

（3）20×4年11月11日，李先生未能按时偿还住房贷款8 737.88元，银行从保证金账户扣款。

（4）20×4年11月21日，李先生偿还本月按揭住房贷款，收到银行返还的保证金。

（5）20×5年12月10日，江岸阳光楼盘（9月中旬已交付房屋）的房产证办理完毕，贷款购买的房屋已完成抵押登记。在银行办妥保证金解冻手续后，李先生贷款保证金164 640元划转至基本账户。

【场景知识】商品房按揭贷款销售相关规定

场景知识

商品房按揭贷款销售相关规定

销售商品房的收款方式主要有三种：一次收款、分期收款和银行按揭贷款。其中，银行按揭贷款是销售商品房的主要方式，即业主按规定比例支付商品房首付款后，余款由业主向银行申请贷款（商业贷款或公积金贷款），银行审批通过后，通知房地产公司将按揭贷款保证金存入在贷款银行开设的保证金专户，银行再将业主贷款全额划入房地产公司账户。此后由业主分期偿还贷款，房地产公司充当担保人角色，如果业主在房产证抵押手续办妥之前违约，银行将从按揭贷款保证金中扣款。业主房产证办妥并办理完房屋抵押手续后，银行解冻按揭贷款保证金。此后，银行已经具有处置业主房屋的直接法律依据，如果业主不能按时偿还贷款，与房地产公司无关。

商品房新房首付款比例并非由房地产开发公司决定，而是由当地政府确定，因此，首付款比例也是地方政府调控本地房地产市场的重要政策工具。

【示例5-14】东沙房地产公司开发的滨江帝景开盘时，周女士购买了一套108平方米的住宅，每平方米21 300元，首付30%房款，余款1 610 280元已办妥按揭贷款手续，收到银行缴存5%的按揭保证金的通知后，当日即缴存了保证金，并收到了银行划拨的业主贷款资金。

（1）业务分析

按揭贷款保证金=1 610 280×5%=80 514（元）

贷款保证金账户是贷款银行为房地产公司开立的专用账户，但房地产公司不能随意动用保证金，因此记入“其他货币资金”科目。

分缴存按揭保证金和收到业主按揭贷款资金两步处理。

（2）会计处理

借：其他货币资金——按揭保证金（滨江帝景）　　80 514

　贷：银行存款　　80 514

借：银行存款　　1 610 280

　贷：合同负债——滨江帝景（周女士）　　1 610 280

【示例5-15】按揭贷款后第六个月，周女士未能按时偿还住房贷款8 348.62元，银行从保证金账户扣款。

（1）业务分析

按揭贷款保证金账户资金被银行扣划后，房地产公司有权利向业主追偿。

（2）会计处理

借：其他应收款——滨江帝景（周女士）　　8 348.62

　贷：其他货币资金——按揭保证金（滨江帝景）　　8 348.62

【拓展阅读5-3】

中国古代先贤“何陋之有”的居住观

唐代文学家刘禹锡创作的《陋室铭》：山不在高，有仙则名。水不在深，有龙则灵。斯是陋室，惟吾德馨。苔痕上阶绿，草色入帘青。谈笑有鸿儒，往来无白丁。可以调素琴，阅金经。无丝竹之乱耳，无案牍之劳形。南阳诸葛庐，西蜀子云亭。孔子云：何陋之有？

最后一句“何陋之有”出自《论语·子罕》篇：子欲居九夷。或曰：“陋，如之何？”子曰：“君子居之，何陋之有？”

在《论语·学而》篇，孔子论述何为“好学”时说：君子食无求饱，居无求安，敏于事而慎于言，就有道而正焉，可谓好学也已。

在《论语·雍也》篇，孔子宣示了他最认可的“好学”学生：有颜回者好学，不迁怒，不贰过。不幸短命死矣，今也则亡，未闻好学者也。并不遗余力地盛赞道：贤哉，回也！一箪食，一瓢饮，在陋巷，人不堪其忧，回也不改其乐。贤哉，回也！

由此可见，中国古代先贤对居住条件并没有什么特别要求，“居无求安”，但对个人的道德修养却极为重视，即使是闭塞落后的地方，只要“君子居之”，则“何陋之有”？这些优秀的传统观念，在现代社会仍然具有非常重要的现实价值。

【练习5-5】

东沙房地产公司开发的滨江帝景开盘时，吴先生购买了一套120平方米的住宅，每平方米21 300元，首付30%房款，余款已办妥按揭贷款手续，基本账户收到银行划款，银行扣除8%按揭保证金后已划入公司保证金专用账户。

参考资料

6 项目6 物流企业会计

【知识目标】

1.了解物流的基本概念和服务范围。

2.熟悉物流企业的基本职能和服务流程。

3.理解物流企业会计核算的主要特点和基本思路。

4掌握物流企业的会计科目并进行相应业务的会计处理。

【能力目标】

1.能够根据物流企业的实际情况建立一套完整的会计账套，完成物流企业的会计核算，熟练使用会计软件创建和维护账套。

2.能够根据发生的经济业务准确地分析事由、编制会计凭证，正确使用借贷记账法编制会计分录。

3.能够进行物流企业业务的成本计算，熟练完成收入、费用、利润的核算。

【价值目标】

1.物流行业是国民经济的重要组成部分，学习物流企业会计有助于响应国家的发展战略，如“一带一路”倡议、区域协调发展等。

2.增强持续学习与适应能力，能够适应物流行业的新技术和新政策，能够及时调整工作方法以应对变化。

3.学生通过学习绿色物流的概念和技术，能够在会计实践中考虑节能减排和环境保护的要求。

任务6.1 认知物流企业会计

场景6 1 会计专业毕业生张明的首月物流企业之旅

张明是一名会计专业刚毕业的学生，在中沙物流公司找到了一份会计助理的工作。中沙物流是一家提供全国范围内综合物流服务的公司，主要业务包括运输服务和物流辅助服务，其中物流辅助服务包括仓储服务、装卸搬运服务、包装服务、配送服务、信息服务等。第一天上班，张明被分配到了财务部。部门经理李姐给了他一个任务列表，并告诉他：“我们的工作很重要，每一笔业务都要准确无误地记录下来。”

第一个任务：接收货物。张明的第一个任务是处理一批刚刚到达仓库的货物。这批货物是由供应商提供的，使用公司的运输车辆。

场景描述：张明来到仓库，检查了货物清单，确认了所有物品的数量和类型。他发现了一些用于车辆维护的零件，还有一些用于包装货物的材料。

会计处理：张明需要根据供应商提供的发票上列示的信息，编制会计凭证，将这些费用记入正确的会计科目。例如，车辆零件的费用可以记入“管理费用”，而包装材料则可以记入“原材料”。

第二个任务：处理订单。接下来，张明需要处理一个新收到的运输订单。

场景描述：这份订单来自一家大型零售公司，需要将一批家电从制造商那里运送到各个零售店。

会计处理：张明首先需要确认订单金额，并根据合同条款确认收入。随后，他需要跟踪这笔业务的所有费用，包括运输成本、人工成本等，并将其记入相应的会计科目。

第三个任务：月末结算。到了月末，张明需要准备财务报表。

场景描述：张明汇总了本月所有的收入和支出，准备编制资产负债表和利润表。

会计处理：张明需要核对所有会计凭证，确保所有交易都被正确记录。他还需要计算本月的净收入，并分析公司的财务状况。

经过几个月的学习和实践，张明逐渐熟悉了物流企业的会计工作。他意识到，作为一名物流企业的会计，不仅要掌握会计的基本原则和方法，还需要了解物流行业的特殊性质和业务流程。从上述日记内容中可以看出：

（1）物流公司常见的日常业务有哪些。

（2）物流公司日常业务中编制的会计凭证、处理收入和成本的基本方法。

（3）物流公司的会计周期和需要准备的财务报表。

【场景知识】物流企业会计核算的主要特点

场景知识

物流企业会计核算的主要特点

（1）物流企业会计的基础知识

①物流的基本概念。

现代物流是经济全球化的产物，也是推动经济全球化的重要服务业。目前，国际上关于物流的概念和定义很多，为了规范我国物流行业发展的基本概念，适应我国物流行业发展与国际接轨的需要，前国家贸易部提出了我国的物流标准，将物流定义为：物流是指物品从供应地向接受地的实体流动过程，根据实际需要，将运输、装卸搬运、配送、流通加工、储存等基本功能实施有机的结合。

②物流企业会计的含义。

物流企业会计是指专门针对物流企业的经营活动进行会计核算和管理的一种会计实践。物流企业的特点是其业务主要围绕着货物的运输、存储、配送以及相关信息的处理等活动展开。因此，物流企业会计不仅要遵循一般会计原则和准则，还需要特别关注物流行业的特殊需求。

物流企业的会计工作主要包括以下几个方面：

A.成本核算：记录和计算物流过程中的各种成本，如运输费、仓储费、装卸费等。分析成本构成，识别成本节约的机会。

B.财务报表编制：编制资产负债表、利润表、现金流量表等财务报表，反映企业的财务状况和经营成果。提供准确的财务信息给管理者和其他利益相关者。

C.成本控制与分析：通过成本控制措施减少不必要的支出。对物流成本进行详细的分析，以便于优化物流流程。

D.决策支持：为管理层提供必要的财务信息和支持，帮助他们做出更好的业务决策。进行长期规划和预算编制。

E.风险管理：识别并评估潜在的财务风险，采取措施降低风险。

F.合规性：确保企业的会计实践符合相关的法律、法规和行业标准。

G.信息技术应用：利用现代信息技术工具，比如ERP系统、云计算和数据分析技术，来提高会计工作的效率和准确性。

物流企业的会计工作对于确保企业的可持续发展至关重要，因为它可以帮助企业更好地理解和管理成本，提高运营效率，从而在竞争激烈的市场环境中获得优势。

③物流企业会计核算的特点。

A.成本核算复杂：物流企业的成本核算涉及多个方面，如运输成本、仓储成本、人力成本、设备维护成本等。成本核算不仅要考虑直接成本，还要考虑间接成本，比如管理费用和财务费用等。

B.资产计量难度大：物流企业的资产种类较多，包括运输工具、仓库设施、装卸设备等。这些资产的计量需要考虑到折旧、减值等因素。

C.收入确认时间长：物流企业的收入确认往往需要经过较长周期，因为物流服务的提供可能跨越较长的时间段。例如，长途运输服务的收入确认可能需要等待货物到达目的地之后。

D.会计处理方法多样：物流企业的业务类型多样，包括运输、仓储、配送等，每种业务类型的会计处理方法都有所不同。需要根据不同的业务类型和业务流程采用不同的会计处理方法。

E.税务政策影响大：物流企业受税务政策影响较大，因为物流活动可能涉及跨地区运营。需要遵守各地的税务规定，并合理规划税务策略以减轻税务负担。

F.物流成本会计核算模式：物流企业可以采用单轨制或双轨制的物流成本会计核算模式。单轨制是将物流成本核算与产品成本核算结合在一起，在统一的成本核算体系中反映。双轨制则是将物流成本的核算与产品成本核算分开，单独建立物流成本核算体系。

G.成本最小化：物流企业在成本控制方面注重成本最小化，特别是在运输和仓储成本上。成本最小化通常是在保持服务水平不变的前提下，寻找成本最低的服务方案。

H.特殊性：商贸物流企业在会计核算方面还需要注意产品购入成本的核算，因为他们不生产产品，主要关注的是产品的购入成本。

综上所述，物流企业的会计核算不仅需要精确计算各项成本和收入，还需要灵活应对各种复杂的业务情况和税务政策。此外，有效的物流成本会计核算模式可以帮助企业更好地管理和控制成本，提高整体运营效率。

（2）物流企业的基本职能和会计处理

①物流企业的基本职能和物流两类服务的区分。

A.物流企业的基本职能。

第一，运输职能：负责货物的空间位移，包括集货、分配、搬运、中转、装入、卸下和分散等一系列操作。

第二，装卸搬运职能：负责货物在运输过程中的装载、卸载以及仓库内的搬运工作。

第三，配送职能：按照客户的需要将货物从物流中心或者仓库配送至指定地点。

第四，流通加工职能（如包装）：在物流过程中对货物进行简单加工，如分拣、打包、贴标等。

第五，仓储职能：提供货物的存储空间，确保货物的安全存放，同时管理货物的进出。

第六，其他职能：包括“信息职能”等，收集、处理和传递物流信息，支持物流决策和管理。

B.物流企业两大类服务的确认（根据物流服务适用的不同增值税税率区分）。

第一，货物运输服务：

货物运输服务的增值税税率通常是9%。对于物流企业，年收入额（不含税）在500万元以上，为增值税一般纳税人，适用上述税率。如年收入额（不含税）低于500万元，则为小规模纳税人，小规模纳税人的增值税征收率通常是3%。需要注意的是，物流企业如果同时提供货物运输服务和物流辅助服务，这两种服务需要分开核算并按照各自的税率开具发票。如果不分开核算，税务部门可能会按照较高的税率征税。此外，一般纳税人可以开具增值税专用发票和普通发票，其中增值税专用发票可用于下游企业的进项税额抵扣。

第二，物流辅助服务：

物流企业的物流辅助服务增值税税率为6%，通常为货物运输之外的其他物流服务。其包括装卸搬运服务、配送服务、仓储服务、航空服务、港口码头服务、货运客运场站服务、货代服务、代理报关服务。除此之外，还包括信息服务、金融服务等。此类辅助服务对于确保整个物流链的顺畅运行起着至关重要的作用，能够帮助提高物流效率和质量。

②物流企业的分类和税务会计处理（本项目均以综合型物流企业为例）。

A.物流企业的分类。

物流企业的分类可以从多个角度来进行，但通常可以按照性质和服务范围来分类。

第一，按照性质分类：

生产企业物流：这类物流活动与工业企业的供应链紧密相关，包括原材料采购、生产过程中的物料管理、成品的出库等环节。

流通企业物流：这类物流活动主要是指批发商、零售商等流通领域的企业所进行的物流活动，包括商品的采购、储存、分销等。

第二，按照服务范围分类：

运输型物流企业：这类企业主要提供物品的运输服务，包括海运、陆运、空运等多种方式。他们拥有自己的运输团队和设备，能够根据客户需求提供个性化的运输方案。

仓储型物流企业：这类企业以提供仓储服务为主，包括货物存储、保管、分拣等环节。他们通常在特定的区域建立大型仓库，并利用先进的仓储管理系统满足客户的需求。

综合服务型物流企业：这类企业提供运输、仓储、配送等全方位的服务。他们能够根据客户的具体需求，提供一体化的物流解决方案，帮助客户优化供应链管理。

其他一些常见的分类：

按照物流主体分类：第一方物流、第二方物流、第三方物流、第四方物流、第五方物流等。

按照服务范围分类：国际快递企业和国内快递企业。

按照服务类型分类：快递公司和储运公司。

这些分类可以帮助我们更好地理解不同类型物流企业的特点和主营业务范围。每种分类都有其特定的应用场景和价值，企业可以根据自身的实际业务选择合适的会计科目进行会计处理。

B.物流企业不同类型服务的税率区别。

第一，增值税一般纳税人：

物流辅助服务（如仓储、包装、装卸搬运、配送等）：适用6%的增值税税率。

货物运输服务（如公路、铁路、水路、空运和管道运输）：适用9%的增值税税率。

第二，小规模纳税人：

物流辅助服务：适用3%的增值税征收率。

货物运输服务：适用3%的增值税征收率。

C.会计处理。

第一，当物流企业发生销售业务时，应当根据销售的性质（物流辅助服务或货物运输服务）以及自身的纳税人身份来确定适用的增值税税率。

第二，开具发票，一般纳税人可以开具增值税专用发票和普通发票。小规模纳税人通常开具增值税普通发票，但也可以自行或申请代开增值税专用发票，选择自行开具增值税专用发票的小规模纳税人，税务机关不再为其代开增值税专用发票。

第三，确认收入和销项税额。

物流辅助服务：

收入确认：借记“应收账款”或“银行存款”，贷记“主营业务收入”。

销项税额确认：借记“应收账款”或“银行存款”，贷记“应交税费——应交增值税（销项税额）”。

货物运输服务：

收入确认同上，销项税额确认同上，但适用的税率不同。

第四，会计处理示例：

中沙物流公司为一般纳税人，提供了物流辅助服务和货物运输服务。物流辅助服务的收入金额为10 000元（不含税），增值税税率为6%。

销项税额=10 000×6%=600（元）

实际确认应收账款=10 000+600=10 600（元）

会计处理：

借：应收账款	10 600	
贷：主营业务收入——物流辅助服务		10 000
应交税费——应交增值税（销项税额）		600

货物运输服务收入金额为20 000元（不含税），增值税税率为9%。

销项税额=20 000×9%=1 800（元）

实际确认应收账款=20 000+1 800=21 800（元）

会计处理：

借：应收账款	21 800	
贷：主营业务收入——货物运输服务		20 000
应交税费——应交增值税（销项税额）		1 800

物流企业需要正确区分不同服务类型的收入，并且按照正确的税率开具发票和申报税金。如果存在多种税率的服务，企业需要分开核算不同服务的收入和相应的销项税额。对

于一般纳税人，可以进行进项税额的抵扣；而对于小规模纳税人，则没有抵扣进项税额的权利。物流企业的收入业务相对简单，本项目后续不再重点关注。

✽【知识点拨6-1】物流业与运输业的区别。

（1）服务范围与内容

物流：物流是一个更广泛的概念，它涵盖了从原材料采购、生产、储存、分销到最终交付给消费者的整个过程。物流活动包括但不限于运输、仓储、包装、装卸搬运、流通加工、配送以及信息处理等。物流业的目标是通过优化整个供应链流程来降低成本、提高效率和服务质量。

运输：运输则更加专注于货物的空间位移，即通过不同的运输方式（如公路、铁路、水路、航空和管道）将货物从一个地点转移到另一个地点。运输业的主要目标是安全、高效地完成货物的物理移动。

（2）服务对象

物流：物流企业的服务对象主要是货主，需要满足货主对于物流、信息流等方面的综合需求。

运输：运输企业的服务对象主要是货物本身，主要任务是确保货物的空间转移。

（3）核心竞争力

物流：物流企业的核心竞争力体现在货物集约化程度、货物分发流程效率、物流全程管理效率等方面。

运输：运输企业的核心竞争力体现在运输装备配置能力、车队运营管理能力、运输服务的专业化程度等方面。

（4）发展趋势

物流：随着技术的进步和资本的投入，物流行业正朝着规范化、信息化的方向发展。

运输：运输行业同样面临着成本控制的压力，需要不断提高专业化程度和服务水平。

（5）业务范围

物流：物流企业的业务范围较广，除了运输外还包括仓储管理、订单处理、库存控制、客户服务等。

运输：运输企业的业务主要集中在货物的实际移动上，即运输服务。

（6）管理重点

物流：物流管理的重点在于供应链的整体优化，包括物流网络设计、库存策略、配送计划等。

运输：运输管理的重点在于提高运输效率、降低运输成本、保证运输安全。

（7）服务体系

物流：物流提供的服务更为全面，不仅限于货物的运输，还包括增值服务，如包装、检验检疫、报关等。

运输：运输提供的服务相对单一，主要围绕货物的物理位移展开。

总的来说，物流是一个更广泛的管理概念，旨在通过整合各种资源和服务来优化供应链的运作，而运输则是物流中的一个重要组成部分，专注于货物的物理移动。尽管两者有明显的区别，但在实际操作中，物流与运输紧密相连，往往是相互依存的。

【头脑风暴 6-1】成本控制与管理

（1）如何更有效地跟踪和管理物流成本？

（2）是否可以开发一种新的成本分摊模型来更准确地反映成本？

（3）我们如何利用数据分析工具来预测未来的成本趋势？

【拓展阅读 6-1】

中国知名物流企业

（1）中国知名的专营物流企业

①顺丰速运——中国最大的物流公司之一，以其快速和高效的服务而闻名。

②圆通速递——中国物流行业的领先公司之一，提供全面的快递服务。

③京东物流——京东集团旗下，为零售商和品牌厂商提供物流解决方案。

④申通快递——在服务质量和速度方面有良好口碑，形成全国性的快递网络。

⑤中通快递——总部位于江苏南京，以高效经营策略著称，提供快捷、安全的物流服务。

⑥韵达快递——总部设在广州，注重服务质量和客户满意度。

⑦德邦物流——作为中国物流行业的佼佼者，具有全国性的物流网络。

⑧优速物流——总部位于广东惠州，提供高质量的门到门物流服务。

⑨顺丰同城急送——顺丰速运的子品牌，专注于提供同城急送服务。

⑩天天快递——在快递服务方面享有很高的信誉。

（2）中国综合型物流企业

①中国物流集团——由多家大型国有企业整合而成，包括中国铁路物资股份有限公司、中国物资储运集团等。

②中国远洋物流有限公司。

③中邮物流有限责任公司。

④锦程国际物流集团股份有限公司。

⑤中铁集装箱运输有限责任公司。

⑥中铁快运股份有限公司。

⑦安吉天地物流科技有限公司。

⑧招商局物流集团有限公司。

这些企业在中国物流市场上都占有举足轻重的位置，并且在不同的物流细分领域有着显著的表现。每一家企业都有其特色和服务重点，满足不同客户的需求。

［资料来源：智慧技术．各大快递公司的这些优点，你了解吗？［EB/OL］．［2023-06-26］．https：//baijiahao.baidu.com/s?id=1769733175872715486&wfr=spider&for=pc.］

【练习 6-1】

（1）［多选］物流的基本功能包括（　　）。

A.运输　　B.包装　　C.配送　　D.销售　　E.流通加工

（2）［多选］物流企业的会计核算特点有（　　）。

A.多渠道收入　　B.零星收入

C.成本计算对象较单一　　D.费用、成本核算的多元性

任务 6.2　核算物流企业的货物运输业务

本项目的业务场景、示例和练习，使用的背景均为中沙物流有限公司（以下简称“中沙物流公司”），主要经营项目是提供货物运输服务和一系列物流辅助服务，为增值税一

般纳税人，货物运输服务的增值税税率是9%，物流辅助服务的增值税税率为6%。

场景6-2　核算货物运输服务的成本业务

场景6-2

20×4年9月30日星期一，会计部门负责人李明正在审查最近一周的业务记录，并准备处理一些关键的账务问题。公司下设车站、货运一队、货运二队以及保养场等营运生产单位。公司主要提供公路运输服务，运输成本由公司总部集中核算。

运输服务增值税专用发票的格式如图6-1所示。

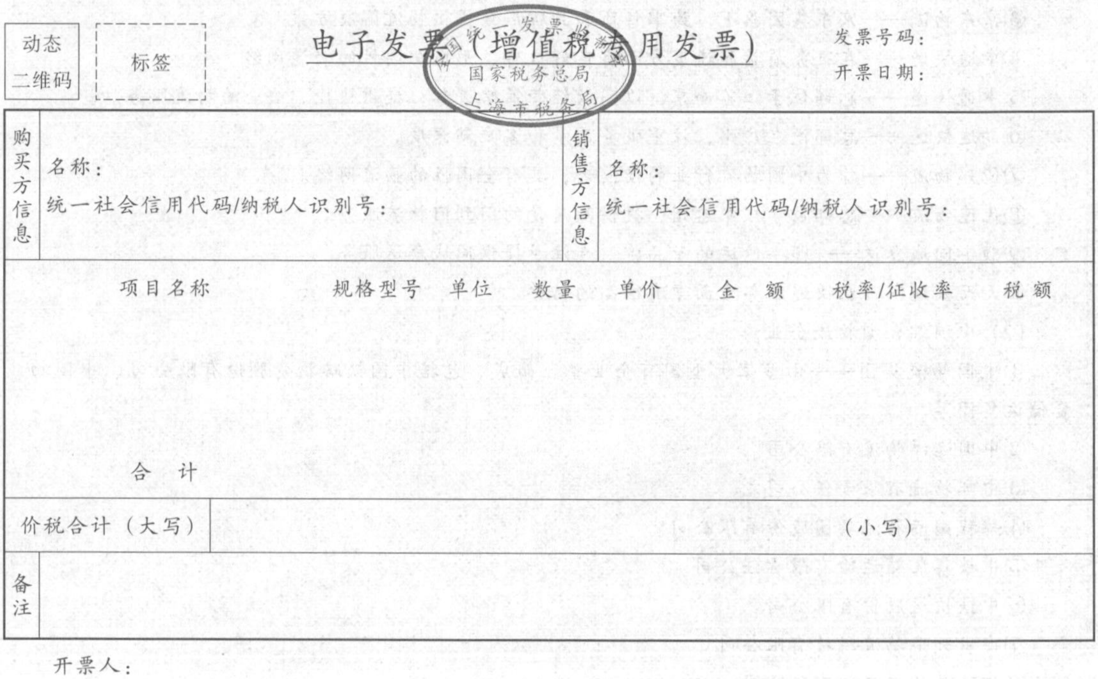
动态二维码　标签
电子发票（增值税专用发票）
全国统一发票监制章　国家税务总局　上海市税务局
发票号码：
开票日期：
购买方信息　名称：　统一社会信用代码/纳税人识别号：
销售方信息　名称：　统一社会信用代码/纳税人识别号：
项目名称　规格型号　单位　数量　单价　金额　税率/征收率　税额
合　计
价税合计（大写）　（小写）
备注
开票人：

图6-1　运输服务增值税专用发票

（1）运输服务收入核算的情景：上周三，公司完成了一笔长途运输业务，将一批电子产品从深圳运往上海。客户已经支付了130 800元的运费，其中包含增值税10 800元。

问题：请计算这笔业务的不含税收入是多少，并说明应该如何记录这笔收入。

（2）运输服务成本核算的情景：上述长途运输业务中，公司支付了8 780元，其中，燃油费5 650元（增值税专用发票显示税率13%），过路过桥费2 000元（通行费财政电子票据），维修保养费1 130元（增值税专用发票显示税率13%）；本公司司机工资3 000元，尚未支付。

（3）车辆折旧费用核算的情景：货运一队的一辆卡车（车牌号：琼A123**），原值为200 000元，预计使用寿命为10年，预计净残值率为5%，该车辆常年出车，使用均匀，采用年限平均法按月计提折旧。

（4）车辆大修理费核算的情景：上周五，以银行存款支付了车辆大修理费用价税合计8 136元，取得增值税专用发票，显示税率为13%。其中：货运一队车辆负担2 700元，货运二队车辆负担3 000元，公司管理部门车辆负担1 500元。

（5）燃料耗用核算的情景：上周，公司货运一队领用了共计2 000升汽油，每升汽油的平均价格为6.5元；货运二队领用了共计1 500升汽油，每升汽油的平均价格也为6.5元。上周一早上发车时，两个车队的车存燃料分别为1 000升和800升。今天早上发车时，两个车队的车存燃料分别为200升和300升。

公司对车存燃料实行盘存制的管理方式，并根据“燃料领料凭证”及“车存燃料盘点表”等有关资料编制“燃料耗用计算汇总表”。

【场景知识】物流货物运输成本的内容与基本核算思路

场景知识

物流货物运输成本的内容与基本核算思路

物流货物运输成本是指在物流活动中为了将货物从起始地运输到目的地而发生的各种费用。

（1）物流货物运输成本的内容

①直接成本。

运输工具成本：包括购买或租赁车辆的费用、燃料费用、维修保养费用等。

驾驶员成本：工资、福利、保险等。

过路费和停车费：高速公路通行费、停车场费用等。

货物装卸费用：货物的装载和卸载费用。

②间接成本。

管理费用：包括办公室租金、行政人员工资、通信费用等。

折旧费用：仓库等固定资产的折旧。

保险费用：运输工具等的保险费用。

税费：增值税、所得税等相关税费。

③其他成本。

意外损失：货物损坏、丢失等造成的损失。

环境成本：如污染清理费用等。

延误成本：因延误导致的额外费用或罚款。

（2）基本核算思路

①成本归集：将所有的成本按照直接成本和间接成本进行分类和归集。

②成本分摊：对于间接成本，需要根据一定的标准（如运输里程、货物重量、时间消耗等）进行合理的分摊。

③成本分配：根据具体的运输任务，将成本分配到不同的客户或项目上。

④成本计算：计算出每项运输任务的总成本，并据此确定收费标准。

⑤成本控制：通过对历史数据的分析，找出成本节约的机会。通过改善运输路线、优化装载量等方式降低成本。

⑥成本报告：定期编制成本报告，分析成本变动的原因，为管理层提供决策支持。

（3）物流货物运输成本项目

①运输成本：包括运输过程中的燃油费、过路过桥费、保险费、车辆租赁费等。

②仓储成本：包括仓储空间租金、仓储设备折旧、仓储管理费用等。

③装卸与搬运成本：包括装卸工人的工资、装卸设备的折旧等。

④包装成本：包括包装材料费用、包装人工费等。

⑤物流信息和管理费用：包括物流信息系统维护费用、物流管理人员工资等。

在实际的物流运营中，这些成本项目会被详细记录并归类到相应的会计科目中，以便于管理和分析物流成本的构成，并据此做出有效的成本控制措施。

【科目设置】

物流企业在处理货物运输相关的会计科目时，需要确保能够准确反映其业务活动和财务状况。以下是针对物流货物运输的会计科目设置示例：

（1）收入类科目

①主营业务收入：

运输收入——提供运输服务获得的收入；

包装收入——提供包装服务获得的收入；

装卸搬运收入——提供装卸搬运服务获得的收入；

仓储收入——提供仓储服务获得的收入；

其他收入——如特殊货物运输附加费等。

②其他业务收入：

租金收入——出租仓库或办公室等获得的收入；

其他服务收入——如咨询、培训等服务收入。

（2）成本与费用类科目

①主营业务成本：

运输成本——燃油费、过路费、维修保养费等；

仓储成本——租赁费、维护费等；

包装成本——包装材料费等；

装卸搬运成本——装卸搬运服务发生的机械费、人工费等；

辅助营运费用——辅助营运机构（如保养车间）发生的费用等；

营运间接费用——车队或场站发生的间接费用等。

②销售费用：

广告宣传费——宣传物流服务的费用；

销售人员薪酬——销售团队的薪酬。

③管理费用：

办公费——办公室租金、水电费等；

折旧费——管理用固定资产的折旧费；

保险费——为管理用车辆、货物等购买的保险。

④财务费用：

利息支出——贷款产生的利息；

汇兑损益——外币交易产生的汇率变动损益。

值得注意的是，具体的会计处理和科目设置还需根据企业的具体情况适当调整。如果有特殊的业务模式或复杂的交易类型，可能还需要增加额外的会计科目。

【示例6-1】中沙物流公司20×4年8月的直接人工成本见表6-1。

表 6-1　　　　　　　　　　**中沙物流公司 20×4 年 8 月的直接人工成本**　　　　　　　　　　单位：元

项目	工资	社会保险费	住房公积金	劳动保护费	合计
货运一队	10 000	2 000	1 000	500	13 500
货运二队	12 000	2 400	1 200	600	16 200
管理部门	5 000	1 000	500	200	6 700

（1）业务分析

本例是直接人工成本业务。通过“主营业务成本——运输成本（直接人工）”账户核算车队的人工费。主营业务成本和管理费用的区别在于，成本费用的用途是营运使用还是公司管理使用。

（2）会计处理

借：主营业务成本——运输成本（直接人工——货运一队）　　13 500
　　　　　　　　——运输成本（直接人工——货运二队）　　16 200
　　管理费用——人工费　　6 700
　贷：应付职工薪酬　　36 400

【示例 6-2】中沙物流公司 20×4 年 8 月的直接材料成本见表 6-2。

表 6-2　　　　　　　　　　**中沙物流公司 20×4 年 8 月的直接材料成本**　　　　　　　　　　单位：元

项目	燃油费	轮胎磨损费	其他消耗品费用
货运一队	5 000	1 000	800
货运二队	4 500	1 200	700
合计	9 500	2 200	1 500

（1）业务分析

本例是直接材料成本业务。物流行业的直接材料成本是指直接用于货物运输和物流活动中的材料成本。这些成本通常包括与运输、仓储、装卸等活动直接相关的物料消耗。具体包括：

①燃油费：汽油、柴油等燃料费用、润滑油费用。

②轮胎费：轮胎的更换费用。

③其他消耗品费用：车辆保养所需的零部件费用、清洗剂、防冻液等消耗品费用。

④包装材料费：包装箱、塑料薄膜、胶带等用于货物包装的材料费用。

⑤装卸工具费用：托盘、叉车等装卸工具的购置和维护费用。

⑥物流标签和单据费用：标签、条码、单据等物流文档的制作和打印费用。

（2）会计处理

借：主营业务成本——运输成本（直接材料——货运一队）　　6 800
　　　　　　　　——运输成本（直接材料——货运二队）　　6 400
　贷：原材料——主要材料（燃油）　　9 500
　　　　　　——主要材料（轮胎）　　2 200
　　　　　　——主要材料（其他消耗品）　　1 500

【示例 6-3】中沙物流公司 20×4 年 8 月发生轮胎零星修补费：城区车队 1 000 元，远程车队 2 000 元，公司本部管理用车 200 元。取得增值税专用发票，显示价税合计 3 616 元，已通过银行支付。

（1）业务分析

本例是其他直接费用业务。物流行业的其他直接费用是指除了直接人工成本和直接材料成本之外，在物流活动中发生的与经营活动直接相关的费用。这些费用通常不可直接追溯到某个具体产品的成本，但它们与物流活动直接相关，因此需要计入物流成本中。具体包括：

①车辆保养和维修费：车辆定期保养费用、车辆意外损坏的维修费用等。

②车辆保险费：车辆交通事故责任强制保险、商业保险等。

③过路过桥费：高速公路通行费、桥梁通行费等。

④轮胎磨损费：轮胎的修补费用等。

⑤车辆年检费：车辆年审费用。

⑥车辆牌照费：新购车牌费用、车牌更新费用。

⑦车辆折旧费：营运车辆的折旧损耗。

⑧零星修补费：其他零星修理费用。

（2）会计处理

借：主营业务成本——运输成本（其他直接费用——城区车队）	1 000	
——运输成本（其他直接费用——远程车队）	2 000	
管理费用——修理费	200	
应交税费——应交增值税（进项税额）	416	
贷：银行存款		3 616

【示例 6-4】中沙物流公司 20×4 年 8 月的营运间接费用为修理费 100 元、水电费 200 元，均取得增值税普通发票，通过网银转账支付。

（1）业务分析

本例是营运间接费用业务。物流行业的营运间接费用是指在物流活动中发生的不能直接计入特定成本对象的成本，这些费用是车队或场站等运营机构发生的，通常与物流业务的日常运营相关，但无法直接归属于某个具体的运输任务或客户服务。具体包括：

①办公费：办公用品费用、办公设备的维护费用等。

②水电费：办公场所的电费、办公场所的水费。

③通信费：固定电话费用、移动通信费用、网络费用等。

④租赁费：办公场所租金、仓库租金等。

⑤折旧费：办公设备折旧、仓库设施折旧等。

⑥修理费：办公设备的修理费用、仓库设施的修理费用等。

（2）会计处理

借：主营业务成本——运输成本（营运间接费用——修理费）	100	
——运输成本（营运间接费用——水电费）	200	
贷：银行存款		300

【示例 6-5】中沙物流公司 20×4 年 8 月的管理费用（不考虑相关税费）见表 6-3。

（1）业务分析

本例是管理费用核算业务。物流企业的管理费用是指企业行政管理部门为组织和管理生产经营活动所发生的各项费用。这些费用通常不直接与具体的物流活动相关，而是为了支持整个物流企业的正常运行而产生的。具体包括：

表 6-3　　　　　　　　　　**中沙物流公司 20×4 年 8 月的管理费用**

管理人员工资：5 000 元	办公费：1 000 元
租赁费：2 000 元	税费：1 500 元
折旧费：1 000 元	差旅费：500 元
业务招待费：300 元	咨询费：200 元
保险费：200 元	培训费：100 元
会议费：100 元	

①人工费：行政管理人员工资、奖金和福利等。

②办公费：办公用品费用、办公设备的维护费用等。

③水电费：办公场所的电费、办公场所的水费。

④通信费：固定电话费用、移动通信费用、网络费用等。

⑤租赁费：办公场所租金、仓库租金等。

⑥税费：房产税、城镇土地使用税等。

⑦折旧费：办公设备折旧等。

⑧修理费：办公设备的修理费用等。

⑨差旅费：管理人员因公出差的费用等。

⑩业务招待费：客户接待费用等。

⑪其他，比如：

咨询费：法律顾问费、会计师费用等。

保险费：办公场所保险、设备保险等。

培训费：管理人员的培训费用等。

会议费：内部会议费用、参加行业会议的费用等。

（2）会计处理

借：管理费用——人工费	5 000	
——办公费	1 000	
租赁费	2 000	
——税费	1 500	
——折旧费	1 000	
——差旅费	500	
——业务招待费	300	
——咨询费	200	
——保险费	200	
——培训费	100	
——会议费	100	
贷：银行存款		11 900

【示例 6-6】中沙物流公司拥有一辆用于长途运输的卡车，原值为 300 000 元，预计使用寿命为 10 年，预计净残值率为 5%。公司采用直线法按月计算折旧。

（1）业务分析

原值=300 000 元，预计净残值=300 000×5%=15 000（元），预计使用寿命=10 年。年折旧额=（原值-预计净残值）÷预计使用寿命=（300 000-15 000）÷10÷12=2 375（元/月）。

营运用车辆的折旧费，属于其他直接费用。

（2）会计处理

借：主营业务成本——运输成本（其他直接费用——折旧费） 2 375

　贷：累计折旧——卡车 2 375

【示例6-7】中沙物流公司2020年6月份使用了一批材料，包括轮胎、润滑油和其他配件。这些材料的总成本为100 000元，其中轮胎成本为40 000元，润滑油成本为30 000元，其他配件成本为30 000元。这些材料被分配给货运一队、货运二队和保养场使用。具体分配情况如下：货运一队：轮胎成本16 000元，润滑油成本10 000元，其他配件成本10 000元；货运二队：轮胎成本12 000元，润滑油成本8 000元，其他配件成本8 000元；保养场：轮胎成本12 000元，润滑油成本12 000元，其他配件成本12 000元。

（1）业务分析

对于直接材料成本，需要分别记录轮胎、润滑油和其他配件的成本，并且要细分到各个部门（货运一队、货运二队、保养场），按材料类别或使用部门设明细账。轮胎属于主要材料，润滑油和其他配件属于辅助材料。

（2）会计处理

借：主营业务成本——运输成本（直接材料——轮胎——货运一队） 16 000

——运输成本（直接材料——润滑油——货运一队） 10 000

——运输成本（直接材料——其他配件——货运一队） 10 000

——运输成本（直接材料——轮胎——货运二队） 12 000

——运输成本（直接材料——润滑油——货运二队） 8 000

——运输成本（直接材料——其他配件——货运二队） 8 000

——运输成本（直接材料——轮胎——保养场） 12 000

——运输成本（直接材料——润滑油——保养场） 12 000

——运输成本（直接材料——其他配件——保养场） 12 000

　贷：原材料——主要材料（轮胎） 40 000

——辅助材料（润滑油） 30 000

——辅助材料（其他配件） 30 000

【示例6-8】20×4年8月，中沙物流公司支付了车辆过桥费、过路费、车辆清洗费等，根据各项付款凭证汇总，金额共计52 332元，其中，过路过桥费取得带有“通行费”的增值税电子普通发票，可以抵扣进项税额2 308元，车辆清洗费取得增值税专用发票注明税额24元，费用分配如下：货运一队承担的费用为20 000元，货运二队承担的费用为25 000元，公司管理部门承担的费用为5 000元。

（1）业务分析

根据现行规定，过路过桥费取得带有“通行费”字样和税额的增值税电子普通发票的，可以按发票上注明的增值税税额抵扣进项税额；采取充值方式预存通行费，可由ETC客户服务机构开具不征税发票，不可用于增值税进项抵扣；通过政府还贷公路，由经营管理者开具财政部门统一监制的通行费财政电子票据，不得用于增值税进项抵扣。车辆清洗、保养属于现代服务业，增值税税率为6%；车辆维修属于修理修配服务，增值税税率为13%。

（2）会计处理

借：主营业务成本——运输成本（其他直接费用——货运一队）　20 000

——运输成本（其他直接费用——货运二队）　25 000

管理费用——车辆使用费　5 000

应交税费——应交增值税（进项税额）　2 332

贷：银行存款　52 332

【示例6-9】20×4年8月，中沙物流公司的保养场产生的辅助营运费用共计12 000元，这些费用包括：材料费4 000元，人工费5 000元，其他费用3 000元。

辅助营运费用采用先归集后分配的方法，公司按各营运单位车辆的行驶里程进行分配。本月货运一队的车辆行驶了20 000千米，货运二队的车辆行驶了30 000千米，合计50 000千米。

（1）业务分析

总行驶里程=50 000千米

货运一队的行驶比例=20 000÷50 000=0.4

货运二队的行驶比例=30 000÷50 000=0.6

辅助营运费用总额=12 000元

货运一队分摊费用=12 000×0.4=4 800（元）

货运二队分摊费用=12 000×0.6=7 200（元）

（2）会计处理

借：主营业务成本——运输成本（辅助营运费用——货运一队）　4 800

——辅助营运费用（货运二队）　7 200

贷：辅助营运费用——保养场　12 000

【示例6-10】20×4年8月，中沙物流公司发生了以下营运间接费用：办公费100元（以现金支付），水电费200元，均取得增值税普通发票。营运间接费用分配方法：根据各营运单位的车辆数量进行分配。本月货运一队拥有车辆10辆，货运二队拥有车辆15辆，合计25辆。

（1）业务分析

总车辆数=25辆

货运一队的车辆比例=10÷25=0.4

货运二队的车辆比例=15÷25=0.6

营运间接费用总额=100+200=300（元）

货运一队分摊费用=300×0.4=120（元）

货运二队分摊费用=300×0.6=180（元）

（2）会计处理

借：主营业务成本——运输成本（营运间接费用——货运一队）　120

——运输成本（营运间接费用——货运二队）　180

贷：库存现金　100

应付账款——水电费　200

【头脑风暴6-2】税务筹划与合规

（1）我们如何优化税务结构以减轻税务负担？

（2）在跨国物流运输业务中，如何处理复杂的税务问题？

（3）我们如何确保遵守不同地区的税务法规？

【拓展阅读6-2】

“一带一路”倡议

“一带一路”是我国于2013年提出的国际合作倡议，它旨在通过加强共建国家政策沟通、设施联通、贸易畅通、资金融通和民心相通，促进共建国家共同发展与繁荣。该政策与物流之间存在密切的关系，这一政策旨在通过基础设施建设和互联互通项目促进国际贸易和投资，而物流则是实现这一目标的关键环节之一。“一带一路”倡议涵盖了欧亚大陆及附近海洋的广阔区域，连接了亚洲、欧洲、非洲、南美洲等多个大陆，旨在打造一个全方位、多层次、复合型的互联互通网络，推动沿线各国在经济、社会、人文等多领域的深度合作，共同构建人类命运共同体。自提出以来，“一带一路”倡议已取得显著成果，不仅促进了共建国家的经济增长和就业，还推动了全球治理体系的改革和完善，为全球经济稳定和增长注入了新的动力。“一带一路”倡议通过加强基础设施建设和提升物流保障能力，促进了共建国家的互联互通，进而推动了国际贸易的增长。

［资料来源：国家统计局．“一带一路”建设成果丰硕　推动全面对外开放格局形成——党的十八大以来经济社会发展成就系列报告之十七［EB/OL］．［2022-12-09］．https://www.stats.gov.cn/xxgk/jd/sjjd2020/202210/t20221009_1889044.html.］

【练习6-2】

20×4年7月份，中沙物流有限公司完成了以下几笔运输业务：完成一笔货物运输业务，收入100 000元（不含税），向客户收取仓储费20 000元（不含税），为客户提供了包装服务，收入为15 000元（不含税），为客户提供了打捞救助服务，收入为5 000元（不含税）。物流公司名称：中沙物流公司，纳税人身份：增值税一般纳税人，增值税税率：物流辅助服务6%，货物运输服务9%。

直接成本：直接人工成本20 000元，燃油费10 000元（可获取增值税专用发票，税率为13%），折旧费5 000元，修理费3 000元（可获取增值税专用发票，税率为13%），广告费2 000元。

间接成本：办公室租赁费用10 000元，会计人员工资5 000元。

问题：

（1）计算销项税额并编制确认收入和销项税额的会计分录。

（2）计算进项税额并编制确认成本的会计分录。

（3）编制确认间接成本的会计分录。

（4）假设该公司在月初的应收账款余额为50 000元，本月新增应收账款20 000元，收回了30 000元的应收账款，计算月末的应收账款余额并编制相关会计分录。

（5）计算本月的营业利润。

任务6.3　核算物流企业的物流辅助业务

场景6-3　核算物流辅助服务的成本业务

20×4年7月31日星期三，会计部门负责人李明正在审查最近一周的业务记录，并准备处理一些关键的账务问题。

（1）公司提供仓储服务业务，公司7月的仓储成本如下：

场景6-3

含税租金10 900元，取得增值税专用发票，税率为9%，已使用网银支付；人工成本20 000元尚未支付；水电费3 350元，取得增值税专用发票，含可抵扣进项税额350元，已使用网银支付；从仓库领用包装材料2 000元；设备折旧1 000元；含税信息系统服务费1 060元，取得增值税专用发票，税率为6%，尚未支付。

（2）确认本月仓储服务收入60 000元。公司上月收到客户支付含税服务费127 200元，已存入银行并全额开具增值税专用发票，其中，上月确认仓储收入30 000元。需要做出上月的会计处理。

【场景知识】物流辅助业务及其成本核算

（1）物流企业的物流辅助业务

场景知识

物流辅助业务及其成本核算

物流企业的物流辅助业务主要包括一系列支持物流活动的服务，这些服务有助于提高物流效率和服务质量，通常包括：

仓储服务：提供安全、清洁的仓库空间存放货物。进行库存管理和控制，确保货物的安全和准确记录。

装卸搬运服务：在仓库内部或外部进行货物的装载和卸载工作。使用适当的设备和技术进行货物的搬运，以保证货物安全。

包装服务：根据货物特性和客户需求提供定制化包装。确保货物在运输过程中不受损坏。

配送服务：将货物从仓库或其他地点配送到最终目的地。可能包括最后一千米的配送服务。

航空服务：协助客户安排航空运输。其包括航班预订、货物安检、报关等。

港口码头服务：提供船舶装卸、货物堆放和管理等服务。处理进出口货物的报关手续。

货运客运场站服务：提供货物和乘客在场站内的服务。其包括票务、安检、信息查询等。

打捞救助服务：在海上或内陆水域提供打捞和救援服务。其包括失事船只或货物的打捞。

收派服务：提供上门取件和送货上门服务。适用于快递和小包裹的配送。

供应链管理服务：提供供应链规划、执行和监控等服务。其包括订单处理、库存管理、运输调度等。

信息技术服务：开发和维护物流信息系统。提供货物追踪、数据分析等技术支持。

咨询服务：提供物流策略和优化建议。其包括成本控制、法规遵从性等方面的咨询。

（2）物流辅助业务成本的内容与基本核算思路

物流辅助业务成本是指在物流过程中为支持主要物流活动而产生的各项费用。这些费用通常不直接关联到货物运输的核心环节，但对保证物流服务的质量和效率至关重要。例如，仓储、信息管理、客户服务、包装、装卸等都属于辅助性业务。

①物流辅助业务成本的内容。

仓储服务成本：包括租金、人工、设备折旧、维修保养等成本。

信息处理成本：包括信息系统建设、维护及数据处理等费用。

客户服务成本：如客服中心运营费用、客户关系管理系统的成本等。

包装成本：涉及包装材料、设备以及人工费等。

装卸搬运成本：指货物在不同物流节点间的装卸搬运费用。

物流设施维护成本：仓库、配送中心等设施的维修保养费用。

行政管理成本：与公司行政管理和人力资源管理相关的费用。

保险与风险管理成本：为保障货物安全而购买的各种保险费用。

②基本核算思路。

明确成本对象：确定需要核算成本的具体业务活动或项目。

收集成本数据：记录和汇总各项费用的数据。

分类与归集：将收集到的成本数据按照不同的成本类别进行分类和归集。

分配标准制定：根据业务特点制定合理的成本分配标准（如按工作量、按面积、按时间等）。

成本分配：按照制定的标准将间接成本合理地分配到各成本对象上。

成本分析：通过分析成本构成和变动趋势，识别成本控制的重点领域。

持续改进：基于成本分析的结果，采取措施优化流程，降低成本。

【示例 6-11】中沙物流公司在20×4年8月1日签订合同提供以下仓储服务：为A公司存储一批货物，存储期为1个月，仓储费为每月10 000元；为B公司提供短期仓储服务，存储期为15天，仓储费为每天600元；为C公司提供长期仓储服务，存储期为6个月，一次性预收仓储费60 000元，合同约定每月末开具增值税专用发票。

（1）业务分析

A、B公司服务费为本月发生并收取，C公司服务费为预收款，需要按照服务期分摊收入。

8月份的收入=60 000 ÷ 6 = 10 000（元）

（2）会计处理

①A公司的仓储服务：

借：银行存款	10 600	
贷：主营业务收入——仓储收入		10 000
应交税费——应交增值税（销项税额）		600

②B公司的仓储服务：

借：银行存款	9 540	
贷：主营业务收入——仓储收入		9 000
应交税费——应交增值税（销项税额）		540

③C公司的仓储服务：

借：银行存款	60 000	
贷：合同负债		60 000
借：合同负债	10 600	
贷：主营业务收入——仓储收入		10 000
应交税费——应交增值税（销项税额）		600

【示例 6-12】中沙物流公司在20×4年8月份发生了以下装卸搬运成本：支付给装卸搬

运工人的工资共计10 000元，装卸搬运设备的折旧费共计5 000元，装卸搬运设备的维修保养费用共计2 000元，用于装卸搬运过程中的包装材料费用共计1 500元，与装卸搬运相关的管理费共计3 000元。本例不考虑增值税进项税额。

（1）业务分析

我们需要根据业务内容将成本分为直接成本和间接成本。直接成本包括直接人工费、设备使用费、维修保养费以及包装材料费。间接成本则是指管理费用。直接成本直接与装卸搬运活动相关，反映了装卸搬运过程中的直接支出。间接成本虽然不直接与装卸搬运活动相关，但是它是为支持装卸搬运活动而发生的管理费用，同样需要被合理计入成本之中。

（2）会计处理

①直接人工费：

借：主营业务成本——装卸搬运成本（直接人工费） 10 000

贷：应付职工薪酬 10 000

②设备使用费：

借：主营业务成本——装卸搬运成本（设备使用费） 5 000

贷：累计折旧 5 000

③维修保养费：

借：主营业务成本——装卸搬运成本（维修保养费） 2 000

贷：银行存款 2 000

④包装材料费：

借：主营业务成本——装卸搬运成本（包装材料费） 1 500

贷：原材料或库存商品 1 500

⑤管理费用：

借：主营业务成本——装卸搬运成本（管理费用） 3 000

贷：银行存款等 3 000

通过上述会计分录，中沙物流公司可以清晰地记录和追踪装卸搬运成本，并且便于后续的成本分析和控制。这些成本信息对于管理层来说是非常有价值的，可以帮助他们评估装卸搬运活动的效率和效果，进而做出更加明智的决策。

【示例6-13】中沙物流公司在20×4年8月份提供了以下装卸搬运服务：为A公司提供装卸搬运服务，服务费为10 000元，增值税税率为6%；为B公司提供装卸搬运服务，服务费为5 000元，增值税税率为6%。

（1）业务分析

①收入确认。

根据提供的服务，中沙物流公司应该确认收入。收入应在服务完成并且获得客户签收资料后确认。假设所有服务已经完成，并且中沙物流公司已经获得了相应的签收资料。

②增值税计算。

对于A公司的服务：

增值税销项税额=10 000×6%=600（元）

对于B公司的服务：

增值税销项税额=5 000元×6%=300（元）

（2）会计处理

①A公司的装卸搬运服务：

借：银行存款　10 600

　贷：主营业务收入——装卸搬运收入　10 000

　　应交税费——应交增值税（销项税额）　600

②B公司的装卸搬运服务：

借：银行存款　5 300

　贷：主营业务收入——装卸搬运收入　5 000

　　应交税费——应交增值税（销项税额）　300

【示例6-14】中沙物流公司在20×4年8月份发生了以下包装成本：为即将进行的物流活动购买了价值10 000元的包装材料，增值税税率为13%；当月实际领用了价值8 000元的包装材料用于物流活动；支付给第三方包装服务提供商的服务费为5 000元，增值税税率为6%。

（1）业务分析

①购买包装材料：当购买包装材料时，应记录存货的增加。增值税进项税额可以抵扣。

②领用包装材料：当包装材料被领用时，需要将其从存货转移到成本。如果采用计划成本核算，则还需要分摊材料成本差异。

③包装劳务费：支付给第三方的包装劳务费应计入成本。增值税进项税额同样可以抵扣。

（2）会计处理

①购买包装材料：

借：原材料——包装材料　10 000

　应交税费——应交增值税（进项税额）　1 300

　贷：银行存款　11 300

②领用包装材料：

借：主营业务成本——包装成本　8 000

　贷：原材料——包装材料　8 000

③包装劳务费：

借：主营业务成本——包装成本　5 000

　应交税费——应交增值税（进项税额）　300

　贷：银行存款　5 300

如果采用计划成本核算，还需分摊材料成本差异：

A.实际成本大于计划成本的差异：

借：主营业务成本——包装成本

　贷：材料成本差异

B.实际成本小于计划成本的差异：

借：材料成本差异

　贷：主营业务成本——包装成本

【示例6-15】中沙物流公司在20×4年8月份提供了以下包装服务：为A公司提供包装服务，服务费为12 000元，增值税税率为6%；为B公司提供包装服务，服务费为8 000

元，增值税税率为6%。所有服务已经完成，并且中沙物流公司已经获得了相应的签收资料。

(1) 业务分析

①收入确认。

根据提供的服务，中沙物流公司应该确认收入。收入应在服务完成并且获得客户签收资料后确认。

②增值税计算。

对于A公司的服务：

增值税销项税额=12 000×6%=720（元）

对于B公司的服务：

增值税销项税额=8 000×6%=480（元）

(2) 会计处理

①A公司的包装服务：

借：银行存款　　12 720

　贷：主营业务收入——包装服务收入　　12 000

　　应交税费——应交增值税（销项税额）　　720

②B公司的包装服务：

借：银行存款　　8 480

　贷：主营业务收入——包装服务收入　　8 000

　　应交税费——应交增值税（销项税额）　　480

【示例6-16】中沙物流公司在20×4年8月份提供了以下信息服务：

(1) 为A公司开发了一套物流信息系统，合同总价为人民币200 000元，已收到首付款100 000元，剩余款项将在系统验收后支付。

(2) 为B公司提供了物流信息系统的技术支持服务，服务费为每月人民币5 000元，本月服务费已存入银行。

(3) 为C公司进行了物流信息系统的数据迁移工作，一次性服务费为人民币30 000元，已全额收款。

以上收入均不含增值税，增值税税率为6%。

(1) 业务分析

①A公司的信息系统开发服务。本业务系定制软件开发，A公司无法控制开发进度，且开发成果具有不可替代性，根据收入确认原则，本业务属于时点履约义务，应在合同履约完成后确认收入，因此，首付款100 000元不能确认收入，作为"合同负债"处理。

②B公司的技术支持服务。服务费为每月5 000元，因此可以在提供服务的当月确认收入。

③C公司的数据迁移服务。一次性服务费30 000元已经全额收款，因此可以直接确认收入。

(2) 会计处理

①收到首付款时：

借：银行存款　　100 000

贷：合同负债　　100 000

②收到服务费时：

借：银行存款　　5 300

贷：主营业务收入——信息服务收入　　5 000

应交税费——应交增值税（销项税额）　　300

③收到一次性服务费时：

借：银行存款　　31 800

贷：主营业务收入——信息服务收入　　30 000

应交税费——应交增值税（销项税额）　　1 800

【拓展阅读6-3】

国办印发《“十四五”现代物流发展规划》

在中国的“十四五”规划中，物流业被列为重要的发展领域之一，并提出了多个方面的发展目标和策略。

（1）加快物流基础设施建设：深度应用5G、北斗、移动互联网、大数据、人工智能等先进技术，分类推动物流基础设施的改造升级。加快物联网相关设施建设，发展智慧物流枢纽、智慧物流园区、智慧仓储物流基地、智慧港口、数字仓库等新型物流基础设施。

（2）推动物流业数字化转型：鼓励企业采用现代信息技术和智能装备，实现物流业务的数字化转型。发展智慧物流，积极应用现代信息技术，提高物流效率和服务质量。通过数字化手段，实现车（船）货智能配载、多式联运、安全运输、信用监管、路径优化等功能。

（3）促进物流业与制造业深度融合：促进物流业与制造业在供应链上的深度融合，提高供应链的整体效率。推动现代服务业同先进制造业、现代农业的深度融合。加快推进服务业数字化，尤其是物流服务的数字化进程。

这些目标和策略反映了国家对于物流行业高质量发展的重视，旨在通过技术创新和产业升级来提升整个物流行业的竞争力。首先，提高物流效率：通过技术应用和智能化改造，提高物流过程的自动化水平，减少人力成本，提高运输和存储效率。其次，降低成本：通过数字化转型，减少不必要的中间环节，降低物流成本，提高整体经济效益。再次，促进产业协同发展：通过物流业与制造业的深度融合，可以更好地满足制造企业的物流需求，支持产业链的优化升级。最后，推动绿色发展：通过绿色物流技术的应用，减少物流过程中的碳排放和其他环境影响，促进可持续发展。

［资料来源：新华社. 国务院办公厅印发《“十四五”现代物流发展规划》［EB/OL］.［2022-12-15］. https://www.gov.cn/xinwen/2022-12/15/content_5732146.htm.］

【头脑风暴6-3】市场分析与趋势预测

（1）当前市场上物流辅助服务的主要趋势是什么？

（2）未来几年内，哪些新兴技术可能会改变物流辅助服务的面貌？

（3）我们应该如何利用大数据和人工智能来优化我们的服务？

【练习6-3】

物流辅助业务是指为物流主体业务提供支持的服务，如仓储服务、装卸搬运服务、包装服务等。中沙物流公司提供仓储服务、装卸搬运服务和包装服务。以下是公司在20×4年8月份发生的部分业务：

（1）仓储服务：8月1日，与客户A签订了为期一年的仓储服务合同，合同金额为120 000元，按月平均确认收入。8月10日，收到客户A支付的第一个月仓储服务费10 000元。

（2）装卸搬运服务：8月5日，为客户提供了一次性的装卸搬运服务，服务费为5 000元，服务完成后立即确认收入。8月5日，收到客户支付的装卸搬运服务费5 000元。

（3）包装服务：8月15日，与客户B签订了为期三个月的包装服务合同，合同金额为30 000元，按月平均确认收入。8月15日，收到客户B支付的第一期包装服务费10 000元。

（4）成本发生：8月20日，购买了一批用于包装的材料，价值3 000元。8月25日，支付了本月仓库的租金12 000元。

【参考资料】

7 项目7
旅行社和酒店会计

【知识目标】

1.了解旅行社和酒店的经营内容、酒店业务的账务处理方法；

2.熟悉旅行社和酒店会计核算的主要特点、旅行社和酒店的营业收入和成本的主要内容、旅行社和酒店的增值税基本规定、酒店原材料的分类；

3.理解旅行社和酒店的营业收入和成本的确认和计量方法、旅行社差额征税的计税方法、外币业务的折算方法、餐饮品的定价方法、餐饮品原材料清选整理的账务处理原则；

4.掌握外币交易和兑换业务、差额征税的会计核算方法、假退料的会计处理方法、酒店物料核算的移库法。

【能力目标】

1.能够完成旅行社组团和接团业务、酒店餐饮和住宿业务的会计核算；

2.能够计算餐饮品的价格、餐饮品原材料清选后的净料定价、客房出租率和租金收入率。

【价值目标】

1.透过我国旅游和酒店行业的快速发展态势，坚定我国继续深化改革开放的决心和信心；

2.千里之行，始于足下，树立重视执行力的理念，踏踏实实做事；

3.强化饮食安全观念，提升传染病预防意识。

任务7.1　认知旅行社和酒店会计

场景7-1　小吕同学的海南之行

场景7-1

小吕同学高考结束后，作为奖励，父母在当地旅社报了海南环岛双飞七日游项目，价格要比寒假期间便宜1/3。一家三口欣然出行，在海南某机场落地后，便被一辆豪华旅游大巴车接到一家海景酒店，海南的夏天没有想象中那么热，尽管是海南旅游淡季，但是这家酒店的客人还是很多，而且有不少外国客人。入住客房后，小吕同学翻阅酒店房间服务手册，发现这家五星级酒店原来是旅行社的下属酒店，有中餐厅、西餐厅、网球场、游泳池、SPA中心、儿童乐园等设施，中餐厅菜单显示，海南鸡饭单人套餐98元一份，确实不太便宜，妈妈说在这里吃的不是鸡饭，而是为你提供新鲜鸡饭的服务。后面的旅程紧凑且充实，海南导游热情洋溢地介绍着各种景点，行程安排得丰富多彩。七天很快过去了，小吕同学依依不舍地踏上返程的飞机，心想着要是能再多待几天就好了。

根据小吕同学对这段旅程的简要描述，思考一下，如果在旅行社或酒店做会计工作，有什么需要特别关注的事项？

【场景知识】旅行社和酒店会计核算的主要特点

场景知识

旅行社和酒店会计核算的主要特点

（1）背景导入：搭车去结婚

旅行是一件让人着迷的事情，总是令人心驰神往，结婚旅行又增加了浓浓的浪漫色彩，如果在结婚旅行中穿上民族特色的服装，那将是一件多么美妙的事情！2015年9月，就有这么一对热爱旅行的小夫妻，双双辞去工作，带上了20余万字的攻略、线路图、刚出炉的结婚证和所有积蓄，各自背着40多斤的背包，从重庆出发，踏上了“搭车去结婚”的旅途，他们要“全职”结婚，以徒步搭车的方式，探访56个民族的世居地，了解不同民族的文化，穿上他们的民族服装，拍56套意义非凡的结婚照，也许这是“史上最漫长的婚礼”。他们从南到北，跨越整个中国，走过山川湖泊，穿过草场森林，涉足祖国大半个边境线，每到一个民族世居村落，便寻找当地百姓世代传承的、有温度、有历史的传统服装，恭恭敬敬地穿上，自拍一套民族结婚照。历经18个月的千辛万苦，在无数人的帮助下，他们终于完成了这一场看似不可能的婚礼，这是两个人的追梦，也是56个民族的传统之美与温情善意。原本只是按一下快门的事，却因为寻找民族服装过程中所经历的艰辛与感动，让他们产生了“记录民族文化的责任感”，他们希望自己能成为一扇小小的窗，分享民族文化背后有温度的故事。

（2）旅行社和酒店会计核算的主要特点

当前，旅游已成为人们提高生活质量的重要方式，旅游有六大要素：吃、住、行、游、购、娱，世界旅游组织研究表明，旅游业的发展受人均GDP水平的影响，一般会经历观光游、休闲游和度假游三个阶段，目前我国呈现出了旅游三阶段并存的局面。旅游业的业务范围包括旅游景点、旅游客运、旅游饭店、旅游会展、旅游管理等方面，并且分属不同的行业。本项目内容主要涉及旅游管理和旅游饭店两个方面，即旅行社和酒店。

旅行社为社会各界提供商务、组团和散客旅游的服务，包括向顾客提供咨询、旅游计划和建议、日程安排、导游、食宿和交通等服务。在《国民经济行业分类》（GB/T 4754—2017）中，列示了“旅行社及相关服务”小类，属于第三产业中的“租赁和商务服务业”门类、“商务服务业”大类、“其他商务服务业”中类。酒店业在《国民经济行业分类》（GB/T 4754—2017）中，列示为“住宿和餐饮业”门类，属于典型的第三产业，包括住宿业和餐饮业两个大类。住宿业是指为旅行者提供短期留宿场所的活动；餐饮业是指通过即时制作加工、商业销售和服务性劳动等，向消费者提供食品和消费场所及设施的服务。有些单位也提供集住宿、饮食、商务、娱乐于一体的服务。

旅行社的主要经营内容是“游”，酒店的主要经营内容是“吃”和“住”，因此，二者尽管分属不同的行业门类，但是关系非常密切。旅行社和酒店会计核算的主要特点有：

第一，核算对象多种多样，如组团接团、住宿、餐饮、零售、娱乐、健身、洗浴、导游、翻译、票务代理等业务，旅行社或酒店常常兼营，导致会计核算对象类别较多。

第二，成本核算简化处理，提供服务的成本和费用的界限往往比较模糊，有时会简化成本核算内容，或者不核算成本，全部作为费用；像餐饮品这种具有“生产”行为的服务，为简化核算，成本核算中只包括材料成本，不包括厨师工资和厨房设备折旧等。

第三，收入不均衡，旅行社或酒店业务往往有淡旺季之分，价格也会有较大差别，导致收入在不同时期的波动较大，比如，受人们闲暇时间影响，周末或节假日业务多，平时业务少；受地域气候或季节性影响，海南、黑龙江的冬季是旺季，内蒙古、新疆的夏季景色最美等。

第四，外币业务比较普遍，伴随着中国综合实力的日益增强，越来越多的国外客人来到中国境内旅游观光，也有越来越多的中国人出境旅游，因此，大中型或知名景区的旅行社和酒店时常发生外币结算或兑换业务。

【拓展阅读7-1】

中国入出境旅游消费信心稳步增强

2024年7月4日，在外交部例行记者会上，有记者提问：近期，一些在中国的外国博主发明的网络热词“city不city啊”“好city啊”走红社交媒体，引起中外网友的广泛转发分享。发言人对此有何评论？发言人回答说：“我也刚刚看到这个词的新用法。很高兴看到外国朋友们在中国享受美景美食，亲身感受生动真实的中国”，并表示：“我们将不断优化人员往来便利措施，让外国朋友们在中国旅行更加方便，更加舒适。中国就在这里，欢迎大家来。”

就在同一天，“世界旅游联盟·中欧旅游对话”在匈牙利首都布达佩斯举办。对话期间，《2023—2024跨境旅游消费趋势研究报告》（以下简称“报告”）发布。聚焦中国市场，报告指出，随着旅游需求的释放、国际航班的恢复，中国出境游消费持续回暖，出境人数稳步增长。中国入境游方面，单方面免签国范围的不断扩容（截至2024年6月底，中国已宣布对15个国家试行单方面免签政策），过境免签政策的进一步推行及签证政策的全面优化，加之持续推出的支付便利化措施，显著提升了海外游客赴华旅游的意愿。

［资料来源：中国青年报．《2023—2024跨境旅游消费趋势研究报告》：中国入出境旅游消费信心稳步增强［EB/OL］．［2024-07-10］．https：//baijiahao. baidu. com/s? id=1804189876236128749&wfr=spider&for=pc.］

【练习7-1】

［多选］旅行社和酒店会计核算的主要特点有（　　）。

A.核算对象多种多样　　B.成本核算简化处理

C.财务风险相对较高　　D.外币业务比较普遍

任务7.2　核算旅行社主营业务

本任务场景、示例和练习使用的背景旅行社有海南永乐国际旅行社、云南彩云之南旅行社、新疆大美旅行社、重庆江城国际旅行社，均为一般纳税人，增值税采用差额计税方式。主要经营：国内旅游业务，出境旅游业务、入境旅游业务，机票代理业务，旅游商品、旅游地产，代订客房、机票、车、船票等。

场景7-2　核算旅行社组团业务

场景7-2

20×4年12月，海南永乐国际旅行社的部分组团业务如下：

（1）12月2日，38名游客组成云南昆理丽香8日游的豪华双飞旅游团，团号B1199，定于12月4日出发，每人预交团费7 200元，全部刷卡存入银行。

（2）12月3日，向首都航空公司购买B1199团39人（含旅行社随行人员1名）的海口至昆明往返机票，共计70 278元，开出转账支票付讫。

（3）12月5日，与美国洛杉矶东方国际旅行社签订合同，由其承办赴洛杉矶跨年10日游，协议价为每人6 050美元（不含往返国际机票）。该线路国内报价为每人69 888元人民币，其中，含预计往返国际机票16 030元人民币，当日公告组团。6日有3人报名参团，预收团费209 664元存入银行。

（4）12月7日，报名参加北京7日游B1188团的游客姜某、姬某、嬴某、子某4人因个人原因要求退团，按合同约定，扣除报价7 000元的10%作为手续费，余款通过网银转账支付。

（5）12月11日，B1199云南团完成预定行程安全返回海口，其中两位顾客投诉香格里拉酒店客房卫生清洁不彻底，已拍照取证并向前台反映，经确认属实，赔偿每人200元，以现金支付。

（6）12月12日，接到云南彩云之南旅行社报来的B1199团“旅游团费用拨款结算通知单”，共计140 830元，其中：综合服务成本123 530元，劳务成本4 500元，地游及加项成本12 800元，审核无误，根据合同约定，扣除客房卫生问题罚款800元，收到增值税普通发票，价税合计140 030元，款项已汇付。

（7）12月24日，28名游客组成的A2235国际旅游团成团，定于12月27日离琼赴美，预收团费1 956 864元已全部存入银行。向中国香港航空和南方航空公司分别购买了A2235团29人（含旅行社随行人员1名）的往返机票，机票款464 870元已通过银行转账支付。

（8）12月26日，向银行购入67 760美元，汇付美国洛杉矶东方国际旅行社A2235团40%的旅游费，支付汇费50美元。当日国家外汇管理局公布的中间价为1美元兑7.1727元人民币，银行确定的现汇买入价为1美元兑7.0916元人民币、现汇卖出价为1美元兑7.2638元人民币。分购入美元和汇付款项两步处理。

（9）12月31日，美元兑换人民币的汇率中间价为1美元兑7.1832元人民币，估算A2235团总成本为1 655 390.68元（28×6 050×7.1832+438 556.60），运用产出法，即根据已提供服务占应提供服务总量的比例，确定履约进度，进而确认A2235团本年度的营业收入和成本。

①履约进度=________________________________

②应确认营业收入=____________________________（元）

③应确认营业成本=____________________________（元）

【场景知识】旅行社主营业务的内容及会税处理

场景知识

旅行社主营业务的内容及会税处理

（1）旅行社主营业务的分类

旅行社的主要业务是招揽游客、组织游览并从中获得报酬。因此，旅行社的主营业务分组团招揽和接待导游两类，即组团业务和接团业务。承办组团业务的旅行社被称为组团社，承办接团业务的旅行社被称为接团社。一家旅行社既可能是组团社，也可能是接团社。一般而言，对于本地旅行团，旅行社会自组自接，而异地旅行团，组团社组成团后，会发到异地，由异地接团社接待，因此，组团社和接团社是相互依存的关系。另外，旅行社的业务按范围分为国际旅游业务和国内旅游业务，按组织形式分为团体旅游业务和散客旅游业务。

（2）旅行社主营业务收入的类别

旅行社主营业务收入主要是指旅行社为旅游、观光、度假、参观者等提供各项服务所获取的收入，旅行社经营业务的特点，决定了旅行社的主营业务收入主要是各项服务收入。主要包括以下几种类型：

①组团外联收入，指由组团社自组外联，收取旅游者住宿、用餐、旅游交通、翻译导游、景点游览等的收入。外联业务就是旅行社与旅游客户（包括旅游者、旅游中间商和其他旅行社）联络，通过市场分析，设计开发旅行社线路产品并直接销售的业务。

②综合服务收入，指接团社向旅游者收取的包括餐饮费、市内交通费、导游服务费、一般景点门票等在内的包价费用收入。

③零星服务收入，指各旅行社接待零星旅游者和承办委托事务取得的服务收入。

④劳务收入，指非组团社为组团社提供境内全程导游、翻译人员所取得的收入。

⑤票务收入，指旅行社办理代售国际联运客票和国内客票的手续费收入。

⑥地游和加项收入，指接团社向旅游者收取的按旅游者要求增加的计划外当地旅游项目的费用，包括当地风味餐、当地特色游览等。

⑦其他服务收入，指不属于以上各项的其他服务收入。

旅行社的主营业务收入按照上述收入类别设置明细账。

（3）旅行社主营业务成本的类别

旅行社为旅游者提供服务的过程中会发生各种直接费用，这些直接费用构成了旅行社的营业成本，按直接费用的内容不同，分为以下七大类：

①组团外联成本，是指组团社组织外联团，按规定支付的住宿费、餐费、城市间交通费等。

②综合服务成本，指旅行社接待旅游者，按规定支付的包括市内交通费、导游服务费、一般景点门票等在内的包价费用。

③零星服务成本，指旅行社接待零星旅游者和受托代办事项而支付的费用。

④劳务成本，指非组团旅游公司为组团社派出的全程陪同、翻译导游，按规定支付的各项费用。

⑤票务成本，指旅行社代办国际联运客票和国内客票等，按规定支付的订票手续费、退票费等。

⑥地游和加项成本，指旅行社接待游客，计划外增加的当地旅游项目，按规定支付的当地风味餐费、当地特色游览费等。

⑦其他服务成本，是指不属于以上各项的其他服务费。

旅行社的主营业务成本按照上述成本类别设置明细账。

（4）旅行社的主营业务收入与成本的确认和计量

旅行社业务是一种服务，这种服务短则一日，长则多日，因此，旅行社应该在旅游者结束旅游时确认营业收入，并按最终报价单或结算单记载的金额计量，同时，根据配比原则确认营业成本。具体而言，旅行社业务的开始和结束日期，如果在同一个会计期间，则于结束日确认收入，按照时点履约义务处理；如果不在同一个会计期间，则需要在不同会计期间内进行分摊，按照时段履约义务处理。

其中，时段履约义务的会计处理中，要根据履约进度计算本期收入和成本，公式如下：

本期收入=合同预计总收入×履约进度−已确认收入

本期成本=合同预计总成本×履约进度-已确认成本

履约进度是一个“累计”概念，是截至本期期末“累计”的总进度，包含上期的履约进度，可以按照产出法或投入法确定。对于旅行社业务而言，通常运用产出法中的时间比例法确定履约进度，简单而且更为合理，比如业务期间是10天，至会计期末已经度过7天，则截至本期期末履约进度为70%。

（5）旅行社业务的增值税规定

旅行社可以选择全额计税或差额计税计算缴纳增值税。全额计税方式下，旅行社以取得的全部价款和价外费用作为销售额；而差额计税方式下，旅行社以取得的全部价款和价外费用，扣除向旅游服务购买方收取并支付给其他单位或者个人的住宿费、餐饮费、交通费、签证费、门票费和支付给其他接团旅游企业的旅游费用（即可扣除成本）后的余额为销售额。

①一般纳税人计税方法。

全额计税方式下，旅行社一般纳税人可以向旅游服务购买方开具全额增值税专用发票，计税方法与普通工业企业一样，应交增值税计算公式为：

应交增值税=当期销项税额-当期进项税额

差额计税方式下，旅行社一般纳税人按销售额扣除直接成本费用后的差额，可以向旅游购买方开具增值税专用发票，但可扣除成本部分只能开具普通发票，应交增值税计算公式为：

应交增值税=（含税收入-可扣除成本）÷（1+6%）×6%-可抵扣的进项税额

目前，“营改增”仍然处于过渡期，旅游服务购买方不一定都需要增值税专用发票，旅行社的交通、住宿、餐饮、门票等成本也不一定都能取得增值税专用发票。因此，除少数能够取得较多进项增值税专用发票的特大型旅行社外，多数普通旅行社一般纳税人会选择差额计税方式。

②小规模纳税人计税方法。

全额计税方式下，旅行社小规模纳税人与其他行业一样，用全部销售额计税，计算公式为：

应交增值税=含税收入÷（1+3%）×3%

差额计税方式下，旅行社小规模纳税人用销售额扣除直接成本费用后的差额计税，计算公式为：

应交增值税=（含税收入-可扣除成本）÷（1+3%）×3%

很明显，对于小规模纳税人而言，差额计税更有利，也是小规模纳税人的主要选择。

✻【思考一刻7-1】目前实行差额计税方式的情形主要有哪些？

（6）外币业务

外币业务是以记账本位币之外的货币进行结算或计价的业务。在我国，外币价格（又称汇率）通常用100单位外币兑换人民币的金额表示，分为买入价、卖出价、中间价三种，买入价分钞买价和汇买价两种，卖出价又分钞卖价和汇卖价两种。中间价是衡量一国货币价值的重要指标，理论上，汇率中间价=（现汇买入价+现汇卖出价）÷2，介于买入价和卖出价之间，但在现实中，中间价通常由一国中央银行主导确定，而买入价和卖出价是从银行角度而言的，由各商业银行基于中间价、外汇市场供求状况和交易成本、风险补偿等因素综合确定，因此，特殊情况下，可能出现买入价高于中间价的情况。中国银行某日官网外汇牌价（部分）见表7-1，其中，折算价即为中间价。

表7-1 中国银行某日外汇牌价（部分）

货币名称	现汇买入价	现钞买入价	现汇卖出价	现钞卖出价	中行折算价
加拿大元	498.82	498.82	502.74	502.74	500.51
欧元	751.50	751.50	757.01	757.01	753.01
英镑	898.13	898.13	904.79	904.79	895.92
韩国元	0.4993	0.4993	0.5078	0.5078	0.5047
美元	724.52	724.52	727.57	727.57	716.98

《企业会计准则第19号——外币折算》规定，外币交易应当在初始确认时，采用交易发生日的即期汇率将外币金额折算为记账本位币金额；也可以采用按照系统合理的方法确定的、与交易发生日即期汇率近似的汇率折算。即期汇率，通常是指中国人民银行管理的国家外汇管理局公布的当日人民币汇率中间价。“即期汇率近似的汇率”，通常采用当期平均汇率或加权平均汇率等。其中，企业发生的外币兑换业务或涉及外币兑换的交易事项，应当按照交易实际采用的汇率（即银行买入价或卖出价）折算。

✲【思考一刻7-2】在我国，记账本位币一定是人民币吗？

【拓展阅读7-2】

人民币汇率中间价的形成机制

中国人民银行直属的中国外汇交易中心，于每日银行间外汇市场开盘（9：00）前向所有银行间外汇市场做市商询价，并将全部做市商报价作为人民币对美元汇率中间价的计算样本，去掉最高和最低报价后，将剩余做市商报价加权平均，得到当日人民币对美元汇率中间价，权重由中国外汇交易中心根据报价方在银行间外汇市场的交易量及报价情况等指标综合确定。人民币对港元汇率中间价，根据当日人民币对美元汇率中间价与上午9时国际外汇市场港元对美元汇率套算确定；人民币对澳门元汇率中间价，根据当日人民币对港元汇率中间价与上午9时国际外汇市场港元对澳门元汇率套算确定。人民币对欧元、日元、英镑等外币中间价，由交易中心于每日银行间外汇市场开盘前向银行间外汇市场相应币种的做市商询价，去掉最高和最低报价后，将剩余做市商报价平均确定。

【示例7-1】海南永乐国际旅行社20×4年9月15日组成20人的夕阳红旅行团从海口赴北京7日游，团号B1277，已收旅行团费14万元。该旅行团由本社导游自带，于9月22日安全返回海口，共花费交通费、住宿费、景点门票费、用餐费等累计113 586元，全部取得增值税普通发票，并使用网银支付。

（1）业务分析

预收旅费后，即基于旅游合同而产生了为客户提供旅游服务的义务，因此记入“合同负债”科目，旅游结束后，该义务履行完成转为营业收入，同时结算营业成本。在“营改增”过渡阶段，某些服务行业难以取得进项增值税专用发票抵扣销项税额，差额计税方式则是为解决这一问题而采用的一项特别措施。本例中取得的增值税普通发票，不能直接抵扣进项税额，根据差额计税方法，按6%计算增值税税额并作为“销项税额抵减”处理。

（2）会计处理

①截至9月15日，收取旅游团费：

借：银行存款　　140 000

　贷：合同负债——B1277团　　140 000

②9月22日，旅行团返回海口，确认收入：

借：合同负债——B1277团　　140 000

　贷：主营业务收入——组团外联收入　　132 075.47

　　　应交税费——应交增值税（销项税额）　　7 924.53

确认营业成本107 156.60元（113 586÷（1+6%））：

借：主营业务成本——综合服务成本　　107 156.60

　　应交税费——应交增值税（销项税额抵减）　　6 429.40

　贷：银行存款　　113 586

【示例7-2】海南永乐国际旅行社组织旅游团去新疆12日游，每人6 900元，团号B1266，临行前5天，郑先生等3人因个人原因退团，根据协议约定，扣除5%手续费后，通过网银退还剩余预收款项。

（1）业务分析

旅游者签订合同并预付旅游团费后，因其自身原因要求退出旅行团时，要按合同规定承担一部分的手续费，用于补偿旅行社已经为其完成的旅行前期准备工作成本，这部分手续费属于其他服务收入。

（2）会计处理

借：合同负债——B1266团　　20 700

　贷：银行存款　　19 665

　　　主营业务收入——其他收入　　976.42

　　　应交税费——应交增值税（销项税额）　　58.58

【示例7-3】海南永乐国际旅行社向航空公司购买B1266新疆团往返机票，取得增值税普通发票一张，显示价款82 174.31元、税率9%、税额7 395.69元，通过网银转账支付。

（1）业务分析

旅行社在旅游合同履约过程中发生的费用或支出，应该通过"合同履约成本"科目归集，在资产负债表日或旅行团结束旅游后，分次或一次转为营业成本。尽管票面税率为9%，但在差额计税方式下，销项税额抵减应按6%计算：销项税额抵减=（82 174.31+7 395.69）÷（1+6%）×6%=5 070（元），合同履约成本=82 174.31+7 395.69−5 070=84 500（元）。

（2）会计处理

借：合同履约成本——B1266团　　84 500

　　应交税费——应交增值税（销项税额抵减）　　5 070

　贷：银行存款　　89 570

【示例7-4】接【示例7-3】，海南永乐国际旅行社新疆B1266团返回海口，根据"旅游团费用拨款结算通知单"，拨付给新疆大美旅行社接团费，增值税普通发票显示：综合服务费200 790元、劳务费7 320元、地游及加项费12 960元、增值税税额13 264.20元，价税合计234 334.20元。款项已通过网银转账支付，并同时结转该团出发前的机票费用。

（1）业务分析

组团社拨付给接团社的团费为“组团外联成本”，主要包括综合服务费、住宿费、餐费等。

（2）会计处理

借：主营业务成本——组团外联成本（综合服务费）　　200 790
　　　　　　　　——组团外联成本（劳务费）　　7 320
　　　　　　　　——组团外联成本（地游及加项费）　　12 960
　　　　　　　　——综合服务成本　　84 500
　　应交税费——应交增值税（销项税额抵减）　　13 264.20
　贷：银行存款　　234 334.20
　　　合同履约成本——B1266团　　84 500

【示例7-5】海南永乐国际旅行社因资金支付需要，将8 000美元从美元账户结算到人民币账户，当日国家外汇管理局公布的中间价为1美元兑7.1727元人民币，银行确定的现汇买入价为1美元兑7.0916元人民币、现汇卖出价为1美元兑7.2638元人民币。

（1）业务分析

《中华人民共和国外汇管理条例》规定：“中华人民共和国境内禁止外币流通，并不得以外币计价结算，但国家另有规定的除外”。因此，企业要将收取的外币存款按照银行制定的现汇买入价兑换为人民币存款，这项业务被称为结汇，即银行买入现汇。同理，如果企业需要外币存款，可以到银行用人民币购买，此时使用的价格是现汇卖出价，即银行卖出现汇。企业买卖外币的业务即外币兑换业务，此时，对于银行来说，外币就是一种“商品”，遵循“低买高卖”的原则，因此，外币的卖出价要高于买入价。

（2）会计处理

借：银行存款——人民币户（8 000×7.0916）　　56 732.80
　　财务费用——汇兑损益　　648.80
　贷：银行存款——美元户（8 000×7.1727）　　57 381.60

【练习7-2】

（1）10月30日，新疆大美旅行社的云南团返回，预收团费296 200元确认收入。

（2）10月31日，新疆大美旅行社通过网银，将本月接团费拨付给云南彩云之南旅行社，其中，不含税综合服务费253 800元、城市间交通费24 520元、劳务费8 350元、地游及加项费13 750元。云南彩云之南旅行社向新疆大美旅行社开具增值税普通发票，价税合计318 445.20元。仅做出新疆大美旅行社的会计处理。

场景7-3　核算旅行社接团业务

20×4年12月，云南彩云之南旅行社的部分接团业务如下：

场景7-3

（1）12月12日，向海南永乐国际旅行社发出B1199团的“旅游团费用拨款结算通知单”，共计140 830元，其中：含税综合服务费123 530元、劳务费4 500元、地游及加项费12 800元。对于香格里拉客房卫生问题，同意根据合同扣款800元，开出增值税普通发票，价税合计140 030元。

（2）12月13日，汇总海南永乐国际旅行社B1199团的接待费用，含税共计118 680元，其中，住宿费44 200元、餐饮费18 900元、其他综合服务费39 280元、风味小吃费11 920元、全程陪同费4 380元。另外，跟香格里拉酒店沟通后，按照合同约定，对游客反映的客房卫生问题需扣款1 000元，余款已分别汇付。均取得增值税普通发票，价税总计117 680元。

（3）12月15日，收到美国费城CITII旅行社预付旅游接待费117 000美元，该团共30人，团号C3333，12月16日落地昆明，25日从北京离境，合同总价为195 000美元。当日汇率中间价为100美元兑716.39元人民币。

（4）12月26日，C3333费城团游程结束离境，根据外联部门结算通知，向美国费城CITII旅行社办理余款结算手续。当日汇率中间价为100美元兑719.23元人民币。

（5）12月28日，收到银行收账通知，美国费城CITII旅行社汇付团费余款78 000美元。当日汇率中间价为100美元兑715.94元人民币。

（6）12月31日，结转"合同负债——C3333团"账户余额至汇兑损益。

【场景知识】资产负债表日的外币折算方法

场景知识

资产负债表日的外币折算方法

《企业会计准则第19号——外币折算》规定：企业在资产负债表日，应当按照规定对外币货币性项目和外币非货币性项目进行处理，货币性项目是指企业持有的货币资金和将以固定或可确定的金额收取的资产或者偿付的负债，非货币性项目是指货币性项目以外的项目。

①对于外币货币性项目，应采用资产负债表日即期汇率折算。因资产负债表日即期汇率与初始确认时或者前一资产负债表日即期汇率不同而产生的汇兑差额，计入当期损益。

②对于以历史成本计量的外币非货币性项目，仍采用交易发生日的即期汇率折算，不改变其记账本位币金额。

【示例7-6】新疆大美旅行社收到海南永乐国际旅行社新疆B1266团接团费，增值税普通发票价税合计234 334.20元，其中，综合服务费200 790元、劳务费7 320元、地游及加项费12 960元、增值税税额13 264.20元。

（1）业务分析

接团社的收入是组团社的成本。参考【示例7-4】对照处理。

（2）会计处理

借：银行存款	234 334.20	
贷：主营业务收入——综合服务收入		200 790
——劳务收入		7 320
——地游及加项收入		12 960
应交税费——应交增值税（销项税额）		13 264.20

【示例7-7】20×4年10月9日，重庆江城国际旅行社收到美国费城CITII旅行社预付旅费汇款水单，金额为150 000美元，当日汇率中间价为1美元兑7.2元人民币。10月20日该旅行团入境重庆，10月28日结束旅程自广州出境，业务部报送的结算账单显示，应收接团综合服务费人民币1 059 320元，按合同约定汇率1美元兑7.1元人民币，折合149 200美元。10月29日，财务部将余下的800美元退回美国费城CITII旅行社，当日汇率中间价为

1美元兑7.0元人民币。

（1）业务分析

根据规定，外币交易按业务发生日即期汇率折算。交易双方为规避汇率风险，可以在合同中约定汇率，并按照合同汇率折算交易金额。费用清算后，月末“合同负债”账户美元无余额，但由于汇率变动，人民币可能有余额，不管月末汇率如何变化，美元折算额都是零，所以，人民币余额即为本月汇兑损益，需要结平归零。

接团社如果合作方较多，主营业务收入、主营业务成本、合同负债等账户可以按合作方设置明细账。

（2）会计处理

①10月9日收款：

借：银行存款——美元户（150 000×7.2）　　1 080 000

　贷：合同负债——费城CITII社（150 000×7.2）　　1 080 000

②10月28日收到结算账单：

借：合同负债——费城CITII社（149 200×7.1）　　1 059 320

　贷：主营业务收入——费城CITII社（综合服务收入）　　999 358.49

　　应交税费——应交增值税（销项税额）　　59 961.51

③10月29日退回余款：

借：合同负债——费城CITII社（800×7.0）　　5 600

　贷：银行存款——美元户（800×7.0）　　5 600

④10月31日，结转汇兑损益，合同负债明细账数据见表7-2。本例中，由于费用清算时人民币汇率上升，支付美元时节省的人民币即形成汇兑收益。

借：合同负债——费城CITII社　　15 080

　贷：财务费用——汇兑损益　　15 080

表7-2　合同负债——费城CITII社明细账

日期	摘要	发生额			余额		
		外币（$）	汇率	本币（¥）	外币（$）	汇率	本币（¥）
10月9日	预收外汇	150 000	7.2	1 080 000	150 000	7.2	1 080 000
10月28日	确认收入	149 200	7.1	1 059 320	800		20 680
10月29日	退回余款	800	7.0	5 600	0		15 080
10月31日	结转汇兑损益			15 080	0		0

【示例7-8】重庆江城国际旅行社代理某公司年终奖旅游项目，根据合同约定，共收取价款106万元，接待过程中，共发生住宿费、餐饮费、交通费等63.6万元，税率6%，均取得增值税普通发票，而项目委托公司要求开具增值税专用发票。

（1）业务分析

应纳增值税税额=（106-63.6）÷（1+6%）×6%=2.4（万元）

有两种开票方法可以选择：

①使用差额开票功能，录入含税销售额106万元和扣除额63.6万元，系统自动计算税额2.4万元和不含税金额103.6万元，备注栏自动打印“差额征税”字样。项目委托公司可以抵扣2.4万元。

②不使用差额开票功能，分别开一张增值税专用发票和一张普通发票：专用发票价税合计42.4万元，不含税金额40万元，税额2.4万元；普通发票价税合计63.6万元，不含税金额60万元，税额3.6万元。两张发票含税价合计106万元，不含税金额合计100万元，税额合计6万元，但项目委托公司只能抵扣增值税专用发票上的税额2.4万元。

（2）会计处理

借：主营业务成本	600 000	
应交税费——应交增值税（销项税额抵减）	36 000	
贷：应付账款或银行存款等		636 000
借：银行存款等	1 060 000	
贷：主营业务收入		1 000 000
应交税费——应交增值税（销项税额）		24 000
——应交增值税（销项税额抵减）		36 000

【拓展阅读7-3】

蜀鄙之僧

清代四川三大才子之一的彭端淑，在其著名散文《为学一首示子侄》中，讲了一个蜀鄙之僧的故事。蜀之鄙有二僧：其一贫，其一富。贫者语于富者曰："吾欲之南海，何如？"富者曰："子何恃而往？"曰："吾一瓶一钵足矣。"富者曰："吾数年来欲买舟而下，犹未能也。子何恃而往！"越明年，贫者自南海还，以告富者，富者有惭色。西蜀之去南海，不知几千里也，僧富者不能至而贫者至焉。人之立志，顾不如蜀鄙之僧哉？

当然，蜀鄙之贫僧的目的不是旅游，而是朝圣，但却完成了"旅游"的事实。彭端淑用这个故事论证了他的"为学"观点："天下事有难易乎？为之，则难者亦易矣；不为，则易者亦难矣。人之为学有难易乎？学之，则难者亦易矣；不学，则易者亦难矣。"

［资料来源：编者根据百度百科"为学一首示子侄"词条整理而成。百度百科内容更新频率较高，本部分内容可能不是最新内容。］

【练习7-3】

（1）10月31日，云南彩云之南旅行社收到新疆大美旅行社汇付的本月接团费，其中，不含税综合服务费253 800元、城市间交通费24 520元、劳务费8 350元、地游及加项费13 750元。向新疆大美旅行社开具增值税普通发票，价税合计318 445.20元，仅做出云南彩云之南旅行社的会计处理。

（2）11月20日，重庆江城国际旅行社作为接团社，在接待新疆大美旅行社旅行团过程中，支付酒店住宿费22 000元，餐饮费8 000元，当地风味小吃费1 500元，支付全程陪同费1 200元，均收到增值税普通发票。

（3）6月18日，新疆大美旅行社收到美国费城CITII旅行社预付旅费汇款，金额为120 000美元，当日汇率中间价为1美元兑7.1824元人民币，旅行团3天后入境乌鲁木齐。

任务7.3　核算酒店主营业务

本任务场景、示例和练习使用的背景酒店有海南五方国际大酒店、海南美济国际大酒店、海南榆亚温泉酒店，均为一般纳税人，餐饮、客房等主营业务增值税税率为6%，单独销售商品增值税税率为13%，单独销售非免税农副产品增值税税率为9%。主要经营：住宿、中式餐、西餐、棋牌、茶座、游泳池、健身房、酒吧、咖啡厅、停车场、会议服务，出售古玩字画、工艺品；沙滩会所经营、海上娱乐项目经营；销售食品、农副产品、酒店用品、日用百货、烟酒、饮料。三家酒店均设有客房部、餐饮部、商品部、康乐部、会议部等业务经营部门。现代酒店尽管融合了商品零售、交通服务、娱乐、旅游等收入方式，但主要还是以餐饮和住宿收入为主。

场景7-4　核算酒店餐饮业务

场景7-4

海南五方国际大酒店餐饮部20×4年9月部分业务如下：

（1）9月1日，对上月末厨房盘点剩余原材料3 582元做假领料处理，均用于菜品制作，昨日已经做假退料处理。

（2）9月6日，开出农产品收购发票，购进对虾60千克，单价50元，金额3 000元；鲳鱼50千克，每千克20元，金额1 000元，开出转账支票支付。对虾和鲳鱼已直接交付厨房，均无可作价的下脚料，其中，对虾需要去皮去头尾后冷藏，以备制作“腰果虾仁”使用，鲳鱼宰杀后直接做“清蒸鲳鱼”使用。对虾去皮去头尾后得虾仁50千克。

（3）9月17日，餐饮部新菜品清蒸桂鱼每份配料如下：桂鱼1条，重1千克，每千克120元；其他配料姜丝、葱丝等2元。要求的销售毛利率为60%，理论售价四舍五入后采用尾数定价法，即以不超过且最接近理论售价的尾数为“9”的整数定价。试计算理论售价，并确定菜单定价。

（4）9月19日，营业收入日报表上显示营业额为177 137元，其中，免费早餐系住宿客人用券消费，免费正餐系会议客人用券消费，具体见表7-3。

表7-3

餐饮部中餐厅营业收入日报表

20×4年9月19日

单位：元

项目			菜品	海鲜	面点	酒水	套餐	日合计	月累计	年累计
实际营业收入	现金							0		
	微信		28 616	16 438	5 767	15 642	3 850	70 313		
	支付宝		21 572	9 641	3 493	8 614	2 320	45 640		
	银行卡		8 156	5 821	1 356	2 461	1 310	19 104		
	支票							0		
	会员卡							0		
	签单							0		
	其他							0		
	日小计		58 344	31 900	10 616	26 717	7 480	135 057		
	月累计									
	年累计									
免费营业收入	免费早餐	人数					518	518		
		金额					20 720	20 720		
	免费正餐	人数					267	267		
		金额					21 360	21 360		
	折扣							0		
	日小计		0	0	0	0	42 080	42 080		
	月累计									
	年累计									

续表

项目		菜品	海鲜	面点	酒水	套餐	日合计	月累计	年累计
收入合计	日合计	58 344	31 900	10 616	26 717	49 560	177 137	—	—
	月累计						—	（略）	—
	年累计						—	—	（略）
	备注：								

餐厅主管：王晓璐　　　　　　　　　　　　　　　　餐厅收银：李红

（5）9月30日，对厨房菜品的剩余原材料进行盘点，编制厨房原材料盘点表，显示剩余材料1 368元，进行账务调整。

【场景知识】酒店餐饮收入与成本的内容及会税规定

（1）酒店业务的账务管理

酒店往往提供多种服务，为方便客人，一般采用一次性结账方式，通常会对商品部购物以外的酒店内所有服务项目，包括住宿、餐饮、美容美发、洗衣、娱乐设施等，可凭旅客签单进行记账，在离店时采取一次性结算的办法。

（2）酒店餐饮部门原材料的分类和管理

场景知识

酒店餐饮收入与成本的内容及会税规定

酒店餐饮部门的原材料一般分为主食类、副食类和调味品三大类。主食类即粮食，是生产主食的主要材料，包括大米、面粉、玉米粉、小米、黄豆、绿豆、糯米等；副食类是生产各类菜肴的主要材料，又分为肉类、蛋禽类、海鲜类、蔬菜类、干货类、罐头制品等；调味品是用于生产菜肴和主食品的必需调料，对菜肴或主食的质量具有重要甚至关键作用，包括油、盐、酱、醋、糖、花椒、胡椒、淀粉、辣椒粉等。原材料按来源可以分为外购原材料和自制原材料两种。

主食类、副食类以及调味品当中的干货、罐头制品等原材料，因其能够储存较长的时间，一般都入库管理。副食类中的肉、鱼、蛋禽这些鲜活类的原材料一般储存期限都较短，容易腐坏，因此可以购入后直接入厨房使用，其中，家禽、鱼虾等需要进行清选、分等、拣洗、宰杀、拆卸等初加工，清选工作可在酒店内部进行，也可以外包。

酒店入库管理的原材料入库时需经仓库保管员验收清点，开具一式三联的入库单，发出时由领料部门填制一式三联的领料单；直接入厨房使用的现货类原材料虽不入库，但也需经仓库清点验收，开具“验收单”。

酒店发出原材料的方法包括个别计价法、加权平均法、先进先出法等。永续盘存制下，根据实际领用金额做出库，即“领料制”核算法；实地盘存制下，平时不做出库，月末根据盘存结果倒挤出本月出库金额，即“以存计耗”核算法。

根据增值税的相关规定，农业生产者销售的自产农产品免征增值税，因此，对于一般纳税人购进免税农产品，无法取得增值税专用发票，但可以按照9%的扣除率计算用于抵扣的进项税额。根据《关于免征蔬菜流通环节增值税有关问题的通知》（财税〔2011〕137号）、《关于免征部分鲜活肉蛋产品流通环节增值税政策的通知》（财税〔2012〕75号）的规定，免征蔬菜、部分鲜活肉蛋产品流通环节增值税，这意味着如果餐饮企业从蔬菜、规定的鲜活肉蛋产品的批发商和零售商处采购，则没有进项税额可以抵扣。

（3）酒店餐饮品营业成本核算的内容

酒店餐饮品包括菜品、面点、酒水等类别，理论上，餐饮品的成本应包括制作餐饮品的料工费，但因餐饮品都是小批单件制作，种类繁多、数量零星、生产和销售联系紧密，难以分摊燃料、人工、折旧等费用，所以，餐饮品的营业成本只核算原材料成本，在厨房领用时即转入“主营业务成本”当中，其他人工、折旧等费用直接计入当期“销售费用”；同时，餐饮品一般做不到按单件食品进行成本核算，因此，只核算总成本，不核算单位成本。营业收入和营业成本一般按餐饮品类别设置明细账。

（4）餐饮品的定价与收入

酒店餐饮品的价格受多种因素的影响，包括原材料成本、就餐环境、服务方式、服务水平等，但是，除原材料成本外，其他因素不易量化，因此，餐饮品的售价，若酒店集团公司有统一标准的，按统一标准执行；若没有统一标准，则按照原材料的投料定额成本，加上按预定毛利率计算的毛利额来确定，除原材料成本之外的其他价格影响因素，都在预定毛利率中予以考虑。

餐饮品的毛利率有销售毛利率和成本毛利率两种，销售毛利率是毛利额与营业收入的比值，成本毛利率是毛利额与营业成本的比值。比如，某餐饮部某月营业收入220 000元，营业成本140 000元，则该月销售毛利率=（220 000−140 000）÷220 000×100% =36.36%，成本毛利率=（220 000−140 000）÷140 000×100% =57.14%。因此，销售毛利率与成本毛利率可以相互换算，公式如下：

销售毛利率=成本毛利率÷（1+成本毛利率）

成本毛利率=销售毛利率÷（1−销售毛利率）

✲【思考一刻7-3】从经营特点和成本费用构成方面考虑，比较酒店餐饮品与工业企业、商业企业库存商品的毛利率。

✲【思考一刻7-4】根据毛利率的计算方法，思考提升餐饮品毛利率的方法有哪些。

酒店的餐饮业务在当天营业结束后，由收银员汇总编制营业收入日报表，与所收现金一并交至财务部门。酒店餐饮业务收入在“主营业务收入——餐饮收入”明细科目下进行核算，按餐饮品类型进行三级明细核算。

【示例7-9】8月10日，海南美济国际大酒店餐饮部收到农户董湘送来的自产白萝卜25千克，已开具农产品收购发票，并支付现金50元。该批白萝卜用于自制萝卜干，领用干辣椒、酱油、食盐、包装罐等原材料，耗用原材料具体情况见表7-4。

表7-4

自制原材料明细表

金额单位：元

耗用原材料					制成原材料				
品名	单位	数量	单价	金额	品名	单位	数量	单价	金额
白萝卜	千克	25	1.82	45.5	萝卜干	千克	20	18.4	368
干辣椒	千克	9	8	72					
酱油	瓶	3	15.5	46.5					
食盐	包	2	2	4					
包装罐	个	20	10	200					
合计				368	合计				368

（1）业务分析

酒店餐饮部自制原材料，将自制原材料的原料、辅料归集在“原材料——加工材料”

科目中，制作完成后入库，将其成本转入“原材料”账户对应的明细中。

（2）会计处理

①领用材料。

借：原材料——加工材料（萝卜干）　368

应交税费——应交增值税（进项税额）　4.5

贷：原材料——调味品（酱油）　46.5

——调味品（食盐）　4

——调味品（干辣椒）　72

周转材料——包装罐　200

库存现金　50

②10天后腌制完成入库：

借：原材料——副食类（萝卜干）　368

贷：原材料——加工材料（萝卜干）　368

【示例7-10】8月15日，海南美济国际大酒店餐饮部收到养鸡户刘强送来的一车活鸡170千克，货款2 400元已经用网银支付，并开具农产品收购发票。直接送入后厨，清选后得光鸡119千克，鸡胗8千克、每千克市价15元，鸡血20千克、每千克市价3元。

（1）业务分析

活鸡需要清选整理后方可用于加工菜品。清选整理之前和之后的原材料，分别被称为毛料和净料。

原材料清选整理的账务处理原则是：因清选整理发生的正常损耗，不做材料损耗处理，而计入清选整理后的净料成本中；在清选整理过程中，因发生自然灾害或责任事故，使原材料发生的损失，不得计入净料成本中；因清选整理而使原材料发生等级、规格、数量变化要重新入账，账面总金额不变，只调整其数量和单价；清选整理后有价值的余料、残料、废料等，应作下脚料处理，不得计入清选整理后的净料成本。清选后净料单价的计算应区别不同的情况进行：

①原材料清选整理后，只有一种净料，无可作价的下脚料，则净料单价计算公式为：

净料单价=清选整理原材料总成本÷清选整理后净料重量

②原材料清选整理后，有可作价的下脚料，则按市价确定下脚料价值，净料单价计算公式为：

净料单价=（清选整理前原材料成本-下脚料金额）÷清选整理后净料重量

③将原材料清选整理为若干种净料，各种净料均有可供参考的成本资料，应本着主净料成本定得高一些，次净料成本定得低一些的原则确定。

本例数据计算如下：

进项税额=2 400×9%=216（元）

活鸡采购成本=2 400-216=2 184（元）

由于只有一种主净料光鸡，并且有可作价的下脚料鸡胗、鸡血，则：

光鸡的单位成本=（2 184-8×15-20×3）÷119=16.84（元/千克）

（2）会计处理

①采购活鸡，支付货款：

借：原材料——清选原材料（活鸡）　　2 184

　　应交税费——应交增值税（进项税额）　　216

　贷：银行存款　　2 400

②清选后入库光鸡等：

借：原材料——副食类（光鸡）　　2 004

　　　　　——副食类（鸡胗）　　120

　　　　　——副食类（鸡血）　　60

　贷：原材料——清选原材料（活鸡）　　2 184

【示例7-11】8月16日，海南美济国际大酒店餐饮部收到养猪户贾田送来猪肉100千克，货款2 000元，其中，80千克用于菜品制作，20千克用于面点制作，由仓库保管员验收后开具“入库单”交厨房使用，已开具农产品收购发票，并用网银转账支付。

（1）业务分析

酒店购入的鲜活原材料，例如蔬菜和肉等，一般保质期较短，即买即用，因此购进直接交厨房使用，不入库保管，但要经仓库管理员清点验收，开具“验收单”。直接入厨房的原材料，因其保质期较短的特性，一般生产周期也较短，因此在入厨房的同时，就将其价值记入“主营业务成本”中。

采购成本=2 000−2 000×9%=1 820（元）

菜品承担成本=1 820×80%=1 456（元）

面点承担成本=1 820×20%=364（元）

（2）会计处理

借：主营业务成本——菜品　　1 456

　　　　　　　　——面点　　364

　　应交税费——应交增值税（进项税额）　　180

　贷：银行存款　　2 000

【示例7-12】8月31日，海南美济国际大酒店中餐厅厨房对剩余原材料进行盘点，编制了厨房原材料盘点表，均用于菜品制作。8月制作菜品过程中，收到的各供货商直送以及采购员采购的鲜活原料成本585 000元，向总仓库领用主食80 000元、干货71 000元、调料9 000元。7月月末盘点表上显示，用于厨房菜品制作的原材料盘存5 640元。做领用材料、月末盘存的会计处理，并计算本月菜品的营业成本。8月月末盘点相关数据见表7-5。

表7-5　　**原材料盘点表**　　金额单位：元

品名	单位	数量	单价	金额
面粉	千克	25	3	75
小米	千克	50	6	300
木耳	千克	5	80	400
香菇	千克	7.5	120	900
油	升	17.5	10	175
白糖	千克	6.5	12	78
合计金额	—	—	—	1 928

厨房主管：唐一明　　盘点人：方清文　　盘点日期：20×4年8月31日

（1）业务分析

永续盘存制下，厨房领用的原材料到月末时未必都能全部耗用，尚未耗用的原材料会导致主营业务成本的虚增，因此应做退料处理：

借：主营业务成本（红字）

　贷：原材料（红字）

因上述退料活动只做会计处理，并不真正办理原材料的再入库，故称“假退料”，下月初再做相等金额的假领料。因此，餐饮品的营业成本通常都采用倒轧的方式，公式如下：

本月餐饮品实际成本 = 上月月末原材料盘存金额（月初假领料金额）+ 本月购进和领用原材料金额 − 本月月末原材料盘存金额（月末假退料金额）

如果厨房月末剩余原材料很少，或者每月剩余原材料金额相对固定，根据重要性原则，也可以不做假退料的会计处理。

（2）会计处理

①本月从仓库领用原材料时计入成本：

借：主营业务成本——菜品	160 000	
贷：原材料——主食类		80 000
——副食类		71 000
——调味品		9 000

②月末厨房结存原材料成本转出：

借：主营业务成本——菜品	$\boxed{1\ 928}$	
借：原材料——主食类		$\boxed{375}$
——副食类		$\boxed{1\ 300}$
——调味品		$\boxed{253}$

③本月菜品营业成本=5 640+585 000+160 000−1 928=748 712（元）

【示例7-13】海南美济国际大酒店餐饮部要制定白切鸡售价，一份白切鸡原材料成本42元，酒店要求的销售毛利率为60%。

（1）业务分析

酒店企业在制定菜品售价时，既可以采用销售毛利率来进行计算，也可以采用成本毛利率来进行计算，两者得到的结果相同。

采用销售毛利率时：

售价=原材料成本÷（1−销售毛利率）

采用成本毛利率时：

售价=原材料成本×（1+成本毛利率）

（2）计算过程

①销售毛利率法：

售价=42÷（1−60%）=105（元）

②成本毛利率法

成本毛利率=60%÷（1−60%）=150%

售价=42×（1+150%）=105（元）

【示例7-14】8月31日，海南美济国际大酒店餐饮部报送的营业收入日报表，见表7-6，其中，餐券是住宿客人使用的免费早餐券。

表7-6　　**餐饮部营业收入日报表（简表）**　　单位：元

餐别	餐饮品类				结算		合计
	菜品	海鲜	面点	酒水	刷卡	餐券	
早餐	1 060		848		318	1 590	1 908
中餐	2 120	1 802	106	1 060	5 088		5 088
晚餐	1 060	1 378	106	1 060	3 604		3 604
本日合计	4 240	3 180	1 060	2 120	9 010	1 590	10 600

（1）业务分析

酒店餐饮业务收入中，顾客用餐后酒店回收的免费餐券，因已包含在住宿费或会议费等其他收入的总价款当中，因此，应当冲减相关收入和增值税。

收入日报表中的金额都是含税金额，餐饮收入10 600元中含增值税600元。其中，餐券1 590元中含增值税90元，要同时冲减住宿收入和相关增值税。

（2）会计处理

借：银行存款　　9 010

　贷：主营业务收入——餐费收入（菜品）　　4 000

　　　　——餐费收入（海鲜）　　3 000

　　　　——餐费收入（面点）　　1 000

　　　　——餐费收入（酒水）　　2 000

　　　　——住宿收入　　1 500（红字）

　　应交税费——应交增值税（销项税额）　　510

【练习7-4】

（1）10月7日，海南美济国际大酒店餐饮部收农户王强羊肉50千克，共4 400元，其中20千克用于菜品制作，30千克用于面点制作，由仓库保管员验收后交厨房使用，已开出农产品收购发票，贷款暂欠。

（2）10月18日，海南美济国际大酒店餐饮部“营业收入日报表”相关数据见表7-7，其中，刷银行卡66 400元，收现金120元，库存现金尚未超出限额。

表7-7　　**餐饮部营业收入日报表**　　单位：元

项目	应收金额	实收金额	溢款（+）	缺款（-）	备注
菜品	33 920	33 900		20	
海鲜	23 320	23 300		20	
面点	9 328	9 320		8	
合计	66 568	66 520		48	

（3）海南美济国际大酒店餐饮部厨房11月月末原材料盘存5 640元，12月收各供货商交来和采购员购进鲜活原料178 500元，向仓库领用了货调料93 400元，均用于菜品的制作。12月月末厨房原材料盘存1 560元。请计算12月菜品成本并做出月初和月末的会计处理。

（4）海南美济国际大酒店餐饮部要制定干炸带鱼菜品售价，规定每份配料45元，规定的销售毛利率为40%，求每份干炸带鱼的售价。

（5）1月18日，海南美济国际大酒店餐饮部制作腊肉一批，耗用农户冯建国直接供货的30千克五花肉440元，已开具农产品收购发票，货款暂欠。仓库领用食盐2包4元，粗棉线1卷5元，干柴60千克600元。

【拓展阅读7-4】

中国幽门螺杆菌感染防控白皮书（2023版）发布

2023年6月3日，我国第1部《中国幽门螺杆菌感染防控》白皮书（以下简称“白皮书”）正式发布，其介绍了幽门螺杆菌的基础知识、目前我国的防控现状，并提出了防控建议与策略。白皮书指出，幽门螺杆菌感染能够导致一系列疾病，包括胃炎、消化性溃疡和胃癌等，早在1994年其就被国际癌症研究机构列为胃癌的肯定致癌因子，而在我国所有恶性肿瘤中，胃癌位列发病率第4位、病死率第3位。幽门螺杆菌的主要传播方式是口口传播和粪口传播，此外还存在水源性、食源性和医源性传播等途径。由于我国民众对幽门螺杆菌的认知度存在较大差异，尚未普遍形成分餐或使用公共餐具的习惯等原因，我国幽门螺杆菌人群感染率近50%，不同人群感染率在35.4%—66.4%，农村感染率高于城市，成人感染率高于儿童，因此，白皮书提出了预防为主、主动监测、合理诊疗、人群干预和国家支撑五大防控策略。

传染病传播有三个要素：传染源、传播途径和易感人群，因此，传染病预防要从这三个要素着手，其中，切断传播途径是关键预防措施。餐饮业是传播幽门螺杆菌的重要领域，因此，餐饮企业应该真正做到餐具消毒，达到杀灭幽门螺杆菌的要求，普通公众应该养成分餐或使用公筷的习惯，公共食堂可以自带餐具等，都是预防幽门螺杆菌传播的重要措施。

［资料来源：正观新闻.感染率近50%！国内首部幽门螺杆菌防控白皮书发布［EB/OL］.［2023-06-03］. https：//baijiahao.baidu.com/s?id=1767694310238530129&wfr=spider&for=pc.］

场景7-5

场景7-5　核算酒店住宿业务

海南五方国际大酒店客房部20×4年10月部分业务如下：

（1）10月11日下午下班前，前台收银员报来客房部营业收入日报表（见表7-8）、收款收据、二维码收款统计表、银行回单等资料。

表7-8

客房部营业收入日报表

20×4年10月10日

单位：元

营业收入					房费结算			备注
项目	单人房	标准房	套房	合计				
房费	157 219	181 547	21 498	360 264	上日结存		153 660	
加床	600	900		1 500	本日应收		365 414	
餐费				—	本日收款		315 890	
酒水食品	50	770	2 830	3 650	其中	二维码收款	185 890	
其他				—		银行结算	130 000	
合计	157 869	183 217	24 328	365 414	本日结存		104 136	

出租房间数：515　　空置房间数：36　　维修房间数：3　　记账：刘丽　　审核：陈青

（2）10月31日，计提客房9月新购进10台电脑的折旧，原值每台5 000元，预计使用年限5年，采用直线法进行折旧，预计净残值率为5%。

（3）10月31日，盘点客房月末物料用品，共计2 640元。客房一次性洗漱用品期初结存1 080元，本月共从酒店总仓库领用24 500元。月末进行假退料处理，并计算本月物料用品费用。

（4）10月31日，计算客房出租率和租金收入率。根据统计，本月可出租房间共有551间，其中总统套房3间，日租金2 690元；豪华套房32间，日租金1 290元；豪华标准间161间，日租金890元；豪华单人间122间，日租金870元；普通标准间147间，日租金590元；普通单人间86间，日租金560元。10月31日，统计数据显示，10月份有397间出租了31天，82间出租了24天，64间出租了16天，8间出租了12天，实收客房租金11 649 830元。

【场景知识】酒店住宿业务的内容及会计规定

场景知识

酒店住宿业务的内容及会计规定

（1）住宿业务的管理方式

住宿业务是酒店的基础业务，以向旅客提供住宿服务来获取收入。酒店通常设客房部管理住宿业务，并设置前台、服务中心、干洗部等下属部门具体负责，从酒店角度来看，客人入住即“出租客房”，因此，住宿业务也称客房业务或客房出租业务。

客房价格通常有标准房价、旺季价、淡季价、团队价等。客房房费通常按日数或小时数为单位计算，客人入住之日至第二天中午为一日房费，超过中午12时的在一日房费基础上按小时计算加收房费，超过第二天18时的加收一日房费。为争取客源，有的酒店会提供退房延时服务，比如客人可以延时至14点或16点退房，而不另外收取房费。

酒店客房收银员于当日业务终了时，要根据“营业日记簿”（格式见表7-9）及收款收据存根等资料，编制“客房部营业收入日报表”，报送当日收入和收款情况给会计部门入账。酒店房费的收款方式主要有预收制和应收制两种。预收制即“先收款后住店”结算方式，是指在为客人提供服务之前收取住房费用的形式，包括押金、订金、预收房费等，主要适用于短期的零散客户；应收制即“先住店后收款”结算方式，是指酒店在提供服务之后收取费用的形式，主要适用于具有相对长期或固定合作关系的客户。

表7-9

客房部营业日记簿

20×4 年 10 月 10 日

房间号码	客人姓名	入住日期		已住天数	本日营业收入			房费结算					
					房费	餐费	合计	上日结存	本日收款			本日应收	本日结存
		月	日						现金	刷卡	合计		
1001	张三	10	5	5	200	100	300	500				300	200
1002	李四	10	10		200		200		600		600	200	400
2001	王五	10	2	8	300	140	440	600		600	600	440	760
2002	赵六	10	3	7	300	90	390	-400		600	600	390	-190
	……												
合计					（略）	（略）	（略）	（略）	（略）	（略）	（略）	（略）	（略）

营业日记簿分为左右两个部分，左边是客人本日消费情况，而右边是本日房费结算情况，其计算公式是：

上日结存+本日收款-本日应收=本日结存

其中，“本日应收”即左边的营业收入金额。“上日结存”如果是正数，表示客人上日尚有预存款，通常为预收制结算方式下的酒店账户余额；如果是负数，表示客人预存款不足，通常为应收制结算方式或预收制结算方式下的客人欠费。

（2）酒店住宿收入的确认和计量

住宿收入的确认遵循权责发生制原则，入账时间为取得收取服务费的权利时，只要客人入住至规定时间，不论有没有收到款项，都应确认收入。住宿收入的金额应当按实际交易价格确认。

（3）酒店住宿成本费用的核算

住宿业务一般管理范围大，工作内容涉及前厅、公共卫生、保安等，对应的成本费用的核算范围也较大。酒店住宿业务的主要耗费是以折旧、摊销等方式反映的，表现为期间费用，主要包括固定资产的折旧费用、修理费用、能源消耗费用、人工、物料消耗等，因此，酒店的住宿业务通常不核算其成本，相关耗费列入当期“销售费用”。

酒店的固定资产的相关耗费，因酒店各业务间联系紧密，很难区分清楚受益部门，因此酒店的固定资产折旧一般是在管理费用核算。但能够区分清楚受益对象的，列入各受益对象的销售费用核算。

酒店因提高竞争力的需要，通常5至10年就要进行一次装修，力求酒店的设施更加完善，住宿体验更好。装修耗费的资金量通常较大，在会计核算上需要采用待摊的核算方法，进行资本化处理。

【示例7-15】10月3日，奚超先生入住海南美济国际大酒店豪华单人间，实际房费为369元/天，预收7天的保证金2 583元，刷入基本账户。10月5日奚先生消费午餐一份129元，记入酒店消费账户，无其他费用发生。10月10日奚先生离店，结算补付129元。

（1）业务分析

本例采用的是预收制结算方式，房客在入住时支付的预付款可以是全部房费，也可以是部分房费。房客在入住后在酒店发生的餐饮、酒水等费用通常都是退房时结算。在退房时，根据实际住宿应交的房费，在预收款的基础上多退少补。

（2）会计处理

①收到7天的保证金：

借：银行存款	2 583	
贷：合同负债——预收房款		2 583

②每日结转房费收入：

借：合同负债——预收房款	369	
贷：主营业务收入——住宿收入		348.11
应交税费——应交增值税（销项税额）		20.89

③5日发生餐费收入。

借：合同负债——预收房款	129	
贷：主营业务收入——餐饮收入		121.70
应交税费——应交增值税（销项税额）		7.30

④10日奚先生离店，刷卡补交129元。

借：银行存款	129	
贷：合同负债——预收房款		129

【示例7-16】10月13日，海南榆亚温泉酒店接待海南永乐国际旅行社带领的旅行团一行40人，含儿童2人，入住两人标准间19间，每间每天360元，其中2间加床，每间加床

费120元，共住2天，根据合作协议离店后再结算。10月14日，收到新疆大美旅行社汇付的住宿费7 200元。收入日报表见表7-10。

表7-10 客房部营业收入日报表

20×4年10月14日 单位：元

营业收入					房费结算		备注
项目	单人房	标准房	套房	合计			
房费		6 840		6 840	上日结存	−32 600	
加床		240		240	本日应收	7 080	永乐
餐费					本日收款	7 200	大美
酒水食品					其中 二维码收款		
其他					其中 银行结算	7 200	
合计		7 080		7 080	本日结存	−32 480	

（1）业务分析

与营业日记簿相同，营业收入日报表也分为两部分，一部分是根据权责发生制记录的营业收入，据此记入“主营业务收入”账户，同时，冲减“合同负债”账户（预收制）或确认“应收账款”账户（应收制）；另一部分是房费结算情况，根据实际收款金额确认“合同负债”账户（预收制）或冲减“应收账款”账户（应收制）。本例采用的是应收制结算方式，应该根据营业收入日报表，进行“主营业务收入”和“应收账款”的账务处理。

（2）会计处理

借：应收账款——海南永乐国际旅行社　　6 840
　贷：主营业务收入——住宿收入　　6 452.83
　　应交税费——应交增值税（销项税额）　　387.17

借：银行存款　　7 200
　贷：应收账款——新疆大美旅行社　　7 200

【示例7-17】10月15日，海南榆亚温泉酒店客房电脑维修，取得增值税专用发票，显示维修费用1 100元，增值税税额143元，用网银转账支付1 243元。

（1）业务分析

酒店客房使用的电脑进行维修，因能够直接分清受益对象为酒店客房，因此在核算时计入销售费用进行核算。

（2）会计处理

借：销售费用——客房修理费　　1 100
　应交税费——应交增值税（进项税额）　　143
　贷：银行存款　　1 243

【示例7-18】10月18日，海南美济国际大酒店客房部向酒店总仓库共领用一次性牙具、梳子、拖鞋等洗漱用具2 000套，每套单价3元。10月31日，根据10月份客房一次性用品消耗报表，该月客房耗用一次性洗漱用品880套。

（1）业务分析

酒店日常的物料消耗较大，核算方法通常有两种。

第一种是移库法。酒店设客房仓库，平时酒店有关部门或人员领用物料用品时，首先将其从总库移至客房仓库，然后实际耗用时，再从客房仓库领用至客房。从总库和部门仓库领用物料用品时，均填制领料单办理领料手续，仓库管理人员应将领料单定期汇总，编制“物料消耗量汇总表”，平时分散或月末集中核销库存物料。移库法下，月末要对总库和客房仓库进行盘点，若存在账实不符，需及时查明原因。这种方法有利于物料的监管，但核算比较复杂。

第二种是倒轧法。酒店有关部门或人员从酒店总仓库批量领出物料用品时，不做移库处理，所领用金额，直接记入“销售费用”，月末用“期初结存库存金额+本期领用物料金额-期末盘存金额”公式，倒轧计算出本月实际耗用数额，盘存金额做“假退料”处理。采用倒轧的方法来计算物料消耗的金额，在会计核算过程上来说更为简单，但是这种方法不利于物料的监督管理。

本例使用的是移库法，分平时领用和月末核销两步。

（2）会计处理

①10月18日，向总仓库领用2 000套：

借：原材料——客房仓库（洗漱用具）　6 000

　贷：原材料——总仓库（洗漱用具）　6 000

②10月31日，根据客房一次性消耗报表，本月实际耗用880套：

借：销售费用——客房（物料消耗）　2 640

　贷：原材料——客房仓库（洗漱用具）　2 640

【示例7-19】海南榆亚温泉酒店有200间客房，其中总统套房1间，日租金1 580元；豪华套房19间，日租金880元；豪华标准间80间，日租金580元；普通标准间70间，日租金480元；普通单人间30间，日租金380元。10月31日，统计数据显示，10月份有120间出租了31天，40间出租了20天，10间出租了13天，30间整月空置，实收客房租金2 448 504元。计算客房出租率和租金收入率。

（1）业务分析

①客房出租率反映客房利用情况，又称客房利用率或客房开房率，是一定期间内已出租客房占可出租客房的比率，公式为：

客房出租率=∑（计算期客房实际出租间数×天数）÷（可出租客房数量×计算期天数）

②租金收入率反映客房收入水平，是一定期间内实收客房租金占可收客房租金的比率，公式如下：

租金收入率=实收客房租金÷［∑（可出租客房数量×日租金）×计算期天数］

在淡季，因房价打折，可能出现客房出租率高而租金收入率低的情况；在旺季，一间房一天可能出租两次，便可能出现客房出租率为100%而租金收入率超过100%的情况。

（2）会计计算

①客房出租率=（120×31+40×20+10×13+30×0）÷（200×31）×100%

=4 650÷6 200×100%=75%

②租金收入率=2 448 504÷［（1×1 580+19×880+80×580+70×480+30×380）×31］×100%=72%

【练习7-5】

（1）20×4年11月8日，海南榆亚温泉酒店客房营业日报表（简表）见表7-11。

表 7-11　　**客房营业日报表（简表）**

20×4 年 11 月 8 日　　单位：元

营业收入		房费结算
项目	金额	
房费	90 000	昨日结存：15 100
加床	500	今日应收：90 900
酒水食品	400	今日收款：85 600
其他		其中：银行存款 85 600
合计	90 900	今日结存：9 800

（2）20×4 年 11 月 15 日，海南榆亚温泉酒店以现金支付客房房间内电视机维修费价税合计 226 元，已取得增值税专用发票。10 月 12 日购入客房用新电视机 8 台，每台 2 000 元，预计净残值率 5%，预计可使用年限 5 年。

要求：

①对 11 月 15 日支付的电视机维修费进行会计处理；

②计算客房部 10 月份新购入的电视机在 11 月份时的折旧金额，并进行相应的会计处理。

参考资料

8 项目8 商业银行会计

【知识目标】

1. 了解我国金融体系的构成、商业银行的分类及业务范围、我国商业银行的特色；

2. 熟悉商业银行单式凭证、日结单、日计表的基本格式，熟悉商业银行吸收存款的种类、单位存款账户和个人存款账户的种类、定期存款的相关规定，熟悉商业银行贷款的种类、贷款减值的情形，熟悉商业银行贴现业务的相关规定；

3. 理解商业银行会计核算的主要特点、积数计息法的原理、逾期贷款的处理规定；

4. 掌握商业银行存款、贷款利息的计算方法，掌握商业银行贷款非应计利息的外账记录方法。

【能力目标】

1. 能够完成商业银行吸收存款、贷款及其利息相关业务的会计核算；

2. 能够完成商业银行贷款利息、贴现利息应交增值税的计算和会计处理。

【价值目标】

1. 树立总体国家安全观之经济安全观、金融安全观，坚定中国特色社会主义经济制度自信；

2. 增强风险防范意识，树立存款安全理念，培养分散风险的理财观念。

任务8.1 认知商业银行会计

场景8-1 小钱同学存压岁钱

春节期间，小钱同学收到了家人给的压岁钱1 800元现金，兴高采烈地要存到自己的银行卡中，来到附近银行营业网点后，发现ATM机发生故障正在维修，只好取号到柜台办理。柜员姐姐拿着小钱同学的银行卡刷了一下，在电脑上操作了一通后，打印出来几张单据，其中，带有具体存款信息的存款单，由小钱同学核实并签字确认后，柜员姐姐又啪啪盖了两个章，旁边另一个年龄大一些的叔叔也过来盖了一个章，最后柜员姐姐把一打单据整理后放到旁边，说“存好了，欢迎再次光临”。离开柜台后，学习会计专业的小钱同学忽然想到一个问题：我把钱存到银行，借记“银行存款”，贷记“库存现金”，那么银行收到我的钱后，应该怎么进行会计处理呢？柜员姐姐打印的那一打单据都是原始凭证吗？在小钱同学的存现金业务办理过程中，体现出了银行会计的什么核算特点？

【场景知识】商业银行的业务活动及其会计核算的主要特点

场景知识

商业银行的业务活动及其会计核算的主要特点

（1）背景导入：2008年全球金融危机和启示

2008年全球金融危机是继1929年经济大萧条以来最严重的经济危机。

2007年4月2日，美国第二大次级抵押贷款供应商——新世纪金融公司（New Century Finance）宣布申请破产保护，标志着美国次级抵押贷款危机（简称“次贷危机”）开始逐步蔓延，全球金融危机正式拉开序幕。次级抵押贷款是指一些贷款机构向信用程度较差和收入不高的借款人提供的贷款，由于此前5年里，美国利率水平较低、住房市场持续繁荣，次贷市场迅速扩大，但随着美国利率上升和住房市场持续降温，大量次级贷款的借款人不能按期偿还贷款，从而引发了次贷危机。由于参与美国次贷业务，全球多家大型银行陆续遭受重大损失，8月2日，德国工业银行（IKB）发布盈利预警，估计将出现82亿欧元的亏损；8月6日，美国第十大抵押贷款机构——美国住房抵押贷款投资公司正式向法院申请破产保护；8月8日，美国第五大投资银行贝尔斯登宣布旗下两只基金倒闭；8月9日，法国第一大银行巴黎银行宣布冻结旗下三只基金，随即导致欧洲股市遭受重挫；8月13日，日本第二大银行瑞穗银行的母公司——瑞穗集团宣布相关损失为6亿日元。

2008年美国开始自救，3月16日，美联储促使摩根大通以2.4亿美元低价收购了贝尔斯登，此举震动华尔街，标志着次贷危机加剧；9月7日，美国财政部长保尔森宣布，接管在次贷危机中陷入困境的房利美和房地美；9月15日，负债超过6 100亿美元（约4万亿元人民币）的美国第四大投资银行——雷曼兄弟申请破产保护，同一天，美国银行发表声明收购美国第三大投资银行美林证券公司；9月16日，美联储宣布向陷于破产边缘的美国国际集团（AIG）提供850亿美元短期紧急贷款；9月21日，美联储宣布把华尔街仅剩下的两家投资银行——高盛集团和摩根士丹利，全部改为商业银行，使其能够通过吸收存款渡过难关，至此，美国前五大投资银行“全军覆没”，曾经风光无限的“华尔街投资银行”，作为一个历史名词消失了；紧接着，9月25日，美国第四大居民住房抵押服务供应商——华盛顿互助银行（Washington Mutual），被美国联邦存款保险公司（FDIC）查封并接管，成为美国有史以来倒闭的最大规模银行；9月30日，美国三大股指暴跌，其中，纳斯达克指数创下历史最大单日跌幅，道琼斯指数创下最大单日下跌点数。

面对这场席卷全球的国际金融危机，我国政府运筹帷幄，沉着应对，2008年11月5日，国务院常务会议决定实行积极的财政政策，开启“四万亿”投资计划扩大内需，实施结构性减税；同时，实施积极的货币政策，增加货币供给，同时提高法定存款准备金率，提升抗风险能力。2008年，世界各国经济增长普遍放缓，而我国实现了近10%的GDP增长率，保证了整体经济运行平稳。2009年1月14日起，国务院数次常务会议陆续提出了汽车、钢铁、物流等十大产业振兴规划，从2月起我国陆续在欧洲采购超过150亿元人民币（合22亿美元）的商品，以刺激国际贸易和投资活动。英国莱斯特大学经济学教授、世界银行顾问帕尼科·德梅特里亚德在2009年年初接受采访时说：“中国正在对世界经济发展做出特殊的贡献，并将在应对此次危机中发挥积极作用。”

2008年全球金融危机给世界各国带来了深刻教训，我国政府更加重视金融领域健康有序发展。2017年7月，习近平总书记在全国金融工作会议上提出：“金融是国家重要的核心竞争力，金融安全是国家安全的重要组成部分，金融制度是经济社会发展中重要的基础性制度”，会议宣布成立国务院金融稳定发展委员会。2017年10月18日，习近平总书记在党的十九大报告上要求，“健全金融监管体系，守住不发生系统性金融风险的底线”。我国一系列金融领域的改革措施，有力地保证了我国金融系统的整体安全，为我国经济的高质量发展和现代化经济体系建设提供了重要保障。

（2）我国的金融体系与商业银行

在《国民经济行业分类》（GB/T 4754—2017）中，列示了“金融业”门类，属于第三产业。金融业是国民经济的关键行业之一，是国民经济健康发展的重要基础，金融业一旦发生危机，通常会对本国甚至其他相关国家的经济和社会产生重大冲击。我国金融体系主要由金融监管机构和金融企业两部分构成。

我国金融监管机构包括“一委一行一局一会”，即中央金融委员会（前身是国务院金融稳定发展委员会）、中国人民银行（中央银行）、国家金融监督管理总局（前身是中国银行保险监督管理委员会）和中国证券监督管理委员会。此外，由中国人民银行管理的国家外汇管理局也属于金融监管部门。

金融企业分三类，即政策性银行、商业银行和非银行金融机构。政策性银行是指由政府发起并出资成立，不以营利为目的，为贯彻和配合政府特定经济政策和意图而进行融资和信用活动的机构，我国的政策性银行有中国进出口银行、中国农业发展银行。商业银行是以营利为目的，以多种金融负债筹集资金，以多种金融资产为经营对象，具有信用创造功能的金融机构。非银行金融机构包括金融性公司和其他金融机构，如证券公司、保险公司、期货经纪公司、信托投资公司、基金管理公司、租赁公司、财务公司、典当行、小额贷款公司等。其中，商业银行是金融企业的主体，是金融体系中最重要的组成部分。

（3）商业银行的分类

我国商业银行主要有以下几类：

①国有控股商业银行，目前有6家，分别是中国工商银行、中国农业银行、中国建设银行、中国银行、交通银行、中国邮政储蓄银行。

②全国性股份制商业银行，目前有12家，分别是华夏银行、招商银行、中国光大银行、中信银行、平安银行、中国民生银行、兴业银行、浦发银行、广发银行、浙商银行、恒丰银行、渤海银行。

③城市商业银行，如海南银行、北京银行、上海银行、广州银行等。

④农村商业银行，如海口农村商业银行、北京农村商业银行、上海农村商业银行、深圳农村商业银行等。

⑤民营银行，如微众银行、浙江网商银行、重庆富民银行、上海华瑞银行、温州民商银行等。

⑥村镇银行，如海口苏南村镇银行、中山小榄村镇银行等。

⑦外资银行，如汇丰银行、南洋商业银行、渣打银行、花旗银行、瑞士银行、德意志银行、摩根大通银行等。据不完全统计，目前已有至少60家外资银行在我国从事经营活动，随着我国银行业的进一步对外开放，外资银行的影响力还将继续扩大。

（4）商业银行的组织机构和业务范围

我国商业银行采取的是总分行制，即法律允许商业银行在全国范围或一定区域内设立分支行。采用总分行制的商业银行，对外是一个独立法人，一律不得设置具有独立法人资格的分支行。分行之间不应有相互存贷的市场交易行为，不能变成多级法人制的银行集团。在内部治理结构方面，除常规机构设置外，2000年国务院成立了国有金融机构监事会，代表国家对国有金融机构的资产质量及国有资产保值增值状况实施监督。

根据《商业银行法》的规定，我国商业银行是依法设立的吸收公众存款、发放贷款、办理结算等业务的企业法人，可以经营以下业务：吸收公众存款，发放贷款，办理国内外结算、票据贴现，发行金融债券，代理发行、兑付、承销政府债券，买卖政府债券，从事同业拆借，买卖、代理买卖外汇，提供信用证服务及担保，代理收付款及代理保险业务等。近年来，随着市场经济的发展，商业银行的业务发展呈现多样化，如银行卡业务的推广，汽车、住房消费信贷业务的开展，证券投资基金托管业务的开办等。

（5）我国商业银行的中国特色

与其他金融机构相比，能够吸收活期存款，创造信用货币，是商业银行最明显的特征。正是这一点，使商业银行具有特殊的职能，它们的活期存款构成货币供给或交换媒介的重要组成部分，也是信用扩张的重要源泉。我国商业银行除具备商业银行的一般特征之外，还有以下几个特点和要求：

①在所有制结构上，以国家独资或控股的国有商业银行为主体，同时发展一定数量的股份制商业银行。

②在现阶段，依照《商业银行法》的规定，商业银行不得在境内从事信托投资和股票业务，不得对非银行金融机构和企业投资，不得投资于非自用不动产。

③实行稳健经营的方针，在严格执行金融法规和国家产业政策，保证资产安全性和流动性的前提下，通过增收节支，争取最好的盈利水平，为国家增加积累，壮大自身实力。

④商业银行依法开展业务，不受任何单位和个人的干涉。

⑤实行风险管理，包括资产负债比例管理。商业银行必须遵守《商业银行法》和中央银行有关风险管理的具体规定。

（6）商业银行会计核算的主要特点

①反映国民经济活动情况的综合性和宏观性。

商业银行的主要业务是吸收公众存款、发放贷款、办理支付结算等，因此，记载着国民经济运行过程中绝大部分的资金运动情况，能够综合反映宏观经济活动情况，从而具有“社会公共簿记”的职能和作用。

②会计核算与业务处理的同步性。

一般单位的经营活动与财务会计核算活动是分开的，会计核算部门位于单位二线，在后台进行。而商业银行所经营的货币资金收付等日常业务活动，都需要通过会计部门办理，因此，会计在处理业务的同时，也完成了会计核算。

③会计核算方法的独特性。

商业银行的资金运动是“货币—货币”，只有货币资金一种形态，会计核算方法有其独特性。

A.大量采用单式凭证，并采用原始凭证代替记账凭证。单式凭证是只记录一个会计科目和金额的会计凭证。银行业务量大、分工精细、正确率要求极高，因此，采用单式凭证，并将客户办理业务提交的原始凭证与记账凭证合二为一，便于会计凭证的传递和汇总轧账，分清经济责任，提高工作效率。银行的会计凭证要在内部不同部门之间进行传递，因此也称为“传票”。借方传票的格式见表8-1。

B.采用科目日结单会计核算程序。商业银行根据传票编制日结单，然后根据日结单登记总账，再根据总账编制日计表。科目日结单，也称总传票，是每一个会计科目当日借、贷方发生额和传票张数的汇总表。科目日结单的格式见表8-2。

表 8-1

南海银行现金收入借方传票

（贷）________ 年 月 日 总字第 号

（借）现金 字第 号

户名或账号	摘 要	金额										
		千	百	十	万	千	百	十	元	角	分	
												附
												件
												张
合 计												

会计 出纳 复核 记账

表 8-2

南海银行科目日结单

科目代号： 年 月 日 第 号

传票	借方金额											传票	贷方金额										
张数	亿	千	百	十	万	千	百	十	元	角	分	张数	亿	千	百	十	万	千	百	十	元	角	分
现金 （ ）张												现金 （ ）张											
转账 （ ）张												转账 （ ）张											
合计 （ ）张												合计 （ ）张											

复核 记账 制单

日计表是反映当日全部业务活动情况的内部报表，也是轧平当日全部账务的主要工具，根据总账各科目当日发生额和余额编制。日计表格式见表 8-3。

表 8-3

南海银行日计表

年 月 日 共 页第 页

科目代号	科目名称	发生额		余额		科目代号
		借方	贷方	借方	贷方	
合计						

行长（主任） 会计 复核 制表

C.表外科目采用单式记账法。表外科目是指不反映在会计报表中，不涉及会计要素增减变化的一些重要的业务事项、需要在备查簿中登记的会计科目，如有价单证、重要空白凭证、银行承兑汇票、代保管的有价值物品等。

单式记账法的记账符号为“收入”和“付出”。具体规则如下：

收入：当表外业务事项发生或增加时，记入“收入”方。

付出：当表外业务事项销账或减少时，记入“付出”方。

④会计核算和内部监督的严密性。

商业银行经营的对象是货币资金，流动性强，容易发生错弊行为，因此，会计核算手续和内部监督措施比其他行业更加严密。主要体现在现金收付换人复核、双人临柜、当天业务当天必须入账对账结账、每日编制日计表、每天必须清点库存等。

【拓展阅读 8-1】

总体国家安全观与国家安全体系

每年4月15日是我国的“全民国家安全教育日”。党的二十大报告指出，要“推进国家安全体系和能力现代化，坚决维护国家安全和社会稳定。国家安全是民族复兴的根基，社会稳定是国家强盛的前提。必须坚定不移贯彻总体国家安全观，把维护国家安全贯穿党和国家工作各方面全过程，确保国家安全和社会稳定。”为此，要“坚持以人民安全为宗旨、以政治安全为根本、以经济安全为基础、以军事科技文化社会安全为保障、以促进国际安全为依托，强调统筹外部安全和内部安全、国土安全和国民安全、传统安全和非传统安全、自身安全和共同安全，统筹维护和塑造国家安全。”

当前，我国发展进入战略机遇和风险挑战并存、不确定难预料因素增多的时期，各种“黑天鹅”“灰犀牛”事件随时可能发生。健全国家安全体系是推进国家安全体系和能力现代化的题中应有之义，保障国家安全的治本之策在于健全国家安全体系。总体国家安全观强化“大安全”理念，涵盖政治、军事、国土、经济、金融、文化、社会、科技、网络、粮食、生态、资源、核、海外利益、太空、深海、极地、生物、人工智能、数据等诸多领域，形成制度安全、产业链供应链安全等新的安全理念，并且随着时代和实践的发展而不断丰富发展。健全国家安全体系是一个复杂系统工程，犹如一张条条相连、环环相扣的大网。坚持以总体国家安全观为指导，强化系统化的制度安排，更加注重协同高效，才能推动国家安全体系各方面建设有机衔接、联动集成，有效防范和应对各种安全风险集聚交汇形成风险综合体，有效解决人民群众最关心最直接最现实的安全问题，不断满足人民群众对美好生活的向往。

[资料来源：徐明．贯彻总体国家安全观 健全国家安全体系[EB/OL]．[2024-04-05]．http://gd.people.com.cn/n2/2024/0415/c123932-40810257.html.]

【练习 8-1】

[多选] 我国商业银行会计核算的主要特点有（　　）。

A.会计核算与业务处理的同步性

B.大量采用单式凭证，并采用原始凭证代替记账凭证

C.反映国民经济活动情况的综合性和宏观性

D.资金形态多样，资金运动复杂

任务8.2　核算商业银行存款业务

本项目的业务场景、示例和练习，使用的背景为海南南海银行股份有限公司（简称“南海银行”），主要经营银行业务，包括吸收公众存款；发放短期、中期和长期贷款；办理国内外结算；办理票据承兑与贴现；发行金融债券；代理发行、代理兑付、承销政府债券；买卖政府债券、金融债券；从事同业拆借；买卖、代理买卖外汇；从事银行卡业务；提供信用证服务及担保；提供保管箱服务等。系增值税一般纳税人，增值税税率为6%。

场景8-2　核算单位存款业务

场景8-2

南海银行江东支行对单位活期存款采用分户账页计息法，20×4年3月1日，其客户中洲公司基本存款账户月初余额为80 000元，上月结转积数5 720 000元，对应日数70天，同时本行客户万安公司与中洲公司存在业务往来。在20×4年3月1日至12月1日，中洲公司基本账户变动情况如下（该期间活期存款年利率为0.36%）：

（1）3月5日，中洲公司以现金支票取现5 000元。

（2）3月15日，万安公司以转账支票偿还前欠中洲公司的货款10 000元。

（3）3月20日，计提中洲公司存款利息。

3月1日至20日的累计日积数为：________________________（元）。

3月1日至20日的应计利息为：________________________（元）。

（4）3月21日，转存中洲公司存款利息。

20×3年12月21日至20×4年3月20日的日积数为：________________（元）。

应向中洲公司存款账户转入的利息为：____________________（元）。

（5）3月31日，计提中洲公司3月下旬利息并结转利息支出。

3月21日至31日的累计日积数为：________________________（元），

3月21日至31日的应计利息为：________________________（元）。

（6）4月10日，中洲公司存入现金3 000元。

（7）4月20日，中洲公司以现金支票取现6 000元。

（8）4月30日，计提中洲公司利息并结转利息支出。

4月1日至30日的累计日积数为：________________________（元）。

4月1日至30日的应计利息为：________________________（元）。

（9）5月20日，万安公司以转账支票偿还前欠中洲公司的货款10 000元。

（10）5月26日，中洲公司以现金支票取现2 000元。

（11）5月31日，计提中洲公司利息并结转利息支出。

5月1日至31日的累计日积数为：________________________（元）。

5月1日至31日的应计利息为：________________________（元）。

（12）6月15日，中洲公司以现金支票取现4 000元。

（13）6月19日，万安公司以转账支票向中洲公司支付购货订金6 000元。

（14）6月20日，计提中洲公司利息。

6月1日至20日的累计日积数为：________________________（元）。

6月1日至20日的应计利息为：________________________（元）。

（15）6月21日，转存中洲公司利息。

自3月21日至6月20日，“应付利息”科目贷方发生额为____________（元）。

（16）12月1日，中洲公司因资金相对紧张，将本年7月1日转存的200 000元一年期定期存单，提前支取了150 000元，余款50 000元继续作为定期存款，并办理了有关手续，支取日活期存款月利率为0.3‰。

提前支取计息期=____________________________________（天）

提前支取利息=____（元）

场景知识

单位和个人存款与计息的相关规定

【场景知识】单位和个人存款与计息的相关规定

（1）吸收存款的种类

商业银行吸收客户的存款称为吸收存款。

①按存款人不同，吸收存款分为单位存款和个人存款，个人存款也称储蓄存款。按存款人与银行的契约关系不同，吸收存款分为活期存款和定期存款。活期存款是存款人可以随时支取的存款，是银行流动性最强的流动负债；定期存款是存款人在约定日期才能支取的存款，存款人提前或逾期支取均不能获得约定的定期存款利息。综合上述两种分类，吸收存款分为单位活期存款、单位定期存款、活期储蓄存款、定期储蓄存款。

②按产生的先后顺序，吸收存款分为原始存款和派生存款。原始存款是商业银行吸收的现金存款或从中央银行获得再贷款、再贴现而形成的存款，这部分存款不会影响货币供给总量的变化。派生存款是商业银行发放贷款或投资而创造出来的存款。这部分存款会导致货币供给量的增加。

（2）单位存款账户的种类

①基本存款账户：能够办理现金收付和转账结算业务的常用账户。一个单位只能开立一个基本存款账户。

②一般存款账户：只能办理转账结算业务的常用账户。一个单位在一家银行只能开立一个一般存款账户，可以在多家银行开立一般存款账户。

③专用存款账户：是根据法律、法规，为了对具有特定用途的资金进行专项管理而开立的特殊账户，能否收付现金由开户银行掌握。专项资金使用完毕后，该账户予以注销。

④临时存款账户：因临时需要而开立的具有使用期限的银行账户，能够办理现金收付和转账结算。该账户到期予以注销。

一年未发生变动的单位存款账户，商业银行应通知存款单位在一个月内办理销户手续，否则转入久悬户，年终转为营业外收入。

（3）个人存款账户的种类

个人存款账户有三类，功能有所不同，具体情况见表8-4。

表8-4 个人存款账户功能对比表

功能 种类	存款	购买投资理财产品等金融产品	转账	消费和缴费支付	支取现金	实体介质
Ⅰ类户	有	有	有	有	有	有
Ⅱ类户	有	有	无	有（限定限额）	无	无
Ⅲ类户	无	无	无	有（限定限额）	无	无

个人在同一家银行（以法人为单位）只能开立一个Ⅰ类户，已开立Ⅰ类户，再新开户的，应当开立Ⅱ类户或Ⅲ类户。

（4）商业银行的计息方法

商业银行对客户的存款采用单利计息，基本公式为：

利息=本金×利率×期限

但是，由于单位活期存款存取次数频繁，其余额（本金）经常发生变动，所以商业银行按日计息、按季结息，采用积数计息法计息。季度计息公式为：

$$季度利息=\sum(日余额\times日利率\times日数)=\sum计息积数\times日利率$$

①积数。

积数是客户银行账户日余额的累积，如果某个日余额在一定期间内保持不变，则可以用乘法计算。商业银行以积数计算客户存款利息费的方法称为积数计息法，在具体使用时有分户账页计息法和余额表计息法两种。分户账页计息法是在分户账上加日数和积数两栏，并计算出积数和的方法。余额表计息法是制作专门的分户余额表计算积数的方法，并不常用。

积数以元为单位，即元位起息，元位以下不计息，计算的利息保留到分位。

②日数。

商业银行每季度的末月20日为结息日，次日转账付息，计息期为上季末月21日至本季末月20日。因此，第一季度计息日数为90天（平年）或91天（闰年），第二、三季度计息日数为92天，第四季度计息日数为91天。

商业银行计息日数计算采用“算头不算尾”的办法，即存入日计算利息、支取日不计算利息。但银行内部结息时，如遇结息日，则“算头又算尾”。比如，4月1日存入，6月1日支取，则存期为4月份30天加5月份31天即61天，6月1日支取当日不计息（算头不算尾）；5月10日存入，7月1日支取，则6月20日结息时存期为5月份22天加6月份含结息日在内的20天即42天（算头又算尾），而7月1日支取时总计息日为5月份22天加6月份30天即52天，7月1日支取当日不计息（算头不算尾）。

③日利率。

利率分年利率（%）、月利率（‰，俗称“厘”）和日利率，日利率采用结息日挂牌利率（年利率）换算。商业银行利率换算公式为：

月利率=年利率÷12

日利率=年利率÷360=月利率÷30

（5）商业银行的计息及会税规定

商业银行的存款，除保证金存款和临时性存款外，均应计付利息。虽然商业银行结息为每季一次，但根据权责发生制原则，为准确计算每一会计期间的经营成果，商业银行应于每一会计期末（即每月末）计算当期利息支出和应付利息。但如遇每季末月，应分季末月1日至20日和21日至当月最后一日两次计算利息支出和应付利息。

商业银行将支付的利息费用直接作为费用在企业所得税前扣除。

对于单位存款利息收入，《财政部 国家税务总局关于全面推开营业税改征增值税试点的通知》（财税〔2016〕36号）附件2：《营业税改征增值税试点有关事项的规定》第一条第二款“不征收增值税项目”中列示了“存款利息”项目，因此，存款单位不需计缴增值税，不需要向银行开具增值税发票，但要计缴企业所得税。

对于个人储蓄存款利息收入，目前在我国不需要缴纳个人所得税。

（6）单位定期存款的相关规定

①单位定期存款通常由其活期存款账户资金转存，到期支取时只能以转账方式将存款转入其基本存款账户。单位定期存款须将本金一次存入，约定存期，到期一次支取本息。最低存款金额为1万元，期限分3个月、6个月、1年、3年、5年等多个档次，不同商业银

行的期限档次有所区别。

②单位从银行取得的借款和财政拨款，不得转存定期存款。

③单位定期存款如果提前全额支取，或部分支取后余款低于起存金额的，银行按规定以支取日挂牌公告的活期存款利率计息，并将利息计入定期存款账户后，再予以支付。

④单位定期存款如果提前部分支取，余额高于起存金额的，提前支取的金额以支取日挂牌公告的活期存款利率计息，余额另立起存日期相同的新存单。

⑤单位定期存款如果到期未取，逾期期间的利息按支取日挂牌公告的活期存款利率计付利息。

⑥单位定期存款一般按存款期限和年利率计算，存款到期一次性支付利息。如果存款期限为半年或几个月，可以将期限按月份数比例转换成年数。例如，半年定期存款的期限为0.5年。

（7）个人定期存款的相关规定

个人定期存款也叫定期储蓄存款，按存取方式不同主要有整存整取、零存整取、存本取息和整存零取四种。整存整取定期储蓄存款通常50元起存，具体业务同单位定期存款。零存整取定期储蓄存款通常5元起存，分次存入本金，到期一次支取本息。存本取息定期储蓄存款通常5 000元起存，一次存入本金，分次支取利息，到期一次支取本金。整存零取定期储蓄存款通常1 000元起存，一次存入本金，分次支取本金，到期一次支取利息。不同类型的定期储蓄存款业务，主要区别是利息计算有所不同，具体业务处理可参照单位定期存款和活期储蓄存款业务。

【科目设置】

（1）负债类“吸收存款”科目

核算商业银行吸收的除同业存放款项以外的其他各种存款，下设“单位活期存款”“活期储蓄存款”“单位定期存款”“定期储蓄存款”四个二级账户，分别核算单位和个人的活期和定期存款，并按存款单位分“本金”“利息调整”进行明细核算。

（2）损益类“利息支出”科目

核算按摊余成本和实际利率计算的利息费用，按存款类别进行明细核算。

（3）负债类“应付利息”科目

核算按照名义利率计算确定的应付未付利息。“应付利息”与“利息支出”之间的差额作为“利息调整”处理，实际利率与名义利率差额较小的，也可以按名义利率计算利息费用。

借：利息支出（摊余成本×实际利率）

　　吸收存款——××存款（××客户——利息调整）【实际利率小于名义利率】

　贷：应付利息（摊余成本×名义利率）

　　　吸收存款——××存款（××客户——利息调整）【实际利率大于名义利率】

【示例8-1】南海银行国兴支行收到大润民超市存入基本账户现金89 257元。

（1）业务分析

存款对于客户来说是存放于商业银行的资产，因此，对商业银行来说是负债，也是商业银行信贷资金的主要来源。本业务是收到单位基本账户的活期存款业务，因此负债增加。

（2）会计处理

借：库存现金　　89 257

　贷：吸收存款——单位活期存款（大润民超市——本金）　　89 257

【示例8-2】南海银行国兴支行的大润民超市分户账部分资料见表8-5，计算其20×4年第三季度利息并做出会计处理（假设账面尚未提取第三季度利息）。

表8-5　　银行分户账

户名：大润民超市　　账号：12345678　　月利率：0.3‰

20×4年		摘要	凭证号	借方	贷方	方向	余额	日数	积数
月	日								
9	1	承前页				贷	56 000.00	72	3 691 400.39
	1					贷	56 000.00	6	336 000.00
	7	提现		10 000.00		贷	46 000.00	4	184 000.00
	11	转收			24 000.00	贷	70 000.00	2	140 000.00
	13	转付		8 000.00		贷	62 000.00	5	310 000.00
	18	汇出		4 000.00		贷	58 000.00	3	174 000.00
	20	结息				贷	58 000.00	92	4 835 400.39
	21	转息			48.35	贷	58 048.35	1	4 835 448.74

（1）业务分析

本例计息日数为92天，计息积数为4 835 400元，0.39元小数不计息，日利率=0.3‰÷30。利息费用=4 835 400×0.3‰÷30=48.35（元）。

（2）会计处理

①9月20日，计算第三季度利息：

借：利息支出——单位活期存款利息　　48.35

　贷：应付利息——应付单位活期存款利息　　48.35

②9月21日，向大润民超市账户转存利息：

借：应付利息——应付单位活期存款利息　　48.35

　贷：吸收存款——单位活期存款（大润民超市）　　48.35

【示例8-3】20×4年4月1日，大润民超市将基本账户存款200 000元转作一年期定期存款，年利率为1.75%，其开户银行南海银行国兴支行为其办理了转存手续。20×5年4月1日，大润民超市按时到银行办理该存单到期的有关手续。

（1）业务分析

定期存款通常按年计息，平时可以不计息，年末或到期时再按月份数计息。

年末计提利息=200 000×1.75%÷12×9=2 625（元）

记入"应付利息"账户。

第二年到期时尚未计提的利息=200 000×1.75%÷12×3=875（元）

直接记入"利息支出"账户。

（2）会计处理

①20×4年4月1日接受定期存款：

借：吸收存款——单位活期存款（大润民超市——本金）　　200 000

贷：吸收存款——单位定期存款（大润民超市——本金）　200 000

②20×4年12月31日计提利息

借：利息支出——单位定期存款利息　2 625

贷：应付利息——应付单位定期存款利息　2 625

③20×5年4月1日定期存款到期，转存活期存款账户

借：吸收存款——单位定期存款（大润民超市——本金）　200 000

应付利息——应付单位定期存款利息　2 625

利息支出——单位定期存款利息　875

贷：吸收存款——单位活期存款（大润民超市——本金）　203 500

【示例8-4】接【示例8-3】，假如20×4年11月1日，大润民超市因资金紧张，到银行将该存单全部支取，并办理了有关手续，支取日活期存款月利率为0.3‰。银行会计处理如下：

（1）业务分析

本业务系提前全部支取单位定期存款业务，4月1日计息，11月1日不计息。

提前支取计息期=30+31+30+31+31+30+31=214（天）

提前支取利息=200 000×0.3‰÷30×214=428（元）

（2）会计处理

借：利息支出——定期存款提前支取利息　428

贷：吸收存款——单位定期存款（大润民超市——本金）　428

借：吸收存款——单位定期存款（大润民超市——本金）　200 428

贷：吸收存款——单位活期存款（大润民超市——本金）　200 428

【拓展阅读8-2】

银行重组与存款风险

2024年6月26日，国家金融监督管理总局发布批复，同意浙江舟山普陀稠州村镇银行和浙江岱山稠州村镇银行正式解散，并将被浙江稠州商业银行吸收合并。这标志着这两家银行的法人地位将不复存在，无法再以原银行名义开展任何金融业务。据《金融时报》记者根据金融监管总局公布的批复信息初步统计，截至目前，至少已有50家中小银行步入解散或被合并的轨道，其中绝大多数为农村中小银行，仅有一家为城商行——库尔勒银行。中小银行频频合并重组的原因复杂多样，既有自身经营压力下的无奈选择，也有区域化险和金融改革的客观要求。通过兼并重组等方式优化机构布局、提升抗风险能力和市场竞争力已成为中小银行发展的必由之路。

尽管在中国，银行在资金运营和监管方面通常被视为相对安全，但银行作为商业机构，仍存在一定的不确定风险，这引起了人们对银行安全性的关注。对于存款人来说，首先要了解存款保险制度。根据我国的《存款保险条例》，存款保险实行限额偿付，最高偿付限额为人民币50万元，这意味着如果银行破产，存款人在这家银行的存款超过50万元的部分可能无法全额赔付。因此，建议存款人不要将所有资金存放在单一银行，而是分散投资，以降低风险。除了银行存款，国债和储蓄型保险产品也是相对安全的理财方式。国债有政府信用背书，而储蓄型保险产品有多项国家法律法规的保护，即便保险公司经营不下去了，国家保险保障基金和监管机构也会确保保单利益不受损失。

［资料来源：1.金融界.两家银行倒下，50万元上限背后的金融逻辑［EB/OL］.［2024-07-09］. https://baijiahao.baidu.com/s?id=1804090881580456029&wfr=spider&for=pc.

2.金融界.超50家银行解散，释放什么信号？［EB/OL］.［2024-08-15］. https://baijiahao.baidu.com/s?id=1807408241496287446&wfr=spider&for=pc.］

【练习 8-2】

（1）南海银行江东支行收到小钱同学存入现金1 800元。

（2）南海银行江东支行营业厅柜员受理小钱同学的销户业务，结算本金900元，利息23.6元，以现金付清。

（3）20×4年1月31日，南海银行江东支行预提万安公司1月份基本账户存款利息。20×4年1月1日，万安公司基本存款账户年初余额为280 000元，1月10日汇付材料款50 000元，1月22日收取货款20 000元，1月没有发生其他收支，活期存款年利率为0.36%。

任务8.3　核算商业银行贷款业务

场景8-3　核算单位贷款业务

场景8-3

20×4年9月，南海银行江东支行发放给中洲公司一笔抵押贷款，抵押财产为中洲公司在市中心价值800万元的房产一套，该笔贷款金额500万元，期限为一年，年利率为5.4%，按月计算利息，每月21日收取利息。合同约定，借款人如果未按时偿还贷款本息，逾期六个月后，银行向法院申请处置抵押财产。部分业务如下：

（1）20×4年9月1日，将贷款500万元按合同约定，划入中洲公司在本行开设的基本存款账户中。

（2）20×4年9月20日，南海银行江东支行计提应收中洲公司贷款利息。

应收利息=________________________________（元）

销项税额=________________________________（元）

（3）20×4年9月21日，南海银行江东支行从中洲公司基本存款账户扣收贷款利息。

（4）20×5年9月1日，中洲公司贷款到期，但中洲公司基本账户只有826 376.69元，经过沟通后扣收826 000元，余款转作逾期贷款，并通知中洲公司，根据合同约定，逾期贷款按年利率10.8%计收罚息，且须于20×6年3月31日前付清剩余本金和罚息，否则将按合同约定协商或申请法院判决处置抵押房产。截至20×5年8月20日，利息一直正常收取。

20×5年8月21日—31日应收利息=________________________（元）

销项税额=________________________________（元）

（5）20×5年11月30日，中洲公司贷款逾期满90天，财务状况仍然没有好转迹象，确定该笔贷款已发生减值，计提减值准备1 000 000元。同时，停止确认利息收入，转为表外计息，并开具红字增值税发票，冲销账面已计提的应收利息、利息收入和销项税额。

①账面已确认但尚未收到的利息期间是20×5年8月21日至11月20日，其中，9月1日至11月20日须按10.8%计收罚息。

账面应收利息累计=____________________________（元）

其中，利息收入____________元，增值税____________元，予以冲销。

②11月21日至29日的罚息=____________________________（元）

开始进行表外登记。

（6）20×6年2月26日，中洲公司筹集到还款资金450万元，主动要求全额偿还本息。

自20×5年11月30日开始在表外“应收未收利息”登记簿核算后，又发生了如下记录：

①20×5年12月20日（11月30日至12月20日）：

应收未收利息=____________________________________（元）

②20×6年1月20日（12月21日至1月20日）：

应收未收利息=____________________________________（元）

③20×6年2月20日（1月21日至2月20日）：

应收未收利息=____________________________________（元）

④20×6年2月21日至25日罚息=____________________________（元）

尚未进行表外核算，收回时予以补记。

应确认的表外应收未收利息累计=__________________________（元）

其中，利息收入____________元，销项税额____________元。

【场景知识】商业银行贷款及相关会税规定

场景知识

商业银行贷款及相关会税规定

贷款是商业银行按一定利率和必须归还等条件出借货币资金的一种信用活动形式，是商业银行主要的资产业务和利润来源。

（1）贷款的分类

①按流动性强弱（期限长短）不同，贷款可以分为短期贷款、中期贷款和长期贷款。短期贷款是期限不超过一年（含一年）的贷款，中期贷款是期限超过一年但不超过五年（含五年）的贷款，长期贷款是期限超过五年的贷款。

②按保障程度不同，贷款可以分为信用贷款、担保贷款和票据贴现。

A.信用贷款又称无担保贷款，是银行凭借款人的信誉和经营状况而发放的贷款，主要面向经营管理和财务状况良好、信用卓著的国有大中型企业。商业银行发放信用贷款承担的风险较大，为控制风险，应严格控制信用贷款规模，扩大担保贷款业务。

B.担保贷款是以第三人为借款人提供相应的担保为条件发放的贷款，分为保证贷款、抵押贷款和质押贷款三种。保证贷款是以第三人承诺在借款人不能偿还贷款时，按约定承担连带责任而发放的贷款。抵押贷款是以借款人或第三人的财产作为抵押物发放的贷款。质押贷款是以借款人或第三人的动产或权利作为质物发放的贷款。抵押贷款与质押贷款的区别在于，抵押贷款的抵押物仍然由借款人控制，而质押贷款的质物则由商业银行控制。担保贷款业务的权利义务关系由《中华人民共和国民法典》（简称《民法典》）予以规范。

《民法典》第三百九十五条规定，债务人或者第三人有权处分的下列财产可以抵押：建筑物和其他土地附着物；建设用地使用权；海域使用权；生产设备、原材料、半成品、产品；正在建造的建筑物、船舶、航空器；交通运输工具；法律、行政法规未禁止抵押的其他财产。第三百九十九条规定，下列财产不得抵押：土地所有权；宅基地、自留地、自留山等集体所有土地的使用权，但是法律规定可以抵押的除外；学校、幼儿园、医疗机构等为公益目的成立的非营利法人的教育设施、医疗卫生设施和其他公益设施；所有权、使用权不明或者有争议的财产；依法被查封、扣押、监管的财产；法律、行政法规规定不得抵押的其他财产。

《民法典》第四百二十五条规定，为担保债务的履行，债务人或者第三人将其动产出质给债权人占有的，债务人不履行到期债务或者发生当事人约定的实现质权的情形，债权人有权就该动产优先受偿。第四百四十条规定，债务人或者第三人有权处分的下列权利可以出质：汇票、本票、支票；债券、存款单；仓单、提单；可以转让的基金份额、股权；可以转让的注册商标专用权、专利权、著作权等知识产权中的财产权；现有的以及将有的应收账款；法律、行政法规规定可以出质的其他财产权利。

贷款额度的确定：抵押财产或质押财产的价值有可能因某些难以预料的因素而减少，所以银行不能按抵押财产或质押财产的现值全额发放贷款，而是要打一定的折扣，贷款额度一般不超过抵押财产或质押财产现值的50%~70%，具体视抵押品和借款人的情况确定。

C.票据贴现是以购买借款人未到期的商业汇票的方式发放的贷款。

③按风险程度不同，贷款可分为五类，特点如下：

A.正常贷款：能够严格履行合同，正常收回本息；

B.关注贷款：当前合同履行正常，但已经出现一些对收回本息产生不利影响的因素或迹象；

C.次级贷款：借款人还款能力明显出现问题，自身经营状况无法足额偿还本息，执行担保也可能产生一定损失；

D.可疑贷款：借款人不能正常履行合同，执行担保也肯定造成较大损失，比次级贷款损失更大；

E.损失贷款：采取所有可能的措施或履行一切必要的法律程序之后，仍然无法或极少收回本息。

其中，次级贷款、可疑贷款和损失贷款统称为不良贷款。

（2）贷款利息的计算与收取

商业银行的贷款利息收入按日计算，按月份或季度结算。借款客户需要在借款合同约定的收息日之前，将约定利息足额存于用于还款的活期存款账户，银行于收息日直接扣收利息。

（3）贷款展期

如果借款单位预计不能按期归还贷款，可在贷款到期前，向银行信贷部门提出展期申请，写明原因，经批准同意后送会计部门，会计部门抽出原借据并批注，将批注后的原借据与展期申请书一起保管，无须做账务处理。

展期期间银行按原合同利率计收利息，但是，如果展期期限加上原贷款期限达到新的利率期限档次时，则从展期之日起，贷款利息按新档次利率计算。

个人贷款不允许展期，单位贷款每笔只限展期一次，展期期限规定如下：

①短期贷款不得超过原贷款期限；

②中期贷款不得超过原贷款期限的一半，即为原期限的二分之一；

③长期贷款不得超过3年。

（4）逾期贷款

逾期贷款是指到期（含展期后到期）应收回而未能收回的贷款。逾期贷款金额自转入逾期贷款科目之日起，改按合同约定的比例计收罚息。

抵押贷款如果没有按期收回，则转为逾期贷款，同时向借款人发出通知，限期归还贷款，否则银行将申请处理抵押物。

贷款逾期后，如果借款人账户有资金，银行应主动扣收贷款本息，直至本息全部扣清为止。

（5）非应计贷款

非应计贷款是指贷款本金或利息逾期90天没有收回的贷款，或者贷款没有到期或逾期没有超过90天但生产经营已经停止或项目已经停建的贷款。对于非应计贷款，账面只记录本金，尚未收到的应收利息纳入“应收未收利息”表外科目核算，不再做表内账务处理，即尚未计提的利息不再计提，已经计提但未收到的利息全部冲销。

贷款转为非应计贷款后，在收到该笔贷款的还款时，首先应收回本金，本金全部收回后的还款部分，确认为当期利息收入。

其中，逾期三年以内的非应计贷款被称为呆滞贷款，可以按一定比例计提减值准备；逾期超过三年的非应计贷款被称为呆账贷款，应该全额计提减值准备。

现实中，商业银行通常将“一逾两呆”称为不良贷款。

（6）贷款减值

商业银行的贷款，有迹象发生减值的，应该转为“已减值贷款”，同时计提减值准备。金融资产发生减值的客观证据主要包括以下几项：

①债务人发生严重财务困难；

②债务人违反合同，如偿付利息或本金违约或逾期等；

③银行出于与债务人财务困难有关的经济或合同考虑，给予债务人在任何其他情况下都不会做出的让步；

④债务人很可能破产或进行其他财务重组；

⑤债务人财务困难导致该金融资产的活跃市场消失；

⑥以大幅折扣购买或源生一项金融资产，该折扣反映了发生信用损失的事实。

贷款转为已减值贷款后，在收到该笔贷款的还款时，按照本金、表内利息、表外利息的顺序收回，即首先应收回本金，其次收回表内应收利息，最后将收回的表外应收利息直接确认为当期利息收入。

已经核销的贷款本金和利息又收回的，参照应收账款和坏账准备的处理方法，首先做恢复贷款本金和应收利息处理，然后再做收回处理。

【科目设置】

（1）资产类科目“贷款”科目

核算商业银行按规定发放的各种贷款，包括信用贷款、抵押贷款、质押贷款、保证贷款等，下设“本金”“利息调整”“已减值”等明细科目。

（2）资产类科目“应收利息”科目

核算以摊余成本计量的金融资产、以公允价值计量且其变动计入其他综合收益的金融资产、以公允价值计量且其变动计入当期损益的金融资产、存放中央银行款项、拆出资金等，按合同本金和合同利率计算确定的应收未收利息。

（3）损益类科目“利息收入”科目

核算按贷款摊余成本和实际利率计算确定的利息收入，按贷款类别进行明细核算。“应收利息”与“利息收入”之间的差额作为“利息调整”处理，实际利率与合同利率差额较小的，也可以按合同利率计算利息收入。“利息收入”不含增值税，增值税于利息收入确认时单列为销项税额。

借：应收利息【合同本金×合同利率】

　　贷款——××贷款（××单位——利息调整）【实际利率大于合同利率】

　贷：利息收入【摊余成本×实际利率】

　　　应交税费——应交增值税（销项税额）

　　　贷款——××贷款（××单位——利息调整）【实际利率小于合同利率】

发放贷款时，如果预先扣除利息，到期只收回本金，则扣除的利息做“利息调整”处理，在以后会计期间予以摊销。会计处理为：

借：贷款——××贷款（××单位——本金）

　贷：吸收存款——单位活期存款（××单位）

　　　贷款——××贷款（××单位——利息调整）

（4）资产类“贷款损失准备”科目

其是“贷款”的备抵科目，核算商业银行计提的贷款减值准备金，与“坏账准备”的核算原理相同。商业银行计提贷款损失准备的资产包括客户贷款、拆出资金、贴现资产、银团贷款、贸易融资、协议透支、信用卡透支、转贷款和垫款等。本科目应当按照计提贷款损失准备的资产类别进行明细核算。

【示例8-5】20×4年8月1日，南海银行国兴支行发放给大润民超市一笔信用贷款，金额10万元，期限为6个月，月利率为5‰，利息按季度计提，到期一次收取本息。

（1）业务分析

商业银行发放的贷款，通常存放于借款单位在本行开立的活期存款账户中，从而增加单位活期存款，形成吸收存款，这种存款即是一种派生存款。银行从借款客户的活期存款账户扣收本息时，客户的存款减少，冲减其“吸收存款”。

发放抵押贷款的同时，需对抵押财产或质押财产进行表外核算，记入“收入：代保管有价值品”，核销时再记入“付出”方。

（2）会计处理

借：贷款——信用贷款（大润民超市——本金）　　100 000

　贷：吸收存款——单位活期存款（大润民超市——本金）　　100 000

【示例8-6】接【示例8-5】，20×4年9月20日，南海银行国兴支行计提第三季度大润民超市贷款利息收入。

（1）业务分析

8月1日至9月20日的计息日数=31+20=51（天）

应收利息=100 000×5‰÷30×51=850（元）

销项税额=850÷（1+6%）×6%=48.11（元）

（2）会计处理

借：应收利息——单位信用贷款利息　　850

　贷：利息收入——信用贷款利息　　801.89

　　　应交税费——应交增值税（销项税额）　　48.11

【示例8-7】接【示例8-5】，20×4年12月20日，计提第四季度大润民超市贷款利息收入。

（1）业务分析

9月21至12月20日计息日数=10+31+30+20=91（天）

应收利息=100 000×5‰÷30×91=1 516.67（元）

销项税额=1 516.67÷（1+6%）×6%=85.85（元）

（2）会计处理

借：应收利息——单位信用贷款利息　　　　1 516.67

　贷：利息收入——信用贷款利息　　　　1 430.82

　　　应交税费——应交增值税（销项税额）　　　　85.85

【示例8-8】接【示例8-5】，20×5年2月1日，大润民超市贷款到期，但大润民超市突发经营事故，现金流短缺，不能够按时归还本息。因其未提出展期申请，该笔贷款转为逾期贷款。

（1）业务分析

贷款到期应按合同利率补提尚未计提的应收未收利息。

12月21日至1月31日计息日数=11+31=42（天）

应收利息=100 000×5‰÷30×42=700（元）

销项税额=700÷（1+6%）×6%= 39.62（元）

（2）会计处理

借：贷款——逾期贷款（大润民超市——本金）　　　　100 000

　贷：贷款——信用贷款（大润民超市——本金）　　　　100 000

借：应收利息——单位信用贷款利息　　　　700

　贷：利息收入——信用贷款利息　　　　660.38

　　　应交税费——应交增值税（销项税额）　　　　39.62

【示例8-9】接【示例8-8】，20×5年3月20日，按月利率为10‰计收罚息。

（1）业务分析

2月1日至3月20日罚息计息日数=28+20=48（天）

应收罚息=100 000×10‰÷30×48=1 600（元）

销项税额=1 600÷（1+6%）×6%= 90.57（元）

（2）会计处理

借：应收利息——单位信用贷款利息　　　　1 600

　贷：利息收入——信用贷款利息　　　　1 509.43

　　　应交税费——应交增值税（销项税额）　　　　90.57

【示例8-10】接【示例8-9】，20×5年5月2日，大润民超市贷款逾期满90天，停止计息，并开具红字增值税发票，冲销账面已计提的应收利息、利息收入和销项税额，同时将逾期贷款本金转为非应计贷款。

（1）业务分析

①账面已记截至3月20日的应收利息=850+1 516.67+700+1 600=4 666.67（元）

其中，利息收入4 402.52元，增值税264.15元，予以冲销。

②3月21日至5月1日罚息计息日数=11+30+1=42（天）

账面未记罚息=100 000×10‰÷30×42=1 400（元）

进行表外登记，连同原记账凭证冲销的应收利息，共计6 066.67元。

（2）会计处理

借：利息收入——信用贷款利息　　4 402.52

　贷：应收利息——单位信用贷款利息　　4 666.67

　　应交税费——应交增值税（销项税额）　　264.15

借：贷款——非应计贷款（大润民超市——本金）　　100 000

　贷：贷款——逾期贷款（大润民超市——本金）　　100 000

同时，在登记簿中进行表外登记：

收入：应收未收利息　　1 400

【示例8-11】接【示例8-10】，20×5年6月30日，经过评估，大润民超市财务状况仍然在继续恶化，确定该笔贷款发生重大减值，计提减值准备80 000元。

（1）业务分析

有证据证明贷款发生减值的，应将其账面余额（含利息调整）转入“已减值贷款”明细科目，同时计提贷款损失准备，计入当期信用减值损失。

（2）会计处理

借：贷款——已减值贷款（大润民超市）　　100 000

　贷：贷款——非应计贷款（大润民超市——本金）　　100 000

借：信用减值损失　　80 000

　贷：贷款损失准备　　80 000

【示例8-12】接【示例8-11】，20×5年12月25日，大润民超市基本存款户有12万元资金，经过沟通，大润民超市同意归还本息。

（1）业务分析

①计提减值准备的贷款又全部收回，说明减值因素消失，应将原计提的减值准备冲销。

②收回的利息首先恢复并收回账面已核算过的表内应收利息4 666.67元。

③自20×5年5月2日开始在表外“应收未收利息”登记簿核算后，又发生了如下记录：

A.20×5年6月20日（5月2日至6月20日，共计50天）：

收入：应收未收利息　　1 666.67（100 000×10‰÷30×50）

B.20×5年9月20日（6月21日至9月20日，共计92天）；

收入：应收未收利息　　3 066.67（100 000×10‰÷30×92）

C.20×5年12月20日（9月21日至12月20日，共计91天）：

收入：应收未收利息　　3 033.33（100 000×10‰÷30×91）

至此，“应收未收利息”登记簿累计表外利息金额为9 166.67元。

20×5年12月25日不再计息。

20×5年12月21日至24日罚息=100 000×10‰÷30×4=133.33（元）

尚未进行表外核算，收回时予以补记。

应确认的表外应收未收利息累计=9 166.67+133.33=9 300（元）

其中，利息收入8 773.58元，销项税额526.42元。

（2）会计处理

借：贷款损失准备　　80 000

　贷：信用减值损失　　80 000

借：应收利息——单位信用贷款利息　　4 666.67

　贷：利息收入——信用贷款利息　　4 402.52

　　应交税费——应交增值税（销项税额）　　264.15

借：吸收存款——单位活期存款（大润民超市）　　113 966.67

　贷：贷款——已减值贷款（大润民超市）　　100 000

　　应收利息——单位信用贷款利息　　4 666.67

　　利息收入——信用贷款利息　　8 773.58

　　应交税费——应交增值税（销项税额）　　526.42

同时，注销在登记簿中做表外登记的应收未收利息：

收入：应收未收利息　　133.33

付出：应收未收利息　　9 300

【练习 8-3】

20×4 年 12 月，南海银行江东支行发放给万安公司一笔质押贷款，质物为万安公司账面 562 万元的应收账款，该笔贷款金额 300 万元，期限为一年，年利率为 5.4%，按月计算利息，每月 21 日收取利息。合同约定，借款人如果未按时偿还贷款本息，逾期六个月后，银行将按法定程序处理质物。部分业务如下：

（1）20×4 年 12 月 1 日，将贷款 300 万元按合同约定，划入万安公司在本行开设的基本账户中。

（2）20×4 年 12 月 20 日，南海银行江东支行计提应收万安公司贷款利息。

（3）20×5 年 12 月 1 日，万安公司贷款到期，万安公司基本账户余额充足，扣收本息，并办理质押解除手续。

场景 8-4　核算单位贴现业务

场景 8-4

20×5 年 4 月，南海银行江东支行办理了客户万安公司票据贴现业务，情况如下：

（1）20×5 年 4 月 15 日，南海银行江东支行收到客户万安公司的贴现申请，贴现票据为一张面额为 600 000 元的商业承兑汇票，承兑人为本行客户中洲公司，票据到期日为 20×5 年 7 月 1 日，不带息，月贴现率为 7.2‰，贴现金额存入了万安公司在本行开立的活期存款账户。

贴现期（算头不算尾）=________________（天）

贴现利息=________________（元）

贴现金额=________________（元）

利息调整=________________（元）

（2）4 月 30 日，南海银行江东支行计算确认 4 月万安公司票据贴现利息收入。

4 月贴现利息=________________（元）

4 月不含税贴现利息=________________（元）

4 月贴现利息应交增值税=________________（元）

（3）5 月 31 日，南海银行江东支行计算确认 5 月万安公司票据贴现利息收入。

5 月贴现利息=________________（元）

5月不含税贴现利息=____________________（元）

5月贴现利息应交增值税=____________________（元）

（4）6月30日，南海银行江东支行计算确认6月万安公司票据贴现利息收入。

6月贴现利息=____________________（元）

6月不含税贴现利息（账面余额）=____________________（元）

6月贴现利息应交增值税=____________________（元）

（5）20×4年7月1日，万安公司贴现票据到期，承兑人中洲公司无力承兑，万安公司账户只有386 544.90元，经过沟通，扣款386 000元，票据本金余款转为逾期贷款，按年利率10.8%计息。

【场景知识】贴现业务及其税务规定

场景知识

贴现业务及其税务规定

（1）贴现业务基本规定

贴现（discount）是指票据持有人为获得资金，以贴付一定利息的方式将未到期的商业汇票转让给银行而取得的一种贷款。贴现是一种商业信用与银行信用结合的融资手段，期限最长不超过6个月，商业银行将扣除贴现日至票据到期前一日的利息后的余额划给贴现申请人。商业汇票各当事人的权利义务关系，由《中华人民共和国票据法》予以规范。

持票人办理贴现通常需具备以下条件：

①在银行开立存款账户；

②持票人与直接前手之间具有真实的商品交易关系，并提供与其前手之间的增值税发票和商品发运单据的复印件。

贴现票据到期，如果承兑人无力兑现，则分两种情况处理：

一是如果贴现申请人账户余额充足，则直接从贴现申请人账户扣款；

二是如果贴现申请人账户余额不足，则将不足部分转作贴现申请人的逾期贷款。

（2）贴现利息收入的纳税义务发生时间

票据贴现业务取得的利息收入属于"贷款服务"，应按照实际持有票据期间取得的利息收入计算增值税，并非在贴现日全额计税，即在会计期末按本期确认的利息收入计算，票据持有期间跨越多个会计期间的，应该分别按各期间实际持有天数分摊收入并计算增值税。此前已全额缴纳增值税的票据转贴现时，转贴现利息收入继续免税。

【科目设置】

资产类"贴现资产"科目，核算商业银行办理商业票据的贴现、转贴现融出资金等业务的款项，下设"贴现""转贴现"二级明细科目，并按贴现票据类型分别核算"面值"和"利息调整"。

【示例8-13】20×4年3月9日，南海银行国兴支行收到客户南沙建筑公司的贴现申请，贴现票据为一张面额为1 800 000元的银行承兑汇票，承兑人为本行客户西沙房地产公司，票据到期日为5月13日，不带息，月贴现率为7.2‰，贴现金额存入了南沙建筑公司在本行开立的活期存款账户。

（1）业务分析

贴现期（算头不算尾）=23+30+12=65（天）

贴现利息（利息调整）=1 800 000×7.2‰÷30×65=28 080（元）

贴现金额=1 800 000−28 080=1 771 920（元）

（2）会计处理

借：贴现资产——贴现（银行承兑汇票——面值）　　1 800 000

　贷：吸收存款——单位活期存款（南沙建筑公司）　　1 771 920

　　　贴现资产——贴现（银行承兑汇票——利息调整）　　28 080

✲【知识点拨 8-1】比较商业汇票贴现业务双方使用的会计处理，见表 8-6。

表 8-6　　**票据贴现业务双方会计处理对比表**

项　目	贴现申请人		受理商业银行	
	方向	会计科目	方向	会计科目
扣除贴现利息的净额	借：	银行存款	贷：	吸收存款
贴现利息	借：	财务费用	贷：	贴现资产——利息调整
贴现票据价值	贷：	应收票据	借：	贴现资产——面值

【示例 8-14】接【示例 8-13】，20×4 年 3 月 31 日，南海银行国兴支行计算确认 3 月南沙建筑公司票据贴现利息收入。

（1）业务分析

银行应将“贴现资产——利息调整”的贴现利息分期记入“利息收入”。

3 月含税贴现利息=1 800 000×7.2‰÷30×23=9 936（元）

3 月不含税贴现利息=9 936÷（1+6%）=9 373.58（元）

3 月贴现利息应交增值税=9 936−9 373.58=562.42（元）

（2）会计处理

借：贴现资产——贴现（银行承兑汇票——利息调整）　　9 936

　贷：利息收入——贴现利息　　9 373.58

　　　应交税费——应交增值税（销项税额）　　562.42

【示例 8-15】接【示例 8-14】，20×4 年 5 月 13 日，南沙建筑公司贴现票据到期，承兑人西沙房地产公司如约承兑，从其在本行开立的活期存款账户划款。

（1）业务分析

贴现票据到期，承兑人如约承兑，则商业银行转销贴现资产账面余额，其中“利息调整”余额转入利息收入。如果承兑人开户银行不是本行，则需要进行银行间票据清算，属于金融机构往来业务，本项目不再详述。

5 月贴现利息=1 800 000×7.2‰÷30×12=5 184（元）

5 月不含税贴现利息=5 184÷（1+6%）=4 890.57（元）

5 月贴现利息应交增值税=5 184−4 890.57=293.43（元）

此处以利息调整账面余额为准。

（2）会计处理

借：吸收存款——单位活期存款（西沙房地产公司）　　1 800 000

　　贴现资产——贴现（银行承兑汇票——利息调整）　　5 184

贷：贴现资产——贴现（银行承兑汇票——面值） 1 800 000

利息收入——贴现利息 4 890.57

应交税费——应交增值税（销项税额） 293.43

✻【思考一刻8-1】比较贴现与一般贷款的共同点与不同点。

【练习8-4】接【示例8-13】，20×4年5月13日，南沙建筑公司贴现票据到期，承兑人西沙房地产公司无力承兑，而且南沙建筑公司活期存款账户只有1 164 295.64元，经过沟通，扣款1 164 000元，余款636 000元根据合同约定转作逾期贷款。

参考资料

9 项目9 农业企业会计

【知识目标】

1. 了解农业企业经营的特点；
2. 了解农业企业会计核算的特点；
3. 熟悉生物资产的分类。

【能力目标】

1. 掌握消耗性生物资产的核算方法及技能；
2. 掌握生产性生物资产的核算方法及技能；
3. 掌握生物资产转换的计量和会计处理。

【价值目标】

1. 树立生态文明的发展理念；
2. 培养自信自强和艰苦卓绝的奋斗精神。

任务9.1　认知农业企业会计

场景9-1　小李同学企业实习日记摘录

场景9-1

“作为农林管理专业的高校生，今天是我在七连屿农场实习的第一天，心情既兴奋又紧张。早晨，我提前半小时到达了农场，映入眼帘的是一片绿意盎然的农田和现代化的农业设施，这让我对接下来的实习生活充满了期待。

上午，公司为我们新入职的实习生举行了简短的欢迎会，介绍了公司的基本情况、业务范围以及未来的发展方向。我了解到，这家公司采用先进的农业技术和管理模式，致力于推动农业可持续发展。随后，由经验丰富的张师傅带我熟悉工作环境。张师傅首先带我参观了温室大棚，详细介绍了各种农作物的生长周期、种植技巧以及病虫害防治方法。我认真聆听，并不时提出自己的疑问，张师傅都耐心解答，让我受益匪浅。

下午，张师傅带我参观了养殖区，详细介绍了不同种类的牲畜的饲养环境、饲料配置以及日常管理流程。我了解到，每个区域都设有严格的卫生消毒制度，确保动物健康。此外，还学习了如何观察动物的精神状态、食欲和排泄物，这些都是判断动物健康状况的重要指标。

晚上回到宿舍，我整理了一天的笔记，回顾了所学到的知识，并思考如何将所学应用到未来的工作中。我意识到，在农业企业实习不仅是一次锻炼自己的机会，更是一个深入了解农业、热爱农业的过程。”

根据上述日记内容，联系学习过的知识，请回答：

（1）农业企业的经营范围有哪些？

（2）农业企业与工业企业的核算有哪些不同？

（3）农业企业经营中常见的经营风险是什么？

【场景知识】农业企业会计核算特点

（1）背景导入：习近平总书记谈粮食安全与种子安全

场景知识

农业企业会计核算特点

2022年3月6日，习近平总书记在看望参加政协会议的农业界、社会福利和社会保障界委员时强调："在粮食安全这个问题上不能有丝毫麻痹大意，不能认为进入工业化，吃饭问题就可有可无，也不要指望依靠国际市场来解决。要未雨绸缪，始终绷紧粮食安全这根弦，始终坚持以我为主、立足国内、确保产能、适度进口、科技支撑。"

2022年4月10日，习近平总书记在位于三亚市崖州湾科技城的崖州湾种子实验室考察时指出："中国人的饭碗要牢牢端在自己手中，就必须把种子牢牢攥在自己手里。要围绕保障粮食安全和重要农产品供给集中攻关，实现种业科技自立自强、种源自主可控，用中国种子保障中国粮食安全。要继承和发扬老一辈农业科研工作者胸怀祖国、服务人民的优秀品质，拿出十年磨一剑的劲头，勇攀农业科技高峰。"

2022年11月12日，习近平总书记向"杂交水稻援外与世界粮食安全"国际论坛发表书面致辞："粮食安全是事关人类生存的根本性问题。半个世纪前，杂交水稻在中国率先成功研发并大面积推广，助力中国用不足全球9%的耕地，解决世界近五分之一人口吃饭问题，成为世界第一大粮食生产国和第三大粮食出口国。"

（2）农业企业经营范围

农业通常分为种植业、畜牧养殖业、林业、渔业和辅助性活动，种植业和畜牧养殖业是最基本的农业类型。农业企业以动植物和微生物为劳动对象，以土地为基本生产资料，通过人工培育和饲养动植物，以获得人类必需的消费品和生产经营材料。而现代农业企业是指从事种植业、养殖业或以其为依托的农工商综合经营，实行独立核算和具有法人地位的农业社会经济组织单位。

✲【思考一刻9-1】与其他行业相比，农业企业的生产经营特点有哪些？

（3）农业企业会计核算特点

农业企业核算的对象是指农业企业生产过程中能用货币表示的经济活动。农业企业除了有着和一般企业相同的经济活动外，还有自己的特殊业务活动——农业活动，即农业企业对将生物资产转化为农产品或其他生物资产的生物转化的管理，本模块内容着重介绍农业企业的特殊业务活动，即生物资产的会计核算，其特点为：

①核算对象多，价格不稳定，经营风险较高。

农业企业的经营范围广泛，可能涉及农作物种植、畜禽养殖、水产养殖、农产品加工等多个领域，农业企业经营范围的多样性导致会计核算对象繁多，每种对象都有其独特的生长周期、成本结构和收益模式。

农产品市场受多种因素影响，包括自然条件（如气候、病虫害）、政策调控、市场需求变化等，导致农产品价格波动较大，增加了农业企业成本控制的难度，也使其盈利预测和风险管理变得更加复杂。农业生产受自然条件影响大，如干旱、洪涝、病虫害等自然灾害都可能对农业生产造成重大损失，从而增加企业的经营风险。

②成本计算期受自然再生产过程的制约。

由于农业生产周期的长期性和自然因素的不可控性，农业企业的成本计算期往往无法与会计周期（如年度、季度或月度）完全吻合。因此，农业企业需要根据实际生产情况灵活确定成本计算期，以准确反映生产成本和收益情况。例如，在种植业中，成本计算期通常与农作物的生长周期相一致，即于产品产出的月份计算成本；而在畜牧业中，则可能需要根据畜群的生长阶段和市场需求情况来确定成本计算期。

③生产费用常常在不同农产品品种之间进行分配。

由于农业生产中往往存在多种作物或畜禽同时生产的情况，且这些不同产品可能共享相同的生产资源（如土地、肥料、农药、劳动力等），因此需要将生产费用合理地在不同农产品品种之间进行分配。

④资金周转慢、投入不均衡。

农业企业核算的主要对象是动植物，这些生物的生长、发育和繁殖过程一般周期较长。例如，农作物的种植从播种到收获，往往需要经历数月甚至一年的时间；而畜牧业中的动物养殖，从幼崽到成年，再到产出产品（如牛奶、肉类等），同样需要较长的周期。这种长周期的生产过程导致农业企业的资金被大量占用，周转速度相对缓慢。在动植物的生长过程中，不同阶段的投入需求也存在差异，在农作物的生长初期，需要投入较多的种子、化肥和农药等生产资料；而在生长中后期，则需要更多的田间管理和病虫害防治等投入。同样，在畜牧业中，幼崽期的动物需要更多精细的饲料和医疗照顾，而成年期的动物则可能更注重营养和健康管理。这些差异也导致了农业企业资金投入的不均衡性。

（4）生物资产的分类

生物资产是指与农业生产相关的、有生命的动物和植物。如企业种植的农作物、果树、橡胶树；养殖的奶牛、鱼、蛋鸡和肉鸡等；企业营造的消耗性林木等。生物资产分为消耗性生物资产、生产性生物资产和公益性生物资产。

①消耗性生物资产是指为出售而持有的或在将来收获为农产品的生物资产，在收获农产品之后一次性消耗，资产不复存在，并终止其服务能力或未来经济利益，具有存货的特征，包括生长中的大田作物、蔬菜、用材林以及存栏待售的牲畜等。

②生产性生物资产是指为产出农产品、提供劳务或出租等目的而持有的生物资产，产出农产品后生产性生物资产仍然保留，并可在未来期间继续产出农产品，能够长期、反复使用，具有固定资产的特征，包括经济林、薪炭林、产畜和役畜等。

③公益性生物资产是指以防护、环境保护为主要目的的生物资产，公益性生物资产不能直接给企业带来经济利益，包括防风固沙林、水土保持林和水源涵养林等。

生物资产的分类也会发生变化。通常在取得时无法确认明确用途的生物资产，通常会作为消耗性生物资产处理，之后再根据用途分类。

（5）生物资产的确认

确认一项生物资产首先需要符合生物资产的定义，其次还要满足下列条件：

①企业因过去的交易或事项而拥有或者控制该资产。

②该资产所包含的经济利益或服务潜能很可能流入企业。

③该资产的成本能够可靠地计量。

生物资产取得方式不同，其成本确定和会计处理也有所不同，总的原则是按照历史成本进行初始计量。

【头脑风暴 9-1】请说明农产品与生物资产的联系和区别。

【拓展阅读 9-1】

名相管仲用齐纨鲁缟打赢粮食战

“齐纨”“鲁缟”都是用来做衣服的丝织品。齐纨是齐国出产的白细绢，鲁缟是鲁国制造的白生绢，两者都以薄细著称。齐国、鲁国大致位于今天的山东省境内，山水相连，两国建立外交关系，互通贸易，表面上和睦亲善，暗地里却一直较着劲。

管仲任齐国相国后出台政策，齐国不准再生产齐纨，所需白色绢布全部从鲁国进口，上至王室成员，下至平头百姓，都必须穿戴使用鲁缟，而且主动提高鲁缟价格，为鲁国商人到齐国销售鲁缟大开方便之门。鲁国商人和民众得到实惠，生产积极性高涨，纷纷放弃粮食生产，改种鲁缟原料黄麻，高价卖出鲁缟，低价进口粮食，积攒的金银越来越多。相反，齐国国库中金银锐减，国家粮库中的粮食却愈积愈多，越堆越高。于是，管仲又下一道命令：停止进口鲁缟，也禁止齐国再向鲁国出口粮食。有钱买不到粮，黄麻又不能果腹，没坚持多长时日，鲁国就出现了全国性的粮荒，鲁国饥民纷纷跑到齐国逃荒要饭，一下子增加了齐国的劳动力人口。从此以后，鲁国一蹶不振。

管仲发动的齐纨、鲁缟贸易战，用削弱鲁国粮食生产能力，减少粮食储备来达到使鲁国动乱的战略目的，非常隐蔽，即使到今天，也仍发人深省。

［资料来源：陕西省粮食和物资储备局.【粮史】名相管仲用齐纨鲁缟打赢粮食战［EB/OL］.［2023-08-09］. https://mp. weixin. qq. com/s? __biz=MzU5NjE1Mjk4NQ== &mid=2247509631&idx=3&sn=5e99e44ba523d9dac0076a83c7a4e32d&chksm=fe65e189c912689f9a23cf3cd5fbfe651c539db8d95dca7861be4d9486a4cc6a324d56477094&scene=27.］

【练习 9-1】

（1）［多选］生物资产按照其在生产经营中的作用分为（　　）。

A. 消耗性生物资产　　B. 生产性生物资产　　C. 公益性生物资产　　D. 植物性生物资产

（2）［多选］农业企业的会计核算特点为（　　）。

A. 核算对象多，价格不稳定，经营风险较高

B. 成本计算期受自然再生产过程的制约

C. 生产费用常常在不同农产品品种之间进行分配

D. 资金周转慢、投入不均衡

（3）［单选］生物资产在取得时无法确认明确用途的，通常会作为（　　）处理，之后再根据用途分类。

A. 生产性生物资产　　B. 消耗性生物资产

C. 公益性生物资产　　D. 待处理生物资产

任务 9.2　核算农业企业消耗性生物资产业务

本任务农业企业的业务场景、示例和练习，使用的背景为七连屿农场股份有限公司（以下简称“七连屿农场”），经营范围包括种植业、畜牧养殖业、林业等，系增值税一般纳税人，销售农产品免征增值税，购进的增值税不可以抵扣。

场景 9-2　核算植物类消耗性生物资产业务

七连屿农场 20×4 年部分业务如下：

场景9-2

（1）5月，种植玉米400亩，小麦600亩。小麦为越冬作物，上年已累计发生费用250 000元，其中种子150 000元，人工40 000元，机械折旧60 000元，发生种植成本：

①种植玉米发生种子成本200 000元；

②领用化肥，小麦耗用600 000元，玉米耗用400 000元；

③领用农药，小麦耗用180 000元，玉米耗用120 000元；

④发生人工费用840 000元，尚未支付，按工日分配，小麦6 000工日，玉米2 400工日；

⑤支付灌溉费共计400 000元，按面积分摊；

⑥翻耕使用拖拉机一台，原值180 400元，预计净残值400元，估计可翻耕土地6 000标准亩，使用工作量法分摊折旧费；

⑦发生间接费用126 000元，已记入“农业生产成本——共同费用”账户，按工日分配。

（2）6月，七连屿农场种植的水稻遭受虫灾，预计收成将大幅度降低。水稻的种植成本已发生30万元。估计水稻收获时售价为40万元，销售费用为2万元。至收获前还将发生生产费用10万元。计算应计提的跌价准备。

（3）6月，七连屿农场入库小麦50万千克，同时收获麦秸20万千克，麦秸市场价为每千克0.3元，种植小麦的全部生产费用为1 978 000元。

（4）8月，七连屿农场种植桉树，面积100亩，每年采用择伐方式进行更新。本年择伐后，补植领用树苗50 000元，应付人工费用10 000元；另外发生管护费用90 000元，其中，领用肥料30 000元，人工费用50 000元，管护设备折旧10 000元。桉树林已郁闭面积为70%，管护费用按面积进行分摊。

【场景知识】植物类消耗性生物资产会计核算

场景知识

植物类消耗性生物资产会计核算

植物类消耗性生物资产是指为出售而持有的，或在将来收获为农产品的植物类生物资产。植物类消耗性生物资产是有生命的劳动对象，包括生长中的大田作物、蔬菜、用材林等，如种植业的玉米和小麦等庄稼、林业中长成后准备做原木的树木。植物类消耗性生物资产通常是一次性消耗并终止其服务能力或未来经济利益，因此在一定程度上具有存货的特征，应当作为存货，在资产负债表中列报。

【科目设置】

（1）“消耗性生物资产”科目。

核算企业持有的消耗性生物资产的实际成本，借方登记消耗性生物资产的增加额，贷方登记消耗性生物资产的减少额，期末借方余额反映企业消耗性生物资产的实际成本。账户按照消耗性生物资产的种类、群别等进行明细核算。

（2）“公益性生物资产”科目，核算企业持有的公益性生物资产的实际成本，按照公益性生物资产的种类、群别等进行明细核算。

（3）“农产品”科目，是农业企业会计体系中的核心科目之一，核算企业从事农业活动所收获的农产品的实际成本，可以按农产品的类别、品种和保管地点设置明细账。

（4）“生产性生物资产”科目，核算企业持有的生产性生物资产原价，借方登记生产性生物资产的增加额，贷方登记生产性生物资产的减少金额，期末借方余额反映企业生产性生物资产的原价。账户可按照“未成熟生产性生物资产”或“成熟生产性生物资产”设置二级账户，再分别按照生物资产种类、群别等进行明细核算。

【示例 9-1】七连屿农场 20×3 年种植小麦 40 公顷，玉米 60 公顷，全年发生种子费 24 600 元，其中小麦种子 15 600 元，玉米种子 9 000 元。发生共同费用 350 000 元，其中人工费 240 000 元、化肥及农药费 90 000 元、浇水灌溉费 20 000 元，尚未支付，共同费用尚未记账，按面积分配。请做出玉米、小麦的相关分录。

（1）业务分析

①企业外购的植物类消耗性生物资产的成本，包括购买价款、相关税费、运输费、保险费以及可直接归属于购买该资产的其他支出；企业同时购买多项生物资产时，购买过程中发生的不可直接归属于某一项资产的支出，应当按照各项生物资产的价款比例进行分配，分别确认各项资产的成本。

②自行栽培的大田作物和蔬菜的成本，包括在收获前耗用的种子、肥料、农药等材料费、人工费和应分摊的间接费用等必要支出；自行营造的林木类消耗性生物资产的成本，包括郁闭前发生的造林费、抚育费、营林设施费、良种试验费、调查设计费、管护费用，择伐、间伐或抚育更新等采伐及补植支出和应分摊的间接费用等必要支出。

③投资者投入的植物类消耗性生物资产的成本，应当按照投资合同或协议约定的价值确定，但合同或协议约定价值不公允的除外。

④非货币性资产交换、债务重组和企业合并取得的植物类消耗性生物资产的成本，应当分别按照《企业会计准则》中非货币性资产交换、债务重组和企业合并的相关规定确定。

七连屿农场自行营造植物性消耗性资产过程中产生的直接材料、直接人工、其他直接费用直接计入对应的生物资产；应分摊的共同费用按照一定标准进行分配（类似于制造费用）。

七连屿农场共同费用按面积分配计算如下：

分配率=共同费用合计/面积合计

=（240 000+90 000+20 000）÷（40+60）

=3 500（元/公顷）

小麦应承担的共同费用=40×3 500=140 000（元）

玉米应承担的共同费用=60×3 500=210 000（元）

小麦总成本=140 000+15 600=155 600（元）

玉米总成本=210 000+9 000=219 000（元）

（2）会计处理

借：消耗性生物资产——小麦	155 600	
——玉米	219 000	
贷：原材料——小麦种子		15 600
——玉米种子		9 000
应付职工薪酬		240 000

贷：原材料——化肥及农药 90 000

应付账款 20 000

【示例9-2】20×3年七连屿农场种植的水稻遭受虫灾，预计收成将大幅度降低。水稻的种植成本已发生300 000元。估计水稻收获时售价为400 000元，销售费用为20 000元。至收获前还将发生生产费用100 000元。计算应计提的跌价准备。

（1）业务分析

植物类消耗性生物资产属于存货范畴，根据存货准则，期末按照存货的计量方法——成本与可变现净值孰低计量。遵循谨慎性原则，当植物类消耗性生物资产的可变现净值低于成本时，应按照可变现净值低于成本的差额，计提跌价准备，并计入当期损益。

消耗性生物资产的可变现净值=估计售价−至出售时将要发生的成本−预计的销售费用−相关税费

水稻可变现净值=400 000−20 000−100 000=280 000（元）

减值损失=300 000−280 000=20 000（元）

如果植物类消耗性生物资产减值的影响因素已经消失，减记的金额应当予以恢复，并在原已计提的跌价准备金额内转回，转回的金额计入当期损益。

（2）会计处理

借：资产减值损失——消耗性生物资产（水稻） 20 000

贷：存货跌价准备——消耗性生物资产（水稻） 20 000

【头脑风暴9-2】列举生物资产需要进行减值测试的几种情况。

【示例9-3】七连屿农场1月发生未育闭森林管护费用共计30 000元，其中人员工资16 000元，尚未支付；使用库存肥料12 000元，管护设备折旧2 000元。管护面积为4 800公顷，其中用材林杨树林3 600公顷，水土保持林马尾松1 200公顷，该区森林全部郁闭。管护费用按照森林面积比例进行分配。2月，对用材林杨树林择伐补植，应支付人员工资15 000元，领用材料20 000元。

（1）业务分析

管护费用是指为了维持林木类资产的正常生存而发生的有关费用，如为果树苗灭虫发生的人工和药物费用等。育闭之前的林木类生物资产处在培植阶段，需要发生较多的造林费、抚育费、营林设施费、良种实验费、调查设计费等相关支出，这些支出应予以资本化计入成本；育闭之后的林木类生物资产进入稳定的生长期，基本上可以比较稳定地成活，主要依靠林木的自然生长，一般只需要发生较少的管护费用，从重要性和谨慎性考虑应当计入当期损益。

在林木类生物资产的生长过程中，为了使其更好地生长，需要进行择伐、间伐或抚育更新性质的采伐，并且在采伐之后进行相应的补植，发生的此类后续支出，应予以资本化，计入林木类生物资产的成本。

用材林杨树林应分配的管理费用=3 600÷4 800×30 000=22 500（元）

水土保持林马尾松应分配的管理费用=1 200÷4 800×30 000=7 500（元）

（2）会计处理

1月：

借：消耗性生物资产——用材林（杨树林） 22 500

——水土保持林（马尾松） 7 500

贷：应付职工薪酬　16 000

原材料　12 000

累计折旧　2 000

2月：

借：消耗性生物资产——用材林（杨树林）　35 000

贷：应付职工薪酬　15 000

原材料　20 000

【示例9-4】七连屿农场6月入库小麦50万千克，同时收获麦秸20万千克，麦秸市场价为每千克0.3元，种植小麦的全部生产费用为1 978 000元。

（1）业务分析

消耗性生物资产的收获是指消耗性生物资产生长过程的结束，如收割小麦、采伐用材林等。与生产周期一致，收获时点是成本计算的截止时点，即农产品达到预定可销售状态的时点。收获时点之前的支出适用《企业会计准则第5号——生物资产》，之后的支出适用《企业会计准则第1号——存货》。收获农产品有一次收获和分次收获两种情况，分次收获时，生物资产的成本须在收获和未收获生物资产之间进行分配，计算方法有加权平均法、个别计价法等。

植物类消耗性生物资产收获农产品后，企业应该将收获时植物类消耗性生物资产的账面价值结转为农产品的成本，已计提跌价准备的，还应同时结转存货跌价准备。企业按照成本核算对象设置明细账，并按成本项目设置专栏，进行明细分类核算。

消耗性生物资产的生产费用需要在主副产品之间进行合理分摊，副产品可以市场价入账，主产品以总成本扣掉副产品价值后的余额入账。

麦秸入账成本=200 000×0.3=60 000（元）

小麦入账成本=1 978 000−60 000=1 918 000（元）

（2）会计处理

借：农产品——小麦　1 918 000

——麦秸　60 000

贷：消耗性生物资产——小麦　1 978 000

【示例9-5】七连屿农场9月根据国家政策规定，将乙林班100公顷作为造纸原料的杨树商品林转为防风固沙林，该杨树林账面余额为180 000元。

（1）业务分析

生物资产转换指生物资产在生产经营中改变用途，包括消耗性生物资产、生产性生物资产与公益性生物资产之间的相互转换。生物资产改变用途后，将生物资产的账面价值转出，作为转入生物资产的实际成本。

消耗性生物资产转为公益性生物资产时，按照生物资产的账面价值，借记“公益性生物资产”；已计提的减值准备，借记“存货跌价准备——消耗性生物资产”，贷记“消耗性生物资产”。

公益性生物资产转为消耗性生物资产时，按账面余额，借记“消耗性生物资产”，贷记“公益性生物资产”。

（2）会计处理

借：公益性生物资产——防风固沙林（杨树）　　180 000

　贷：消耗性生物资产——造纸原料林（杨树）　　180 000

【示例9-6】由于自然灾害，8月七连屿农场的3公顷蔬菜大棚毁损，账面原值为200 000元，已计提减值准备20 000元，保险公司赔偿100 000元，经批准净损失计入营业外支出。

（1）业务分析

植物类消耗性生物资产盘亏或死亡、毁损时，将处置收入扣除其账面价值和相关税费后的余额先记入“待处理财产损溢”，待查明原因后，根据企业的管理权限，经股东大会、董事会或类似机构批准后，在期末结账前处理完毕。生物资产因盘亏或死亡、毁损造成的损失，在减去过失人或保险公司等赔偿和残余价值之后，计入当期管理费用；属于自然灾害等非常损失的计入营业外支出。

（2）会计处理

借：待处理财产损溢　　180 000

　　存货跌价准备——消耗性生物资产（蔬菜）　　20 000

　贷：消耗性生物资产——蔬菜　　200 000

借：其他应收款——保险公司　　100 000

　　营业外支出　　80 000

　贷：待处理财产损溢　　180 000

场景9-3　核算动物类消耗性生物资产业务

七连屿农场20×4年部分业务如下：

场景9-3

某养殖公司4月末养殖的育肥猪有200头，账面余额为160 000元。5月发生如下业务：

月初400头仔猪转为育肥猪，生产成本为200 000元。

5月共发生饲养费用156 000元，其中，饲料120 000元，人工费用30 000元，尚未支付，分摊共同费用6 000元。

5月末250头育肥猪出栏屠宰，并开出转账支票支付屠宰费用10 000元，采用移动加权平均法计算单位成本。

【场景知识】动物类消耗性生物资产会计核算

场景知识

动物类消耗性生物资产会计核算

动物类消耗性生物资产是指为出售而持有的或在将来收获为农产品的动物类生物资产。动物类消耗性生物资产是有生命的劳动对象，包括存栏待售的牲畜等。如畜牧养殖业中存栏待售的牲畜和准备用来生产肉品的牲畜、水产品中养殖的鱼等。动物类消耗性生物资产通常是一次性消耗并终止其服务能力或未来经济利益，因此在一定程度上具有存货的特征，应当作为存货，在资产负债表中列报。

【科目设置】

“农业生产成本”科目核算企业在生产各种农业产品过程中发生的各项生产费用，可设二级科目，分配后无余额。

【示例9-7】20×4年3月7日，七连屿农场购买仔猪500头，每头300元，以银行存款支付价款15万元。自行运回农场，发生运费2 000元，保险费1 500元，均以银行存款支付。3月份饲养仔猪领用饲料250 000元，人工费用65 000元，水电费25 000元，猪舍折旧10 000元，分摊共同费用5 000元。

（1）业务分析

企业外购的动物类消耗性生物资产的成本，包括购买价款、相关税费、运输费、保险费以及可直接归属于购买该资产的其他支出；企业同时购买多项生物资产时，购买过程中发生的不可直接归属于某一项资产的支出，应当按照各项生物资产的价款比例进行分配，分别确认各项资产的成本。

自行繁殖的育肥畜的成本，包括出售前发生的饲料费、人工费和应分摊的间接费用等必要支出；水产养殖的动物成本包括在出售或入库前耗用的苗种、饲料、肥料等材料费、人工费和应分摊的间接费用等必要支出。

投资者投入的动物类消耗性生物资产的成本，应当按照投资合同或协议约定的价值确定，但合同或协议约定价值不公允的除外。

非货币性资产交换、债务重组和企业合并取得的动物类消耗性生物资产的成本，应当分别按照《企业会计准则》中非货币性资产交换、债务重组和企业合并的相关规定确定。

七连屿农场外购的仔猪属于动物类消耗性生物资产，其成本包括购买价款（15万元）、运输费（2 000元）、保险费（1 500元），以及可直接归属于购买该资产的其他支出。

（2）会计处理

购入仔猪时：

借：消耗性生物资产——仔猪	153 500	
贷：银行存款		153 500

3月发生费用：

借：消耗性生物资产——仔猪	355 000	
贷：原材料——饲料		250 000
应付职工薪酬		65 000
银行存款		25 000
累计折旧		10 000
农业生产成本——共同费用		5 000

【示例9-8】因消费者偏好导致市场需求发生变化，猪肉价格下跌；七连屿农场3月购买的500头仔猪，预计可变现净值为400 000元。

（1）业务分析

动物类消耗性生物资产属于存货范畴，根据存货准则，期末按照存货的计量方法——成本与可变现净值孰低计量。遵循谨慎性原则，当动物类消耗性生物资产的可变现净值低于成本时，应按照可变现净值低于成本的差额，计提跌价准备，并计入当期损益。

仔猪的成本=153 500+355 000=508 500（元）

仔猪的可变现净值=400 000元

减值损失=508 500-400 000=108 500（元）

如果动物类消耗性生物资产减值的影响因素已经消失，减记的金额应当予以恢复，并在原已计提的跌价准备金额内转回，转回的金额计入当期损益。

（2）会计处理

借：资产减值损失——消耗性生物资产（仔猪）　　108 500

　贷：存货跌价准备——消耗性生物资产（仔猪）　　108 500

【示例9-9】七连屿农场20×3年5月末养殖的育肥猪账面余额为24 000元，共计40头；6月6日花费7 000元新购入一批育肥猪进行养殖，共计10头；6月30日屠宰并出售育肥猪20头，支付临时工屠宰费用100元；6月份共发生饲养费用500元（其中，应付专职饲养员工资300元，饲料200元）。采用移动加权平均法结转成本。

（1）业务分析

收获时点是成本计算的截止时点，即农产品达到预定可销售状态的时点。动物类消耗性生物资产的收获是指动物类消耗性生物资产生长过程的结束，如宰杀肉猪等。从动物类消耗性生物资产上收获农产品后，动物类消耗性生物资产不再存在，完全转为农产品。收获时点之前的支出适用生物资产准则，之后的支出适用存货准则。

从消耗性生物资产上收获农产品后，企业应该将收获时消耗性生物资产的账面价值结转为农产品的成本，已计提跌价准备的，还应同时结转存货跌价准备。

消耗性生物资产的生产费用需要在主副产品之间进行合理分摊，副产品可以市场价入账，主产品以总成本扣掉副产品价值后的余额入账。

平均单位成本=（24 000+7 000+500）÷（40+10）=630（元）

出售猪肉的成本=630×20+100=12 700（元）

（2）会计处理

借：消耗性生物资产——育肥猪　　7 000

　贷：银行存款　　7 000

借：消耗性生物资产——育肥猪　　500

　贷：应付职工薪酬　　300

　　原材料　　200

借：农产品——猪肉　　12 700

　贷：消耗性生物资产——育肥猪　　12 600

　　库存现金　　100

【示例9-10】七连屿农场12月将自行繁殖的200头种猪转为育肥猪，此批种猪的账面原价为500 000元，已经计提的累计折旧为320 000元。

（1）业务分析

本例是生产性生物资产转为消耗性生物资产业务，以转出生物资产的账面价值作为转入生物资产的实际成本。

产畜或役畜淘汰转为育肥畜时，借记“消耗性生物资产”；已计提的减值准备、累计折旧，借记“存货跌价准备——生产性生物资产”“生产性生物资产累计折旧”，贷记“生产性生物资产”。

（2）会计处理

借：消耗性生物资产——育肥猪　180 000

　　生产性生物资产累计折旧　320 000

　贷：生产性生物资产——成熟生产性生物资产（种猪）　500 000

实务中，不能继续作为种用的生产性生物资产，也可参照处置固定资产做账务处理，处置损失或利得记入“资产处置损益”科目。

【示例9-11】12月，七连屿农场将育成的40头猪出售给乙食品加工厂，价款总额为20 000元，货款尚未收到。出售时仔猪的账面余额为12 000元，未计提跌价准备。

（1）业务分析

出售动物类消耗性生物资产应确认销售收入，按生物资产的账面余额结转已销生物资产的成本，计提减值准备的还应同时结转减值准备。

（2）会计处理

借：应收账款——乙食品加工厂　20 000

　贷：主营业务收入　20 000

借：主营业务成本　12 000

　贷：消耗性生物资产——育肥猪　12 000

【拓展阅读9-2】

“国际四大粮商”

当今掌握全球粮食运销的是4家跨国公司，业内称之为四大粮商，简称“ABCD”。

美国ADM（Archer Daniels Midland）1905年注册，总部设在美国伊利诺伊州狄克多市。它旗下的企业包括食品、饮料、饲料等，共约270家各种各样的制造工厂，分布在世界各地，从事可可、玉米加工，食品添加物、营养补助品、类固醇、食用油等的生产和市场推销。除此之外，它还从事有关农粮储备与运输交通等大型行业。

邦吉（Bunge）于1818年在荷兰的阿姆斯特丹创立，1999年将总部正式迁至美国纽约。目前，邦吉在全球32个国家拥有450多个工厂，已发展成为世界第四大粮食出口公司。除了粮食加工与出口，邦吉还将营业范围扩展到了纺织、化肥、油漆以及银行等行业，工厂和业务遍及巴西、美国。

嘉吉（Cargill）公司由原籍苏格兰的海运商威廉·卡基尔（William Cargill）兄弟于1865年在美国艾奥瓦州创立，1875年将其总部迁至美国威斯康星州。嘉吉的粮食输出和交易业务，不但是美国第一，而且是世界第一。同时，它还拥有全美最多的粮仓，从食品的生产、包装，到市场的每一个环节，无不一手包办。公司业务横跨五大洲及66个国家，堪称世界之最。

路易达孚（Louis Dreyfus）由法国人列奥波尔德·路易·达孚创建于1851年，总部设于法国巴黎，开创和发展了欧洲谷物出口贸易，是世界第三及法国第一粮食输出商和世界粮食输往俄罗斯的第一出口商，其大宗商品部（Commodity）从事农产品全球贸易，用期权期货的买卖来平衡风险。

[资料来源：编者根据百度百科“四大粮商”词条整理而成。百度百科内容更新频率较高，本部分内容可能不是最新内容。]

【练习9-2】

（1）[单选] 农业企业之所以设置跌价准备，是为了体现会计核算的（　　）。

A.配比性原则　　B.历史成本核算原则

C.明晰性原则　　D.谨慎性原则

（2）甲企业20×9年3月使用一台拖拉机翻耕土地100公顷用于小麦和玉米的种植，其中60公顷种植玉米、40公顷种植小麦。该拖拉机原值为60 300元，预计净残值为300元，按照工作量法计提折旧，预计可以翻耕土地6 000公顷。

（3）甲林业有限责任公司下属的乙林班统一组织培植管护一片森林，20×9年3月，发生森林管护费用共计40 000元，其中人员工资20 000元，尚未支付；使用库存肥料16 000元；管护设备折旧4 000元。管护总面积为5 000公顷，其中作为用材林的杨树林共计4 000公顷，已郁闭的占75%，其余的尚未郁闭；作为水土保持林的马尾松共计1 000公顷，全部已郁闭。假定管护费用按照森林面积比例进行分配。

任务9.3　核算农业企业生产性生物资产业务

场景9-4　核算植物类生产性生物资产业务

场景9-4

七连屿农场部分业务如下：

（1）自2×00年开始自行营造100公顷橡胶树，当年发生种苗费用189 000元，平整土地和定植所需的机械作业折旧费55 500元，定植当年抚育发生肥料及农药费250 500元、人员工资等450 000元。该橡胶树6年后达到正常生产期，2×05年底定植，2×06年共发生管护费用2 415 000元，以银行存款支付。

（2）2×07年8月，七连屿农场的橡胶园遭受台风袭击，12月31日七连屿农场对橡胶园进行检查时认为可能发生减值。该橡胶园的公允价值减去处置费用后的净额为1 200 000元，尚可使用5年，预计在未来5年内产生的现金净流量分别为400 000元、360 000元、320 000元、250 000元、200 000元（最后一年的现金流量为已经考虑使用寿命结束时进行处置的现金净流量）。在考虑有关风险的基础上，决定采用5%作为折现率。该橡胶园2×07年12月31日的账面价值为1 500 000元，以前年度没有计提减值准备。未来现金流量现值计算表见表9-1。

表9-1　未来现金流量现值计算表　单位：元

年度	预计未来现金流量	折现率（%）	折现系数	现值
2×08年		5	0.9524	
2×09年		5	0.9070	
2×10年		5	0.8638	
2×11年		5	0.8227	
2×12年		5	0.7835	
合计	—	—	—	

【场景知识】植物类生产性生物资产会计核算

场景知识

植物类生产性生物资产会计核算

植物类生产性生物资产是指为产出农产品、提供劳务或出租等目的而持有的植物类生物资产，产出农产品后生产性生物资产仍然保留，并可在未来期间继续产出农产品，能够长期、反复使用，具有固定资产的特征，包括经济林、薪炭林等。

植物类生产性生物资产具有自我生长性，能够在持续的基础上予以消耗并在一段时间内保持其服务能力或未来经济利益。

植物类生产性生物资产通常生长到一定阶段才具备生产的能力，因此可以将生产性生物资产进一步划分为未成熟和成熟两类。

✽【思考一刻9-2】生产性生物资产与消耗性生物资产持有目的有什么不同？

【科目设置】

（1）“生产性生物资产累计折旧”科目

核算企业持有的成熟的生产性生物资产按期计提的折旧。

（2）“生产性生物资产减值准备”科目

核算企业持有的生产性生物资产的可收回金额低于账面价值的差额，一经计提不得转回。

【示例9-12】七连屿农场自2×16年开始，自行营造100公顷橡胶林，当年发生种苗189 000元，平整土地和定植所需的机械作业费55 500元，定植当年抚育发生肥料及农药费250 500元，人员工资等450 000元。该橡胶林6年后达到正常生产期，从定植后至2×22年，共发生管护费用241 5000元，以银行存款支付。

（1）业务分析

生产性生物资产在具备生产能力达到预定生产经营目的之前发生的支出，包括直接材料、直接人工、其他直接费用和间接费用，应该资本化，记入“生产性生物资产——未成熟生产性生物资产”账户；成熟后，将账面价值（含减值准备）转入“生产性生物资产——成熟生产性生物资产”账户。

外购的植物类生产性生物资产的成本，包括购买价款、相关税费、运输费、保险费以及可直接归属于购买该资产的其他支出。企业同时购买多项生物资产时，购买过程中发生的不可直接归属于某一项资产的支出，应当按照各项生物资产的价款比例进行分配，分别确认各项资产的成本。按应计入生物资产成本的金额，借记“生产性生物资产”科目，贷记“银行存款”“应付账款”“应付票据”等科目。

自行营造的林木类生产性生物资产的成本，包括达到预定生产经营目的前发生的造林费、抚育费、营林设施费、良种试验费、调查设计费和应分摊的间接费用等必要支出。达到预定生产经营目的，是指生产性生物资产进入正常生产期，可以多年连续稳定产出农产品、提供劳务或出租。

投资者投入的植物类生产性生物资产的成本，应当按照投资合同或协议约定的价值确定，但合同或协议约定价值不公允的除外。

非货币性资产交换、债务重组和企业合并取得的植物类生产性生物资产的成本，应当分别按照《企业会计准则》中非货币性资产交换、债务重组和企业合并的相关规定确定。

（2）会计处理

借：生产性生物资产——未成熟生产性生物资产（橡胶树）	945 000	
贷：原材料——种苗		189 000
——肥料及农药		250 500
应付职工薪酬		450 000
累计折旧		55 500
借：生产性生物资产——未成熟生产性生物资产（橡胶树）	2 415 000	
贷：银行存款		2 415 000
借：生产性生物资产——成熟生产性生物资产（橡胶树）	3 360 000	

贷：生产性生物资产——未成熟生产性生物资产（橡胶树）　　3 360 000

【示例9-13】七连屿农场有10亩梨园，出产鸭梨，原值850 000元，已计提折旧450 000元，上年年末鸭梨价格大幅下降，该梨园尚可使用4年，如果出售可获得净收入220 000元，如果自营，未来4年净现金流量的折现值为280 000元。

（1）业务分析

在公允价值模式计量下，企业不再对生产性生物资产计提折旧和减值准备，应当按照生物资产的公允价值减去估计销售时所发生的费用后的净额计算，各期变动计入当期损益。

在成本模式计量下，未成熟的生产性生物资产按成本减累计减值准备计量；成熟的生产性生物资产按成本减累计折旧及累计减值准备计量。

根据资产减值准则，生产性生物资产的可收回金额以其公允价值减去处置费用后的净额（可变现净值）与资产预计未来现金流量的现值两者之较高者确定。根据《企业会计准则第8号——资产减值》的规定，生产性生物资产减值准备一经计提，不得转回。计提减值后，折旧要重新计算。

账面价值=850 000-450 000=400 000（元）

公允价值减去处置费用后的净额=220 000元

预计未来现金流量的现值=280 000元

预计未来现金流量的现值>公允价值减去处置费用后的净额

可收回金额=280 000元

可收回金额<账面价值

计提减值=400 000-280 000=120 000（元）

（2）会计处理

借：资产减值损失——生产性生物资产（梨园）　　120 000

贷：生产性生物资产减值准备——梨园　　120 000

【示例9-14】20×0年3月，七连屿农场100亩苹果树开始挂果，累计生产费用660 000元，该苹果树从挂果时起，预期经济寿命10年。（假定该苹果树期满无残值，采用年限平均法计提折旧）

（1）业务分析

成熟的生产性生物资产进入正常生产期后，在有限的生命周期内，其产出量会逐渐减少或质量退化，因此，企业应当按期对达到预定生产经营目的的生产性生物资产计提折旧，并根据受益对象分别借记“农业生产成本”“管理费用”等科目，贷记“生产性生物资产累计折旧”科目。企业应当根据生产性生物资产的性质、使用情况和有关经济利益的预期实现方式，合理确定其使用寿命、预计净残值和折旧方法，一经确定，不得随意变更。

企业应当从成熟生产性生物资产投入使用月份的次月起计算折旧；停止使用的生产性生物资产，应当从停止使用月份的次月起停止计算折旧。成熟生产性生物资产提足折旧后，不管能否继续使用，均不再提取折旧；提前报废的成熟生产性生物资产，也不再补提折旧。需要注意的是，以融资租赁方式租入的生产性生物资产和以经营租赁方式租出的生产性生物资产，应当计提折旧；以融资租赁方式租出的生产性生物资产和以经营租赁方式租入的生产性生物资产，不应计提折旧。

企业确定生产性生物资产的使用寿命，应当考虑该资产的预计产出能力或实物产量、有形损耗、无形损耗等因素。林木类生产性生物资产最低折旧年限为10年。

《企业会计准则》规定，企业可选用的折旧方法包括年限平均法、工作量法、产量法等。

企业至少应当于每年年度终了对生产性生物资产的使用寿命、预计净残值和折旧方法进行复核。使用寿命或预计净残值的预期数与原先估计数有差异的，或者有关经济利益预期实现方式有重大改变的，应当作为会计估计变更，按照《企业会计准则第28号——会计政策、会计估计变更和差错更正》处理，调整生产性生物资产的使用寿命、预计净残值或者改变折旧方法。

（2）会计处理

苹果树进入挂果期：

借：生产性生物资产——成熟生产性生物资产（苹果树）　　660 000

　贷：生产性生物资产——未成熟生产性生物资产（苹果树）　　660 000

4—12月每月计提折旧：

每月折旧=660 000÷10÷12=5 500（元）

借：农业生产成本——苹果　　5 500

　贷：生产性生物资产累计折旧——苹果树　　5 500

【示例9-15】七连屿农场有梨园20亩、苹果园40亩，梨园已经挂果，苹果园尚未挂果。本年相关业务如下：

梨园发生直接费用170 000元，其中，人工费用30 000元（尚未支付），使用农药25 000元，用支票支付其他直接费用15 000元，梨树折旧费用100 000元。

两个果园共发生管护费用9 000元，用支票支付，管护费用按面积分摊。

收获鸭梨25 000千克。

（1）业务分析

植物类生产性生物资产的收获是指农产品从生产性生物资产上分离，如从苹果树上采摘苹果等。

未成熟生产性生物资产的生产费用记入“生产性生物资产——未成熟生产性生物资产”账户；成熟生产性生物资产发生的生产费用，即为生产农产品发生的生产费用，记入“农业生产成本”账户。

农产品收获过程中发生的直接材料、直接人工等直接费用，直接计入相关成本核算对象；农产品收获过程中发生的共同费用，如材料费、人工费、生产性生物资产的折旧费等应分摊的共同费用，应当先归集后分配，常用的共同费用分配标准有直接费用、直接材料、直接人工、生产工时等。

（2）会计处理

梨园发生直接费用170 000元：

借：农业生产成本——鸭梨　　170 000

　贷：应付职工薪酬　　30 000

　　　原材料——农药　　25 000

贷：银行存款　　15 000

生产性生物资产累计折旧　　100 000

发生管护费用9 000元：

借：农业生产成本——共同费用　　9 000

贷：银行存款　　9 000

借：农业生产成本——鸭梨　　3 000

生产性生物资产——未成熟生产性生物资产（苹果园）　　6 000

贷：农业生产成本——共同费用　　9 000

收获鸭梨25 000千克：

借：农产品——鸭梨　　173 000

贷：农业生产成本——鸭梨　　173 000

【示例9-16】20×9年七连屿农场发生转换业务，11月，根据所属区域的林业发展规划的相关调整，将以马尾松为主的800公顷防风固沙林，全部转为以采脂为目的的商业林，该马尾松的账面价值为2 000 000元。其中，已经具备采脂条件的为600公顷，账面价值为1 600 000元，其余的尚不具备采脂条件。

（1）业务分析

植物类生产性生物资产转为公益性生物资产时，按照该项生物资产的账面价值，借记“公益性生物资产”，按已计提的生产性生物资产累计折旧，借记“生产性生物资产累计折旧”，按已计提的减值准备，借记“生产性生物资产减值准备”，按账面余额，贷记“生产性生物资产”。

公益性生物资产转为生产性生物资产时，应按其账面余额，借记“生产性生物资产”，贷记“公益性生物资产”。

（2）会计处理

借：生产性生物资产——成熟生产性生物资产（马尾松）　　1 600 000

——未成熟生产性生物资产（马尾松）　　400 000

贷：公益性生物资产——防风固沙林（马尾松）　　2 000 000

【示例9-17】由于自然灾害，4月七连屿农场的50公顷果树毁损，账面原值为2 000 000元，已计提折旧500 000元、减值准备200 000元，保险公司赔偿1 000 000元，经批准净损失计入营业外支出。

（1）业务分析

植物类生产性生物资产盘亏或死亡、毁损时，与消耗性生物资产同理，通过“待处理财产损溢”、“管理费用”和“营业外支出”等科目核算。

（2）会计处理

借：待处理财产损溢　　1 300 000

生产性生物资产累计折旧　　500 000

生产性生物资产减值准备　　200 000

贷：生产性生物资产——果树　　2 000 000

借：其他应收款——保险公司　　1 000 000

营业外支出　　300 000

贷：待处理财产损溢　　1 300 000

场景9-5　核算动物类生产性生物资产业务

七连屿农场5月初将100头仔猪转为后备种猪，该批仔猪已发生生产费用50 000元。后备种猪饲养周期为70~90天，该批后备种猪饲养期间领用饲料21 000元，发生人工费用15 000元，分摊猪舍折旧900元，分摊共同费用1 100元。7月底该批后备种猪具备生育能力，转为种猪。

场景9-5

9月因地震引起牛舍倒塌，损失种牛5头，账面价值30 000元，已计提折旧10 000元，应由保险公司赔偿15 000元。

【场景知识】动物类生产性生物资产会计核算

动物类生产性生物资产是指为产出农产品、提供劳务或出租等目的而持有的生物资产，产出农产品后生产性生物资产仍然保留，并可在未来期间继续产出农产品，能够长期、反复使用，具有固定资产的特征，包括产畜和役畜等。

场景知识

动物类生产性生物资产会计核算

动物类生产性生物资产具有自我生长性，能够在持续的基础上予以消耗并在一段时间内保持其服务能力或未来经济利益。

动物类生产性生物资产通常生长到一定阶段才具备生产的能力，因此可以将生产性生物资产进一步划分为未成熟和成熟两类。

【科目设置】

（1）“生产性生物资产”科目

核算企业持有的生产性生物资产原价，借方登记生产性生物资产的增加额，贷方登记生产性生物资产的减少额，期末借方余额反映企业生产性生物资产的原价。账户可按照“未成熟生产性生物资产”或“成熟生产性生物资产”设置二级账户，再分别按照生物资产种类、群别等进行明细核算。

（2）“农业生产成本”科目

核算企业在生产各种农业产品过程中发生的各项生产费用，可设二级科目，分配后无余额。

（3）“生产性生物资产累计折旧”科目

核算企业持有的成熟的生产性生物资产按期计提的折旧。

（4）“生产性生物资产减值准备”科目

核算企业持有的生产性生物资产的可收回金额低于账面价值的差额，一经计提不得转回。

【示例9-18】20×4年2月，七连屿农场从市场上一次性购买了6头种牛、15头种猪和600头仔猪，单价分别为4 000元、1 400元和250元，支付的价款共计195 000元，此外，发生的运输费为4 500元，保险费为3 000元，装卸费为2 250元，款项全部以银行存款支付。

费用分配汇总见表9-2。

表 9-2　　　　　　　　　　　　**费用分配汇总表**　　　　　　　　　　　　单位：元

成本核算对象	购买价款	运输费	保险费	装卸费	合计
	195 000	4 500	3 000	2 250	—
分摊比例	—	5%			—
种牛	6×4 000	1 200			25 200
种猪	15×1 400	1 050			22 050
仔猪	600×250	7 500			157 500

（1）业务分析

外购的动物类生产性生物资产的成本，包括购买价款、相关税费、运输费、保险费以及可直接归属于购买该资产的其他支出。企业同时购买多项生物资产时，购买过程中发生的不可直接归属于某一项资产的支出，应当按照各项生物资产的价款比例进行分配，分别确认各项资产的成本。按应计入生物资产成本的金额，借记“生产性生物资产”，贷记“银行存款”“应付账款”“应付票据”等科目。

自行繁殖的产畜和役畜的成本，包括达到预定生产经营目的（成龄）前发生的饲料费、人工费和应分摊的间接费用等必要支出。

投资者投入的动物类生产性生物资产的成本，应当按照投资合同或协议约定的价值确定，但合同或协议约定价值不公允的除外。

非货币性资产交换、债务重组和企业合并取得的动物类生产性生物资产的成本，应当分别按照《企业会计准则》中非货币性资产交换、债务重组和企业合并的相关规定确定。

本例核算中运输费、保险费、装卸费分摊的相关计算如下：

确定应分摊的运输费、保险费和装卸费分摊比例：

（4 500+3 000+2 250）÷195 000=5%

6头种牛应分摊：6×4 000×5%=1 200（元）

15头种猪应分摊：15×l 400×5%=1 050（元）

600头仔猪应分摊：600×250×5%=7 500（元）

进而确定种牛、种猪和仔猪的入账价值。

6头种牛的入账价值：6×4 000+1 200=25 200（元）

15头种猪的入账价值：15×1 400+1 050=22 050（元）

600头仔猪的入账价值：600×250+7 500=157 500（元）

（2）会计处理

借：生产性生物资产——种牛　　　　　　　　　　　　25 200

　　　　　　　　　——种猪　　　　　　　　　　　　22 050

　　消耗性生物资产——仔猪　　　　　　　　　　　　157 500

　贷：银行存款　　　　　　　　　　　　　　　　　　　204 750

【示例9-19】6月，七连屿农场饲养的已进入产奶期的50头奶牛，遭受疫病侵袭，出现减值迹象。原值500 000元，已计提折旧250 000元，奶牛的产奶期剩余2年，如果出售可获得净收入200 000元，如果自营，未来2年的净现金流量的折现值为150 000元。

（1）业务分析

账面价值=50 000−250 000=250 000（元）

公允价值减去处置费用后的净额=200 000元

预计未来现金流量的现值=150 000元

预计未来现金流量的现值<公允价值减去处置费用后的净额

可收回金额=200 000元

可收回金额<账面价值

计提减值=250 000−200 000=50 000（元）

（2）会计处理

借：资产减值损失——生产性生物资产（奶牛）　　50 000

　贷：生产性生物资产减值准备——奶牛　　50 000

【示例9-20】七连屿农场饲养的1 000只蛋鸡4月末进入产蛋期，累计生产费用20 000元，经济使用寿命12—13个月，预计每只蛋鸡产蛋300个，每只蛋鸡净残值8元，5月产蛋28 000个，采用产量法计提折旧。

（1）业务分析

与植物类生产性生物资产同理，动物类生产性生物资产在其生命周期内也需要计提折旧。

畜类生产性生物资产最低折旧年限为3年。

（2）会计处理

单位应提折旧=（20 000−1 000×8）÷（1 000×300）=0.04

5月应提折旧总额=28 000×0.04=1 120（元）

蛋鸡进入产蛋期：

借：生产性生物资产——成熟生产性生物资产（蛋鸡）　　20 000

　贷：生产性生物资产——未成熟生产性生物资产（后备蛋鸡）　　20 000

5月计提折旧：

借：农业生产成本——鸡蛋　　1 120

　贷：生产性生物资产累计折旧——蛋鸡　　1 120

【示例9-21】七连屿农场养殖产蛋母鸡30 000只，2020年3月收获鸡蛋90 000个，共支出费用30 000元，其中饲料20 000元，人员工资10 000元。

（1）业务分析

生产性生物资产的收获是指农产品从生产性生物资产上分离，如从苹果树上采摘苹果、奶牛产出牛奶、绵羊产出羊毛等。

未成熟生产性生物资产的生产费用记入“生产性生物资产——未成熟生产性生物资产”账户；成熟生产性生物资产发生的生产费用，即为生产农产品发生的生产费用，记入“农业生产成本”账户。

（2）会计处理

借：农业生产成本——鸡蛋　　30 000

　贷：原材料　　20 000

　　　应付职工薪酬　　10 000

借：农产品——鸡蛋　30 000

　贷：农业生产成本——鸡蛋　30 000

【示例9-22】七连屿农场将90头种猪转为肉猪，账面原价79 650元，已计提折旧47 790元，计提减值11 860元。

（1）业务分析

动物类生产性生物资产和动物类消耗性生物资产因用途转变可能相互转换，例如产畜转为存栏待售的牲畜，按改变用途时的账面价值结转。

借：生产性生物资产

　贷：消耗性生物资产

或

借：消耗性生物资产

　　生产性生物资产累计折旧

　　生产性生物资产减值准备

　贷：生产性生物资产

（2）会计处理

借：消耗性生物资产——育肥猪　20 000

　　生产性生物资产累计折旧　47 790

　　生产性生物资产减值准备　11 860

　贷：生产性生物资产——成熟生产性生物资产（种猪）　79 650

【示例9-23】七连屿农场淘汰900只蛋鸡给肉食加工厂，价款总额5 400元，款项尚未收到。该批蛋鸡出售时账面原值17 100元，已计提折旧12 600元，未计提减值准备。

（1）业务分析

农业企业中能够出售的生产性生物资产也属于农产品，应按售价金额确认主营业务收入，按账面价值确认主营业务成本，转销生物资产的原值、累计折旧以及资产减值准备。

《财政部 国家税务总局关于免征部分鲜活肉蛋产品流通环节增值税政策的通知》（财税〔2012〕75号）规定，自2012年10月1日起，免征部分鲜活肉蛋产品流通环节增值税。

生物资产出售时，企业应按实际收到的金额，借记“银行存款”等科目，贷记“主营业务收入”等科目；应按其账面余额，借记“主营业务成本”等科目，贷记“生产性生物资产”“消耗性生物资产”等科目，已计提减值准备或折旧的，还应同时结转减值准备或累计折旧。

（2）会计处理

借：应收账款　5 400

　贷：主营业务收入　5 400

借：主营业务成本　4 500

　　生产性生物资产累计折旧　12 600

　贷：生产性生物资产——成熟生产性生物资产（蛋鸡）　17 100

✻【思考一刻9-3】工业企业的固定资产出售的收益记入什么账户？与农业企业的生物资产出售的会计处理相同吗？

【示例9-24】七连屿农场于2022年12月19日走失3头种牛，账面原值为11 600元，已提折旧600元，经查实，饲养员李四负有一定管理责任，应赔偿3 000元。

（1）业务分析

生物资产的盘亏、死亡或毁损同普通存货，通过“待处理财产损溢”科目核算，因盘亏或死亡、毁损造成的损失，在减去过失人或者保险公司等的赔款和残余价值之后，计入当期管理费用；属于自然灾害等非常损失的，计入营业外支出。

（2）会计处理

借：待处理财产损溢	11 000	
生产性生物资产累计折旧	600	
贷：生产性生物资产——种猪		11 600
借：其他应收款——李四	3 000	
管理费用	8 000	
贷：待处理财产损溢		11 000

【练习 9-3】

（1）［多选］下列说法中，正确的有（　　）。

A.生产性生物资产减值准备一经计提，不得转回

B.消耗性生物资产减值准备一经计提，不得转回

C.消耗性生物资产不需要计提折旧

D.消耗性生物资产需要计提折旧

（2）［单选］下列项目中，不应该计提折旧的是（　　）。

A.公益林　　B.产奶的牛

C.种猪　　D.下蛋的鸡

（3）［单选］下列资产中，不属于生产性生物资产的是（　　）

A.产奶的羊　　B.种牛

C.防护林　　D.尚未挂果的苹果树

参考资料

10 项目10 民间非营利组织会计

【知识目标】

1.了解民间非营利组织的类别；

2.熟悉民间非营利组织的特征、免税审批备案的相关手续、会计报表格式；

3.理解民间非营利组织会计核算的主要特点；

4.掌握民间非营利组织收入、费用、净资产及其重分类、受托代理业务的会计核算方法。

【能力目标】

1.能够正确完成民间非营利组织捐赠收入、会费收入、政府补助收入、受托代理业务的会计核算；

2.能够正确分析民间非营利组织限定性净资产解除的情形；

3.能够正确区分民间非营利组织捐赠收入与受托代理业务。

【价值目标】

1.培养"穷则独善其身，达则兼善天下"的人生理念，修身养性，去恶为善，做中国特色社会主义的建设者和维护者；

2.坚持总体国家安全观，增强国家安全意识和素养，筑牢国家安全的人民防线。

任务10.1 认知民间非营利组织会计

场景10-1 小慈同学周末志愿者服务笔记

场景10-1

9月5日，"中华慈善日"当天，作为一名审计专业在校学生，小慈同学看到校园条幅和手机上的相关新闻后，搜索到了本地规模最大、影响力最广的宣德慈善基金会，抱着体验社会的心态，在其官方网站报名参加了一项志愿者活动，任务是9月21日为仁爱希望小学安装台式电脑，招募的基本条件是至少持有全国计算机等级考试（NCRE）一级合格证书，持有二级证书的小慈同学被顺利录用。小慈同学做好准备后，9月21日一大早，就赶到基金会办公室集合，作为一名审计专业的学生，比较关注基金会与会计、审计相关的事务，并拍了一些照片，做了一些简洁记录。

拍的照片主要有：基金会办公室宣传栏公示的法人登记证书、慈善组织公开募捐资格证书、非营利组织免税资格认定通知文件、公益性社会组织捐赠税前扣除资格名单公告文件、上年度审计报告，仁爱希望小学大门、教室、电脑室、食堂及周边自然风光。

了解到的情况主要有：审计报告显示，宣德基金会成立已有12年，去年总收入超过1亿元，年末净资产6 000多万元，目前运行的各种慈善救助项目共16个，会计核算采用权责发生制，执行民间非营利组织会计制度。本批电脑共有100台，由南海银行捐赠，昨天运抵基金会，今天再运抵仁爱希望小学，并进行安装，本批志愿者共有10名，每人负责安装10台电脑，下午结束任务返回。小学提供午餐，基金会不再提供费用补助。小学位于半山腰，周边树林茂盛、流水潺潺、空气清新、鸟语花香。教室宽敞明亮，电脑室配备空调，小朋友衣着朴素但干净，有点拘谨但有礼貌，老师年轻、热情。

通过小慈同学收集的资料，你能够发现民间非营利组织的会计核算有哪些特点？

【场景知识】民间非营利组织及其会计核算主要特点

场景知识

民间非营利组织及其会计核算主要特点

（1）背景导入：5·12汶川大地震中民间非营利组织的实践与作用

北京时间2008年5月12日14时28分4秒，四川省阿坝藏族羌族自治州汶川县发生了8.0级大地震，震中位于汶川县映秀镇，受灾总人口达4 625.6万人，造成直接经济损失8 451.4亿元，是新中国成立以来破坏性最强、波及范围最广、灾害损失最重、救灾难度最大的一次地震。地震发生后，党中央立即作出重要指示，要求尽快抢救伤员，保证灾区人民生命安全，国务院迅速成立抗震救灾总指挥部和四川前方指挥部。在总指挥部的统一部署下，各有关部门紧急拨付救灾资金，紧急组织各方救援力量驰援灾区，紧急调集大批救灾物资运往灾区。四川省指挥部迅速组织协调各方救援力量赶赴灾区，紧急组织地方部队、公安民警、公安消防近4万人就地就近投入救灾；迅速组织四川全省多支地震救援队、矿山救援队、医疗救援队急驰灾区。在这次抗震救灾过程中，民间非营利组织也发挥了重要作用，以友成企业家乡村发展基金会（以下简称“友成”）为例，在灾后48小时内，友成发布了第一份民间组织的医药需求单，并组织到企业捐赠的药品；完成为即将奔赴前线的北京医师协会和301医院的专家提供的意外保险登记；组织第一批救灾物资车队从北京出发，前往四川灾区。2009年3月4日，友成创始人、理事长王平女士，在民政部减灾中心救灾国际研讨会上总结了“友成模式”，即以“三个第一”和“整合资源、构建平台、创立机制”为核心标志。其中，三个“第一”即“第一时间”、“第一现场”和“第一需要”，“第一时间”包含两个含义，首先是及时，其次是预见；“第一现场”，就是公益组织和其主要领导人必须尽可能地靠近事件现场，这样才能对事态发展和现场有最直观的把握，从而提供满足需要的服务；“第一需要”意味着公益组织必须以突发灾难中受助群体的需要为最高目标，没有任何机构利益和个人利益可以凌驾于其之上。实践证明，这是社会组织参与大的灾难救助最为有效的做法。以人道主义为天职的社会公益组织则更强调“以人为本”，一切首先出于人本心向善的自发自觉的内在驱使，这是指导友成整个抗震救灾行动的思想基础，也是友成机构文化的魂。

（2）民间非营利组织的类别

民间非营利组织是指由民间出资举办的、不以营利为目的，从事教育、科技、文化、卫生、宗教等社会公益活动的社会服务组织。民间非营利组织由各级相关业务主管部门审批，并由各级民政部门核准登记。

民间非营利组织是介于政府组织、营利组织之间的社会组织，因此，又称“第三部门”，其具有非政府性质。在我国，民间非营利组织与非营利组织（Non-Profit Organization，简称NPO）一般是通用的，但由于我国存在庞大的“政府非营利组织”，包括纳入财政预算管理的事业单位和社会团体等，因此，加上“民间”二字强调其非政府性。目前，我国的民间非营利组织主要包括依照国家法律、行政法规登记的社会团体、基金会、民办非企业单位（社会服务机构）和宗教活动场所，以及境外非政府组织（Non-Governmental Organization，简称NGO）在我国境内依法设立的代表机构。

①社会团体是指中国公民自愿组成，为实现会员共同意愿，按照其章程开展活动的非营利社会组织。其包括各种学术性、行业性、福利性、公益性、娱乐性、联谊性的社会团体，通常以学会、协会、研究会、商会、联合会、促进会等名称命名，按照《社会团体登记管理条例》的要求办理登记手续。比如中国会计学会、海南省高职高专教育研究会。

社会团体并非都是民间非营利组织。比如，目前我国有全国性社会团体近2 000个，其中，使用行政编制或事业编制、由国家财政拨款的社会团体约200个，它们虽然是非政府组织，但在很大程度上行使着部分政府职能，参照公务员法管理，执行《政府会计准则》和《政府会计制度》，不属于民间非营利组织。比如，由中央机构编制管理部门直接确定机构编制和领导职数，实行全额财政拨款的21个全国性社会团体是：中华全国总工会、中国共产主义青年团、中华全国妇女联合会、中国文学艺术界联合会、中国科学技术协会、中华全国归国华侨联合会、中国作家协会、中国法学会、中国人民对外友好协会、中国国际贸易促进委员会、中国残疾人联合会、中国宋庆龄基金会、中华全国新闻工作者协会、中华全国台湾同胞联谊会、黄埔军校同学会、中国人民外交学会、中国红十字会、中国思想政治工作研究会、欧美同学会、中华职业教育社、中华全国工商业联合会。社会团体法人登记证书样式见图10-1。

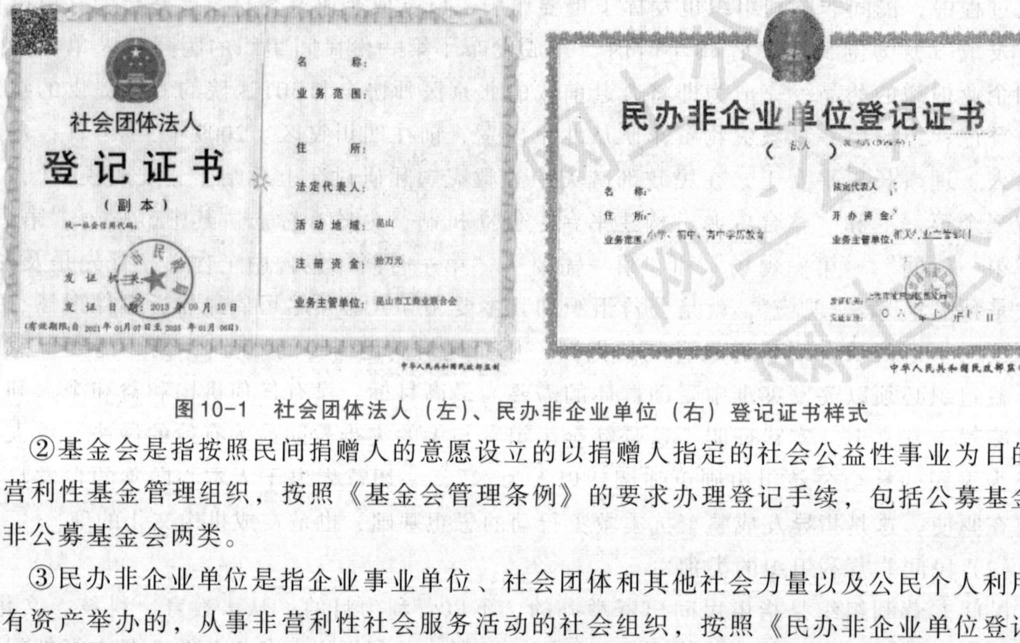

图10-1　社会团体法人（左）、民办非企业单位（右）登记证书样式

②基金会是指按照民间捐赠人的意愿设立的以捐赠人指定的社会公益性事业为目的的非营利性基金管理组织，按照《基金会管理条例》的要求办理登记手续，包括公募基金会和非公募基金会两类。

③民办非企业单位是指企业事业单位、社会团体和其他社会力量以及公民个人利用非国有资产举办的，从事非营利性社会服务活动的社会组织，按照《民办非企业单位登记管理暂行条例》的要求办理登记手续。其主要包括两大类：一是科学、教育、文艺、卫生、体育等科学文化类的非企业单位，如民办科技服务中心、民办学校、民办剧团、民办医院、民办体育俱乐部等；二是各种社会救济、社会服务类的非企业单位，如民办孤儿所、民办敬老院、民办职业介绍所、民办婚姻介绍所、民办信息咨询服务中心等。民办非企业单位登记证书样式见图10-1。

④宗教活动场所是由具有宗教信仰的宗教热心人士在国家支持下兴办的开展宗教活动的场所，主要包括佛教的寺院、道教的宫观、伊斯兰教的清真寺和基督教的教堂等。

因此，民间非营利组织涵盖多个行业，主要涉及《国民经济行业分类》（GB/T 4754—2017）

中列示的“公共管理、社会保障和社会组织”“国际组织”“科学研究和技术服务业”“教育”“卫生和社会工作”“文化、体育和娱乐业”等门类，均属于第三产业。根据民政部统计，近20年来，我国民间非营利组织发展迅速，已经成为我国市场经济体系的重要组成部分，相关数据见表10-1。

表10-1　　我国民间非营利组织主要类别数量统计表

组织类别	2003年年底	2013年年底	2024年6月
社会团体	14.2万个	28.6万个	37.7万个
民办非企业单位	12.4万个	25.1万个	49.4万个
基金会	1 200个	3 496个	9 708个

慈善事业是民间非营利组织业务活动的重要领域，我国有相当一部分民间非营利组织属于慈善组织。《中华人民共和国慈善法》规定，慈善组织是指依法成立、符合本法规定，以面向社会开展慈善活动为宗旨的非营利性组织。慈善组织可以采取基金会、社会团体、社会服务机构等组织形式。据民政部统计，截至2024年5月，全国共有慈善组织14 791家，其中，既有民间非营利组织，也有政府单位主管的社会团体等。慈善事业被经济学家称为“社会的第三次分配”，早在1994年，著名经济学家、北京大学厉以宁教授就提出，通过市场实现的收入分配，被称为“第一次分配”；通过政府调节而进行的分配，被称为“第二次分配”；个人出于自愿，在习惯与道德的影响下把可支配收入的一部分或大部分捐赠出去，可称为“第三次分配”。目前，“第三次分配”的具体内涵尚无定论，但慈善事业无疑属于“第三次分配”的首要形式，中国式现代化是全体人民共同富裕的现代化，慈善事业的发展是实现共同富裕的重要途径。基金会法人登记证书和慈善组织公开募捐资格证书样式见图10-2。

图10-2　基金会法人登记证书（左）、慈善组织公开募捐资格证书（右）样式

（3）民间非营利组织的特征

民间非营利组织一般具有三个方面的基本特征：

①民间非营利组织不以营利为宗旨和目的。

民间非营利组织的设立和业务活动的最终目标不以营利为目的，这是民间非营利组织与营利性组织之间本质差别的综合体现。

②资源的提供者向组织投入资源并非为了取得回报。

民间非营利组织资金提供者的出资目的并不是期望得到同等或成比例的出资回报，而是希望组织为整个社会或特定团体提供更多的服务或商品，他们不指望获取对民间非营利组织净资产予以分享的权利。

③资源的提供者不享有组织的所有权。

任何单位或个人不因为出资而拥有民间非营利组织的所有权，非营利组织一旦进行清算，清算后的剩余财产只能交给政府或其他非营利组织用于继续服务社会的公益事业。

需要注意，“非营利性”不同于“非盈利性”，民间非营利组织需要盈利来保持其持续经营能力，只是其盈利和资产不是归资源提供者所有，而是归社会共有。

（4）民间非营利组织会计核算的主要特点

①主要收入通常为免税收入。民间非营利组织在本质上属于社会服务组织，由于其不以营利为目的，而且不占用公共资源，给政府减轻了很多社会治理压力，所以，政府为了支持其发展，为其提供了很多企业享受不到的税收优惠政策，其主要收入（捐赠收入、会费收入、政府补助收入）都免征增值税和企业所得税，大部分提供服务的收入也免征增值税。不过，民间非营利组织需要办理相关免税审批或备案手续，才可以享受免税优惠政策。因此，分清免税收入和征税收入，并办理相关手续，是民间非营利组织会计的基础工作。

②权责发生制是民间非营利组织的会计核算基础。我国《民间非营利单位组织制度》明确规定，民间非营利组织会计核算采用权责发生制。因此，民间非营利组织会计的原理和方法，除少部分特定业务外，与企业会计基本一致。

③在采用历史成本计价的基础上，引入公允价值计量基础，这是由民间非营利组织的特殊业务活动所造成的。比如，接受捐赠、因受托代理业务形成的受托代理资产、期末盘盈的存货和固定资产等业务，可能会涉及公允价值计量模式。

④会计要素包括资产、负债、净资产、收入、费用。由于民间非营利组织的资源提供者不享有组织的所有权，也不要求经济回报，因此，不设置所有者权益和利润要素，而仅设置净资产这一要素，来反映资产与负债的差额。

其中，反映财务状况的会计要素有：资产、负债、净资产，会计等式为：

资产=负债+净资产

反映业务活动情况的会计要素有：收入、费用，会计等式为：

收入-费用=净资产变动额

✲【思考一刻 10-1】比较民间非营利组织、企业和政府单位的会计核算基础、会计要素和会计等式的异同，填写表 10-2。

表 10-2 民间非营利组织、企业和政府单位会计比较表

项目	企业会计	政府会计	民间非营利组织会计
会计核算基础			
会计要素			
会计等式			

（5）民间非营利组织会计报表

会计报表是反映民间非营利组织财务状况、业务活动情况和现金流量情况等的书面文件。会计报表至少应该包括资产负债表、业务活动表和现金流量表三张报表。

①资产负债表。

资产负债表是反映民间营利组织某一会计期末全部资产、负债和净资产情况的会计报表。其格式见表10-3。

表10-3 资产负债表

编制单位： 年 月 日 单位：元

资产	期末数	年初数	负债和净资产	期末数	年初数
流动资产：			流动负债：		
货币资金			短期借款		
短期投资			应付款项		
应收款项			应付工资		
预付账款			应交税金		
存货			预收账款		
待摊费用			预提费用		
一年内到期的长期债权投资			预计负债		
其他流动资产			一年内到期的长期负债		
流动资产合计			其他流动负债		
长期投资：			流动负债合计		
长期股权投资			长期负债：		
长期债权投资			长期借款		
长期投资合计			长期应付款		
固定资产：			其他长期负债		
固定资产原价			长期负债合计		
减：累计折旧			受托代理负债：		
固定资产净值			受托代理负债		
在建工程			负债合计		
文物文化资产			净资产：		
固定资产清理			非限定性净资产		
固定资产合计			限定性净资产		
无形资产：			净资产合计		
无形资产					
受托代理资产：					
受托代理资产					
资产合计			负债和净资产合计		

②业务活动表。

业务活动表是反映民间非营利组织在某一会计期间内开展业务活动取得的收入、发生的费用以及净资产增减变动情况的会计报表。格式见表10-4。

表 10-4

业务活动表

编制单位：　　　　　　　　　　　　年　月　　　　　　　　　　　　单位：元

项目	本月数			本年累计数		
	非限定性	限定性	合计	非限定性	限定性	合计
一、收入						
其中：捐赠收入						
会费收入						
提供服务收入						
商品销售收入						
政府补助收入						
投资收益						
其他收入						
收入合计						
二、费用						
(一) 业务活动成本						
其中：						
(二) 管理费用						
(三) 筹资费用						
(四) 其他费用						
费用合计						
三、限定性净资产转为非限定性净资产						
四、净资产变动						
五、期初净资产						
六、期末净资产						

③现金流量表。

现金流量表是反映民间非营利组织在某一会计期间内现金和现金等价物流入和流出信息的会计报表。格式见表10-5。

表 10-5

现金流量表

编制单位：　　　　　　　　　　　　年度　　　　　　　　　　　　单位：元

项目	金额
一、业务活动产生的现金流量	
接受捐赠收到的现金	
收取会费收到的现金	
提供服务收到的现金	
销售商品收到的现金	
政府补助收到的现金	
收到的其他与业务活动有关的现金	
现金流入小计	
提供捐赠或者资助支付的现金	

续表

项目	金额
支付给员工以及为员工支付的现金	
购买商品、接受服务支付的现金	
支付的其他与业务活动有关的现金	
现金流出小计	
业务活动产生的现金流量净额	
二、投资活动产生的现金流量	
收取投资所收到的现金	
取得投资收益所收到的现金	
处置固定资产和无形资产所收到的现金	
收到的其他与投资活动有关的现金	
现金流入小计	
购建固定资产和无形资产所支付的现金	
对外投资所支付的现金	
支付的其他与投资活动有关的现金	
现金流出小计	
投资活动产生的现金流量净额	
三、筹资活动产生的现金流量	
借款所收到的现金	
收到的其他与筹资活动有关的现金	
现金流入小计	
偿还借款所支付的现金	
偿付利息所支付的现金	
支付的其他与筹资活动有关的现金	
现金流出小计	
筹资活动产生的现金流量净额	
四、汇率变动对现金的影响额	
五、现金及现金等价物净增加额	

【拓展阅读10-1】

穷则独善其身，达则兼善天下

2014年3月27日，习近平主席在中法建交50周年纪念大会上的讲话中说："中国梦是奉献世界的梦。'穷则独善其身，达则兼善天下。'这是中华民族始终崇尚的品德和胸怀"。这句古语原为孟子所说。

作为我国战国时期的著名思想家、哲学家、政治家、教育家、孔子学说的继承者，孟子当时即以学识渊博、能言善辩著称，于是，一位游说之士请教孟子，怎样才能在游说时保持悠然自得的心态，孟子回答："尊德乐义，则可以嚣嚣矣。故士穷不失义，达不离道。穷不失义，故士得己焉；达不离道，故民不失望焉。古之人，得志，泽加于民；不得志，修身见于世。穷则独善其身，达则兼善天下。"意思是："崇尚品德，坚守正义，就能悠然自得了。所以，士人穷困时不放弃正义，显达时不背离仁道。穷困时不放弃正义，因此士人能保住自己的操守；显达时不背离仁道，因此民众不会失望。古代的人，得志时，施予民众恩惠；不得志时，修养自己立身于世。总之一句话：穷困时就做好自己，显达时要兼顾天下人共达于善。"两千多年以来，中国绝大多数知识分子都以"穷则独善其身，达则兼善天下"为洁身名言、为奋斗理想，至今仍如此。

相传唐朝著名诗人李白改“兼善天下”为“兼济天下”，更加强调“建功济世”之志。其实，投身慈善事业是古今中外一种非常重要的济世方式，行善不在数量多少，而在善心有无。目前我国资产规模最大、第一也是唯一以金融资产（股票）创办的全国性非公募慈善基金会——河仁慈善基金会创始人曹德旺先生说：“做慈善不是富人的专利。我捐几十个亿，和你们拿工资的人捐几千块是一样的，因为你已经尽力了。即使没有钱，你还可能给人以笑容，展示你的同情心。”

［资料来源：新民晚报．“穷则独善其身，达则兼善天下”［EB/OL］．［2019-01-07］．https://baijiahao.baidu.com/s?id=1622000377124392302&wfr=spider&for=pc.］

【练习10-1】

（1）［多选］下列各项中，属于民间非营利组织的有（　　）。

A.中国会计学会　　B.中国注册会计师协会

C.中华慈善总会　　D.西湖大学

（2）［多选］下列各项中，属于民间非营利组织会计核算主要特点的有（　　）。

A.会计核算基础采用权责发生制　　B.部分业务引入公允价值计量模式

C.会计核算基础采用收付实现制　　D.设置预算结余会计要素

任务10.2　核算民间非营利组织特定业务

本项目的业务场景、示例和练习，使用的背景为南海宣德慈善基金会（简称“宣德基金会”）和南海珊瑚礁保护研究会（简称“珊瑚研究会”），均取得了企业所得税免税资格认定。

宣德基金会是经省民政厅批准设立并颁发公募资质的公募慈善基金会，拥有捐赠税前扣除资格，业务范围是接受社会各界捐赠，开展社会扶贫、济困、扶老、救孤、助残、救灾、助医、助学、环保等社会公益，公益组织孵化，设立专项基金，慈善项目合作、社会公益服务和接受政府委托事项等。

珊瑚研究会是经省民政厅批准设立的社会团体，业务范围是组织开展珊瑚礁研究学术交流与国内外科技合作，普及珊瑚礁科学技术知识，提高全民珊瑚礁保护意识，组织科学技术工作者开展珊瑚礁保护相关领域的科学论证，提供信息咨询服务，提出政策性建议，促进科技成果转化，开展珊瑚礁保护相关领域的继续教育和培训工作。

场景10-2　核算慈善基金会捐赠收入业务

场景10-2

20×4年8月1日，宣德基金会与三沙超市签订了一份捐赠协议，约定在协议生效日起至20×7年12月31日，超市每笔金额超过10元的交易捐赠0.1元，超过100元的交易捐赠1元，超过300元的交易捐赠3元，超过600元的交易捐赠6元，超过1 000元的交易捐赠10元，按月计算并于每月5日前汇付上月应捐赠额至基金会指定银行账户，其中80%用于对当地城市和农村最低生活保障金领取人员给予大病救助，20%由基金会自由使用（包含捐赠项目管理费）。首次捐款可以用于购买公务用五座轿车一辆（油费或电费、保险费等运行维护费由基金会自行承担），如有余款转为自用。部分业务如下：

（1）20×4年9月5日，收到三沙超市的首次捐款186 842.60元。

（2）20×4年9月10日，购买了一辆五座新能源汽车作为公务车，购车总成本180 536元，自付保险费7 293元。

首次捐款余额=________________（元）

（3）20×4年9月30日，结转本月三沙超市捐款收入。

本项目周期较长，净资产分车辆和捐款两部分，应该设明细账分开核算。

（4）20×4年10月5日，收到三沙超市第二笔捐款160 346.80元。

限定性收入=________________（元）

非限定性收入=________________（元）

（5）20×4年10月25日，按协议约定，支付3名低保人员大病救助款68 200元。

（6）20×4年10月31日，计提新能源公务用车折旧费，预计使用10年，残值率5%。

月折旧额=________________（元）

（7）20×4年10月31日，结转本月三沙超市捐款收入和业务活动成本。

本月重分类后限定性捐赠收入=________________（元）

本月重分类后非限定性捐赠收入=________________（元）

（8）20×4年11月3日，收到三沙超市第三笔捐款284 615.30元。

限定性收入=________________（元）

非限定性收入=________________（元）

（9）20×4年11月27日，按协议约定，支付13名低保人员大病救助款267 590元。

使用上月限定性净资产结余=________________（元）

（10）20×4年11月30日，结转本月三沙超市捐款收入和业务活动成本。

本月重分类后非限定性捐赠收入=________________（元）

【场景知识】民间非营利组织的收入类别及相关会税规定

场景知识

民间非营利组织的收入类别及相关会税规定

（1）民间非营利组织的收入类别

收入是指民间非营利组织开展业务活动取得的、导致本期净资产增加的经济利益或者服务潜力的流入。可以按不同的标准进行分类：

①按照来源不同分类：可分为捐赠收入、会费收入、提供服务收入、政府补助收入、投资收益、商品销售收入和其他收入7种。其中，免税收入主要有捐赠收入、会费收入和政府补助收入，不涉及交易或销售行为，不属于增值税征税范围，不缴纳增值税，同时，企业所得税法律法规也将此三项收入列入了免税项目。其他非免税收入的会计处理与企业会计相同，而且民间非营利组织以小规模纳税人居多，本项目不再赘述。

②按照收入是否受到限制分类：可分为限定性收入和非限定性收入两种。如果资产提供者对资产的使用设置了时间限制或者（和）用途限制，则所确认的相关收入为限定性收入；否则为非限定性收入。比如，捐赠收入和政府补助收入，应当视相关资产提供者对资产的使用是否设置了限制，分为限定性收入和非限定性收入进行核算；而会费收入、提供服务收入、商品销售收入和投资收益等一般为非限定性收入，但并非绝对如此。

③按民间非营利组织业务主次分类：可分为主营业务收入（捐赠收入、会费收入、提供服务收入、政府补助收入、投资收益、商品销售收入）和其他收入（固定资产处置净收

益、无形资产处置净收益等）两种。

④按照收入是否为交换交易形成分类：可分为交换交易收入（商品销售收入、提供服务收入和投资收益）和非交换交易收入（会费收入、捐赠收入和政府补助收入）两种。

（2）民间非营利组织免征增值税项目的规定

①《财政部 国家税务总局关于全面推开营业税改征增值税试点的通知》（财税〔2016〕36号）附件3《营业税改征增值税试点过渡政策的规定》第一条规定了试点期间免征增值税的40个项目，与民间非营利组织相关的项目主要有：托儿所、幼儿园提供的保育和教育服务；养老机构提供的养老服务；残疾人福利机构提供的育养服务；婚姻介绍服务；殡葬服务；残疾人员本人为社会提供的服务；医疗机构提供的医疗服务；从事学历教育的学校提供的教育服务；纪念馆、博物馆、文化馆、文物保护单位管理机构、美术馆、展览馆、书画院、图书馆在自己的场所提供文化体育服务取得的第一道门票收入；寺院、宫观、清真寺和教堂举办文化、宗教活动的门票收入；行政单位之外的其他单位收取的符合《营业税改征增值税试点实施办法》第十条规定条件的政府性基金和行政事业性收费等。

②《中华人民共和国增值税暂行条例》第十五条，规定了免征增值税的进口物品项目：直接用于科学研究、科学试验和教学的进口仪器、设备；外国政府、国际组织无偿援助的进口物资和设备；由残疾人的组织直接进口供残疾人专用的物品。

（3）民间非营利组织企业所得税相关不征税收入规定

《中华人民共和国企业所得税法》第七条规定，收入总额中的下列收入为不征税收入：

①财政拨款；

②依法收取并纳入财政管理的行政事业性收费、政府性基金；

③国务院规定的其他不征税收入。

《中华人民共和国企业所得税法实施条例》第二十六条第四款解释，企业所得税法第七条第（三）项所称国务院规定的其他不征税收入，是指企业取得的，由国务院财政、税务主管部门规定专项用途并经国务院批准的财政性资金。

《中华人民共和国企业所得税法实施条例》第二十八条第二款解释，企业的不征税收入用于支出所形成的费用或者财产，不得扣除或者计算对应的折旧、摊销扣除。

因此，民间非营利组织取得的具有专门用途的财政性资金为不征税收入，连同其相关支出或形成的财产，都需要单独核算，才能够享受不征税政策。

（4）民间非营利组织企业所得税免税项目的相关规定

①民间非营利组织免征企业所得税的法律规定。

《中华人民共和国企业所得税法》第二十六条规定，下列收入为免税收入：

A.国债利息收入；

B.符合条件的居民企业之间的股息、红利等权益性投资收益；

C.在中国境内设立机构、场所的非居民企业从居民企业取得与该机构、场所有实际联系的股息、红利等权益性投资收益；

D.符合条件的非营利组织的收入。

因此，民间非营利组织取得的符合该条款规定的各种投资收益，以及符合条件的收入，也是可以免税的。

②民间非营利组织免征企业所得税的具体项目。

《中华人民共和国企业所得税法实施条例》第八十五条解释，企业所得税法第二十六条第（四）项所称符合条件的非营利组织的收入，不包括非营利组织从事营利性活动取得的收入，但国务院财政、税务主管部门另有规定的除外。

《关于非营利组织企业所得税免税收入问题的通知》进一步明确，符合条件的非营利组织的免征企业所得税的收入范围如下：

A.接受其他单位或者个人捐赠的收入；

B.除《中华人民共和国企业所得税法》第七条规定的财政拨款以外的其他政府补助收入，但不包括因政府购买服务取得的收入；

C.按照省级以上民政、财政部门规定收取的会费；

D.不征税收入和免税收入孳生的银行存款利息收入；

E.财政部、国家税务总局规定的其他收入。

✲【知识点拨 10-1】免税收入与不征税收入的区别。

二者的区别主要有两点：

第一，免税收入项目属于征税范围，所以享受免税政策必须经过税务部门审批，办理备案手续；而不征税收入不列入征税范围，不需要审批即可享受；

第二，免税收入形成的费用支出，属于日常业务活动范围，可以在企业所得税前扣除，而不征税收入形成的费用支出，需要与收入相配比，单独核算，由于收入本身不在企业所得税征税范围内，因此，相关费用支出也不在企业所得税前扣除。

③民间非营利组织企业所得税的免税优惠资格认定。

《中华人民共和国企业所得税法实施条例》第八十四条解释，企业所得税法第二十六条第（四）项所称符合条件的非营利组织，是指同时符合下列条件的组织：

A.依法履行非营利组织登记手续；

B.从事公益性或者非营利性活动；

C.取得的收入除用于与该组织有关的、合理的支出外，全部用于登记核定或者章程规定的公益性或者非营利性事业；

D.财产及其孳息不用于分配；

E.按照登记核定或者章程规定，该组织注销后的剩余财产用于公益性或者非营利性目的，或者由登记管理机关转赠给与该组织性质、宗旨相同的组织，并向社会公告；

F.投入人对投入该组织的财产不保留或者享有任何财产权利；

G.工作人员工资福利开支控制在规定的比例内，不变相分配该组织的财产。

前款规定的非营利组织的认定管理办法由国务院财政、税务主管部门会同国务院有关部门制定。因此，是否符合条件，需要经过财政、税务部门审核认定，认定后发布的通知样式参见图 10-3。

非营利组织免税优惠资格认定申请由税务部门受理。《关于非营利组织免税资格认定管理有关问题的通知》（财税〔2018〕13号）规定，非营利组织免税优惠资格的有效期为五年。非营利组织应在免税优惠资格期满后六个月内提出复审申请，不提出复审申请或复审不合格的，其享受免税优惠的资格到期自动失效。核准非营利组织免税资格的财政、税务部门依法对非营利组织的免税优惠资格进行复核，复核不合格的，相应年度不得享受税收优惠政策。同时，对企业所得税免税资格认定需要提交的材料，做了具体规定。

海南省财政厅
国家税务总局海南省税务局 文件

琼财支财〔2023〕891号

海南省财政厅　国家税务总局海南省税务局
关于认定非营利组织免税资格的通知
（2023年第2批）

有关非营利组织：

根据《中华人民共和国企业所得税法》第二十六条第（四）款，《财政部 国家税务总局关于非营利组织免税资格认定管理有关问题的通知》（财税〔2018〕13号）和《海南省财政厅 国家税务总局海南省税务局关于印发海南省非营利组织免税资格认

—1—

海南省财政厅
国家税务总局海南省税务局
海南省民政厅
公告

2024年第7号

海南省财政厅　国家税务总局海南省税务局
海南省民政厅关于2023年度—2025年度
（第二批）公益性社会组织捐赠税前
扣除资格名单的公告

根据《中华人民共和国企业所得税法》及《中华人民共和国企业所得税法实施条例》有关规定，按照《财政部 税务总局 民政部关于公益性捐赠税前扣除有关事项的公告》（财政部 税务总局 民政部公告2020年第27号）有关要求，现将2023年度—2025年度（第二批）符合公益性捐赠税前扣除资格的公益性社会组织名单公告如下

—1—

图10-3　免税资格认定通知（左）、捐赠税前扣除资格认定公告（右）样式

（5）公益性捐赠税前扣除资格认定的相关规定

根据企业所得税法和个人所得税法的相关规定，单位或个人只有向公益性社会组织或者县级以上人民政府及其部门捐赠，才能在计算应交企业所得税或个人所得税时，在税前扣除捐赠支出。因此，民间非营利组织只有获得公益性捐赠税前扣除资格，才能使捐赠人的捐赠支出享受税前扣除政策，从而获取更多捐赠收入。捐赠税前扣除资格认定后发布的公告样式参见图10-3。

公益性捐赠税前扣除资格申请由民政部门受理。《关于公益性捐赠税前扣除有关事项的公告》（财政部税务总局民政部公告2020年第27号）规定，公益性捐赠税前扣除资格在全国范围内有效，有效期为三年。同时，对在民政部门依法登记的慈善组织和其他社会组织（以下统称社会组织），取得公益性捐赠税前扣除资格做了具体规定，其中，对公益慈善事业的支出占上年总收入的比例、每年支出的管理费用占当年总支出的比例均做了具体规定。公益慈善事业支出、管理费用和总收入的标准和范围，按照《民政部 财政部 国家税务总局关于印发〈关于慈善组织开展慈善活动年度支出和管理费用的规定〉的通知》（民发〔2016〕189号）关于慈善活动支出、管理费用和上年总收入的有关规定执行。

（6）民间非营利组织净资产的重分类

①民间非营利组织净资产的分类。

民间非营利组织的净资产按照是否受到限制，分为限定性净资产和非限定性净资产。从根源上看，限定性净资产来源于限定性收入，非限定性净资产来源于非限定性收入。

如果资产或者资产所产生的经济利益（如资产的投资收益和利息等）的使用受到资产提供者或者国家有关法律、行政法规所设置的时间限制或（和）用途限制，则由此形成的净资产即为限定性净资产，国家有关法律、行政法规对净资产的使用直接设置限制的，则该受限制的净资产也属于限定性净资产。

A.时间限制是指资产提供者或者国家有关法律、行政法规要求民间非营利组织在收到资产后的特定时期之内或特定日期之后使用该项资产，或者对资产的使用设置了永久限制。

B.用途限制是指资产提供者或者国家有关法律、行政法规要求民间非营利组织将收到的资产用于某一特定的用途。民间非营利组织的董事会、理事会或类似权力机构对净资产的使用所作的限定性决策、决议或拨款限额等，属于民间非营利组织内部管理上对资产使用所作的限制，不属于此处所说的“用途限制”。

✼【知识点拨10-2】民间非营利组织收入或净资产的限定性，从来源上看，来自组织外部，包括资源提供者和法律法规两个方面，而不是来自组织内部；从时间上看，产生于取得资源的同时或之前，而不是取得资源之后。

限定性净资产之外的其他净资产都属于非限定性净资产。

②民间非营利组织净资产之间的重分类。

A.非限定性净资产转为限定性净资产。

如果资源提供者对以前期间未设置限制的资产增加了时间或用途限制，并得到民间非营利组织的承认，或者国家法律法规对以前期间未设置限制的资产增加了限制，则应将非限定性净资产转为限定性净资产。

B.限定性净资产转为非限定性净资产。

如果限定性净资产的限制已经解除，应当对净资产进行重新分类，将限定性净资产转为非限定性净资产。

当存在下列情况之一时，可以认为限定性净资产的限制已经解除：

第一，所限定净资产的限制时间已经到期；

第二，所限定净资产规定的用途已经实现（或者目的已经达到）；

第三，资产提供者或者国家有关法律、行政法规撤销了所设置的限制。

如果限定性净资产受到两项或两项以上的限制，应当在最后一项限制解除时，才能认为该项限定性净资产的限制已经解除。

【科目设置】

（1）收入类“捐赠收入”科目

核算民间非营利组织接受单位或个人捐赠所取得的收入，下设“限定性收入”和“非限定性收入”两个明细科目。期末，限定性收入转入限定性净资产，非限定性收入转入非限定性净资产，结转后无余额。

（2）收入类“会费收入”科目

核算民间非营利组织根据章程等的规定向会员收取的会费，一般分为团体会费和个人会费两类。除组织章程对会费使用做出限制等特殊情况外，民间非营利组织的会费收入通常都为非限定性收入，期末转入净资产后无余额。

（3）收入类“政府补助收入”科目

核算非营利组织接受政府拨款或者政府机构给予的补助而取得的收入，设置“限定性收入”和“非限定性收入”明细科目，其中，政府下发专门文件规定明确用途和资金管理办法的专项资金，设“政府补助收入——限定性收入（专项补助收入）”科目核算，与

“业务活动成本——专项补助成本”相配比。期末分别结转至限定性净资产和非限定性净资产后无余额。

(4) 收入类“提供服务收入”科目

核算民间非营利组织根据章程等的规定向其服务对象提供服务取得的收入，包括学费收入、医疗费收入、培训费收入等，设置“限定性收入”和“非限定性收入”明细科目。期末分别结转至限定性净资产和非限定性净资产后无余额。

(5) 收入类“商品销售收入”科目

核算民间非营利组织销售商品（如出版物、药品等）等形成的收入。一般情况下，民间非营利组织的商品销售收入为非限定性收入，除非相关资产提供者对资产的使用设置了限制。期末结转至净资产后无余额。

(6) 费用类“业务活动成本”科目

核算民间非营利组织为了实现其业务活动目标、开展其项目活动或者提供服务所发生的费用。比如，民办学校的学生教育成本、科研成本、公共服务成本、学生奖（助）学金、教学修缮费等；民办研究机构的科研人员的基本工资、补助工资、福利费、社会保险费；民办医疗机构的医疗成本和药品成本；社会团体的项目服务费、会员服务费、产品（如出版物）销售成本、专项补助成本等；基金会的资助项目服务费、商品销售成本等。期末，将本科目的余额转入非限定性净资产后无余额。

民间非营利组织的收入与业务活动成本，一般不需要配比，但有特殊要求除外。比如，对于政府补助收入中的专项补助收入，其相关支出需要使用“业务活动成本——专项补助成本”科目单独核算；对于取得商品销售收入相关的成本，需要使用“业务活动成本——商品销售成本”科目单独核算。

(7) 费用类“管理费用”科目

核算民间非营利组织为组织和管理其业务活动所发生的各项费用，包括民间非营利组织董事会（或者理事会或者类似权力机构）的经费和行政管理人员的工资、奖金、福利费、住房公积金、住房补贴、社会保险费、离退休人员工资与补助，以及办公费、水电费、邮电费、修理费、租赁费、无形资产摊销费、资产盘亏损失、资产减值损失、因预计负债所产生的损失、聘请中介机构费和应偿还的受赠资产等。期末结转至非限定性净资产后无余额。

(8) 费用类“筹资费用”科目

核算民间非营利组织为筹集业务活动所需资金而发生的费用，按照筹资费用种类进行明细核算。筹资费用包括两类：一类是为了获得捐赠资产而发生的费用，包括举办募款活动费，准备、印刷和发放募款宣传资料费以及其他与募款或者争取捐赠资产有关的费用；另一类是应当计入当期费用的借款费用、汇兑损失（减汇兑收益）等。期末结转至非限定性净资产后无余额。

(9) 净资产类“限定性净资产”科目

核算民间非营利组织的限定性净资产。运营项目较多的民间非营利组织，本科目可以按项目设明细账。本科目期末为贷方余额，反映民间非营利组织历年积存的限定性净资产。

（10）净资产类“非限定性净资产”科目

核算民间非营利组织的非限定性净资产，即民间非营利组织净资产中除限定性净资产之外的其他净资产。本科目期末通常为贷方余额，反映民间非营利组织历年积存的非限定性净资产。

（11）资产类“存货”科目

核算民间非营利组织在日常业务活动中持有以备出售或捐赠的，或者为了出售或捐赠仍处在生产过程中的，或者将在生产、提供服务或日常管理过程中耗用的材料、物资、商品等，包括材料、库存商品、委托加工材料，以及达不到固定资产标准的工具、器具等。本科目应当按照存货的种类和存在形式设置明细账进行明细核算。

（12）资产类“文物文化资产”科目

核算民间非营利组织文物文化资产的价值，按照文物文化资产的类别等设置明细账，进行明细分类核算。文物文化资产是指民间非营利组织用于展览、教育或研究等目的的历史文物、艺术品以及其他具有文化或是历史价值并作长期或者永久保存的典藏等。文物文化资产不需要计提折旧。

✽【知识点拨10-3】期末结转时，收入类科目区分限定性收入和非限定性收入，分别结转至限定性净资产和非限定性净资产，费用类科目则统一结转至非限定性净资产。

【示例10-1】20×4年5月3日，宣德基金会接受一归国华侨捐赠款500 000元人民币，协议注明该笔款项只能用来救助孤寡老人，并且使用年限为10年，款项已汇入银行账户。

（1）业务分析

①捐赠收入的限定性分析。

捐赠收入按照资产提供者对资产的使用是否设置了时间限制或者（和）用途限制，分为限定性捐赠收入和非限定性捐赠收入。本例捐赠款有用途和时间限制，收到时为限定性捐赠收入。

②捐赠资产的形式及其计量分析。

捐赠收入按捐赠资产的形式，可以分为货币资金捐赠收入、实物资产捐赠收入和无形资产捐赠收入等。对于非货币资金捐赠，如果捐赠方提供了相关凭据（发票、报关单等），则受赠资产按凭据标明的金额入账；如果捐赠方没有提供相关凭据，或凭据标明的金额与公允价值相差较大，则受赠资产按其公允价值入账。对于民间非营利组织接受的劳务捐赠，不予确认收入，但应当在会计报表附注中作相关披露。本例为货币资金捐赠收入，按实际发生额计量。

③捐赠的行为分析。

民间非营利组织要区分捐赠与捐赠承诺。捐赠承诺行为具有不确定性，不满足收入的确认条件，不予确认收入，但可以在会计报表附注中进行披露。本例为捐赠行为，且已收到捐赠款，应予以确认收入。

（2）会计处理

借：银行存款	500 000	
贷：捐赠收入——限定性收入		500 000

【示例10-2】接【示例10-1】，20×4年5月22日，宣德基金会将华侨捐赠款中的30 000元，按照协议约定，资助了6名孤寡老人，每人5 000元，款项已经支付完毕，银行

扣划汇款手续费120元。

(1) 业务分析

民间非营利组织按照捐赠协议的约定履行了义务后，一方面发生了业务活动成本和相关费用；另一方面，履行了捐赠协议约定的义务，使限定性收入的限制得以解除，而且本例是在确认收入的当期得以解除，收入尚未结转，应当将限定性收入转为非限定性收入。

(2) 会计处理

借：业务活动成本　　30 000

　　筹资费用——银行手续费　　120

　贷：银行存款　　30 120

同时，将当期限定性收入转为非限定性收入：

借：捐赠收入——限定性收入　　30 000

　贷：捐赠收入——非限定性收入　　30 000

【示例10-3】接【示例10-2】，20×4年5月31日，宣德基金会将华侨捐赠款收入及相关成本费用结转至净资产。

(1) 业务分析

该笔捐款共50万元，系限定性收入，支出3万元后，剩余47万元，转入限定性净资产，相关业务成本费用转入非限定性净资产。

(2) 会计处理

借：捐赠收入——限定性收入　　470 000

　贷：限定性净资产　　470 000

借：捐赠收入——非限定性收入　　30 000

　贷：非限定性净资产　　30 000

借：非限定性净资产　　30 120

　贷：业务活动成本　　30 000

　　　筹资费用——银行手续费　　120

【示例10-4】接【示例10-3】，20×4年6月16日，宣德基金会将华侨捐赠款中的20 000元，按照协议约定，资助了4名孤寡老人，每人5 000元，款项已经支付完毕，银行扣划汇款手续费80元。

(1) 业务分析

与上月履行约定义务相同的是，发生了业务活动成本和相关费用，限定性收入的限制因履行协议（规定用途已经实现）而得以解除，但不同的是，本业务发生在上月确认收入之后，相关捐赠收入已经结转至净资产，因此，应该同时调整净资产，这是最常见的净资产重分类业务，即民间非营利组织将限定性净资产实际用于约定用途时，在相关成本费用发生的同时，进行净资产重分类。

(2) 会计处理

借：业务活动成本　　20 000

　　筹资费用——银行手续费　　80

　贷：银行存款　　20 080

同时，将当期使用的限定性净资产转为非限定性净资产：

借：限定性净资产　　20 000

　贷：非限定性净资产　　20 000

【示例10-5】20×4年7月10日，宣德基金会上年一项10万元捐赠协议时间限制到期，全部用于购买小学生课外阅读书籍。20×4年7月15日，将该批书籍捐赠给了希望小学的学生。

（1）业务分析

上年捐赠款限制解除，使用时需要进行净资产重分类。购入的书籍为存货，待实际捐赠时转为费用。

（2）会计处理

①7月10日购买书籍时：

借：存货　　100 000

　贷：银行存款　　100 000

借：限定性净资产　　100 000

　贷：非限定性净资产　　100 000

②7月15日捐赠书籍：

借：业务活动成本　　100 000

　贷：存货　　100 000

✲【知识点拨10-4】限定性捐赠收入结转至"限定性净资产"以后，捐赠款发生支出则属于制度规定的"所限定净资产规定的用途已经实现"，即限制"消失"，净资产性质发生改变，因此，要进行净资产重分类。从会计核算角度来看，限定性捐赠款支出记入"业务活动成本"后，期末要结转至"非限定性净资产"，从而减少"非限定性净资产"，而发生支出的同时做的净资产重分类业务，实质上是一方面因"用途实现"核销了该部分"限定性净资产"，另一方面调增"非限定性净资产"以备抵销期末"业务活动成本"的结转金额。

【示例10-6】珊瑚研究会按照会员代表大会通过的会费收缴办法的规定，该社会团体的各单位会员应当按照上年度主营业务收入的1‰交纳当年度会费，各个人会员应当每年缴纳100元会费，每年度会费应当在当年度1月1日至12月31日缴纳；当年度不能按时缴纳会费的会员，将在下一年度的1月1日自动取消会员资格。20×4年3月，珊瑚研究会收到单位会费240 000元，均以银行转账支付，个人会费8 800元，均为银行转账支付。

（1）业务分析

会费收入是社会团体的基础性收入，通常用以维持组织的日常运行，因此一般为非限定性收入。本例会费没有特别安排，为非限定性收入。

（2）会计处理

借：银行存款　　248 800

　贷：会费收入——非限定性收入（单位会费）　　240 000

　　　　　　——非限定性收入（个人会费）　　8 800

【示例10-7】20×4年3月，珊瑚研究会收到省科技厅拨付的课题专项经费100 000元，用于珊瑚再生等相关课题研究。20×4年4—12月，实际使用90 000元，按要求须退回剩余经费10 000元，已经通过银行退付。

（1）业务分析

课题专项经费属于限定性收入，实际使用时，已经结转至净资产，需要进行净资产重分类处理。对于接受的附有条件的政府补助，如果非营利组织存在需要偿还全部或部分政府补助资产或者相应金额的现时义务时（比如因无法满足政府补助所附条件而必须退还部分政府补助时），按照需要偿还的金额：

借：管理费用

　贷：其他应付款或银行存款

（2）会计处理

①20×4年3月收到补助：

借：银行存款	100 000	
贷：政府补助收入——限定性收入		100 000

月末结转：

借：政府补助收入——限定性收入	100 000	
贷：限定性净资产		100 000

②20×4年4—12月实际支付时：

借：业务活动成本——研究成本	90 000	
贷：银行存款		90 000

同时进行净资产重分类：

借：限定性净资产	90 000	
贷：非限定性净资产		90 000

③20×4年12月按规定退回时：

借：管理费用	10 000	
贷：银行存款		10 000

同时进行净资产重分类：

借：限定性净资产	10 000	
贷：非限定性净资产		10 000

✲【思考一刻10-2】比较民间非营利组织与企业的政府补助收入核算的区别。

【示例10-8】宣德基金会为组织募捐活动，发生资料印刷费用1 000元，用银行存款支付。

借：筹资费用	1 000	
贷：银行存款		1 000

【示例10-9】宣德基金会去年收到某企业家捐赠的200 000元货币资金，捐赠协议约定一年后使用，现在限制使用期限已满：

借：限定性净资产	200 000	
贷：非限定性净资产		200 000

【示例10-10】珊瑚研究会接受捐赠获得一座红珊瑚盆景，经考证为清代藏品，捐赠人没有提供有关的计价凭证，也没有对该项捐赠提出明确的使用限制条件。研究会决定将其作为文物文化资产，经评估，该盆景的公允价值为289 000元，用转账支票支付评估费用1 000元。

（1）业务分析

接受捐赠的文物资产一般没有凭据证明其价值，可以采用公允价值入账，评估费属于取得该项资产的直接费用，计入资产成本。

（2）会计处理

借：文物文化资产　　290 000

　贷：捐赠收入——非限定性收入　　289 000

　　银行存款　　1 000

【练习10-2】

（1）宣德基金会收到500 000元的捐赠款，三个月后捐赠人提出该款项的200 000元只能用于资助困难家庭，宣德基金会表示同意。

（2）宣德基金会在确认捐赠收入的次年，按照捐赠人的条件将捐款用于购买办公设备一套，共计18 000元，已通过银行支付。

场景10-3　核算民间非营利组织受托代理业务

场景10-3

20×4年12月1日，宣德基金会与东沙房地产公司签订了一份捐赠合作协议。协议规定：东沙房地产公司将向宣德基金会捐款1 800 000元，其中的1 000 000元定向捐赠给赵述希望小学，另外800 000元由宣德基金会用于救济赵述希望小学的贫困学生家庭，东沙房地产公司应当在协议签订后的10个工作日内将款项汇往宣德基金会银行账户，宣德基金会应当在收到款项后的5个工作日内将1 000 000元汇往赵述希望小学的银行账户，另外800 000元须在收到款项后的2个月内完成救济，否则余款须退回。

（1）20×4年12月8日，宣德基金会收到东沙房地产公司协议约定的捐款。

（2）20×4年12月10日，宣德基金会按照协议的规定将1 000 000元汇至赵述希望小学账户，银行扣收手续费50元。

（3）20×4年12月31日，宣德基金会结转该笔捐赠收入。

（4）20×5年1月19日，宣德基金会按协议规定，将800 000元汇给赵述希望小学的80个贫困生家庭，每个家庭10 000元，银行扣收手续费100元。

【场景知识】受托代理业务的确认与计量

场景知识

受托代理业务的确认与计量

受托代理业务是指民间非营利组织从委托方收到受托资产，并按照委托人的意愿将资产转赠给指定的其他组织或者个人的受托代理过程。

（1）受托代理业务的确认

确认受托代理业务时，要与限定性捐赠活动区分开来，通常需要从以下几个方面考量：

①在受托代理业务中，民间非营利组织并不是受托代理资产的最终受益人，只是代受益人保管这些资产。而对于接受捐赠的资产，民间非营利组织对于资产以及资产带来的收益具有控制权。因此，民间非营利组织在取得资产的同时，也产生了向具体受益人转赠或转交该资产的现时义务，不会导致自身净资产的增加。

②在受托代理业务中，非营利组织只是起到中介人的作用，帮助委托人将资产转赠或转交给指定的受益人，并没有权力改变受益人和受托代理资产的用途。

受托代理业务与资产提供者设置了用途限制的捐赠（即限定性捐赠）有时候看起来很类似。但是，在限定性捐赠中，非营利组织在按照资产提供者要求使用这些受赠资产时，具有一定的自主权，可以在资产提供者的限定范围内选择具体的受益人。而在受托代理业务中，受托代理资产的受益人是由委托人具体指定的，非营利组织没有变更的权力。

③在受托代理业务中，委托人通常需要明确指出具体受益人的姓名或受益单位的名称，才能称为"指定的"受益人。委托人有时会从非营利组织提供的名单中指定一个或若干个受益人，也符合受托代理业务的概念。比如，在希望工程中，基金会向社会公布有哪些失学儿童需要资助，捐赠人就可以从中认领一名或多名儿童，资助他们上学。

④受托代理业务通常应当签订明确的书面协议，而且通常是委托方、受托方和受益人三方共同签订的。但在有些情况下也可能没有书面协议，这时，非营利组织应当结合具体情况，根据受托代理业务的概念进行判断。比如，非营利组织可能为某个具体的个人或单位举办一场慈善活动，声明在此次活动中收到的款项将由组织转交给该个人或单位，那么这些款项就应当被确认为该组织的受托代理资产，并同时确认相应的受托代理负债。

（2）受托代理业务的计量

受托代理资产的入账价值应当按照以下方法确定：如果委托方提供了有关凭据，应当按照凭据上标明的金额作为入账价值；如果标明的金额与受托代理资产的公允价值相差较大，受托代理资产应当以公允价值作为入账价值；如果捐赠方没有提供有关凭据的，受托代理资产应当按照其公允价值作为入账价值。

【科目设置】

（1）资产类"受托代理资产"科目

核算民间非营利组织接受委托方委托从事受托代理业务而收到的资产。民间非营利组织应当设置"受托代理资产登记簿"，并根据具体情况设置明细账，进行明细核算。

民间非营利组织收到的受托代理资产如果为货币资金的，可以不通过本科目核算，而在"库存现金""银行存款""其他货币资金"科目下设置"受托代理资产"明细科目进行核算。

（2）负债类"受托代理负债"科目

核算民间非营利组织因从事受托代理业务、接受受托代理资产而产生的负债。本科目应当按照指定的受赠组织或个人，或者指定的应转交的组织或个人设置明细账，进行明细核算。

【示例10-11】20×4年8月30日，宣德基金会与南海银行、仁爱希望小学共同签订了一份捐赠协议，协议规定：南海银行将通过宣德基金会向仁爱希望小学捐赠全新的台式电脑100台，每台电脑的账面价值为8 000元。南海银行应当在9月20日将电脑运至宣德基金会，基金会应当在9月21日派志愿者将电脑送至仁爱希望小学，并负责安装。

20×4年9月20日，南海银行按照协议规定将电脑运至宣德基金会，并提供了购买时的增值税普通发票复印件，显示每台电脑价税合计8 000元，发票金额共计800 000元。

20×4年9月21日，宣德基金会将该批电脑运至仁爱希望小学，发生运费500元，以现金支付，电脑当日安装完毕。

（1）业务分析

本业务中，宣德基金会只是按照捐赠业务的约定，将南海银行捐赠的电脑转交给仁爱希望小学，不能将该批电脑用作其他用途，也不能再捐赠给其他单位或个人，因此，本业务属于受托代理业务。该批资产有购买发票作为价值证明，以发票金额入账即可。民间非营利组织从事受托代理业务时发生的应归属于其自身的相关税费、运输费等，应当计入当期“其他费用”科目。

（2）会计处理

①20×4年9月20日，宣德基金会收到电脑时：

借：受托代理资产——电脑　　800 000

　贷：受托代理负债　　800 000

②20×4年9月21日，宣德基金会运送并安装电脑完毕时：

借：受托代理负债　　800 000

　贷：受托代理资产——电脑　　800 000

借：其他费用　　500

　贷：库存现金　　500

【拓展阅读10-2】

国家安全，全民有责

2014年4月15日，习近平总书记在中央国家安全委员会第一次会议上，创造性提出总体国家安全观，要求构建集政治安全、国土安全、军事安全、经济安全、文化安全、社会安全、科技安全、信息安全、生态安全、资源安全、核安全等于一体的国家安全体系。2014年11月1日，《中华人民共和国反间谍法》发布实施，标志着我国在维护国家安全方面的法律体系进一步完善；2017年1月1日，《中华人民共和国境外非政府组织境内活动管理法》正式实施，标志着我国对境外非政府组织管理工作步入了法治化轨道。由于NGO活动范围非常广泛，包括但不限于经济、教育、科技、文化、卫生、体育、环保等领域，以及济困、救灾等方面，与我们普通百姓的工作和生活紧密相连，但其中不乏有目的不纯者，因此，要贯彻总体国家安全观，群众路线不可或缺，国家安全，全民有责。

［资料来源：信阳网警．警惕！不单纯的NGO组织！［EB/OL］．［2023-04-13］．https://baijiahao.baidu.com/s?id=1763027360766000645&wfr=spider&for=pc.］

【练习10-3】

20×4年5月15日，宣德基金会与南沙建筑公司签订了一份捐赠合作协议。协议规定：南沙建筑公司将通过宣德基金会向晋卿希望小学捐赠600 000元，南沙建筑公司应当在协议签订后的15日内将款项汇往宣德基金会银行账户，宣德基金会应当在6月1日将款项汇往晋卿希望小学的银行账户。

（1）20×4年5月28日，宣德基金会账户收到南沙建筑公司的协议捐款。

（2）20×4年6月1日，宣德基金会按照协议的规定将捐款汇至晋卿希望小学账户，银行扣收手续费100元。

参考资料

主要参考教材或著作

[1] 郑红梅，赵淑淇．行业会计比较［M］．3版．北京：经济科学出版社，2023.

[2] 张流柱．行业会计比较［M］．4版．北京：高等教育出版社，2022.

[3] 韩兴国．行业会计比较［M］．2版．北京：清华大学出版社，2022.

[4] 傅胜．行业会计比较［M］．9版．大连：东北财经大学出版社，2024.

[5] 黄启国．行业会计比较［M］．6版．北京：高等教育出版社，2020.

[6] 周列平，王艳霞，胡晓霞．行业会计实务［M］．2版．武汉：武汉大学出版社，2014.

[7] 刘文辉，黄毅勤．行业会计特点与核算［M］．北京：经济科学出版社，2012.

[8] 财政部会计财务评价中心．初级会计实务［M］．北京：经济科学出版社，2023.

[9] 财政部会计财务评价中心．中级会计实务［M］．北京：经济科学出版社，2024.

[10] 论语［M］．黄朴民导读注译．长沙：岳麓书社，2023.

[11] 傅佩荣．解读《论语》［M］．北京：东方出版社，2023.